개정판

성공적인 가업승계와 절세전략

김 대 표 의 가 업 승 계 성 공 기

세무사 안성희 지음

SAMIL | 삼일인포마인

머리말

현재 가업을 물려줄 계획을 갖고 있는 1세대 CEO분들을 보면 부모로부터 가업을 물려받은 경우도 있지만 부모 도움 없이 자수성가하여 가업을 일군 경우가 대부분입니다.

이러한 1세대 CEO분들의 공통적인 바램은 피땀 흘려 일군 가업을 자녀가 물려받아 계속 가업을 유지하는 것이라 할 수 있습니다.

자녀가 부모가 일군 가업을 성공적으로 승계하는 데 있어 당연히 가장 큰 걸림돌은 엄청난 증여세와 상속세라 할 수 있습니다. 즉, 성공적인 가업승계는 가업승계에 대한 증여세 과세특례와 가업상속공제에 대한 전략적인 활용 없이는 불가능하다고 할 수 있으며, 이러한 부분은 막연히 전문가에게 맡겨 전문가의 영역으로 두기보다는 CEO, CFO분들이 일정 지식을 갖고 상당 부분 준비하여야 할 필요가 있습니다.

하지만 실무를 하며, 컨설팅 과정에서 만나본 많은 CEO분들을 보면 막연히 20년 이상 경영한 법인이니 가업상속공제를 받아 가업을 물려줄 수 있을 거라 생각하는 경우 또는 가업승계에 대한 증여세 과세특례나 가업상속공제의 요건과 사후관리가 복잡하므로 검토도 하지 않고 포기하는 경우를 보고 안타까운 마음이 들 때가 많이 있습니다.

시중에 가업승계에 관한 많은 책이 출간되어 있지만 이 책은 가업을 물려주기를 원하는 많은 중소기업 또는 중견기업 CEO분들이 성공적으로 가업을 승계할 수 있도록 다음과 같은 점에서 차별화를 두고 있습니다.

첫째, 세무사 또는 회계사와 같은 전문가가 아닌 CEO, CFO, FP들 시각에서도 이해할 수 있도록 사례를 들어 쉽게 요건과 주의점에 대해 자세하게 설명하고 있습니다.

둘째, 딱딱한 법령나열이나 법령해석이 아닌 각각의 요건, 공제혜택, 사후관리에 대해 실제 각각 법인의 상황별, 사례별로 실무에서 바로 적용 가능하도록 다양한 사례를 통해 설명하고 있습니다.

셋째, 실무에서 실제 많이 발생하는 사례를 들고, 설명을 통해 가업승계 세제를 완벽하게 이해할 수 있도록 돕고 있습니다.

넷째, 가업승계 증여세 과세특례와 가업상속공제 적용 시 가장 중요한 부분인 사업무관자산 최소화 비율 전략에 대해 구체적으로 설명하고 있습니다.

다섯째, 국내 실무서로서는 유일하게 법령설명에 그치는 것이 아닌 개인기업을 법인전환해서 가업상속공제 적용받는 것이 유리한지, 전략적으로 가업승계 증여세 과세특례 활용전략, 가업승계 증여세 과세특례를 적용받은 후 가업상속공제를 적용받는 것이 유리한지 등 각 상황별, 사례별 성공적인 가업승계와 최소의 세금으로 부의 이전을 달성할 수 있는 전략적인 대응전략과 절세전략에 대한 가이드를 제시하고 있습니다.

집필을 마무리하면서 부디 본 교재가 많은 중소기업, 중견기업들이 피땀 흘려 일군 가업을 성공적으로 승계하는 데 있어 미진하나마 도움을 주는 조력자 역할을 하기 바라는 마음뿐입니다.

본 책이 출판되기까지 도움을 주신 삼일피더블유씨솔루션 이희태 대표이사님, 김동원 이사님, 최원석 이사님, 매번 꼼꼼한 교정으로 책을 빛내주시는 임연혁 차장님께 진심으로 감사드리고, 남다른 큰 꿈을 갖고 꿈을 향해 빛나는 시간을 보내는 사랑하는 딸 규림이에게 응원의 말을 전하는 바입니다.

저자 안성희 올림

차 례

차 례

차 례

Part 3 CEO가 꼭 알아야 할 가업승계에 대한 증여세 과세특례

차 례

차 례

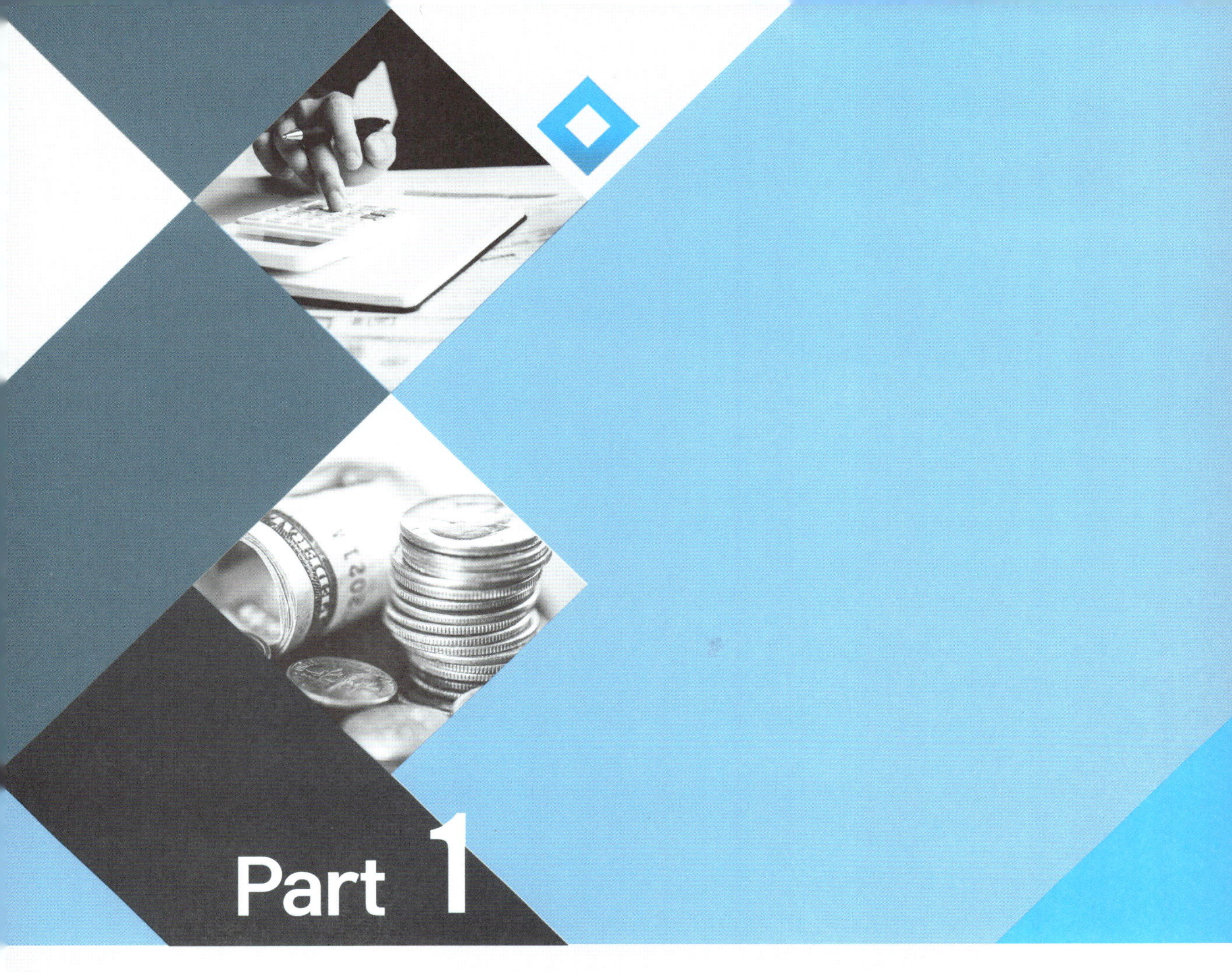

Part 1

CEO가 꼭 알아야 할 2025년 가업승계세제 관련 개정사항

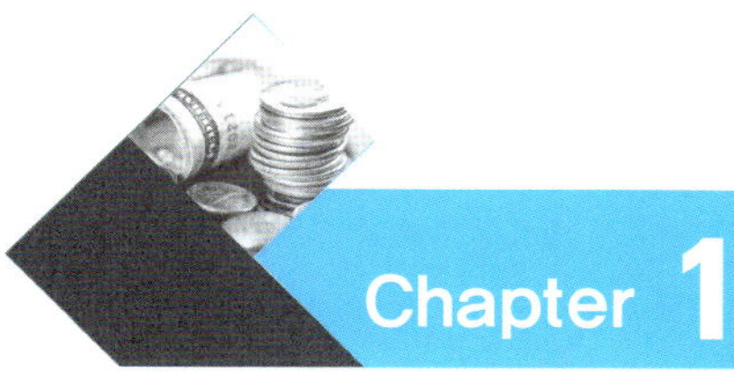

정부의 가업승계세제 개정 방향 추이

　정부의 매년 해당 분야 세법개정 방향을 보면, 해당 분야에 대해 정부가 적극적으로 지원하는 입장인지, 아니면 제재의 입장인지를 명확하게 알 수 있는 바로미터가 된다. 기업이 가업을 승계하면서 발생하는 과세이슈는 기업경영 시 가장 큰 금액의 세금이 부과될 수 있는 영역인바 정부가 가업승계에 대해 적극적인 지원의 태도에 있지 않는 경우에는 가업승계 시 발생하는 과세문제가 가업승계의 가장 큰 걸림돌이 될 수도 있다.

　가업승계 관련 세제는 많은 중소기업들의 적극적인 완화요청으로 2023년부터 적용대상 기업 확대, 한도 상향, 지분율 유지 요건 완화, 사후관리 완화, 납부유예까지 도입되어서 요건, 한도, 사후관리 등을 비롯한 모든 부분에 대해 파격적으로 가업승계를 지원하는 방향으로 개정되었다. 즉, 정부의 적극적인 가업승계 지원에 대한 입장이 명확하게 표명된 것이라 할 수 있다.

　2023년 대폭 완화하는 방향으로 개정되었는 바 2024년 세법개정은 생전에 가업을 승계하는 가업승계 증여세 과세특례에 대한 특례세율 적용구간을 확대하고 연부연납기간을 연장하는 것으로 개정되었다.

　2023년, 2024년 가업승계 관련 요건을 완화하고, 가업상속공제 금액과 가업승계 특례세율 적용구간을 최대 6배까지 확대하여 가업승계에 대한 세제혜택을 대폭 늘린 것과 달리 2025년의 경우 사업무관자산에 대한 범위를 납세자에게 유리하도록 합리화하는 대신 가업승계 증여세 과세특례의 경우도 대표이사 재직요건을 추가하는 것으로 개정되어 가업승계 증여세 과세특례의 적용요건이 강화되는 방향으로 개정되었다.

　또한 개인가업자의 가업상속공제 대상 고정자산 범위가 축소되는 개정이 있었는바 2023년, 2024년 이후 처음으로 가업승계세제에 대한 요건이 강화되고 공제금액이 낮아지는 방향의 개정이 있었던 특이점이 있다.

Chapter 2

가업상속공제 관련 세법 개정사항

 **I** **개인사업자 가업상속 재산가액범위 축소**

소득세법을 적용받는 개인사업자가 가업상속공제를 적용받는 가업상속 재산가액의 범위는 가업에 사용하는 토지, 건축물, 기계장치 등 사업용 고정자산가액에서 해당 자산에 담보된 채무를 차감한 가액으로 토지의 범위에 비사업용 토지를 제외하는 규정이 없어 법인사업자의 경우 비사업용 토지를 사업무관자산으로 보는 것과 차이가 있었다.

2025. 2. 28. 이후 상속이 개시되는 분부터는 가업상속 재산가액으로 보는 토지의 범위에서 비사업용 토지가 제외되는 것으로 개정되어 개인사업자 가업상속 재산가액 범위가 축소될 예정이므로 비사업용 토지가액이 유의적으로 큰 경우에는 창고건축 등을 통해 비사업용 토지에서 제외되도록 할 필요가 있다.

개인사업자 가업상속 재산가액에서 비사업용 토지 제외(상증령 §15 ⑤ 1호)	
2017.2.7.부터 2025.2.27.까지 상속분	2025.2.28. 이후 상속개시분
○「소득세법」을 적용받는 가업의 가업상속 재산가액 가업에 직접 사용되는 토지, 건축물, 기계장치 등 사업용 자산의 가액에서 해당 자산에 담보된 채무액을 뺀 가액	○「소득세법」을 적용받는 가업의 가업상속 재산가액 가업에 직접 사용되는 토지(「소득세법」 제104조의3에 따른 비사업용 토지는 제외한다. 이하 이 조 및 제68조에서 같다), 건축물, 기계장치 등 사업용 자산의 가액에서 해당 자산에 담보된 채무액을 뺀 가액

(적용 시기) 2025. 2. 28. 이후 상속이 개시되는 분부터 적용

Ⅱ 법인사업자 사업무관자산범위 합리화

가업상속공제, 가업승계 증여세 과세특례 적용시 사업무관자산 비율에 해당하는 주식가액에 대해서는 상속공제, 특례세율 적용이 배제되므로 가업승계시 가장 중요한 사항은 사업무관자산비율을 최소화하는 것이라 할 수 있다.

여기서 사업무관자산이란 비사업용 토지, 업무무관 자산 및 임대부동산, 대여금, 과다보유현금, 영업과 관계없이 보유하고 있는 3개월 초과 예금, 과다보유현금 등을 의미한다.

여기서 임대부동산, 대여금의 경우 이에 해당하기만 하면 사업무관자산에 해당하는 것으로 규정하고 있어 법인이 직원복지증진 차원에서 주택 전세금을 대여하거나 법인소유 주택을 임대하는 경우에도 사업무관자산에 해당하는 모순이 있었다.

하지만 세법개정에 의해 2025. 2. 28. 이후 상속분부터는 직원에게 임대한 일정 규모 이하 임대주택, 직원 학자금 또는 일정 규모 이하 주택전세금 대여액의 경우 사업무관자산에 해당하지 않는 것으로 개정되었다.

또한 사업무관자산에 해당하는 과다보유현금의 경우에도 직전 5개 연도 말 평균현금의 150%를 초과하는 금액에서 200%를 초과하는 금액으로 개정되었다.

사업무관자산범위 (상증령 §15 ⑤)	
2025.2.27.까지 상속분	2025.2.28. 이후 상속분
○ 업무무관자산 및 임대부동산	○ 업무무관자산 및 임대부동산 〈사업무관자산에서 제외되는 부동산 추가〉 법인소유 주택으로 국민주택규모 이하 주택 또는 상속개시일 현재 소득세법 제99조 제1항에 따른 기준시가가 6억 원 이하인 주택으로서 해당 법인의 임원 및 직원(비소액주주, 최대출자자와 최대출자자와 친족관계에 있는 자 제외)에게 5년 이상 계속하여 무상으로 임대하고 있는 주택
○ 대여금	○ 대여금 〈사업무관자산에서 제외되는 대여금 추가〉 • 임직원 본인 또는 임직원의 자녀 학자금 대여금 • 주택(대여일 당시 소득세법 제99조 제1항에 따른 기준시가가 6억 원 이하인 주택)에 대한 전세금 대여금

사업무관자산범위 (상증령 §15 ⑤)	
2025.2.27.까지 상속분	2025.2.28. 이후 상속분
○ 과다보유현금 [상속개시일 직전 5개 사업연도 말 평균 현금(요구불예금 및 취득일부터 만기가 3개월 이내인 금융상품을 포함한다) 보유액의 100분의 150을 초과하는 것을 말한다]	○ 과다보유현금 〈100분의 150% 초과에서 200%로 상향조정〉 [상속개시일 직전 5개 사업연도 말 평균 현금(요구불예금 및 취득일부터 만기가 3개월 이내인 금융상품을 포함한다) 보유액의 100분의 200을 초과하는 것을 말한다]

(적용 시기) 2025. 2. 28. 이후 상속이 개시되는 분부터 적용

 **가업상속공제 가능한 개별법률에 따른 업종에 100년 소상공인 지정된 소상공인 추가**

가업상속공제와 가업승계 증여세 과세특례의 경우 상속세 및 증여세법 시행령 별표에서 규정하고 있는 한국표준산업분류에 따른 업종에 해당하거나 개별법률의 규정에 따른 업종에 해당하는 경우에 한하여 가능하다.

개별법률에 따른 업종에 100년 소상공인 지정된 소상공인이 추가되어 한국산업분류에 따른 업종 또는 개별법률에 따른 업종을 영위하지 않는 경우에도 100년 소상공인 지정된 소상공인의 경우 가업상속공제 또는 가업승계증여세 과세특례 적용이 가능한 것으로 개정되었다.

상속세 및 증여세법 시행령 별표(가업상속공제 대상 업종 추가)	
2025.2.27.까지 상속 또는 증여분	2025.2.28. 이후 상속 또는 증여분
–	○ 「소상공인 보호 및 지원에 관한 법률」 제16조 제1항 제2호부터 제4호까지의 규정에 따른 요건을 갖추어 같은 법 제16조의2 제2항에 따라 백년소상공인으로 지정된 소상공인이 운영하는 사업

(적용 시기) 2025. 2. 28. 이후 상속이 개시되는 분부터 적용

Chapter 3

가업승계에 대한 증여세 과세특례 세법 개정사항

Ⅰ 대표이사 재직요건 신설

가업상속공제 적용시 일정기간 대표이사로 재직하여야 하는 대표이사 재직요건이 있었던 것과 달리 가업승계 증여세 과세특례의 경우 대표이사 재직요건이 없어 증여자가 대표이사가 아닌 경우에도 40% 이상 지분율을 보유하면서 10년 이상 계속 경영사실이 입증되는 경우에는 승계특례 적용이 가능했다.

2025. 2. 28. 이후 증여분부터는 일정기간 동안 대표이사 재직요건을 충족하여야 하는 것으로 개정되어 상당수 법인들이 가업승계 증여세 과세특례 적용요건을 충족하지 못하는 사례가 있을 것으로 생각된다.

이렇게 대표이사 재직요건을 충족하지 못한 경우에는 증여일부터 소급하여 10년 중 5년 이상 대표이사 재직요건이라도 충족하면 되므로 지금이라도 대표이사에 등재하여 5년 후 가업승계가 가능할 수 있도록 준비할 필요가 있다.

가업승계 증여세 과세특례 요건(상증령 §15 ⑤ 1호)	
2025.2.27. 이전 증여분	2025.2.28. 이후 상속개시분
○ 가업의 주식을 증여받을 것	○ 가업의 주식을 증여받을 것
○ 증여받은 자 또는 배우자가 증여세 신고기한까지 가업에 종사하고 증여일부터 3년 이내 대표이사에 취임할 것	○ 증여자가 가업의 영위기간 중 다음 하나 기간 동안 대표이사로 재직할 것 ① 100분의 50 이상의 기간 ② 증여일부터 소급하여 10년 중 5년 이상의 기간
	○ 증여받은 자 또는 배우자가 증여세 신고기한까지 가업에 종사하고 증여일부터 3년 이내 대표이사에 취임할 것

(적용시기) 2025. 2. 28. 이후 증여받는 분부터

Part 2

CEO가 꼭 알아야 할 가업상속공제

가업상속공제에 관한 이해 편

 **가업상속공제의 개요**

> **(김대표님 질문)**
>
> 안세무사님!
>
> 가업상속공제의 경우 가업의 원활한 승계를 위해 가업을 경영하는 자가 사망하는 경우 상속세 부담을 낮추어 주는 것으로 알고 있는데 가업상속공제 제도는 어떤 혜택을 부여하는 제도이며 어떠한 방식으로 세금이 정산되는 것인가요?
>
> 그리고 현재 가업상속공제를 신청하여 혜택을 받는 기업들은 어느 정도 되나요?
>
> ---
>
> **(안세무사 답변)**
>
> 김대표님!
>
> 가업을 영위하던 법인의 최대주주 또는 개인사업체의 대표자가 사망하는 경우에는 사망 당시 피상속인의 보유주식 가액 또는 개인사업체의 부동산등 사업용 고정자산에 대해 최고 50%의 상속세율이 적용되어 상속세가 부과되므로 상속세 납부를 위해 주식등을 매각하는 과정에서 가업을 승계하지 못하게 되는 경우가 발생합니다.
>
> 이러한 문제를 방지하고 가업의 원활한 승계를 지원하기 위해 가업을 경영하는 최대주주 또는 개인사업체의 대표자가 사망하는 경우 가업 경영기간에 따라 일정금액을 한도로 상속 재산가액에서 최대주주등 보유주식가액(주식의 경우 사업관련자산이 차지하는 비율 상당액) 등을 공제해줌으로써 상속세 부담을 낮추는 것이 가업상속공제라 할 수 있습니다. 즉, 피상속인의 주식등의 가액 중 가업상속공제 받은 금액에 대해서는 상속세가 없는 것으로 법인기업, 개인기업 모두 적용 가능합니다.
>
> 다만, 가업상속공제는 가업의 원활한 승계를 지원하기 위한 것으로 상속세 부담은 낮추는 대신 상속인이 상속받은 주식등을 양도하는 경우 양도소득금액 계산 시 적용되는 취득가액은 피상속인의 최초 취득가액(주식의 경우 액면가 수준 또는 사업용 고정자산의 경우 낮은 취득가액)이 적용되어 양도소득세 부담은 굉장히 커지게 됩니다.

다만, 높은 상속세율이 적용되는 경우로서 향후 상속받은 주식등을 양도할 계획이 있는 경우에 가업상속공제를 받지 않는 것이 유리한지를 실제 계산해보면, 가업상속공제를 받은 후 높은 양도소득세를 부담하는 경우와 가업상속공제를 받지 않고 낮은 양도소득세를 부담하는 경우 세부담을 비교 시 높은 양도소득세를 부담하더라도 가업상속공제를 받은 경우가 전체적인 세부담이 더 낮으므로 상속받은 주식등을 사후관리 기간 경과 후 양도할 계획이 있는 경우에도 가업상속공제를 받는 것이 유리합니다.

또한 제도의 취지상 상속세 신고 시 공제해주는 것으로 끝나는 것이 아니라 상속개시 후 5년간 상속인의 가업종사 및 지분유지 요건, 가업용 재산 처분제한, 고용유지 요건, 상속인 지분유지 요건을 준수하여야 하며, 이러한 사후관리 사항을 지키지 못하는 경우에는 공제받은 금액에 상당하는 상속세와 이자상당액이 추징됩니다.

이 경우 주식등을 계속 보유하고 있는 경우에 사후관리 위반으로 상속세가 추징되는 경우에는 세부담이 크지만 상속세가 추징된 후 해당 주식등을 양도 시 적용되는 취득가액은 피상속인의 취득가액이 아닌 상속 당시 평가액이 되므로 양도소득세 부담은 줄어들게 되어 추징세액이 상쇄되는 효과가 있습니다. 또한 사후관리 기간 경과 전 주식등을 양도한 후 사후관리 위반으로 추징된 경우에는 과다하게 부담한 양도소득세를 추징세액에서 차감하여 조정해주고 있습니다.

<case> 피상속인 10년 이상 계속 경영
- 가업상속 재산가액: 300억 원(한도: 300억 원 / 업무무관자산비율: 0%)
- 피상속인 취득가액: 10억 원

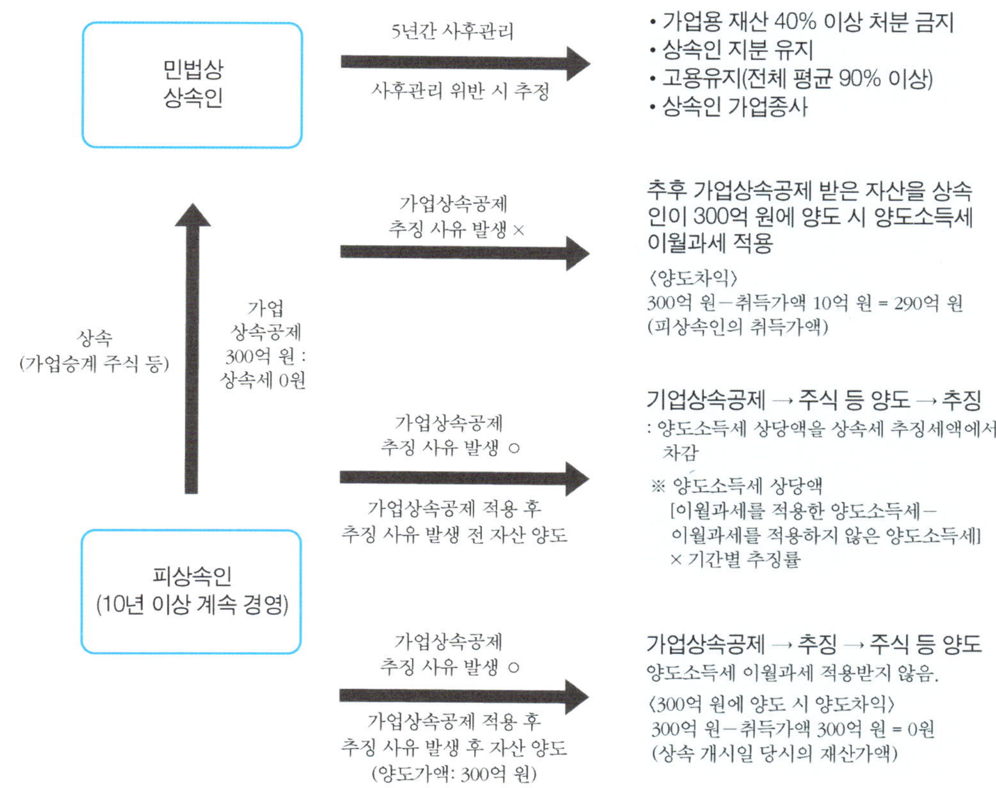

Ⅱ 가업상속공제 대상 재산 및 가업상속공제 한도액

1. 가업상속공제 대상 재산가액

가업상속공제 대상 재산은 법인기업의 경우 가업의 주식 및 출자지분, 개인기업의 경우 가업에 사용하는 사업용 고정자산 가액에서 담보된 채무를 차감한 가액입니다. 법인기업의 가업상속공제를 적용받는 가업상속공제 대상 재산은 가업상속공제 대상 재산의 가액 중 사업무관자산이 차지하는 비율을 차감한 가액만이 해당됩니다.

통상적으로 대다수 중소기업의 경우 한도 때문에 가업상속공제를 받지 못하는 사례는 많지 않으므로 가업상속공제 효과를 극대화하기 위해서는 사업무관자산비율을 낮추는 것이 핵심이라 할 수 있습니다.

◎ 가업상속공제 대상 재산가액

- 법인기업
  주식 등 가액 × (1 − 사업무관자산비율)
- 개인기업
  [가업에 직접 사용하는 토지, 건축물, 기계장치 등 가액(사업용 고정자산)
  − 사업용 자산에 담보된 채무]

◎ 일반 상속세 과세대상 재산가액

- 법인기업
  주식 등 가액 × 사업무관자산비율
- 개인기업
  [가업에 직접 사용하는 토지(비사업용 토지 제외), 건축물, 기계장치 등 가액(사업용 고정자산) − 사업용 자산에 담보된 채무] 외의 상속재산*
  * 개인기업: 사업무관자산비율과 관계없이 적용됨.

---

2. 가업상속공제 한도액

2023년 이후 상속받는 분부터 가업상속공제 한도가 증액되어 피상속인의 계속 경영 기간이 10년 이상 20년 미만인 경우 300억 원, 20년 이상 30년 미만인 경우 400억 원, 30년 이상인 경우 최고 600억 원까지 가업상속공제가 가능합니다.

피상속인 "계속 경영"기간	가업상속공제 한도액 (2023년 이후 상속분)	가업상속공제 한도액 (2018년부터 2022년까지 상속분)
피상속인이 10년 이상 20년 미만 "계속 경영"한 경우	300억 원	200억 원
피상속인이 20년 이상 30년 미만 "계속 경영"한 경우	400억 원	300억 원
피상속인이 30년 이상 "계속 경영"한 경우	600억 원	500억 원

 ## 가업상속공제에 따른 상속세 절세효과

1. 가업 계속 경영기간별 한도액 적용 시 절세효과

구분	상속 재산가액 300억 원(=한도)		상속 재산가액 400억 원(=한도)		상속 재산가액 600억 원(=한도)	
	가업상속 공제 미적용*	가업상속 공제 적용**	가업상속 공제 미적용*	가업상속 공제 적용**	가업상속 공제 미적용*	가업상속 공제 적용**
① 상속 재산가액	300억 원		400억 원		600억 원	
② 가업상속 공제액	없음	300억 원	없음	400억 원	없음	600억 원
③ 일괄공제	(5억 원)	–	(5억 원)	–	(5억 원)	–
④ 상속세 과세표준	295억 원	0	395억 원	0	595억 원	0
⑤ 세율	50% (누진공제 4.6억 원)		50% (누진공제 4.6억 원)		50% (누진공제 4.6억 원)	
⑥ 산출세액	142억 9,000만 원	0	192억 9,000만 원	0	292억 9,000만 원	0
⑦ 신고세액공제	(4억 2,870만 원)	–	(5억 7,870만 원)	–	(8억 7,870만 원)	–
⑧ 자진납부세액	138억 6,130만 원	0	187억 1,130만 원	0	284억 1,130만 원	0

  * 일반상속세: 일괄공제 5억 원, 신고세액공제 3% 적용
** 사업무관자산비율: 0%

2. 가업상속재산이 250억 원이고 사업무관자산비율이 20%인 경우 절세효과

(단위: 원)

구분	가업상속공제 미적용	가업상속공제 적용
상속 재산가액*	25,000,000,000	25,000,000,000
기초공제**	500,000,000	500,000,000
가업상속공제	0	20,000,000,000***
상속세 과세표준	24,500,000,000	4,500,000,000
세율	50%	50%

구분	가업상속공제 미적용	가업상속공제 적용
상속세 산출세액	11,790,000,000	1,790,000,000
신고세액공제	353,700,000	53,700,000
차가감납부세액	11,436,300,000	1,736,300,000
세부담 차이	97억 원 정도 세부담 절감	

  * 피상속인 10년 이상 경영: 가업법인 주식가액 250억 원, 사업무관자산비율 20%
  ** 일괄공제만 적용
*** min(① 가업법인 주식가액 × (1 – 사업무관자산비율 20%), ② 한도 300억 원)

 Ⅳ 가업상속공제 실제 적용현황

우리나라 전체 사망자 수는 2019년 295,110명, 2020년 304,948명, 2021년 317,680명, 2022년 372,939, 2023년 352,511명, 2024년 358,400명입니다.

또한 전체 기업체 수를 보면 2022년 개인기업 6,903,785개·법인기업 998,751개, 2021년 개인기업 6,844,810개·법인기업 1,048,986개, 2020년 개인기업 7,256,200개·법인기업 993,552개입니다.

전체 사망자 수와 기업 수 대비 최근 5년간 가업상속공제를 적용하여 상속세 신고한 실제 건수와 연도별 평균 공제금액을 보면, 2018년 총 80건·평균 공제금액 26.59억 원, 2019년 총 75건·평균공제금액 29.87억 원, 2020년 총 89건·평균 공제금액 45.07억 원, 2021년 총 97건·평균공제금액 33.66억 원, 2022년 130건·평균 공제금액 25.22억 원, 2023년 160건·평균공제금액 49.28억 원에 불과한 것을 볼 수 있습니다.

| 최근 5년간 사망자 수 |　　　　　　　　　　　　　　　　　　　(단위: 명)

구분	2023년	2022년	2021년	2020년	2019년
여자	145,713	176,474	145,713	139,785	134,788
남자	188,921	196,465	171,967	165,163	160,322
총계	163,590	372,939	317,680	304,948	295,110

(단위: 개)

구분	2022년	2021년	2020년
개인	6,903,785	6,844,810	7,256,200
법인	985,751	1,048,986	993,552
총계	7,889,536	7,893,796	8,249,752

*2024년 기준 법인세 신고대상 법인 수는 110만 개가량 됨.

| 최근 5년간 가업상속공제 실제 공제 현황 |

(단위: 백만 원)

구분	2023년		2022년		2021년		2020년		2019년		2018년	
	건수	공제금액	건수	공제금액	건수	공제금액	건수	공제금액	건수	공제금액	건수	공제금액
서울	50	424,857	38	83,613	28	137,347	24	172,313	23	47,209	22	46,231
인천	6	62,520	12	61,005	1	1,563	0	0	7	10,489	2	-1,780
경기	41	123,709	31	83,213	24	93,366	22	64,003	19	41,280	11	54,818
강원	1	11,642	0	0	1	2,038	1	6,299	0	0	0	0
대전	2	1,642	2	6,402	2	11,702	1	43,692	2	1,472	1	2,810
충북	4	3,822	4	5,113	0	-168	1	1,115	2	1,616	1	495
충남	4	2,058	4	3,327	5	3,665	1	582	1	15,773	4	5,513
세종	2	1,280	0	0	0	0	0	0	0	0	0	0
광주	4	11,018	3	6,940	2	-1283	0	-437	1	2,521	3	6,429
전북	2	2,231	1	1,265	7	9,362	1	389	2	2,934	2	20,902
전남	3	2,390	2	7,967	1	-794	2	5,403	2	46,301	2	1,097
대구	8	24,312	8	17,178	8	17,461	9	22,612	5	8,628	7	15,699
경북	4	3,980	5	9,655	1	67	3	6,949	0	0	0	-568
부산	23	110,819	12	29,570	10	22,186	17	70,318	4	37,014	13	23,112
울산	3	2,620	1	2,930	0	0	1	1,833	1	4,376	5	5,726
경남	4	7,280	6	8,762	7	27,024	6	6,039	5	2,593	6	28,545
제주	1	2,159	1	992	0	3,007	0	0	1	1,848	1	3,694
합계	162	798,338	130	327,932	97	326,544	89	401,109	75	224,053	80	212,724
평균		4,928		2,522		3,366		4,507		2,987		2,659

(출처: 국가통계포털 https://kosis.kr/search/search.do)

 # 가업승계 계획이 없는 이유

가업상속공제 실제 적용건수가 낮은 것은 가업승계 계획이 낮은 것에 기인한다고 할 수 있는데, 가업승계 계획이 없는 이유에 대한 설문조사결과를 보면 88% 정도 기업은 가업승계의 필요성이 없는 기업에 해당함을 알 수 있습니다.

가업승계 필요성이 있는 기업군에서 가업승계 계획이 없는 이유를 보면 자녀의 가업승계 거부, 후계자 부재, 조세부담, 어려운 경제 여건 때문인 것을 알 수 있습니다.

결국 가업승계 필요성이 없는 기업과 어려운 경제 여건을 제외한 주요 이유 간 비중을 보면 자녀의 가업승계 거부, 후계자 부재가 78%를 차지하고 있어 가장 큰 비중을 차지하는 것을 볼 수 있습니다.

즉, 많은 가업승계가 필요한 CEO들의 가장 큰 고민은 자녀의 가업승계 거부와 후계자 부재인 경우이므로 자녀가 가업승계를 희망하는 경우는 성공적인 가업승계의 9부 능선은 넘은 것이라 할 수 있습니다.

| 주요 이유 간 비중 |

사유	비중	주요 이유 간 비중
자녀의 가업승계 거부	0.4%	11.1%
후계자 부재	2.4%	66.67%
조세부담	0.8%	22.23%
어려운 경제 여건	2.4%	
오너가 가업을 승계할 나이 아님	12.2%	
가업승계 필요성 없음	76%	
기타	5.8%	

특성별 (1)	특성별(2)	2021년							
		사례 수 (개)	자녀의 가업 승계 거부 (%)	후계자 부재 (%)	상속· 증여세 등 조세 부담 (%)	어려운 경영 여건 (%)	오너가 가업 승계를 계획할 나이가 아님 (%)	가업 승계 필요 없음 (%)	기타 (%)
전체	소계	4,243	0.4	2.4	0.8	2.4	12.2	76.0	5.8
기업 유형별	일반/중견	1,568	0.5	2.5	1.2	2.8	18.3	68.1	6.5
	피출자/관계	2,675	0.4	2.4	0.5	2.1	8.6	80.6	5.4
업종별	제조업	1,407	0.6	3.1	1.5	2.2	15.1	72.7	4.9
	비제조업	2,836	0.4	2.1	0.5	2.4	10.8	77.6	6.3
매출 규모별	1백억 원 미만	1,403	0.0	2.4	0.5	1.7	7.5	81.3	6.6
	100억 원~ 5백억 원 미만	999	1.1	2.0	0.5	2.8	11.4	78.2	4.0
	5백억 원~ 1천억 원 미만	595	0.6	1.6	1.0	1.8	10.3	80.3	4.4
	1천억 원~ 2천억 원 미만	621	0.6	4.3	1.9	2.5	20.9	64.1	5.6
	2천억 원~ 3천억 원 미만	235	0.0	3.3	0.0	4.9	16.7	68.6	6.6
	3천억 원~ 5천억 원 미만	189	0.0	2.4	1.1	1.1	17.9	69.3	8.3
	5천억 원~ 1조 원 미만	124	0.0	0.0	0.0	3.1	12.9	66.8	17.3
	1조 원 이상	77	0.0	0.0	2.7	4.8	24.5	65.3	2.7
수출 여부별	수출 있음	1,427	0.6	3.3	1.6	2.7	15.3	69.6	6.8
	수출 없음	2,815	0.4	2.0	0.4	2.2	10.6	79.2	5.3
종사자 수별	50명 미만	2,020	0.2	2.1	0.9	2.2	9.9	79.5	5.1
	50~100명	686	1.5	3.5	0.0	2.3	9.4	76.4	6.9
	100~200명	543	0.7	2.9	0.5	1.1	18.1	73.1	3.6
	200~300명	272	0.0	3.0	0.0	1.7	22.2	67.2	5.9
	300~500명	275	0.0	4.5	4.1	7.1	14.9	63.4	6.1

특성별 (1)	특성별(2)	2021년							
		사례 수 (개)	자녀의 가업 승계 거부 (%)	후계자 부재 (%)	상속· 증여세 등 조세 부담 (%)	어려운 경영 여건 (%)	오너가 가업 승계를 계획할 나이가 아님 (%)	가업 승계 필요 없음 (%)	기타 (%)
	500~1,000	260	0.0	0.0	0.0	2.7	14.0	73.0	10.4
	1,000명 이상	187	0.0	0.0	0.0	1.2	9.7	79.7	9.5
업력별	0~7년 미만	279	0.0	0.0	0.0	1.2	14.2	82.2	2.4
	7~20년	1,746	0.0	2.2	0.4	3.0	9.6	79.0	5.7
	20~30년	955	0.9	2.9	2.1	1.6	13.7	73.8	5.0
	30~40년	576	1.1	1.8	0.5	1.0	14.6	72.2	8.8
	40~50년	330	0.0	3.7	0.0	5.0	6.8	75.7	8.8
	50년 이상	356	1.1	3.9	0.6	1.9	20.4	68.3	3.8
매출 유형별	B2B	3,357	0.6	2.4	1.0	2.0	13.0	74.8	6.2
	B2C	728	0.0	3.2	0.0	2.7	8.7	81.4	4.0
	B2G	157	0.0	0.0	0.0	7.7	11.9	75.0	5.3
상장별	상장	588	0.0	1.9	1.0	3.1	20.1	67.6	6.2
	비상장	3,654	0.5	2.5	0.7	2.2	10.9	77.3	5.8

(출처: 국가통계포털 https://kosis.kr/search/search.do)

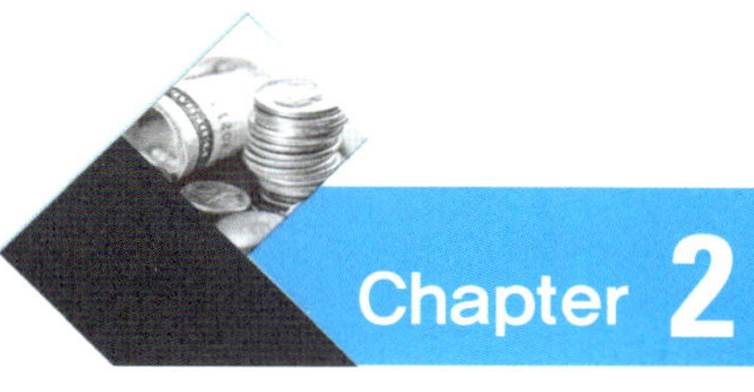

Chapter 2

가업상속공제 필요성 편

 **비상장법인의 경우 가업상속공제는 선택 아닌 필수입니다.**

(김대표님 질문)

안세무사님!

제조업을 20년 이상 운영한 법인의 김대표입니다.

현재 제 보유재산목록은 다음과 같은데, 가업상속공제를 적용받는 경우와 그렇지 않은 경우의 세부담을 비교 부탁드립니다.

그리고 가업상속공제의 경우 요건을 충족하기도 어렵고 사후관리도 복잡하다고 하는데, 가업상속공제를 꼭 받아야 할까요?

◎ 김대표님 재산목록

- 판교 소재 아파트: 25억 원(월세로 임대 중)
- 예금: 1억 원
- 주택 전세보증금: 6억 원(반전세로 거주 중)
- ㈜현인(비상장법인) 주식: 세법상 평가액 100억 원(사업무관자산비율: 0%)

◎ 상속세 계산 가정

배우자 생존(자녀에게 모두 상속), 연부연납 신청 안함.

◈ 비상장법인 가업상속공제 필요성

- 세법상 비상장주식 평가액을 기준으로 상속세 과세
  ⇒ 세법상 비상장주식 평가액을 양도가액으로 하여 현금화 불가능
- 부동산, 금융재산 등 다른 재산으로 상속세 납부하고 부족한 경우에 한하여 비상장주식으로 물납 가능
  ∴ 알짜배기 재산인 부동산, 금융재산은 상속세로 모두 납부하고 비상장주식만 상속받게 되는 결과
- 가업상속공제 요건 충족하는 경우로서 가업상속공제 받지 않는 경우 최대 20년 연부연납 또는 양도, 증여, 재차 상속 시까지 납부유예 가능

Tip! I 비상장주식은 상속세 과세되는 평가액을 양도가액으로 하여 현금화가 불가능하지만 상속세 과세되는 평가액을 기준으로 상속세를 납부하여야 하는 부담이 있습니다.

(안세무사 답변)

김대표님!

비상장주식의 경우 상속세 및 증여세법에 따라 높게 평가된 가액을 기준으로 상속세를 납부하지만 해당 평가액을 양도가액으로 하여 현금화하는 것이 불가능하므로 가업상속공제는 선택 아닌 필수입니다.

비상장법인 주식은 상장주식과 달리 불특정 다수 간 통상적으로 거래되는 가격인 시가가 형성되어 있지 않고 환가성이 없는 특징이 있으므로 상속세 과세 시에는 상속세 및 증여세법상 비상장주식 평가방법에 따라 평가하여 과세하게 됩니다. 이때 세법상 평가액은 최근 3년간 가중평균손익이 10년간 지속되는 것을 가정하여 순손익가치에 10배(PER를 10으로 보아 평가하는 구조)를 적용하여 평가하는 구조입니다. 또한 손익가치가 낮은 경우에는 순자산가치의 80%를 평가 하한선으로 하고 있어 고기술주 외 상장법인보다 높게 평가된다고도 할 수 있습니다.

따라서 일반적인 비상장법인 주식의 세법상 평가액은 굉장히 높게 평가되는 구조로서 해당 평가액을 양도가액으로 하여 현금화할 수 있는 경우는 굉장히 드문 것이 현실입니다. 즉, 세법상 평가액을 기준으로 상속세를 납부하지만 세법상 평가액을 양도가액으로 하여 현금화하는 것은 어려운 구조라고 할 수 있으며 비상장법인이 가업상속공제가 반드시 필요한 가장 큰 이유는 이 때문이라고 할 수 있습니다.

◎ 일반적인 법인의 비상장주식의 평가: Max(①, ②)

상장계획하고 있는 경우 등 제외하고는 평가액으로 양도 불가능

① 1주당 가중평균액

$$\frac{1주당\ 순손익가치* \times 3 + 1주당\ 순자산가치 \times 2}{5}$$

* 1주당 순손익가치: 최근 3년간 손익액의 가중평균액의 10배
(PER를 10으로 보아 평가하는 구조, 고평가되는 결과)

② 1주당 순자산가치의 80%(2018. 4. 1. 이후부터)
*PBR을 0.8로 보아 평가하는 구조(거래소에 상장된 금융주보다 높게 평가되는 구조)

Tip! **Ⅱ** 비상장주식은 부동산 등 재산으로 상속세 납부하고 부족한 경우에 한하여 물납이 가능하므로 알짜배기 재산은 모두 상속세로 납부하고 비상장주식만 상속받을 수 있습니다.

(안세무사 답변)

김대표님!

비상장주식은 원칙적으로 물납이 안되므로 알짜배기 재산인 부동산, 금융재산은 모두 상속세로 납부한 후 비상장주식만 상속받게 될 수 있습니다.

대표님은 현재 부동산 25억 원, 예금·전세보증금 7억 원, 현재 운영하고 있는 ㈜현인의 주식 100억 원을 보유하고 있으므로 50%의 상속세율을 적용받게 됩니다.

가업상속공제를 받지 않고 현재 상태에서 상속이 이루어지는 경우에는 우선 알짜배기 재산인 부동산(상속개시일 현재 상속인이 거주하는 주택 및 부수토지 제외), 예금 등으로 먼저 상속세를 납부하여야 하고 해당 재산으로 상속세 납부가 부족한 경우에 한하여 비상장주식으로 상속세 납부가 가능합니다.[1] (상증법 §74)

즉, 알짜배기 재산인 부동산, 예금 등은 상속세로 모두 납부하고 상속인들은 비상장주식만 상속받게 되는 거죠.

다만, 상속개시 당시 상속인이 거주하는 주택은 물납이 불가능하므로 혹시 집이 한 채인 경우에는 소유주택을 임대하고 다른 주택을 임차해서 거주하는 것보다 보유주택에서 상속인이 거주하게 하는 것이 유리합니다.

또한 가족경영 체계인 중소비상장법인의 경우 최대주주 지분율이 높아 물납을 하여도 경영권을 뺏기는 경우가 많지 않으므로 가업상속공제를 적용받지 않는 경우에는 상속개시 전 알짜배기 재산을 모두 고가의 주택구입에 투입하여 상속인과 함께 거주하는 방식으로, 고가의 주택을 상속받고 일정 지분을 물납을 통해 납부하는 것이 유리할 수 있습니다.

이 경우 비상장주식을 물납하는 경우에는 양도소득세 과세대상에 해당하지만 상속 당시 평가액이 취득가액이 되므로 양도차익이 크게 발생하지 않는 구조여서 양도소득세 과세 문제는 없으며, 물납받은 주식의 경우 통상 국세청에서 공매를 통해 처분하게 되는데 비상장주식의 경우 입찰자가 거의 없으므로 수차례 유찰된 후에 낮은 가액으로 상속인이 취득하는 것도 가능합니다.

◎ 비상장주식 물납 가능한 조건(아래 요건 모두 충족)(상증법 §73, 상증령 §74)

　① 부동산과 유가증권 가액 〉 상속재산의 50%

　② 상속세 납부세액 〉 2천만 원

　③ 상속세 납부세액 〉 금전, 예금, 적금, 보험금, 출자금 등

　④ 부동산, 국채·공채, 보호예수 중인 상장주식, 수익증권 등　부동산(상속개시일 현재 상속인 거주주택 제외)으로 상속세 납부하고도 부족

　⑤ 상속인의 신청을 받아 세무서장이 물납을 허가한 경우일 것

　• 비상장주식으로 물납가능 납부세액
　상속세 납부세액−[상속세 과세가액−비상장주식 등과 상속개시일 현재 상속인 거주하는 주택 및 부수토지(담보채무 차감 가액)]

Tip! **Ⅲ** 가업상속공제 요건을 충족하고 가업상속공제를 받지 않는 경우에는 연부연납 특례와 납부유예 특례를 적용받을 수 있습니다.

가업상속공제 요건에 준하는 요건을 충족하고 고용유지 등의 사후관리 부담 때문에 가업상속공제를 받지 않은 경우나 가업상속공제를 받으면서 일부 재산에 대해 가업상속공제를 받지 않은 경우(공제한도 초과금액 포함)에는 총상속 재산가액 중 해당 가업 재산가액이 차지하는 상속세 납부세액에 대해 최장기간 20년 분할납부 또는 10년간 상

---

1) 상속세 및 증여세법 시행령 제74조【물납에 충당할 수 있는 재산의 범위 등】
　① 법 제73조에 따라 물납에 충당할 수 있는 부동산 및 유가증권은 다음 각 호의 것으로 한다.
　　1. 국내에 소재하는 부동산
　　2. 국채·공채·주권 및 내국법인이 발행한 채권 또는 증권과 그 밖에 기획재정부령으로 정하는 유가증권. 다만, 다음 각 목의 어느 하나에 해당하는 유가증권은 제외한다.
　　　가. 거래소에 상장된 것. 다만, 최초로 거래소에 상장되어 물납허가통지서 발송일 전일 현재 「자본시장과 금융투자업에 관한 법률」에 따라 처분이 제한된 경우에는 그러하지 아니하다.
　　　나. 거래소에 상장되어 있지 아니한 법인의 주식등. 다만, 상속의 경우로서 그 밖의 다른 상속재산이 없거나 제2항 제1호부터 제3호까지의 상속재산으로 상속세 물납에 충당하더라도 부족하면 그러하지 아니하다.

속세를 납부하지 않다가 10년간 분할납부하는 연부연납 특례를 적용받을 수 있습니다.

또한 가업상속공제 요건을 충족하고 가업상속공제를 받지 않은 경우에는 상속받은 주식을 양도, 증여, 상속하는 시점(상속인이 계속 가업상속공제 요건을 충족하면서 가업을 물려받는 경우에는 대를 이어 계속 납부유예 적용 가능)까지 상속세의 납부가 유예되는 납부유예 적용신청도 가능하므로 상속 재산가액이 가업상속공제 한도를 초과(중소기업 한정)하거나 사후관리 때문에 가업상속공제를 적용받지 않을 계획이지만 상속세 납부세액이 부담되는 경우라면 우선 가업상속공제 요건을 충족할 필요가 있습니다.

Tip! Ⅳ 가업상속공제 적용 시와 그렇지 않은 경우 상속세를 미리 비교해 보고 장기적으로 가업상속공제를 준비할 필요가 있습니다.

(안세무사 답변)
김대표님!
비상장주식은 원칙적으로 물납이 되지 않으므로 알짜배기 재산인 부동산, 금융재산은 모두 상속세로 납부한 후 비상장주식만 상속받게 될 수 있습니다.
우선 대표님 보유재산목록으로 가업상속공제를 적용받은 경우와 그렇지 않은 경우의 예상 상속세를 비교해 보면 다음과 같습니다.
결국 가업상속공제를 받지 않고 현재처럼 보유주택에서 거주하지 않는 경우에는 부동산과 예금 등 재산은 모두 상속세로 납부하게 되고, 비상장주식만 물려받게 됩니다.

| 비상장법인 주식 상속 시 가업상속공제 미적용 VS 적용 |

(단위: 원)

구분	가업상속공제 미적용	가업상속공제 적용
상속 재산가액	13,200,000,000	13,200,000,000
기초공제	500,000,000	500,000,000
배우자공제	500,000,000	500,000,000
금융재산공제	20,000,000	20,000,000
가업상속공제		10,000,000,000
상속세 과세표준	12,180,000,000	2,180,000,000
세율	50%	40%
상속세 산출세액	5,630,000,000	712,000,000
신고세액공제	168,900,000	21,360,000

구분	가업상속공제 미적용	가업상속공제 적용
차가감납부세액	5,461,100,000	690,640,000
상속세 납부	아파트 매매대금 25억 원, 금융재산 7억 원으로 상속세 납부 후 비상장주식 22.6억 원 물납	상속받은 금융재산 7억 원으로 상속세 납부
상속세 납부 후 재산	• 비상장주식 75.6억 원, 비상장주식 외 남는 재산 없음. (알짜배기 재산: 상속세로 납부)	• 아파트 25억 원: 향후 가치상승 • 비상장주식 100억 원: 가업승계 (알짜배기 재산: 상속인이 상속)

Ⅱ 상장법인의 가업상속! 경영권과 주가 방어를 위해 필수입니다.

(김대표님 질문)

안세무사님!

제조업을 30년 이상 운영하고 10년 전에 코스닥 상장을 한 코스닥 상장법인의 김대표입니다.

현재 제 보유재산목록은 다음과 같은데, 가업상속공제를 적용받는 경우와 그렇지 않은 경우의 세 부담을 비교 부탁드립니다.

그리고 저는 상장 시 외부투자 받는 과정에서 최대주주 지분율이 많이 낮아진 상태이고 상장법인의 경우 가업상속공제 요건을 충족하고 사후관리 요건을 준수하는 것이 더 까다로울 것 같은데, 가업상속공제를 꼭 받아야 할까요?

◎ 김대표님 재산목록
- 코스닥 상장법인 주식 500억 원(사업무관자산비율: 0%): 700,000주(35%), 세법상 평가액 71,428원
- 가업상속공제 적용한도: 600억 원
- 강남: 아파트 55억 원
- 금융재산: 25억 원

◎ 상속세 계산 가정

배우자 생존(자녀에게 모두 상속), 연부연납 신청 안함, 아파트 매매하여 상속세 납부

◎ 상장법인 가업상속공제 필요성

- 상장주식 물납 불가능
  ⇒ 상속세 납부로 지분매각 과정에서 최대주주 변경되어 경영권 방어 실패

- 상속세 납부목적으로 장내 매각 시 주가 방어 실패

- 가업상속공제 요건을 충족하고 가업상속공제 받지 않는 경우
  ⇒ 연부연납 특례 또는 납부유예 적용 가능

Tip! I 상속세 납부목적으로 상속받은 주식을 양도하는 과정에서 최대주주가 변경되는 경우 경영권 방어에 실패할 수 있습니다.

(안세무사 답변)

김대표님!
상장주식은 보호예수 중인 주식을 제외하고는 물납이 불가능하므로 상속세 납부재원이 부족한 경우에는 상장주식을 양도하여 납부할 수밖에 없는데 이러한 과정에서 최대주주가 변경되어 경영권을 뺏길 수도 있습니다.

비상장주식의 경우 물납 요건을 갖추고 국채·공채, 보호예수 중인 상장주식, 부동산(상속개시 당시 상속인 거주 주택 제외)으로 상속세를 납부하고도 부족한 경우에는 비상장주식으로도 물납이 가능하고 물납을 한 이후에도 상속인이 50% 초과하여 지분을 보유하고 있는 경우가 많아 경영권을 뺏기는 경우는 많지 않습니다.

반면, 상장주식의 경우에는 보호예수 중인 주식을 제외하고는 원칙적으로 물납이 불가능합니다.(상증법 §73, 상증령 §74)

현재 대표님의 재산 총액 580억 원 중 상장주식 외 재산은 80억 원이므로 가업상속공제를 적용받지 않는 경우에는 상장주식을 장내에서 양도하여 상속세를 납부하거나 연부연납을 하는 경우에도 거액의 대출금을 받아 이자비용을 부담하면서 상속세를 납부하여야 합니다.

이 경우 상장 시 외부투자를 받아 지분율이 많이 낮아진 상태에서 2대 주주인 기관투자가 등의 지분율이 높은 경우에 상속세 납부재원 마련 목적으로 주식을 매각하는 과정에서 기업사냥꾼의 먹잇감이 되는 경우에는 자칫 최대주주가 변경되면서 경영권을 잃을

수도 있습니다.

　경영권을 방어하기 위해서는 결국 주식담보대출을 받아 상속세를 납부하고 이자비용을 부담하여야 하는데, 이건희 회장 사망 시 삼성 일가 상속인들이 1.7조 원의 대출을 받아 매월 46억 원의 이자비용을 부담한 것이 대표적인 사례라 할 수 있습니다.

　또한 갑작스럽게 별세하여 상속세 절세에 대한 준비를 하지 못한 넥슨 김정주 회장의 상속인의 경우 6조 원의 상속세 부담 때문에 지주회사 NXC의 지분 29.3%를 정부에 물납하여 정부가 NXC의 2대 주주로 등극하는 초유의 사태도 볼 수 있었습니다.

　해당 기업들은 가업상속공제가 배제되는 대기업에 해당하는 사례이므로 가업상속공제 적용이 가능한 직전 3개년 매출액 평균액이 5천억 원 미만인 기업의 경우 가업상속공제 효과를 극대화할 수 있도록 미리 준비할 필요가 있습니다.

(안세무사 답변)

김대표님!
상장주식 주가는 법인의 펀더멘털과 실적뿐만 아니라 각종 호재 또는 악재 성격의 뉴스에 따라 예민하게 등락합니다. 상속세 납부목적 양도는 분명 시장의 악재이므로 상속세 납부목적으로 주식을 양도하는 경우에는 주가하락의 원인이 되어 주가 방어에 실패하게 됩니다.

　상장법인 최대주주의 지분변동은 공시사항으로, 상속인이 상속세 납부목적으로 주식을 양도하는 경우에는 해당 변동내역이 모두 공시되게 됩니다.

　상장주식의 주가, 특히 펀더멘털이 튼튼하지 않고 시가총액이 크지 않은 코스닥 상장법인 주식은 시장의 호재성·악재성 뉴스에 따라 급등락할 수 있는데, 상속세 납부목적으로 주식을 양도하여 최대주주 지분매각이 계속 공시되는 경우에는 분명 시장의 큰 악재로 작용하여 주가 하락의 원인이 됩니다.

　이렇게 주가가 하락하는 경우에는 같은 금액의 상속세를 납부하는 경우에도 더 많은 주식을 양도하여야 하므로 또 다른 경영권 승계 실패의 원인이 될 수 있습니다.

따라서 주가를 방어하고 경영권 승계에 성공하기 위해서는 장기적인 관점에서 가업상속공제를 준비할 필요가 있습니다.

Tip!　Ⅲ　가업상속공제 요건을 충족한 경우로서 가업상속공제를 받지 않는 경우에는 연부연납 특례와 납부유예 특례를 적용받을 수 있습니다.

가업상속공제 요건에 준하는 요건을 충족한 경우로서 사후관리 등 부담 때문에 가업상속공제를 받지 않거나 가업상속공제를 받은 경우로서 가업상속공제 한도를 초과하는 금액 또는 일부재산에 대해 가업상속공제를 받지 않은 경우에는 해당 상속세 상당액에 대해 최장기간 20년 분할납부 또는 10년간 상속세를 납부하지 않다가 10년간 분할납부하는 연부연납 특례를 적용받을 수 있습니다. 즉, 상장법인의 경우 가업상속공제 한도를 초과하는 경우가 있을 수 있는데 한도액까지는 가업상속공제를 적용받고 한도 초과액에 대한 가업자산 상당액에 대한 상속세에 대해서는 특례 연부연납기간을 적용받을 수 있습니다.

또한 가업상속공제 요건을 충족하고 가업상속공제를 받지 않은 경우에는 상속받은 주식을 양도, 증여, 상속하는 시점까지 상속세의 납부가 유예되는 납부유예 적용도 가능하므로 가업상속공제 한도를 초과하여 상속세 납부세액이 부담되는 경우(중소기업 한정)에는 우선 가업상속공제 요건을 충족할 필요가 있습니다.

Tip!　Ⅳ　상장법인 주식도 가업상속공제 적용 시와 그렇지 않은 경우의 상속세를 미리 비교해 보고 전략적으로 가업상속공제를 준비할 필요가 있습니다.

(안세무사 답변)
김대표님!
대표님 보유재산목록으로 가업상속공제를 적용받은 경우와 그렇지 않은 경우의 예상 상속세를 비교해 보면 다음과 같습니다.
현재 대표님의 재산현황을 가정하여 계산 시 가업상속공제를 받지 않는 경우에는 최대주주가 변경되어 경영권 승계에 실패할 수 있고, 주가도 60,000원대 이하로 하락하여 주가 방어에도 실패할 수 있습니다.
따라서 경영권 승계측면에서 가업상속공제는 선택이 아닌 필수라 할 수 있습니다.

(단위: 원)

구분	가업상속공제 미적용	가업상속공제 적용
상속 재산가액	58,000,000,000	58,000,000,000
기초공제	500,000,000	500,000,000
배우자공제	500,000,000	500,000,000
금융재산상속공제	200,000,000	200,000,000
가업상속공제		50,000,000,000
상속세 과세표준	56,800,000,000	6,800,000,000
세율	50%	50%
상속세 산출세액	27,940,000,000	2,940,000,000
신고세액공제	838,200,000	88,200,000
차가감납부세액	27,101,800,000	2,851,800,000
상속세 납부	아파트 매매대금 55억 원, 금융재산 25억 원으로 상속세 납부 후 상장주식 약 191억 원 양도(300,000주)하여 납부: 상장주식 물납 불가능	상속받은 금융재산 25억 원과 상속인 보유 현금 약 3.5억 원으로 납부
상속세 납부 후 지분율	20%대 • 최대주주 변경 • 경영권 유지 실패	35%: 경영권 유지
상속세 납부 후 주가	60,000원대 이하로 하락 가능 • 상속세 납부목적 • 매각이슈로 하락	70,000원대: 가업상속공제 적용에 따라 매각이슈가 없어 주가 유지

Chapter 3

가업상속공제 요건 편
-가업 요건, 피상속인 요건, 상속인 요건

I 가업상속공제를 받기 위해서는 가업 요건, 피상속인 요건, 상속인 요건, 영농상속공제 미적용 요건을 충족하여야 합니다.

(김대표님 질문)

안세무사님!

가업상속공제 필요성에 대한 세무사님 설명을 들으니 가업상속공제를 꼭 적용받아야겠다는 생각이 듭니다.

우선 어떤 기업을 가업이라고 하나요?

그리고 가업상속공제 요건을 충족하는 것이 까다롭다고 하던데, 가업상속공제를 적용받기 위해 지켜야 할 요건은 몇 가지가 있나요?

(안세무사 답변)

김대표님!

우선 가업상속공제 측면에서 "가업"이란 피상속인이 10년 이상 계속 경영한 기업만을 의미하는 것으로, 10년 미만 경영한 기업은 가업에 해당하지 않습니다.

가업상속공제를 받기 위해서는 다음 가업 요건, 피상속인 요건, 상속인 요건, 영농상속공제 미적용 요건을 충족하여야 합니다.

첫째, 피상속인이 10년 이상 계속 경영한 가업상속공제 대상 중소기업 또는 직전 3년 평균매출액 5천억 원 미만의 중견기업으로서 상속개시일 현재 가업상속공제 가능한 업종을 10년 이상 계속 유지하여야 하는 세 가지 가업 요건을 충족하여야 합니다.

둘째, 거주자인 피상속인이 최대주주 지분율 40%(상장법인 20%) 이상을 10년 이상 유지하고, 대표이사 재직 요건을 충족하면서 10년 이상 계속 가업을 경영하여야 합니다. 또한 상속개시 전 10년 이내 탈세나 회계부정으로 벌금 또는 징역형을 선고받지 않아야 하며, 최대출자자가 2인 이상인 경우 최초 가업상속공제를 받는 주주등에 해당하여야 하는 네 가지 피상속인 요건을 충족하여야 합니다.

셋째, 상속인이 만 18세 이상으로서 상속개시일 전 2년 이상 가업에 종사하고 상속세 신고기한까지 임원 취임한 후 상속세 신고기한부터 2년 이내 대표이사에 취임하여야 합니다. 또한 상속개시 전 10년 이내와 상속개시 후 5년 이내 탈세나 회계부정으로 벌금 또는 징역형을 선고받지 않아야 하고, 중견기업의 경우 상속세 납부능력 요건을 충족하여야 하는 다섯 가지 상속인 요건을 충족하여야 합니다.

넷째, 영농상속공제와 가업상속공제는 중복적용이 되지 않으므로 영농상속공제를 적용받지 않아야 합니다.

◎ 가업상속공제를 받기 위해 지켜야 할 네 가지 요건

- 가업의 정의: 피상속인이 10년 이상 계속하여 경영한 기업

Ⅰ. 네 가지 가업 요건
① 10년 이상 계속 경영한 기업(가업) 해당
② 가업상속공제 대상 중소기업 또는 중견기업 해당
   (중견기업: 직전 3개 소득세 과세기간 또는 법인세 사업연도 평균매출액 5천억 원 미만)
③ 가업상속공제 가능업종을 주된 사업으로 영위
④ 가업상속공제 가능 동일업종을 상속개시일 전 10년 이상 계속 유지

Ⅱ. 네 가지 피상속인 요건
① 10년 이상 최대주주로서 40%(상장법인 20%) 이상 지분율 유지하면서 계속 경영
② 일정기간 동안 대표이사 재직
   (다음 3가지 중 하나 대표이사 재직 요건 충족)
   - 가업 영위기간의 50% 이상
   - 10년 이상(상속인이 피상속인의 대표이사등의 직을 승계한 후 상속개시일까지 계속 재직한 경우)
   - 상속개시일부터 소급하여 10년 중 5년 이상
③ 최대주주등이 2인 이상인 경우 최초 가업상속공제 적용신청 주주등 해당
④ 상속개시 전 10년 이내 탈세나 회계부정으로 벌금 또는 징역형 미선고

Ⅲ. 다섯 가지 상속인 요건
① 상속개시일 현재 18세 이상
② 상속개시일 전 2년 이상 가업에 종사
   (피상속인 65세 이전 사망 또는 천재지변 및 인재로 사망시 제외)

③ 상속세 신고기한 내 임원취임, 신고기한부터 2년 이내 대표이사 취임

④ 상속개시 전 10년 이내 조세포탈 또는 회계부정으로 벌금 또는 징역형 미확정

⑤ 중견기업의 경우 상속세 납부능력 요건

　　가업상속재산 외의 상속 재산가액 ≤ 가업상속공제 미적용 시 상속세의 2배

Ⅳ. 영농상속공제 미적용 요건

　　피상속인과 상속인이 농업인인 경우로서 영농상속공제를 받지 않을 것

Ⅱ 가업 요건 편

(김대표님 질문)

안세무사님!

가업상속공제 요건 중 첫 번째 요건인 가업 요건을 충족하려면 어떤 요건을 충족하여야 하나요?

(안세무사 답변)

김대표님!

가업 요건을 충족하기 위해서는 우선 피상속인이 10년 이상 계속 경영한 가업상속공제 대상 중소기업 또는 직전 3년 평균매출액 5,000억 원 미만의 중견기업으로서 가업상속공제 대상 가능업종을 주된 사업으로 영위하고, 가업상속공제 가능한 업종을 10년 이상 계속 영위하여야 합니다.

가업 요건 Ⅰ　　**피상속인이 피상속인 요건을 갖추고 10년 이상 계속 경영한 기업인 가업에 해당하여야 합니다.**

Tip!　Ⅰ　피상속인이 상속개시일 전 소급하여 10년 이상 계속 경영한 기업에 해당하여야 합니다.

　가업상속공제에서의 가업은 피상속인이 10년간 계속하여 경영한 기업만을 의미하는 것입니다.

피상속인이 10년간 계속하여 경영한 기업인지 여부는 상속개시일부터 소급하여 10년간으로 판단하며 중간에 피상속인의 경영이 중단된 경우에는 경영을 시작한 시점부터 다시 기산하여야 합니다.

법인기업의 경우에는 최대주주등으로서 특수관계인의 지분율 포함하여 40%(상장법인 20%) 이상을 계속 유지한 상태부터 가업의 영위기간을 계산하므로 중간에 최대주주등에 해당하지 않거나 지분율 요건을 충족하지 못한 시점이 있는 경우에는 해당 요건을 충족한 시점부터 다시 피상속인이 10년 이상 계속 경영한 기업 여부를 판단하여야 하는 점을 주의하여야 합니다.

☞ 주의점
가업영위기간 기산시점: 특수관계인 지분 합산 40%(상장법인 20%) 이상이면서 실제 가업의 경영에 참가한 때부터 기산함.

> **법규재산 2013 – 432, 2014. 1. 22.**
> 법인가업의 가업영위기간은 피상속인이 특수관계인의 주식수와 합하여 50% 초과하는 최대주주인 상태를 유지하면서 실제 가업의 경영에 참가한 때부터 기산함.

Tip! Ⅱ 개인사업자가 법인전환한 후에 동일업종을 유지하는 경우에는 개인사업자로서 가업영위기간을 합산하여 10년 이상 경영한 기업 여부를 판단합니다.

피상속인이 개인사업자의 대표자로 있다가 동일업종의 법인으로 전환하여 가업의 영속성이 유지되는 경우에는 개인사업자의 가업영위기간을 합산하여 판단합니다.

이 경우 법인전환은 모든 자산, 부채를 포괄적으로 양도하는 포괄양수도가 아닌 경우로서 일부 사업용 자산을 제외하고 법인전환하는 경우에도 가업의 영속성이 유지되는 경우에는 개인사업 영위기간을 합산하여 판단한다는 것으로 2019. 10. 24. 기획재정부 해석이 변경되어 일부 사업용 자산을 제외하고 법인전환한 경우에도 개인사업자 가업영위기간을 인정받을 수 있습니다.

> **기획재정부 재산세제과 – 724, 2019. 10. 24.**
> 개인사업자로서 제조업에 사용하던 건물 등 일부 사업용 자산을 제외하고 법인전환을 하

였다 하더라도, 법인전환 후에 동일한 업종을 영위하는 등 가업의 영속성이 유지되는 경우에는 피상속인이 개인사업자로서 가업을 영위한 기간을 포함하여 가업 경영기간을 계산하는 것임(종전에는 사업용 자산의 일부를 제외하고 법인전환한 경우에는 개인사업자로서 가업영위 기간은 포함하지 않는 것으로 해석하였으나 기획재정부에서 해석 변경).

서면 – 상속증여 – 0611, 2015. 6. 11.

개인사업자로서 영위하던 가업을 동일업종의 법인으로 전환하여 피상속인이 법인 설립일 이후 계속하여 그 법인의 최대주주등에 해당하는 경우에는 개인사업자로 가업을 영위한 기간을 포함하여 10년 여부를 판단하며, 대표이사 기간에는 개인사업자의 대표자인 기간을 포함함.

상속세 및 증여세법 기본통칙 18 – 15…1【가업상속 판정기준】

③ 법 제18조 제2항 제1호를 적용할 때 개인사업자로서 영위하던 가업을 동일업종의 법인으로 전환하여 피상속인이 법인 설립일 이후 계속하여 그 법인의 최대주주등에 해당하는 경우에는 개인사업자로서 가업을 영위한 기간을 포함하여 계산한다.

Tip! **Ⅲ** 가업에 해당하는 법인과 자회사가 합병하는 경우 가업 영위기간은 합병법인을 기준으로 판단하며, 법인이 인적분할한 경우 분할 신설법인의 가업영위기간은 분할 전 분할법인의 사업개시일부터 기산합니다.

법인기업이 합병한 경우에는 합병법인의 사업개시일을 기준으로 전체 가업영위기간을 판단하며, 본지점이 있는 경우에는 본점을 기준으로 피상속인이 10년 이상 경영하였는지 여부를 판단합니다.

다만, 합병법인과 피합병법인 중 어느 한 법인이 가업영위기간을 충족하지 못한 상태에서 합병한 경우 가업영위기간은 합병일 이후부터 계산하므로 대표이사가 연로한 경우로서 합병법인과 피합병법인 중 주식가액이 큰 법인이 10년 이상 계속 가업경영 요건을 충족한 상태에서 가업영위기간을 충족하지 못한 법인과 합병하는 경우에는 주의할 필요가 있습니다.

한편, 인적분할한 경우 분할신설법인의 사업영위기간은 분할 전 분할법인의 사업개시일부터 기산하여 판단합니다.

서면 – 2023 – 상속증여 – 3832, 2024. 3. 7.

피합병법인과 합병법인 중 어느 한 법인이 가업영위기간을 충족하지 못한 경우 합병 후 존속법인에 대한 사업영위기간은 합병일 이후부터 계산하는 것임.

서면 – 2022 – 상속증여 – 4689, 2022. 12. 26.

합병법인을 기준으로 합병법인의 사업개시일부터 가업영위기간을 계산하는 것임.

서면 – 2021 – 상속증여 – 7534, 2022. 11. 8.

합병법인을 기준으로 하여 가업 요건을 충족하는 경우 과세특례가 적용됨.

서면 – 상속증여 – 1602, 2020. 7. 29.

「상속세 및 증여세법」 제18조 제2항 제1호에서 규정하는 피상속인이 10년 이상 계속하여 경영한 기업에 해당하는지 여부는 본점 또는 합병법인을 기준으로 판단하는 것임.

서면 – 상속증여 – 4593, 2020. 12. 31.

10년 이상 영위한 합병법인과 합병법인의 자회사가 합병 시 가업영위기간은 합병법인을 기준으로 하며, 가업상속 재산가액은 합병 후 법인의 주식 등의 가액에 사업무관자산을 제외한 자산가액이 총자산가액에서 차지하는 비율을 계산하는 것임. 또한, 인적분할한 경우 당해 분할신설법인의 사업영위기간은 분할 전 분할법인의 사업개시일부터 계산하는 것임.

가업 요건 Ⅱ 중소기업 또는 중견기업인 경우 직전 3년 평균 매출액이 5,000억 원 미만인 경우로서 가업상속공제 대상 중소기업 또는 중견기업 요건을 갖추어야 합니다.

Tip! Ⅰ 가업상속공제 대상 중소기업은 네 가지 요건을 갖추어야 합니다.

중소기업이 가업상속공제를 받기 위해서는 ① 상속개시 직전 사업연도 매출액이 중소기업 규모기준(업종별로 400억 원~1,500억 원 이하) 이하이고, ② 공시대상기업집단에 해당하지 않으며, ③ 실질적인 독립성을 갖춘 경우로서, ④ 직전 사업연도 말 자산총액이 5천억 원 미만인 경우에 해당하여야 합니다.[2] (상증법 §18의2 ①, 상증령 §15 ①)

---

2) 상속세 및 증여세법 시행령 제15조 【가업상속】
　① 법 제18조의2 제1항 각 호 외의 부분 전단에서 "대통령령으로 정하는 중소기업"이란 상속개시일이 속하는 소득세 과세기간 또는 법인세 사업연도의 직전 소득세 과세기간 또는 법인세 사업연도 말 현재 다음 각 호의 요건을 모두 갖춘 기업(이하 이 조에서 "중소기업"이라 한다)을 말한다.
　　1. 별표에 따른 업종을 주된 사업으로 영위할 것
　　2. 「조세특례제한법 시행령」 제2조 제1항 제1호 및 제3호의 요건을 충족할 것

1. 상속개시 직전 사업연도 개별기업 매출액이 중소기업 규모 기준 매출 이하여야 합니다.

(김대표님 질문)

안세무사님!

가업상속공제 대상 중소기업은 매출액이 400억 원~1,500억 원 이하여야 한다고 하셨는데, 의료기기 제조업을 하는 저희 법인은 매출액이 얼마 이하여야 하나요?

그리고 여기서 매출액은 상속개시 직전 연도 매출액인가요? 아니면 직전 3년 평균 매출액인가요?

(안세무사 답변)

김대표님!

중소기업의 매출액은 직전 3년 평균 매출액이 아닌 상속개시 직전 사업연도 매출액을 의미합니다.

그리고 매출액의 일정 규모 이하 판단은 업종별로 상이한데 구체적으로는 아래 표에 따라 각 업종별로 매출액 규모를 판단하면 되고, 둘 이상의 업종을 영위하는 경우에는 매출액이 큰 업종의 매출액으로 판단하면 됩니다.

김대표님 법인의 경우 의료기기 제조업이므로 상속개시 직전 사업연도 매출액이 800억 원 이하이면 가업상속공제 대상 중소기업에 해당합니다.

(김대표님 질문)

의료기기 제조업은 개당 단가가 있는데 매출액 800억 원을 기준으로 가업상속공제 대상 중소기업을 판단한다고 하니 매출액 기준이 엄청 낮은 것 같습니다.

(안세무사)

네~ 대표님! 맞습니다.

현재 중소기업 여부 판단 규모기준이 현실을 반영하지 못하고 낮은 편입니다. 다만, 대표님 법인이 세액공제나 감면을 받는 경우에는 중소기업에 해당하지 않는 경우 세액공제 등의 혜택이 배제되지만 가업상속공제의 경우 중소기업이 아닌 경우에도 직전 3년 평균 매출액이 5,000억 원 미만인 중견기업에 해당하면 가업상속공제가 가능하니 크게 걱정하지 않으셔도 됩니다.

---

3. 자산총액이 5천억 원 미만일 것

| 가업상속공제 가능 중소기업 판단 매출액 규모 기준 |

해당 기업의 주된 업종	규모 기준
제조업(의복, 의복액세서리 및 모피제품 / 가죽, 가방 및 신발 / 펄프, 종이 및 종이제품 / 1차 금속 / 전기장비 / 가구)	직전 사업연도 매출액 1,500억 원 이하
농업, 임업 및 어업, 광업, 전기, 가스, 증기 및 수도사업, **건설업, 도매 및 소매업, 제조업**(담배 / 섬유제품 / 목재 및 나무제품 / 코크스, 연탄 및 석유정제품 / 화학물질 및 화학제품 / 고무제품 및 플라스틱제품 / 금속가공제품 / 전자부품, 컴퓨터, 영상, 음향 및 통신장비 / 그 밖의 기계 및 장비 / 자동차 및 트레일러 / 그 밖의 운송장비)	직전 사업연도 매출액 1,000억 원 이하
제조업(음료 / 의료용 물질 및 의약품 / 비금속 광물제품 / 의료, 정밀, 광학기기 및 시계 / 그 밖의 제품), 인쇄 및 기록매체 복제업, 하수·폐기물 처리, 원료재생 및 환경복원업, **운수업, 출판, 영상, 방송통신 및 정보서비스업**	직전 사업연도 매출액 800억 원 이하
서비스업(전문, 과학 및 기술 / 사업시설관리 및 사업지원 / 보건업 및 사회복지 / 예술, 스포츠 및 여가 관련 / 수리 및 기타 개인 서비스업)	직전 사업연도 매출액 600억 원 이하
숙박 및 음식점업, 교육 서비스업	직전 사업연도 매출액 400억 원 이하

(중소기업기본법 시행령 별표 1)

2. 공시대상기업집단에 해당하지 않아야 합니다.

(김대표님 질문)

안세무사님!

저희 법인은 관계가 없을 것 같긴 한데 가업상속공제 대상 중소기업에 해당하기 위해서는 공시대상기업집단에 해당하지 않아야 한다고 하셨는데 공시대상기업집단은 뭔가요?

---

3) 독점규제 및 공정거래에 관한 법률 제31조【상호출자제한기업집단 등의 지정 등】
　① 공정거래위원회는 대통령령으로 정하는 바에 따라 산정한 자산총액이 5조 원 이상인 기업집단을 대통령

(안세무사 답변)

김대표님!
대표님 법인의 경우 공시대상기업집단 해당 여부는 법인이 기업집단에 속한 경우에만 검토가 필요한 것으로 기업집단에 속하지 않는 경우에는 검토할 필요가 없습니다. 공시대상기업집단이란 기업집단에 속하는 법인의 직전 연도 말 재무상태표상 자산총액의 합계가 5조 원 이상인 법인을 의미합니다.[3] (독점규제 및 공정거래에 관한 법률 §31 ①, 독점규제 및 공정거래에 관한 법률 시행령 §38 ①)
〔공정거래위원회는 2024. 5. 14. 88개 기업집단(소속회사 3,318개)을 공시대상기업집단으로 지정〕

3. 실질적 독립성 요건을 충족하여야 합니다.

(김대표님 질문)

안세무사님!
중소기업은 실질적 독립성 요건을 충족하여야 한다고 하셨는데 말이 어렵네요. 실질적 독립성 요건은 대체 무슨 뜻인가요?

(안세무사 답변)

김대표님!
실질적 독립성이란 말이 어려우실 것 같습니다.
실질적 독립성이란 소유와 경영이 실질적으로 독립되어 있는지를 뜻하는 것이라 할 수 있습니다.

중소기업이 소유와 경영의 실질적 독립성 요건을 충족하기 위해서는,

첫째, 자산총액 5천억 원 이상인 법인(외국법인 포함, 비영리법인 및 창투사 등 제외)이 김대표님 법인주식의 30% 이상을 직접·간접적으로 소유하면서 최대출자자(법인의 경우 임원, 개인의 경우 친족 지분율 합산)에 해당하지 않아야 하며,

둘째, 관계기업(외부감사 대상기업이 30% 이상 출자하면서 최대출자자에 해당)에 속하는 경우에는 관계기업의 매출액을 합산[지분율 50% 이상인 경우: 단순합산(투자회사 매출액 + 피투자회사 매출액), 50% 미만인 경우: 투자지분율에 대한 매출액(투자회사 매출액 + 투자지분율 × 피투자회사 매출액)만 합산]한 매출액이 중소기업 규모기준을

령으로 정하는 바에 따라 공시대상기업집단으로 지정하고, 지정된 공시대상기업집단 중 자산총액이 국내 총생산액의 1천분의 5에 해당하는 금액 이상인 기업집단을 대통령령으로 정하는 바에 따라 상호출자제한 기업집단으로 지정한다. 이 경우 공정거래위원회는 지정된 기업집단에 속하는 국내 회사와 그 회사를 지배하는 동일인의 특수관계인인 공익법인에 지정 사실을 대통령령으로 정하는 바에 따라 통지하여야 한다.

초과하지 않아야 합니다.(중소기업기본법 시행령 §3 ① 2호)

즉, 김대표님 법인 매출액이 중소기업 기준 매출액 이하인 경우에도 대표님 법인을 외부감사대상 법인이 30% 이상 직접·간접 출자하면서 최대출자자에 해당하거나 대표님 법인이 외부감사대상이면서 다른 법인을 30% 이상 직접·간접 출자하고 최다출자자에 해당하는 경우에는 대표님 법인뿐만 아니라 관계기업 매출액까지 고려하여 중소기업 규모기준 매출액을 초과하는지 여부를 판단하여야 합니다.

4. 중소기업 유예기간 중인 법인은 가업상속공제 적용 시 중소기업으로 보지 않습니다.

(김대표님 질문)

안세무사님!
저랑 동종업종을 영위하는 박대표는 전년도 매출액이 800억 원을 초과했지만 3년간은 중소기업으로 보는 중소기업 유예가 적용된다고 하는데 가업상속공제 적용할 때도 동일한가요?

(안세무사 답변)

김대표님!
세액감면이나 세액공제 등 혜택 적용 시에는 중소기업 규모 기준매출액을 초과하는 경우에도 초과한 연도와 다음 5개 연도까지는 중소기업으로 보아 세액공제 등 혜택을 적용받을 수 있습니다.
하지만 가업상속공제 적용 시에는 매출액 규모기준을 초과하는 경우 바로 중소기업이 아닌 중견기업에 해당하는 것으로 봅니다.
다만, 세액공제 등 조세감면 적용 시에는 중견기업에 해당하는 경우 조세감면 등 혜택이 배제되지만 가업상속공제 적용 시에는 중견기업에 해당하는 경우에도 상속인 납부능력 요건만 추가될 뿐 직전 3년 평균매출액이 5천억 원 미만인 경우에는 가업상속공제가 가능합니다.

가업상속공제 대상 중견기업이 되기 위해서는 ① 중소기업이 아닌 경우로서, ② 직전 3년 개별기업 평균매출액이 5천억 원 미만이고, ③ 소유와 경영의 실질적 독립성 요건을 충족하여야 합니다.[4](상증법 §18의2 ①, 상증령 §15 ②)

1. 상속개시 직전 3개 사업연도 평균매출액이 5천억 원 미만이어야 합니다.

(김대표님 질문)

매출액 5천억 원 미만인지 여부 판단 시 매출액은 어떠한 매출액으로 판단하나요?

(안세무사 답변)

김대표님!

중견기업의 경우 모두 외부회계감사 대상에 해당한다고 보아야 하는데, 회계감사를 받은 직전 3개 연도 재무제표상 매출액의 평균액으로 5천억 원 미만(법인세 과세기간이 1년 미만인 경우 1년으로 환산) 여부를 판단합니다.

중소기업이 상속개시 직전 사업연도 매출액으로 판단하는 것과 달리 중견기업의 경우 직전 3년 매출액의 평균액으로 판단하는 차이가 있습니다.

따라서 직전 사업연도에 매출액이 5,000억 원을 초과하여 1조에 해당하는 경우라도 직전 3개 연도 평균매출액이 5천억 원 미만이면 가업상속공제가 가능한 것으로, 상속 시점에 따라 상속세가 엄청나게 달라질 수 있는 측면이 있습니다.

---

4) 상속세 및 증여세법 시행령 제15조【가업상속】
　② 법 제18조의2 제1항 각 호 외의 부분 전단에서 "대통령령으로 정하는 중견기업"이란 상속개시일이 속하는 소득세 과세기간 또는 법인세 사업연도의 직전 소득세 과세기간 또는 법인세 사업연도 말 현재 다음 각 호의 요건을 모두 갖춘 기업(이하 이 조에서 "중견기업"이라 한다)을 말한다.
　　1. 별표에 따른 업종을 주된 사업으로 영위할 것
　　2. 「조세특례제한법 시행령」 제9조 제4항 제1호 및 제3호의 요건을 충족할 것
　　3. 상속개시일의 직전 3개 소득세 과세기간 또는 법인세 사업연도의 매출액(매출액은 기획재정부령으로 정하는 바에 따라 계산하며, 소득세 과세기간 또는 법인세 사업연도가 1년 미만인 소득세 과세기간 또는 법인세 사업연도의 매출액은 1년으로 환산한 매출액을 말한다)의 평균금액이 5천억 원 미만인 기업일 것

2. 연결재무제표상 매출액이 아닌 개별기업 매출액으로 매출액 5천억 원 미만인지 여부를
판단합니다.

3. 소유와 경영의 실질적 독립성 요건을 충족하여야 합니다.

둘째, 상호출자제한기업집단에 해당하지 않더라도 자산총액이 상호출자제한기업집단 지정기준 자산총액 이상인 기업이 해당 기업의 주식을 30% 이상 직접·간접 출자(법인의 경우 임원, 개인의 경우 친족 지분율 합산)하면서 최다출자자에 해당한 경우에 해당하지 않아야 합니다.(중견기업 성장촉진 및 경쟁력 강화에 관한 특별법 시행령 §2 ② 1호 나목) 단은 자산총계가 약 10조 원 정도 되는 기업집단을 의미합니다.

둘째, 상호출자제한기업집단에 해당하지 않더라도 자산총액이 상호출자제한기업집단 지정기준 자산총액 이상인 기업이 해당 기업의 주식을 30% 이상 직접·간접 출자(법인의 경우 임원, 개인의 경우 친족 지분율 합산)하면서 최다출자자에 해당한 경우에 해당하지 않아야 합니다.(중견기업 성장촉진 및 경쟁력 강화에 관한 특별법 시행령 §2 ② 1호 나목)

가업 요건 Ⅲ

중소기업 또는 직전 3년 평균매출액이 5,000억 원 미만인 중견기업에 해당하는 경우에도 가업상속공제 대상 업종을 주된 사업으로 영위하여야 가업상속공제가 가능합니다.

(김대표님 질문)

안세무사님!

저희 법인은 건설과 부동산 시행을 한 법인에서 진행하고 있습니다.

주변에서 저희 법인은 건설법인이라 가업상속공제가 가능하다고 하는 이야기와 시행업은 부동산업이므로 가업상속공제가 불가능하다고 말하는 경우가 있는데, 저희 법인은 가업상속공제가 가능한가요?

(안세무사 답변)

김대표님!

가업상속공제가 가능한 중소기업 또는 직전 3년 평균매출액이 5천억 원 미만인 중견기업에 해당하는 경우에도 가업상속공제는 그 취지를 반영하여 가업승계를 장려할만한 업종을 주된 사업으로 하는 경우만 가능한 것으로, 아래와 같이 가업상속공제 대상 업종을 정하고 있습니다.

여기서 주된 사업은 매출액이 큰 사업으로 판단하는 것으로 건설업의 경우 가업상속공제 대상이지만 부동산업인 부동산 시행업은 가업상속공제 대상이 아니므로 건설업 매출이 큰 경우에는 건설업을 주된 사업으로 영위하는 것으로 보아 가업상속공제가 가능하지만, 부동산 시행업 매출이 큰 경우에는 부동산업을 주업으로 하는 경우에 해당하므로

---

5) 국가통계포털 https://kosis.kr/search/search.do

가업상속공제가 불가능합니다.
따라서 대표님의 경우에는 건설업의 매출액이 시행업의 매출액보다 큰 것이 유리한데, 시행업의 경우 분양매출 발생 시 일시에 거액의 매출이 발생하여 건설업 매출액보다 클 수가 있으므로 이 점을 주의하셔야 합니다.

Tip! I 가업상속공제는 다음의 공제대상 업종을 주된 사업으로 영위한 경우에만 가능하며, 공제대상 업종은 한국표준산업분류에 따른 업종과 개별법률의 규정에 따른 업종으로 구분할 수 있습니다.

1. 한국표준산업분류에 따른 가업상속공제 대상 업종

표준산업분류상 구분	가업 해당 업종
농업, 임업 및 어업	작물재배업 중 종자 및 묘목생산업을 영위하는 기업으로서 가업용 자산 가액 중 토지 및 건물 가액이 해당하는 비율이 50% 미만인 경우
광업	광업 전체
제조업	제조업 전체. 이 경우 자기가 제품을 직접 제조하지 않고 제조업체(사업장이 국내* 또는 개성공업지구에 소재하는 업체에 한정)에 의뢰하여 제조하는 사업으로서 그 사업이 다음의 요건을 모두 충족하는 경우를 포함한다. 1) 생산할 제품을 직접 기획(고안·디자인 및 견본제작 등을 말한다)할 것 2) 해당 제품을 자기명의로 제조할 것 3) 해당 제품을 인수하여 자기책임하에 직접 판매할 것 * 국외에 제조를 의뢰한 경우에는 도매업으로 분류되어 공제대상 업종 해당
하수 및 폐기물 처리, 원료재생, 환경정화 및 복원업	하수·폐기물 처리(재활용을 포함한다), 원료 재생, 환경정화 및 복원업 전체
건설업	건설업 전체
도매 및 소매업	도매 및 소매업 전체
운수업	여객운송업[육상운송 및 파이프라인 운송업, 수상 운송업, 항공 운송업 중 여객을 운송하는 경우]
숙박 및 음식점업	음식점 및 주점업 중 음식점업

표준산업분류상 구분	가업 해당 업종
정보통신업	출판업
	영상·오디오 기록물제작 및 배급업. 다만, 비디오물 감상실 운영업은 제외한다.
	방송업
	우편 및 통신업 중 전기통신업
	컴퓨터 프로그래밍, 시스템 통합 및 관리업
	정보서비스업
전문, 과학 및 기술 서비스업	연구개발업
	전문서비스업 중 광고업, 시장조사 및 여론조사업
	건축기술, 엔지니어링 및 기타 과학기술 서비스업 중 기타 과학기술 서비스업
	기타 전문, 과학 및 기술 서비스업 중 전문디자인업
사업시설관리 및 사업지원 서비스업	사업시설 관리 및 조경 서비스업 중 건물 및 산업설비 청소업
	사업지원 서비스업 중 고용알선 및 인력 공급업, 경비 및 경호 서비스업, 보안시스템 서비스업, 콜센터 및 텔레마케팅 서비스업, 전시, 컨벤션 및 행사 대행업, 포장 및 충전업, 소독 및 구충방제 서비스업
임대업(부동산 제외)	무형재산권 임대업(지식재산을 임대하는 경우로 한정)
교육서비스업	교육 서비스업 중 유아 교육기관, 사회교육시설, 직원훈련기관, 기타 기술 및 직업훈련학원
	• 한국산업분류상 교육서비스 업 중 유아 교육기관, 사회교육시설, 직원훈련기관, 기타 기술 및 직업훈련학원만 가업상속공제 대상 업종에 해당됨. 　→ 입시학원, 일반교과 보습학원 등은 한국산업분류상 일반 교과학원으로 분류되므로 가업상속공제 대상 업종에 해당되지 않음. ※ 업종 예시(한국산업분류) 　1. **유아 교육기관**: 유치원(보육원 및 탁아기관 제외) 　2. **사회교육시설** 　　사회교육시설, 학교 부설 사회교육원, 시민단체 부설 사회교육원 　3. **직원훈련기관**: 공무원 훈련원, 기업 직원훈련시설 　4. **기타 기술 및 직업훈련학원** 　　통신 기술학원, 자동차 정비학원, 양재학원, 미술학원, 미용학원, 직업 훈련원, 모형 제작학원, 체육 전문강사 교육, 비서학원
사회복지 서비스업	사회복지서비스업 전체

표준산업분류상 구분	가업 해당 업종
예술, 스포츠 및 여가관련 서비스업	창작, 예술 및 여가관련 서비스업 중 창작 및 예술관련 서비스업, 도서관, 사적지 및 유사 여가관련 서비스업. 다만, 독서실 운영업은 제외한다.
협회 및 단체, 수리 및 기타 개인 서비스업	기타 개인 서비스업 중 개인 간병인 및 유사 서비스업

(상속세 및 증여세법 시행령 별표 1)

2. 개별법률의 규정에 따른 가업상속공제 대상 업종

가업 해당 업종
직업기술 분야를 교습하는 학원을 운영하는 사업 또는 직업능력개발훈련시설을 운영하는 사업(직업능력개발훈련을 주된 사업으로 하는 경우에 한정)
엔지니어링활동을 제공하는 사업("엔지니어링활동"이란 과학기술의 지식을 응용하여 수행하는 사업이나 시설물에 관한 연구, 기획, 조사, 설계 등의 활동을 말한다.)
물류산업(육상·수상·항공 운송업, 화물 취급업, 보관 및 창고업, 육상·수상·항공 운송지원 서비스업, 화물운송 중개·대리 및 관련 서비스업, 화물포장·검수 및 계량 서비스업, 예선업, 도선업, 기타 산업용 기계·장비 임대업 중 팔레트 임대업)
수탁생산업(위탁자로부터 주문자상표부착방식에 따른 제품생산을 위탁받아 이를 재위탁하여 제품을 생산·공급하는 사업 - 조특법 §6 ①)
자동차정비공장을 운영하는 사업(제조장 또는 자동차정비공장으로서 제조 또는 사업단위로 독립된 것)
선박관리업(국내외의 해상운송인, 선박대여업을 경영하는자, 관공선 운항자, 조선소, 해상구조물 운영자 등을 말한다)
의료기관을 운영하는 사업 • "의료기관"이란 의료인이 공중 또는 특정 다수인을 위하여 의료·조산의 업을 하는 곳을 말함. 1. 의원급 의료기관: 의사, 치과의사 또는 한의사가 주로 외래환자를 대상으로 각각 의료행위를 하는 의료기관 　가. 의원 　나. 치과의원 　다. 한의원 2. 조산원: 조산사가 조산과 임산부 및 신생아를 대상으로 보건활동과 교육·상담을 하는 의료기관 3. 병원급 의료기관: 의사, 치과의사 또는 한의사가 주로 입원환자를 대상으로 의료행위를 하는 의료기관

가업 해당 업종

가. 병원
나. 치과병원
다. 한방병원
라. 요양병원
마. 정신병원
바. 종합병원

관광사업(카지노업, 관광유흥음식점업 및 외국인전용 유흥음식점업은 제외)
• **"관광사업"**이란 관광객을 위하여 운송·숙박·음식·운동·오락·휴양 또는 용역을 제공하거나 그 밖에 관광에 딸린 시설을 갖추어 이를 이용하게 하는 업을 말함.

[서면-2016-상속증여-4002, 2018. 2. 6.]
관광진흥법에 따른 관광사업(카지노, 관광유흥업 및 외국인전용 유흥음식점업은 제외) 가업상속공제 대상 업종에 해당하는 것이며, 골프장이 관광진흥법에 따른 관광사업 해당 여부에 대한 판단과 답변은 주무부처인 문화체육관광부의 담당임.
→ 관광진흥법에서 관광객 이용시설업을 관광사업으로 규정하고 있고 관광객 이용시설업에는 "관광객을 위하여 음식·운동·오락·휴양·문화·예술 또는 레저 등에 적합한 시설을 갖추어 이를 관광객에게 이용하게 하는 업"이 포함됨.
  골프장이 이에 해당된다면 가업상속공제 대상 업종이 될 수 있으므로 관광진흥법에 따른 관광사업에 해당하도록 하는 것이 가장 중요한 사항임.

노인복지시설을 운영하는 사업
• **노인복지시설의 종류**
  1. 노인주거복지시설
  2. 노인의료복지시설
  3. 노인여가복지시설
  4. 재가노인복지시설
  5. 노인보호전문기관
  6. 노인일자리지원기관
  7. 학대피해노인 전용쉼터

구분	노인복지법에 따른 분류
노인의료복지시설	요양원, 노인요양공동생활가정
재가노인복지시설	방문요양, 방문목욕, 방문간호, 주야간보호, 단기보호, 재가노인지원서비스
노인주거복지시설	양로원
노인여가복지시설	경로당, 노인복지관

재가장기요양기관을 운영하는 사업
• **재가급여의 종류**
  1. 방문요양
  2. 방문목욕
  3. 방문간호

<table>
<tr><th colspan="2" align="center">가업 해당 업종</th></tr>
</table>

    4. 주야간보호

    5. 단기보호

    6. 재가노인지원서비스

※ **재가노인복지시설과 재가장기요양기관의 차이점**

  1. **재가노인복지시설**: 노인복지법에 따라 설치신고된 시설로 추가적으로 장기요양기관으로 지정을 받으면 자익요양급여수급자에게 재가급여를 제공할 수 있음.

  2. **재가장기요양기관**: 노인장기요양보험법이 도입됨에 따라 신규로 설치되는 시설로 별도로 지정을 받지 않아도 장기요양급여수급자에게 재가급여를 제공할 수 있음.

    → 재가노인복지시설은 동시에 장기요양기관이 될 수 있지만 재가장기요양기관은 재가노인복지시설이 아님.

전시산업

에너지절약전문기업이 하는 사업

직업능력개발훈련시설을 운영하는 사업

일반도시가스사업

연구개발 기획, 연구개발의 관리 및 사업화 지원, 연구개발 관련 기술정보의 조사·제공 등 연구개발 활동을 지원하는 산업

주택임대관리업

신·재생에너지 발전사업

「소상공인 보호 및 지원에 관한 법률」 제16조 제1항 제2호부터 제4호까지의 규정에 따른 요건을 갖추어 같은 법 제16조의2 제2항에 따라 백년소상공인으로 지정된 소상공인이 운영하는 사업(2025. 2. 28. 이후 상속이 개시되는 분부터 적용)

(상속세 및 증여세법 시행령 별표)

Tip! **II** 국내에 임가공을 의뢰하는 제조업의 경우 제조업으로 분류되어 가업상속공제가 가능합니다.

(김대표님 질문)

안세무사님!

저희 법인은 여성의류 제조업인데 국내에서 디자인한 후 직접 생산하지 않고 제조는 전부 국내법인에 의뢰하고 있습니다. 저희 법인은 가업상속공제 대상 업종에 해당하는 건가요?

(안세무사 답변)

김대표님!

제조업의 경우 법인이 직접 제조하지 않더라도 제조업체에 임가공을 의뢰하여 제조하는 경우로서 ① 생산할 제품을 직접 고안·디자인·견본제작을 하고, ② 해당 제품을 법인 명의로 제작하며, ③ 해당 제품을 인수하여 자기 책임하에 직접 판매하는 경우에는 가업상속공제 대상 업종에 해당합니다.

> **Tip!** **Ⅲ** 국외에 임가공을 의뢰하여 제조하는 경우에는 제조업이 아닌 도매업으로 분류되어 가업상속공제가 가능합니다.

(김대표님 질문)

저희 법인은 여성의류 제조업인데 국내에서 디자인한 후 제조는 전부 중국에 의뢰하고 있습니다. 저희 법인은 가업상속공제 대상 업종에 해당하는 건가요?

(안세무사 답변)

김대표님!

기업이 직접 제조하지 않고 임가공을 의뢰하여 생산하는 경우 각종 조세특례 또는 가업승계 가능 업종 중 제조업으로 인정받기 위해서는 제조를 의뢰하는 업체의 소재지에 대한 제한이 있는데, 국내 및 개성공단에 제조를 의뢰하는 경우에는 가업상속공제 적용 시 제조업으로 분류되어 가업상속공제도 가능하고 제조업이 받을 수 있는 각종 세액공제·감면도 가능합니다.

하지만 국외에 의뢰하는 경우에는 가업상속공제 업종 분류 시 제조업에는 해당하지 않지만, 가업상속공제 가능 업종인 도매업으로 분류되므로 가업상속공제가 가능합니다. 다만, 이 경우 제조업이 받을 수 있는 각종 세액공제·감면은 불가능합니다.

사전 – 2023 – 법규재산 – 0678, 2024. 2. 14.

외국 위탁가공무역업을 영위하는 기업은 제조업이 아닌 도매업을 영위하는 것으로 보아 조특법 §30의6 가업승계 대상 업종을 영위하는 것임.

(김대표님 질문)

안세무사님!
저희 법인은 대학 입시를 전문으로 가르치는 학원인데 가업상속공제가 가능할까요?

(안세무사 답변)

김대표님!
교육서비스업의 경우 유아교육기관(어린이집, 유치원), 사회교육시설, 직업훈련기관, 기타 기술 및 직업훈련학원, 직업능력개발훈련시설은 가업상속공제가 가능하지만 입시학원과 자동차운전학원은 가업상속공제가 불가능합니다.
통상 유치원의 경우 부동산을 많이 보유하고 있는 경우가 많은데, 유치원의 경우 가업상속공제가 가능하므로 부동산 보유비율이 높은 유치원의 경우에는 가업상속공제를 검토할 필요가 있습니다.

조심2013중1545, 2014. 6. 12.

운전학원은 도로교통법에 따른 자동차운전학원으로 설립인가를 받은 사실이 확인되므로 가업상속공제를 적용받는 조특법상의 중소기업에 해당되지 아니하여 처분청이 가업승계 상속재산공제를 배제하고 과세한 처분은 잘못이 없음.

(김대표님 질문)

안세무사님!

저의 경우 부동산 임대를 하다가 임대수익률이 갈수록 하락하는 것 같아 법인을 설립한 후 경기도 오포 소재 토지를 구입하여 창고를 지어 창고업을 운영하고 있습니다. 저희 법인의 경우 자산의 대부분이 부동산인데 이러한 경우에도 가업상속공제가 가능할까요?

(안세무사 답변)

김대표님!

창고업은 물류산업으로 분류되고 물류산업은 가업상속공제가 가능하므로 가업상속공제 대상에 해당합니다. 이 경우 주차장 운영업은 가업상속공제 대상 업종에 해당하지 않습니다.

창고업은 특히 기술 노하우나 경영 노하우가 크게 필요한 업종이 아니고 부동산 가액이 자산의 거의 대부분을 차지하면서 임대업으로 보지 않으므로 가업으로 물려주기에 적정한 업종이 아닌가 생각됩니다.

재산세과 – 247, 2009. 1. 21.

주차장 운영업은 가업상속공제 대상 업종에 해당하지 아니함.

골프장, 스키장, 일반 숙박업은 가업상속공제 대상 업종에 해당하지 않지만 관광진흥법에 의한 관광사업에 해당하는 경우에는 가업상속공제 대상업종에 해당합니다.

여기서 관광사업이란 관광객을 위하여 운송·숙박·음식·운동·오락·휴양 또는 용역을 제공하거나 그 밖에 관광에 딸린 시설을 갖추어 이를 이용하게 하는 업을 말하는 것으로 여행업, 관광숙박업, 관광객 이용시설업, 국제회의업, 카지노업, 유원시설업, 관광 편의시설업으로 구분됩니다.(관광진흥법 §2, 3)

이 중 여행업, 관광숙박업, 관광객 이용시설업, 국제회의업의 경우에는 관광진흥법 시행령 제5조에서 규정하고 있는 등록기준을 갖추어 지방자치단체장에게 관광사업으로 등록하여야 하며 문화체육관광부의 확인이 필요할 수 있습니다.(관광진흥법 §3)

관광진흥법

제3조(관광사업의 종류) ① 관광사업의 종류는 다음 각 호와 같다.

1. 여행업: 여행자 또는 운송시설·숙박시설, 그 밖에 여행에 딸리는 시설의 경영자 등을 위하여 그 시설 이용 알선이나 계약 체결의 대리, 여행에 관한 안내, 그 밖의 여행 편의를 제공하는 업

2. 관광숙박업: 다음 각 목에서 규정하는 업

   가. 호텔업: 관광객의 숙박에 적합한 시설을 갖추어 이를 관광객에게 제공하거나 숙박에 딸리는 음식·운동·오락·휴양·공연 또는 연수에 적합한 시설 등을 함께 갖추어 이를 이용하게 하는 업

   나. 휴양 콘도미니엄업: 관광객의 숙박과 취사에 적합한 시설을 갖추어 이를 그 시설의 회원이나 공유자, 그 밖의 관광객에게 제공하거나 숙박에 딸리는 음식·운동·오락·휴양·공연 또는 연수에 적합한 시설 등을 함께 갖추어 이를 이용하게 하는 업

3. 관광객 이용시설업: 다음 각 목에서 규정하는 업

   가. 관광객을 위하여 음식·운동·오락·휴양·문화·예술 또는 레저 등에 적합한 시설을 갖추어 이를 관광객에게 이용하게 하는 업

   나. 대통령령으로 정하는 2종 이상의 시설과 관광숙박업의 시설(이하 "관광숙박시설"이라 한다) 등을 함께 갖추어 이를 회원이나 그 밖의 관광객에게 이용하게 하는 업

   다. 야영장업: 야영에 적합한 시설 및 설비 등을 갖추고 야영편의를 제공하는 시설(「청소년활동 진흥법」 제10조 제1호 마목에 따른 청소년야영장은 제외한다)을 관광객에게 이용하게 하는 업

4. 국제회의업: 대규모 관광 수요를 유발하여 관광산업 진흥에 기여하는 국제회의(세미나·토론회·전시회·기업회의 등을 포함한다. 이하 같다)를 개최할 수 있는 시설을 설치·운영하거나 국제회의의 기획·준비·진행 및 그 밖에 이와 관련된 업무를 위탁받아 대행하는 업

5. 카지노업: 전문 영업장을 갖추고 주사위·트럼프·슬롯머신 등 특정한 기구 등을 이용하여 우연의 결과에 따라 특정인에게 재산상의 이익을 주고 다른 참가자에게 손실을 주는 행위 등을 하는 업

6. 유원시설업(遊園施設業): 유기시설(遊技施設)이나 유기기구(遊技機具)를 갖추어 이를 관광객에게 이용하게 하는 업(다른 영업을 경영하면서 관광객의 유치 또는 광고 등을 목적으로 유기시설이나 유기기구를 설치하여 이를 이용하게 하는 경우를 포함한다)

7. 관광 편의시설업: 제1호부터 제6호까지의 규정에 따른 관광사업 외에 관광 진흥에 이바지할 수 있다고 인정되는 사업이나 시설 등을 운영하는 업

② 제1항 제1호부터 제4호까지, 제6호 및 제7호에 따른 관광사업은 대통령령으로 정하는 바에 따라 세분할 수 있다.

제4조(등록) ① 제3조 제1항 제1호부터 제4호까지의 규정에 따른 여행업, 관광숙박업, 관광객 이용시설업 및 국제회의업을 경영하려는 자는 특별자치시장·특별자치도지사·시장·군수·구청장(자치구의 구청장을 말한다. 이하 같다)에게 등록하여야 한다.

② 삭제

③ 제1항에 따른 등록을 하려는 자는 대통령령으로 정하는 자본금·시설 및 설비 등을 갖추어야 한다.

④ 제1항에 따라 등록한 사항 중 대통령령으로 정하는 중요 사항을 변경하려면 변경등록을 하여야 한다.

⑤ 제1항 및 제4항에 따른 등록 또는 변경등록의 절차 등에 필요한 사항은 문화체육관광부령으로 정한다.

관광진흥법 시행규칙

제2조(관광사업의 등록신청) ①「관광진흥법 시행령」(이하 "영"이라 한다) 제3조 제1항에 따라 관광사업의 등록을 하려는 자는 별지 제1호 서식의 관광사업 등록신청서에 다음 각 호의 서류를 첨부하여 특별자치시장·특별자치도지사·시장·군수·구청장(자치구의 구청장을 말한다. 이하 같다)에게 제출해야 한다.

관광진흥법 시행령

제5조(등록기준) 법 제4조 제3항에 따른 관광사업의 등록기준은 별표 1과 같다. 다만, 휴양 콘도미니엄업과 전문휴양업 중 온천장 및 농어촌휴양시설을 2012년 11월 1일부터 2014년 10월 31일까지 제3조 제1항에 따라 등록 신청하면 다음 각 호의 기준에 따른다.

1. 휴양 콘도미니엄업의 경우 별표 1 제3호 가목 (1)에도 불구하고 같은 단지 안에 20실 이상 객실을 갖추어야 한다.

2. 전문휴양업 중 온천장의 경우 별표 1 제4호 가목 (2) (사)에도 불구하고 다음 각 목의 요건을 갖추어야 한다.

　　가. 온천수를 이용한 대중목욕시설이 있을 것

　　나. 정구장·탁구장·볼링장·활터·미니골프장·배드민턴장·롤러스케이트장·보
　　　　트장 등의 레크리에이션 시설 중 두 종류 이상의 시설을 갖추거나 제2조 제5호에
　　　　따른 유원시설업 시설이 있을 것
　3. 전문휴양업 중 농어촌휴양시설의 경우 별표 1 제4호 가목 (2) (차)에도 불구하고 다
　　음 각 목의 요건을 갖추어야 한다.
　　가. 「농어촌정비법」에 따른 농어촌 관광휴양단지 또는 관광농원의 시설을 갖추고 있
　　　　을 것
　　나. 관광객의 관람이나 휴식에 이용될 수 있는 특용작물·나무 등을 재배하거나 어
　　　　류·희귀동물 등을 기르고 있을 것

Tip! **Ⅶ** 백년소상공인으로 지정된 소상공인이 운영하는 사업은 가업상속공제 대상 업종을 영위하지 않은 경우에도 가업상속공제가 가능합니다.

(김대표님 질문)

안세무사님!

세법 개정내용을 보니 백년소상공인으로 지정된 소상공인도 가업상속공제가 가능하다고 하는데 백년소상공인은 어떤 사업자를 의미하는 것이며, 업종과 관계없이 가업상속공제가 가능한 걸까요?

(안세무사 답변)

김대표님!

백년소상공인이란 제조업의 경우 사업을 개시한 날부터 15년 이상 주된 업종의 변동없이 계속 사업을 유지하여 숙련된 기술을 보유한 소공인, 제조업 외 업종의 경우에는 사업을 개시한 날부터 30년 이상 주된 업종의 변동없이 계속 사업을 유지하여 온 소상공인으로서 제품이나 서비스의 차별성이 있고 지역사회에 대한 기여도가 있는 사업자를 의미합니다. (소상공인 보호 및 지원에 관한 법률 §16)

　이 경우 제조업을 영위하는 소상공인의 경우 10년 이상만 제조업을 계속해서 운영해도 가업상속공제 대상에 해당하므로 백년소상공인 지정의 실익이 없지만, 제조업 외 업종을 영위한 소상공인으로서 가업상속공제대상이 되지 않는 업종을 영위한 경우에는 백년소상공인에 해당하는 경우 가업상속공제가 가능하므로 백년소상공인 지정시 큰 실익이 있게 됩니다.

소상공인 보호 및 지원에 관한 법률

제16조(백년소상공인의 요건)

① 백년소상공인은 다음 각 호의 구분에 따른 요건에 해당하여야 한다.

1. 제조업: 사업을 개시한 날부터 15년 이상 주된 업종의 변동 없이 계속 사업을 유지하여 숙련된 기술을 보유한 소공인

2. 제1호 외의 업종: 사업을 개시한 날부터 30년 이상 주된 업종의 변동 없이 계속 사업을 유지하여 온 소상공인

3. 제품이나 서비스의 차별성

4. 지역사회에 대한 기여도

② 제1항 각 호에 따른 사업 개시, 계속 유지, 차별성, 기여도에 관한 세부사항은 대통령령으로 정한다.

가업 요건 Ⅳ 가업상속공제 대상 업종을 주된 사업으로 영위한 경우에도 10년 이상 동일 업종을 유지하지 않은 경우에는 가업상속공제가 불가능합니다.

Tip! Ⅰ 30년 이상 경영한 기업이라도 상속개시 10년 전에 주된 업종이 변경된 경우에는 가업상속공제가 불가능합니다.

(김대표님 질문)

안세무사님!

저는 지금까지 25년 동안 자동화 설비제조업 법인을 운영해왔습니다. 저희 업종 특성상 많은 직원이 필요하지만 요즘 직원 구하기가 너무 힘들고 갈수록 영업환경이 어려워져서 제조설비 제조가 아닌 관련 소프트웨어를 개발해서 공급하는 사업으로 전향하려고 하는데 이러한 경우 가업상속공제가 가능할까요?

(안세무사 답변)

김대표님!

소프트웨어 개발업은 정보통신업에 해당하고, 정보통신업은 가업상속공제가 가능한 업종에 해당합니다.

다만, 정보통신업과 제조업은 한국표준산업분류상 동일한 대분류 내가 아니므로 소프트웨어 개발업을 주된 사업으로 한 후 10년이 경과되어야 가업상속공제가 가능합니다. 즉, 그동안 제조업으로 25년 동안 경영한 실적은 없어지게 되는 것입니다.

> **서면 – 상속증여 – 4227, 2021. 3. 30.**
>
> 가업상속공제는 피상속인이 상속개시일 현재 10년 이상 계속하여 별표에 따른 업종을 주된 사업으로 영위한 기업을 경영한 경우에 적용하는 것이며, 2 이상의 서로 다른 사업을 영위하는 경우에는 사업별 사업수입금액이 큰 사업을 주된 사업으로 보는 것임.

※ 상속개시 10년 이내 업종변경 시 가업상속공제가 불가능한 사례

- 제조업 → 도매업
- 건설업 → 부동산 시행업
- 제조업 → 소프트웨어 개발업

Tip! **Ⅱ** 동일한 대분류 내에서는 상속개시 10년 전에 업종이 변경되어도 가업상속공제가 가능합니다.

(김대표님 질문)

안세무사님!

저는 지금까지 20년 동안 중저가 시계 제조 법인을 경영해 왔습니다. 세무사님도 아시다시피 요즘은 핸드폰으로 시간을 확인하므로 시계 수요가 너무 줄어 전기장비 제조업으로 전환하려고 합니다. 시계 제조업의 경우 중소기업 규모기준이 800억 원 이하인데 전기장비 제조업은 중소기업 규모기준 매출액이 1,500억 원 이하로 차이가 있습니다.

혹시 저희 법인이 전기장비 제조업으로 전환하고 10년이 지나지 않아 상속이 발생하는 경우에는 가업상속공제가 불가능한 것인가요?

(안세무사 답변)

김대표님!

가업상속공제를 받기 위해서는 상속개시 전 10년 이상 동일한 업종을 영위하여야 하지만 2022. 2. 15. 이후 상속이 개시되는 분부터는 동일한 대분류 내에서의 업종 변경은 가능합니다.

여기서 대분류란 농업, 제조업, 도매 및 소매업, 건설업, 운수업, 정보통신업, 전문·과학 및 기술서비스업, 교육서비스업 등으로의 구분을 의미하는 것입니다.

대표님 법인의 경우 대분류인 제조업 내에서 종목이 변경되는 것이므로 상속개시 10년

전에 주된 업종이 변경되는 경우에도 가업상속공제가 가능하며, 예컨대 같은 대분류상 정보통신업인 출판업에서 정보서비스업으로 업종이 변경되는 경우에도 가업상속공제가 가능합니다.

※ 상속개시 10년 이내 업종변경 시 가업상속공제가 불가능한 사례

- (화장품) 제조업 → (의약품) 제조업
- 토목 건설업 → 종합 건설업
- 출판업 → 정보서비스업

Tip! Ⅲ 매출액이 유사한 둘 이상의 업종을 영위하는 경우로서 주된 매출액이 계속 바뀌는 경우에는 가업상속공제가 불가능합니다.

(김대표님 질문)

안세무사님!

저희 법인은 20여년 동안 화학제품 제조업을 해왔습니다. 저희 물품 제조공장의 제조공정이 다소 위험한 부분이 있어 근로자가 크게 다친 적도 있고 중대재해처벌법 도입에 따른 우려가 있어 올해부터는 온라인 B2B로 화학제품 도매업을 하려고 합니다.

화학제품 도매업은 신규 사업이긴 하지만 도매업이다 보니 해당 사업부분이 안정되는 경우 제조업 매출액과 유사한 매출액이 발생될 것으로 예상되는데 이러한 경우 가업상속공제에 문제가 있을까요?

(안세무사 답변)

김대표님!

같은 화학제품을 판매하는 것이지만 제조업과 도매업은 한국표준산업분류상 대분류가 다르게 구분됩니다.

통상적으로 제조업과 도매업을 병행하는 법인을 보면 제조업과 도매업의 매출이 유사한 경우가 많습니다.

상속개시 전 10년 이상 계속하여 동일한 업종 유지 요건에서 가장 문제가 되는 것은 대표님 법인처럼 도매와 제조를 병행하는 경우로서 두 업종의 매출액 규모가 유사하여 몇 년간은 제조업 매출이 컸다가 다음 몇 년간은 도매업 매출액이 큰 경우이며, 이러한 경우에는 가업상속공제가 불가능합니다.

따라서 두 가지 이상의 업종을 동시에 영위하는 경우에는 우선 각 업종이 한국표준산업분류상 동일한 대분류 내에 있는지를 체크하고, 대분류상 다르게 구분되는 경우에는 한 업종의 매출액이 계속 주된 매출이 되도록 매출액 규모 조정을 할 필요가 있습니다.

| 대분류 내 변경 가능 업종 |

대분류	대분류 내 변경 가능 업종
건설업	건설업 전체
광업	광업 전체
도매 및 소매업	도매 및 소매업 전체
제조업	제조업 전체(국외에 제조 의뢰하는 경우는 제외)
교육서비스업	유아교육기관(어린이집, 유치원), 사회교육시설, 직업훈련기관, 기타 기술 및 직업훈련학원, 직업능력개발훈련시설
농업, 임업 및 어업	작물재배업 중 종자 및 묘목 생산업(전체 자산 중 부동산 보유비율 50% 미만)

보건업 및 사회복지 서비스업

의료기관 운영사업(의원급 의료기관, 조산원, 병원급 의료기관), 사회복지 서비스업 전체, 노인복지시설 운영업, 재가장기요양기관 운영업

구분	노인복지법에 따른 분류
노인의료복지시설	요양원, 노인요양공동생활가정
재가노인복지시설	방문요양, 방문목욕, 방문간호, 주야간보호, 단기보호, 재가노인지원서비스
노인주거복지시설	양로원
노인여가복지시설	경로당, 노인복지관

사업시설 관리, 사업 지원 및 임대 서비스업

건물 및 산업설비 청소업, 고용알선 및 인력공급업, 경비 및 경호 서비스업, 보안시스템 서비스업, 콜센터 및 텔레마케팅 서비스업, 전시, 컨벤션 및 행사 대행업, 포장 및 충전업, 무형재산권 임대업(지식재산을 임대하는 경우로 한정), 주택임대관리업 에너지절약전문기업이 하는 사업(에너지사용시설의 에너지절약을 위한 관리, 용역 사업)
소독, 구충 및 방제 서비스업
선박관리업(선박대여업을 경영하는자, 해상구조물 운영자 등)

대분류	대분류 내 변경 가능 업종
수도, 하수 및 폐기물 처리, 원료 재생업	하수·폐기물 처리(재활용 포함), 원료 재생, 환경정화 및 복원업 전체
숙박 및 음식점업	음식점 및 주점업 중 음식점업

대분류	대분류 내 변경 가능 업종
예술, 스포츠 및 여가관련 서비스업	창작 및 예술서비스업(골프장, 스키장 등 스포츠 시설은 관광사업에 해당하지 않는 경우 원칙적으로 가업상속공제 대상 업종 아님), 도서관, 사적지 및 유사 여가관련 서비스업(독서실 운영업 제외)
운수 및 창고업	여객운송업(육상·수상·항공 운송업), 물류산업(화물 취급업, 보관 및 창고업, 육상·수상·항공 운송지원 서비스업, 화물운송 중개·대리 및 관련 서비스업, 화물포장·검수 및 계량 서비스업), 선박관리업(국내외의 해상운송인, 관공선 운항자)
전기, 가스, 증기 및 공기 조절 공급업	일반도시가스사업, **신·재생에너지 발전사업**
전문, 과학 및 기술 서비스업	연구개발업, 전문서비스업 중 광고업, 시장조사 및 여론조사사업, 건축기술, 전문디자인업, 엔지니어링 및 기타과학기술서비스업, 엔지니어링 사업 에너지절약전문기업이 하는 사업(신에너지 및 재생에너지원의 개발 및 보급사업, 에너지절약형 시설 및 기자재의 연구개발사업) 연구개발 기획, 연구개발의 관리 및 사업화 지원, 연구개발 관련 기술정보의 조사·제공 등 연구개발 활동을 지원하는 산업
정보통신업	출판업, 방송업, 우편 및 통신업 중 전기통신업, 정보서비스업, 컴퓨터 프로그래밍, 시스템 통합 및 관리업, 영상·오디오 기록물 제작 및 배급업(비디오물 감상실 운영업 제외)
협회 및 단체, 수리 및 기타 개인서비스업	간병인 및 유사서비스업, 자동차정비공장
공공 행정, 국방 및 사회보장 행정	관광사업(카지노업, 관광유흥음식점업 및 외국인전용 유흥음식점업 제외)

◎ 가업상속공제 요건 중 가업 요건 핵심요약

Ⅰ. 피상속인이 10년 이상 계속 경영한 가업 해당 요건
- 상속개시일부터 소급하여 10년간 가업상속공제 요건 갖춘 피상속인이 계속 경영
- 개인사업자가 동일업종으로 법인전환: 개인사업자 영위기간 합산
- 분할: 분할 전 법인 사업연도 개시일부터 기산
- 합병: 본점 또는 합병법인 기준으로 판단

Ⅱ. 가업상속공제 대상 중소기업 또는 중견기업 요건
- 가업상속공제 대상 중소기업 요건
  ① 직전 사업연도 개별매출액이 중소기업 규모기준(400억 원~1,500억 원) 이하일 것

② 공시대상기업집단에 해당하지 않을 것
③ 실질적 독립성을 갖춘 경우일 것
  - 자산총액 5,000억 원 이상 법인이 30% 이상 직·간접 출자하면서 최대출
    자자 아닐 것
  - 관계기업과의 합산 매출액이 중소기업 규모기준 이하일 것
④ 자산총액 5천억 원 미만일 것
⑤ 중소기업 유예기간 중에 있지 않을 것

• 가업상속공제 대상 중견기업 요건
① 직전 3년 개별 매출액의 평균액이 5,000천억 원 미만일 것
② 소유와 경영의 독립성을 갖춘 경우일 것
  - 상호출자제한기업집단(자산총액 ≥ 국내 총생산 5%)에 속하지 않을 것
  - 자산총액이 상호출자제한기업집단 지정기준 자산총액 이상인 기업이 30%
    이상 직·간접 출자하면서 최대출자자 아닐 것

Ⅲ. 가업상속공제 대상 업종 영위 요건
상속세 및 증여세법 시행령 별표에서 규정하고 있는 업종을 영위할 것
① 둘 이상의 업종 영위 시 매출액이 큰 업종을 기준으로 판단
② 국외에 제조 의뢰하는 경우는 가업상속공제 대상 제조업 아님.
③ 유치원, 어린이집, 창고업 가업상속공제 대상 업종
④ 숙박, 체육시설은 관광사업으로 등록한 경우 가업상속공제 가능

Ⅳ. 가업상속공제 대상 동일업종의 10년 이상 유지 요건
상속개시 전 10년 이상 대분류 내 공제대상 업종 유지할 것
  - 상속개시 전 10년 이내 대분류가 다른 업종으로 변경 시 가업상속공제 불가능
    (ex: 제조매출이 컸던 제조, 도매 병행 법인으로서 상속개시 10년 이내 도매
    매출이 더 커지는 경우)

 **–1. 피상속인 요건 편(법인기업 편)**

법인사업자가 가업상속공제를 받기 위해서는 네 가지의 피상속인 요건을 충족하여야 합니다.

(김대표님 질문)

안세무사님!
법인사업자의 경우 가업상속공제 요건 중 두 번째 요건인 네 가지의 피상속인 요건을 충족하려면 어떤 요건을 충족하여야 하나요?

(안세무사 답변)

김대표님!
피상속인 요건을 충족하기 위해서는 거주자인 피상속인이 상속개시 전 10년 이상 계속하여 최대주주로서 40% 이상(상장 20%) 지분율을 유지하면서 가업을 경영하여야 하고, 일정기간 이상 대표이사로 재직하여야 하며, 최초 가업상속공제 받는 최대출자자에 해당하는 경우로서 상속개시 전 10년 이내 탈세나 회계부정으로 벌금 또는 징역형을 선고받지 않아야 합니다.

피상속인 요건 Ⅰ   거주자인 피상속인이 10년 이상 최대주주등의 지분율을 유지하면서 계속 가업을 경영하여야 합니다.

Tip! Ⅰ 거주자인 피상속인이 중소기업 또는 중견기업의 최대주주등인 경우로서 특수관계인 지분율 합산 발행주식총수의 40%(상장법인 20%) 이상을 상속개시 전 10년 이상 계속 보유하여야 합니다.

(김대표님 질문)

안세무사님!
피상속인이 10년 이상 계속 가업을 경영한 경우에만 가업상속공제가 가능하다고 하셨는데 구체적으로 어떤 요건을 충족해야 하는 건가요? 그리고 10년 이상은 중간에 중단된 경우 중단 전 기간과 합산하여 10년 이상을 판단하는 것인가요? 아니면 중간에 중단된 경우에는 다시 처음부터 기산하여 10년 이상 가업을 경영한지 여부를 판단하는 것인가요?

(안세무사 답변)

김대표님!

우선 피상속인은 거주자에 해당하여야 하므로 자녀에게 대표이사직을 물려준 후 주로 국외에서 거주하는 경우에는 가업상속공제가 불가능하므로 주의하셔야 합니다.

가업상속공제 피상속인 요건 중 10년 이상 계속 가업경영 요건은 피상속인이 중소기업 또는 중견기업의 최대주주등인 경우로서 피상속인과 상속세 및 증여세법상 특수관계인의 지분율을 합하여 2023년 이후 상속분부터 발행주식총수의 40%(상장법인 20%) 이상을 상속개시 전 10년 이상 계속 보유하여야 하는 것을 의미합니다.[6](상증령 §15 ③ 1호) 여기서 최대주주등이란 주주 1인과 그 특수관계인의 보유주식을 합한 주식등의 합계가 가장 많은 경우의 해당 주주등 1인과 특수관계인을 의미합니다.[7](상증령 §19 ②)

10년 이상 가업을 경영했는지 여부 판단은 계속하여 10년 이상 경영한 경우에만 인정해주므로 중간에 중단된 경우에는 중단된 후 다시 시작한 시점부터 10년 이상 계속 가업을 경영하여야 요건을 충족하게 됩니다.

| 피상속인 지분율 요건* |

구분	2011~2022년 상속분	2023년 이후 상속분
비상장법인	50%	40%
상장법인	30%	20%

* 최대주주등에 해당하고 요건 지분율(특수관계인 지분율 합산) 상속개시 전 10년 이상 유지

---

6) 상속세 및 증여세법 시행령 제15조【가업상속】
　③ 법 제18조의2 제1항 각 호 외의 부분 전단에 따른 가업상속(이하 "가업상속"이라 한다)은 피상속인 및 상속인이 다음 각 호의 요건을 모두 갖춘 경우에만 적용한다. 이 경우 가업상속이 이루어진 후에 가업상속 당시 최대주주 또는 최대출자자(제19조 제2항에 따른 최대주주 또는 최대출자자를 말한다. 이하 "최대주주등"이라 한다)에 해당하는 자(가업상속을 받은 상속인은 제외한다)의 사망으로 상속이 개시되는 경우는 적용하지 아니한다.
　　1. 피상속인이 다음 각 목의 요건을 모두 갖춘 경우
　　　가. 중소기업 또는 중견기업의 최대주주등인 경우로서 피상속인과 그의 특수관계인의 주식등을 합하여 해당 기업의 발행주식총수등의 100분의 40[「자본시장과 금융투자업에 관한 법률」 제8조의2 제2항에 따른 거래소(이하 "거래소"라 한다)에 상장되어 있는 법인이면 100분의 20] 이상을 10년 이상 계속하여 보유할 것
7) 상속세 및 증여세법 시행령 제19조【금융재산 상속공제】
　② 법 제22조 제2항에서 "대통령령으로 정하는 최대주주 또는 최대출자자"란 주주등 1인과 그의 특수관계인의 보유주식등을 합하여 그 보유주식등의 합계가 가장 많은 경우의 해당 주주등 1인과 그의 특수관계인 모두를 말한다.

Tip! Ⅱ 30년 이상 계속 가업을 경영한 경우에도 상속개시 10년 전에 지분율 요건을 충족하지 못하는 경우에는 가업상속공제가 불가능합니다.

(김대표님 질문)

안세무사님!

그러면 피상속인이 20년 이상 경영한 기업이라도 상속개시 10년 전에 지분율 요건을 충족하지 못한 기간이 있는 경우에는 가업상속공제가 불가능하다는 것인가요?

(안세무사 답변)

김대표님!

10년 이상 계속 가업을 경영했는지 여부 판단은 상속개시 10년 전에 이를 충족했는지 여부로 판단하므로 상속개시 전 30년 이상 계속 가업경영 요건을 충족하였더라도 상속개시 10년 전에 지분율 요건을 충족하지 못한 경우에는 가업상속공제 요건 중 피상속인 요건을 충족하지 못하게 되어 가업상속공제를 적용받을 수 없습니다.

Tip! Ⅲ 자기주식은 제외하고 최대주주등 지분율을 판단합니다.

(김대표님 질문)

안세무사님!

저희 법인은 코스닥 상장을 준비 중인 법인입니다. 당초 제 지분이 높지 않은 상태에서 상장 전 기관투자자 투자를 받다 보니 지분율이 많이 낮아진 상태입니다.

세무사님 설명대로라면 상속개시 전 10년 이상 최대주주로서 특수관계인 포함 20% 이상 지분율을 계속 유지하여야 가업상속공제가 가능한데 소액주주 지분율 분산 요건 때문에 추가 증자하는 경우에는 상장 후에 20% 미만이 될 수도 있을 것 같습니다. 저희 법인은 어떻게 준비하여야 할까요?

(안세무사 답변)

김대표님!

우리나라 상장법인의 최대주주등의 평균 지분율은 30% 내외입니다.

2022년 상속분까지는 최대주주등 지분율 요건이 비상장법인 50%, 상장법인 30%여서 상당수 상장법인의 경우 지분율 요건을 충족하지 못한 경우를 볼 수 있었습니다.

다행히 세법개정으로 2023년 이후 상속분부터는 최대주주 보유지분율 요건이 비상장법인 40%, 상장법인 20%로 낮아져서 상장법인도 최대주주 보유지분율 유지 요건을 충족하지 못하는 경우는 많지 않을 것으로 생각됩니다.

이 경우 최대주주 지분율 판단은 자기주식을 제외하고 판단하므로 대표님 경우처럼 요건 지분율에 약간 미달할 것으로 예상되는 경우에는 자기주식을 취득하여 지분율을 높이는 방법도 고려할 수 있습니다.

주의하여야 할 점은 최대주주 보유지분율이 40%(상장법인 20%) 미만이 되는 경우 다시 40%(상장법인 20%) 이상이 되는 시점부터 가업영위기간을 계산하므로 이 점을 절대적으로 주의하셔야 합니다.

☞ 주의점

최대주주 지분율이 40%(상장법인 20%) 미만이 되는 경우 다시 40%(상장법인 20%) 이상이 되는 시점부터 가업영위 기간이 기산되어 가업상속공제 요건 충족 여부와 적용한도금액이 결정되며, 다시 40%(상장법인 20%) 이상이 된 시점부터 10년 이내에 상속이 발생한 경우에는 가업상속공제가 배제됩니다.

서면법규과 - 1386, 2013. 12. 22.

가업상속공제를 적용함에 있어 피상속인과 그의 특수관계인이 보유하는 주식의 합계가 주식발행법인의 발행주식총수 50% 이상을 계속하여 보유하는지 여부를 판정할 때 주식발행법인이 보유하는 자기주식은 발행주식총수에서 제외함.

Tip! **Ⅳ** 개인사업자를 법인으로 전환한 경우 주식의 보유기간은 피상속인이 개인사업체의 대표자로서 운영한 기간을 포함하여 계산합니다.

피상속인이 운영하던 개인사업체를 동일업종을 영위하는 법인으로 전환한 경우로서 피상속인이 해당 법인의 최대주주등에 해당하는 경우 10년 이상 지분율 요건을 충족하면서 계속 경영하였는지 여부는 개인기업의 운영기간을 포함하여 판단합니다.

서면 - 법령해석재산 - 0561, 2017. 6. 30.

피상속인이 개인사업자로서 운영하던 가업을 동일한 업종의 법인으로 전환하고 피상속인이 법인 설립일 이후 계속하여 가업을 운영하는 최대주주등에 해당하는 경우, 피상속인이 법인으로 전환하면서 취득한 주식이 피상속인이 계속하여 10년 이상 보유한 주식에 해당하는지 여부는 개인가업의 운영 기간을 포함하여 판단하는 것임.

피상속인 생전에 가업승계에 대한 증여세 과세특례를 신청한 경우로서 특례신청 시 피상속인 주식 100%를 모두 증여하여 상속개시일 현재 피상속인 보유주식이 없는 경우에도 주식을 증여받은 상속인이 특수관계인과 함께 상속개시일부터 소급하여 10년 동안 40%(상장법인 20%) 이상을 계속 유지한 경우에는 가업상속공제 피상속인 지분율 요건을 충족한 것으로 봅니다.[8] (조특령 §27의6 ⑨) 또한 이에 해당하는 경우에는 피상속인 대표이사 재직요건이 적용되지 않습니다.

주의하여야 할 점은 가업승계 증여세 과세특례 적용 후 수증자가 증여받은 주식등을 처분하거나 지분율이 낮아진 경우에는 가업상속공제가 배제되므로 가업승계 증여세 과세특례를 적용받은 경우에는 사후관리 기간이 경과한 경우에도 반드시 수증받은 주식등을 처분하거나 수증자의 지분율이 낮아지지 않도록 관리할 필요가 있습니다.

◎ **가업승계 증여세 과세특례 적용을 받은 경우 가업상속공제 요건**

  1. 상속세 및 증여세법 제18조의2 제1항에 따른 가업상속에 해당할 것
    • 중견기업 매출액 평균금액 – 증여일이 속하는 사업연도 직전 3년으로 판단
    • 지분 전부 증여 시 – 상속인 보유주식을 피상속인이 보유한 것으로 보아 판단
    • 피상속인 요건 충족(대표이사 재직 요건만 미적용)
  2. 수증받은 자

---

8) 조세특례제한법 제27조의6 【가업의 승계에 대한 증여세 과세특례】
⑨ 법 제30조의6 제1항에 따른 증여세 특례대상인 주식등을 증여받은 후 상속이 개시되는 경우 상속개시일 현재 다음 각 호의 요건을 모두 갖춘 경우에는 「상속세 및 증여세법」 제18조의2 제1항에 따른 가업상속으로 보아 관련 규정을 적용한다. (2025. 2. 28. 개정)
  1. 「상속세 및 증여세법」 제18조의2 제1항 각 호 외의 부분 전단에 따른 가업상속에 해당할 것(해당 요건 중 매출액 평균금액은 법 제30조의6 제1항에 따라 주식등을 증여받은 날이 속하는 사업연도의 직전 3개 사업연도의 매출액 평균금액을 기준으로 판단하며, 법 제30조의6에 따라 피상속인이 보유한 가업의 주식등의 전부를 증여하여 「상속세 및 증여세법 시행령」 제15조 제3항 제1호 가목의 요건을 충족하지 못하는 경우에는 상속인이 증여받은 주식등을 상속개시일 현재까지 피상속인이 보유한 것으로 보아 같은 목의 요건을 적용한다). 다만, 「상속세 및 증여세법 시행령」 제15 조 제3항 제1호 나목은 적용하지 아니한다. (2025. 2. 28. 개정)
  2. (삭제, 2011. 6. 3.)
  3. 수증자가 증여받은 주식등을 처분하거나 지분율이 낮아지지 아니한 경우로서 가업에 종사하거나 대표이사로 재직하고 있을 것 (2025. 2. 28. 개정)

상속인 요건 충족
(수증받은 주식 미처분 & 지분율 유지 & 가업종사 & 대표이사 재직)

피상속인 요건 Ⅱ   **일정기간 동안 대표이사로 재직하여야 합니다.**

Tip! Ⅰ 대표이사로 재직한 경우란 대표이사로 선임되어 법인등기부등본에 등재되고 대표이사직을 수행하는 것을 말하는 것으로, 공동대표이사 또는 각자 대표이사로 재직한 것도 인정됩니다.

대표이사로 재직한 경우란 대표이사로 선임되어 법인등기부등본에 등재된 경우만을 의미하는 것으로, 실제 대내외적으로 대표이사로서의 업무를 수행한 경우에도 법인등기부등본에 등재되지 않은 경우에는 대표이사 재직기간으로 인정되지 않습니다.

이 경우 대표이사 재직은 단독 대표이사, 공동대표이사, 각자 대표이사 모두 인정됩니다. 또한 유한책임회사의 경우 업무집행사원을 대표이사로 보아 가업상속공제가 적용됩니다.

재산세과 – 172, 2011. 4. 1.

대표이사 등으로 재직한 경우는 피상속인이 대표이사로 선임되어 법인등기부에 등재되고 대표이사직을 수행하는 것을 말함.

서면 – 상속증여 – 22616, 2015. 12. 11.

가업승계, 가업상속공제 시 대표이사 요건의 대표이사 범위에는 공동대표이사 또는 각자 대표이사를 포함하는 것임.

서면 – 2019 – 법규재산 – 2914, 2022. 5. 31.

가업상속공제 대상 주식등에는 유한책임회사의 출자지분이 포함되며, 유한책임회사의 업무집행자를 대표이사로 보아 가업상속공제 규정을 적용하는 것임.

서울고등법원 2022누53015, 2023. 4. 19.

미등기된 실질적 대표를 가업상속공제의 관련 규정 대표이사 등에 포함된다고 볼 경우, 그 재직기간의 시가와 종기를 정확하게 특정하기 어려워 가업상속공제의 적용이 지나치게 확장될 염려가 있음을 고려할 때, 실질적 대표는 포함되지 않는다고 해석하는 것이 타당한 해석임.

(김대표님 질문)

안세무사님!

피상속인 요건 중 대표이사 재직 요건은 구체적으로 어떻게 충족하여야 하나요?

(안세무사 답변)

김대표님!

피상속인 요건 중 대표이사 재직 요건은 다음 중 하나를 충족하시면 됩니다.[9] (상증령 §15 ③)

첫째, 전체 가업영위기간 중 100분의 50 이상의 기간 동안 대표이사로 재직하여야 합니다.

둘째, 상속개시일부터 소급하여 10년 중 5년 이상의 기간 동안 대표이사로 재직하여야 합니다.

셋째, 가업상속 전 상속인이 피상속인의 대표이사직을 승계한 경우가 있을 수 있는데 상속인이 피상속인 대표이사직을 승계하여 상속 개시시점까지 대표이사로 재직한 경우에는 10년 이상만 대표이사로 재직하면 됩니다.

이 경우에는 상속인이 대표이사직을 승계하였으므로 상속개시일부터 소급하여 피상속인이 10년 이상 가업을 계속 경영하여야 하는 요건은 충족하지 않아도 됩니다.

---

9) 상속세 및 증여세법 시행령 제15조【가업상속】

③ 법 제18조의2 제1항 각 호 외의 부분 전단에 따른 가업상속(이하 "가업상속"이라 한다)은 피상속인 및 상속인이 다음 각 호의 요건을 모두 갖춘 경우에만 적용한다. 이 경우 가업상속이 이루어진 후에 가업상속 당시 최대주주 또는 최대출자자(제19조 제2항에 따른 최대주주 또는 최대출자자를 말한다. 이하 "최대주주등"이라 한다)에 해당하는 자(가업상속을 받은 상속인은 제외한다)의 사망으로 상속이 개시되는 경우는 적용하지 아니한다.

가목 생략

나. 법 제18조의2 제1항 각 호 외의 부분 전단에 따른 가업(이하 "가업"이라 한다)의 영위기간[별표에 따른 업종으로서 「통계법」 제22조에 따라 통계청장이 작성·고시하는 표준분류(이하 "한국표준산업분류"라 한다)상 동일한 대분류 내의 다른 업종으로 주된 사업을 변경하여 영위한 기간은 합산한다] 중 다음의 어느 하나에 해당하는 기간을 대표이사(개인사업자인 경우 대표자를 말한다. 이하 이 조, 제16조, 제68조 및 제69조의3에서 "대표이사등"이라 한다)로 재직할 것

1) 100분의 50 이상의 기간

2) 10년 이상의 기간(상속인이 피상속인의 대표이사등의 직을 승계하여 승계한 날부터 상속개시일까지 계속 재직한 경우로 한정한다)

3) 상속개시일부터 소급하여 10년 중 5년 이상의 기간

서면 – 상속증여 – 5789, 2021. 8. 25.

「상속세 및 증여세법 시행령」 제15조 제3항 제1호 나목 2)의 대표이사 재직 요건은 피상속인이 가업의 영위기간 중 10년 이상의 기간을 대표이사로 재직한 경우로서 상속인이 피상속인의 대표이사등의 직을 승계하여 승계한 날부터 상속개시일까지 계속 재직한 경우에 한하여 적용하는 것으로 피상속인이 10년 이상 대표이사로 재직하고 일정기간 동안 제3자에게 대표이사 직을 맡긴 후 상속인이 제3자로부터 대표이사직을 승계하는 경우는 적용 안됨.

사전 – 2023 – 법규재산 – 0168, 2023. 9. 26.

가업승계 증여세 특례 요건을 갖춘 후 피상속인이 대표이사직을 승계한 경우, 그 후 상속인이 대표이사직을 승계하여 상속개시일까지 재직하면 가업상속공제 대상이 될 수 있음.

Tip! **Ⅲ** 주된 업종이 변경된 경우에는 대표이사 재직기간을 다시 계산하여야 하므로 재직 요건을 충족하지 못할 수 있습니다.

(김대표님 질문)

안세무사님!
저희 법인은 제조업에서 도·소매, 통신판매업 비중을 늘리려고 하는데, 업종변경과 대표이사 재직 요건 충족이 관계가 있을까요?

(안세무사 답변)

김대표님!
대표이사 재직기간 요건 판단은 한국표준산업분류상 동일한 대분류상 가업영위기간을 기준으로 판단하므로 한국표준산업분류상 대분류가 다른 업종으로 변경된 경우에는 업종변경 후 재화나 용역 공급일부터 다시 대표이사 재직기간 요건을 충족하여야 합니다. 예컨대 대표님이 제조업으로 8년간 가업을 영위하다가 도·소매, 통신판매업의 매출액이 더 커져서 도·소매로 주된 업종이 바뀐 상태에서 4년간 가업을 영위한 후 대표님 아드님이 대표이사직을 승계하여 상속개시 시점까지 대표이사직을 수행한 경우 대표님의 법인등기부등본상 대표이사 재임기간은 12년이지만 가업상속공제 판단 시 대표이사 재직기간은 4년밖에 안 되므로 가업상속공제 요건을 충족하지 못하게 됩니다.

따라서 대표이사 재직기간 관리는 가업상속공제 준비 시 가장 기본이 되는 사항입니다.

전문경영인을 두는 경우에는 가업상속공제가 불가능할 수 있으므로 주의하여야 하며, 상속인이 대표이사직을 승계한 경우가 아닌 한 무조건 상속개시 전 10년 이상 대표이사로 재직하거나 가업을 영위하여야 합니다.

(김대표님 질문)

안세무사님!

저희 법인은 의약품 제조업인데 대외적인 신뢰도를 제고하기 위해 약사인 전문경영인을 대표이사로 등재하려고 합니다.

저희 법인이 주의하여야 할 사항이 있을까요?

(안세무사 답변)

김대표님!

우선 대표님의 현재까지 재직기간이 전체 가업영위기간의 50% 이상이 되는 경우라면 대표이사 재직 요건은 충족하나 그렇지 않은 경우에는 대표이사 재직 요건을 충족하지 못할 수 있는 리스크가 있습니다.

또한 가업상속공제 요건을 충족하기 위해서는 상속개시 10년 전에 계속하여 가업을 경영하여야 하므로, 상속개시 10년 전에는 다시 대표이사로 취임하여 가업을 계속 경영하여야 합니다.

가장 중요한 점은 피상속인이 계속 경영한 기간을 기준으로 가업상속공제 한도를 판단하므로 전문경영인이 경영 전 김대표님이 경영한 기간은 한도 계산 시 고려되지 않고 김대표님이 다시 대표이사로 재직한 기간부터 한도계산이 되므로 가업상속공제 한도가 매우 낮아지는 불이익이 있습니다.

따라서 전문경영인을 두는 경우에는 공동대표이사로 등기하여 대표이사에서 사임하지 않는 것이 유리합니다.

 10년 이상 대표이사로 재직한 후 상속인이 대표이사직을 물려받아 상속개시 시점까지 가업에 종사하는 경우에도 대표이사직에서 사임하지 않고 공동대표이사로 등기하여 재임하는 것이 유리합니다.

(김대표님 질문)

안세무사님!

저희 법인은 제가 10년 이상 대표이사로 재직한 후 가업을 물려받을 아들이 대표이사로 취임하여 계속 가업에 종사할 계획입니다. 이러한 경우에는 피상속인 요건 중 대표이사 재직 요건을 충족한다고 하셨는데 이렇게 할 경우 불리한 점은 없을까요?

(안세무사 답변)

김대표님!

설명드린 바와 같이 김대표님이 10년 이상 가업을 경영한 후 가업을 물려받을 상속인이 대표이사직을 물려받아 상속이 개시되는 시점까지 대표이사직을 유지하는 경우에는 피상속인 요건 중 대표이사 재직 요건을 충족하게 되며 상속개시일 전 소급하여 10년 이상 계속하여 경영하여야 하는 요건은 충족하지 않아도 됩니다.

다만, 가업상속공제 한도는 피상속인이 계속하여 가업을 경영한 기간을 기준으로 정해지고 국세청에서 실제 경영한 기간의 판단은 통상적으로 대표이사 재임기간을 기준으로 판단하게 됩니다.

따라서 대표이사에서 사임한 경우에는 가업상속공제 적용한도가 낮아지는 불이익이 있으므로 상속인이 대표이사로 취임하는 경우에도 반드시 공동대표이사로 등기하는 것이 유리한 점을 주의하여야 합니다.

Tip! **VI** 피상속인이 상속개시일 현재 건강상의 이유로 불가피하게 가업에 종사할 수 없는 경우에는 사망일 현재 가업에 종사하지 않는 경우에도 가업상속공제가 가능합니다.

(김대표님 질문)

안세무사님!

세무사님 설명을 들으니 상속인이 대표이사직을 물려받은 경우를 제외하고는 상속개시 전까지 계속 가업을 경영하여야 하는 것이고, 보통 질병이나 고령으로 사망하는데 사망 시점에는 가업에 종사할 수 없는 것 아닌가요?

김대표님!

예전에는 무조건 사망 시까지 가업에 종사하여야 하는 것으로 해석하는 모순이 있었지만 모든 인간이 사망 시까지 가업에 종사하다는 것은 불가능하므로 건강상의 이유로 부득이하게 가업에 종사하지 못하는 경우로서 그 외 가업상속공제 요건을 충족한 경우에는 가업상속공제를 받을 수 있습니다.

또한 최근에는 상속인이 피상속인과 공동대표이사로 재임 중이고 피상속인의 건강이 양호한 상태에서 피상속인이 경영일선에서 물러난 경우 가업상속공제 요건을 충족하는지 여부에 대해 상속개시일 현재 피상속인이 가업을 경영하여야 하는 것은 가업상속공제 요건이 아닌 것으로 해석한 바 있으므로 피상속인이 상속개시일 현재 반드시 가업을 영위할 필요는 없습니다.

가업승계에 대한 증여세 과세특례의 경우도 마찬가지로 증여자가 반드시 증여일 현재 가업에 종사하지 않는 경우에도 가업승계에 대한 증여세 과세특례가 가능한 것으로 해석하고 있습니다.

기획재정부 재산세제과 – 741, 2014. 11. 14.

상속개시일 현재 건강상의 이유로 불가피하게 가업에 종사하지 못한 경우 가업상속공제 대상임.

조세법령운용 – 571, 2022. 5. 30.

「상속세 및 증여세법」 제18조 제2항 제1호에 따라 가업의 상속에 따른 공제를 적용할 때 피상속인이 상속개시일 현재 가업에 종사하지 아니하였더라도 동 공제를 적용할 수 있는 것임.

⇒ 2007. 12. 31. 법률 제8828호로 "상속개시일 현재" *년 이상 계속하여 가업을 경영하는 것에서 "피상속인이 *년 이상 계속 경영한 기업"으로 개정되었지만, 기획재정부는 피상속인이 상속개시일 현재 계속하여 가업을 종사하여야 가업상속공제가 가능한 것이라는 입장을 유지(기획재정부 재산세제과 – 655, 2010. 7. 8.)함.

이후 2012. 5. 30. 건강상의 이유로 불가피하게 종사하지 못한 경우에만 가업상속공제가 가능(기획재정부 재산세제과 – 741, 2014. 11. 14. ; 법규과 – 597, 2012. 5. 30. 외)한 것으로 예외를 인정.

그러나 2022. 5. 30. 대표이사의 고령화로 상속개시일 현재 경영 요건을 충족하기 힘든

점 등을 고려하여 상속개시일 현재 경영하지 않더라도 가업상속공제 적용이 가능한 것으로 해석 변경됨.

다만, 고령화로 가업경영이 불가능한 경우 전까지는 10년 이상 계속 가업을 경영한 요건을 충족하여야 하는 것으로 사료됨.

조심 2013중0032, 2013. 10. 16.

피상속인이 쟁점가업의 운영기간의 60%를 초과하는 19년 11개월 이상을 금치산자가 아닌 정상인인 대표자로 가업에 종사한 이 건이 경우, 처분청이 피상속인이 쟁점가업과 관련하여 상속개시일 현재 가업에 종사하지 아니하였다 하여 가업상속공제를 부인하여 이 건 과세한 처분은 잘못이 있음.

Tip! VII 피상속인이 운영하던 개인사업체를 동일업종의 법인으로 전환한 경우 대표이사 재직기간은 개인사업체의 대표자 기간을 합산하여 판단합니다.

(김대표님 질문)

안세무사님!

저는 5년간 개인사업을 운영하다가 동일 업종을 영위하는 법인으로 전환한지 5년이 되었습니다. 저의 경우는 대표이사 재직 요건을 충족하지 못한 것인가요?

(안세무사 답변)

김대표님!

피상속인이 운영하던 개인사업체를 동일 업종을 영위하는 법인으로 전환하고 최대주주 등에 해당하는 경우 대표이사 재직기간은 개인사업자의 대표자 기간을 합산하여 판단합니다.

서면 – 상속증여 – 0611, 2015. 6. 11.

개인사업자로서 영위하던 가업을 동일업종의 법인으로 전환하여 피상속인이 법인 설립일 이후 계속하여 그 법인의 최대주주등에 해당하는 경우에는 개인사업자로 가업을 영위한 기간을 포함하여 10년 여부를 판단하며, 대표이사 기간에는 개인사업자의 대표자인 기간을 포함함.

피상속인이 10년 이상 계속 경영한 기간은 연속하여 10년 이상 계속 경영하여야 하는 것을 의미하는 것으로, 5년 이상 계속 경영하였다가 다른 사람이 경영한 후 다시 피상속인이 5년 이상 경영한 경우에는 10년 이상 계속 경영한 것으로 인정되지 않습니다.

반면, 10년 이상 대표이사 재직 요건 판단 시에는 연속된 기간을 의미하는 것이 아니므로 5년 이상 대표이사로 재임하였다가 사임 후 다시 5년 이상 대표이사로 재임한 경우에는 해당 기간을 통산하여 10년 이상 대표이사로 재임한 것으로 인정됩니다.

기준 – 2021 – 법령해석재산 – 0024, 2021. 2. 24.

연속된 10년 이상이 아니라 가업영위기간 중 대표이사로 재직한 기간을 통산하여 10년 이상을 의미하는 것임.

※ 피상속인의 계속 경영기간 VS 대표이사 재직기간 판단 통산 여부 ※

◎ **피상속인의 계속 경영기간**

　통산하지 않고 상속개시일 전 계속적으로 경영한 기간만 경영기간으로 인정
　ex) 20년 계속 경영 ⇒ 전문경영인 경영 2년 ⇒ 다시 7년 계속 경영
　　☞ 7년만 경영기간으로 인정(가업상속공제 불가능)

◎ **피상속인의 대표이사 재직기간**

　ex) 20년 대표이사 재임 ⇒ 2년간 대표이사 사임 ⇒ 다시 7년 대표이사 재임
　　☞ 27년 대표이사 재임기간으로 인정
　　(다만, 대표이사에서 사임하는 경우에도 법인의 경영에 참여한 근거는 필요)

가업상속 당시 최대출자자가 2인 이상인 경우에는 최초로 가업상속공제를 적용받는 자에 해당하여야 합니다.

Tip! Ⅰ 가업상속 당시 형과 동생 또는 아버지와 어머니가 각각 최대출자자에 해당하는 경우에는 최초로 가업상속공제를 받는 1인에 한하여 가업상속공제가 가능합니다.

(김대표님 질문)

안세무사님!

저희 법인은 제 지분율 50%, 동생 지분율 50%로 구성되어 있고 동생과 저의 아들이 모두 법인의 이사로 재직 중입니다.

이러한 경우 동생과 저의 자녀 모두가 가업상속공제를 받을 수 있는 건가요?

(안세무사 답변)

김대표님!

가업상속공제는 아쉽게도 최대출자자등 중 1인에 대해서만 가능하므로 대표님과 동생분 중 한 분만이 가업상속공제를 적용받을 수 있습니다.

만약에 부모가 각각 법인의 최대출자자에 해당하는 경우에도 부모 중 한 명만 가업상속공제가 가능한 것으로 부의 사망 시 가업상속공제를 적용받은 경우 모 사망 시에는 가업상속공제가 불가능(부 사망 시 모가 주식을 상속받고 가업상속공제 받은 경우 제외)합니다.

다만, 대표님 또는 동생분의 상속인이 상속받고 해당 상속인이 사망하는 경우에는 다시 가업상속공제가 가능합니다.

(김대표님 답변)

난감하네요. 사실 가업의 원활한 승계 목적으로 가업상속공제를 하는 취지와 맞지 않는 것도 같구요.

(안세무사 답변)

이러한 부분 때문에 형제나 친구 간에 공동출자하여 사업을 하는 경우에는 다툼이 생길 수도 있고 불합리한 부분이 있는 것 같습니다. 하지만 현행 세법 규정상으로는 대표님이나 동생분 중 한 분만이 가업상속공제가 가능합니다.

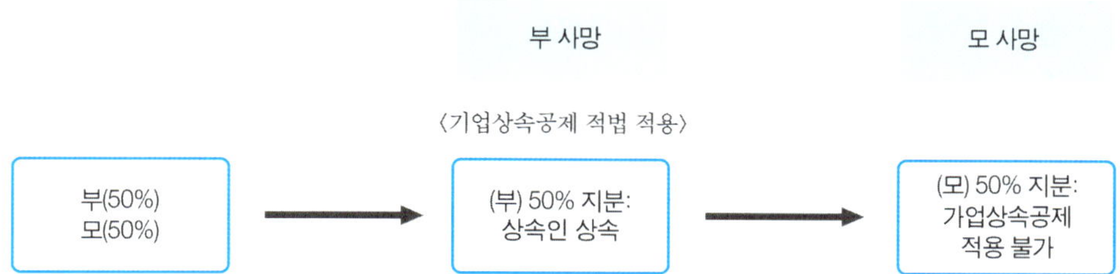

Tip! Ⅱ 부모가 각각 최대출자자에 해당하는 경우로서 부 사망 시 모가 지분을 전부 상속받으면서 가업상속공제를 적용받은 경우에는 모 사망 시에도 자녀가 가업상속공제를 받을 수 있습니다.

(김대표님 질문)

안세무사님!

저희 법인은 제 지분율 50%, 아내 지분율 50%로 구성되어 있습니다.

아내가 법인의 이사로 총체적인 업무를 수행하고 있어 우선 가업은 아내에게 물려줄 계획입니다. 이 경우 아내가 상속인 요건을 충족하는 경우에는 가업상속공제가 가능할 것 같은데, 아내가 사망하여 저희 아들이 가업을 물려받는 경우에도 가업상속공제를 받을 수 있는 건가요?

(안세무사 답변)

김대표님!

부와 모가 법인의 최대출자자에 해당하는 경우에는 1인에 대해서만 가업상속공제가 가능하지만 대표님 지분을 상속인에 해당하는 사모님이 상속인 요건을 충족하여 100% 상속받으면서 가업상속공제를 받은 후 사모님이 10년 이상 계속하여 경영한 경우에는 아드님이 사모님 지분을 상속받는 경우에도 가업상속공제가 가능합니다.

하지만 대표님 지분을 사모님이 100% 상속받지 않고 아드님과 공동으로 상속받거나 사모님이 대표님 지분을 100% 상속받은 경우에도 사모님의 계속 경영기간이 10년 미만인 상태에서 사망한 경우에는 아드님이 상속받는 사모님 지분에 대해서는 가업상속공제가 불가능합니다.

조심 2024서4259, 2025. 1. 22.

피상속인은 최초 피상속인으로부터 쟁점가업을 상속한 날(2019. 8. 29.)로부터 10년 이내 사망(2022. 11. 3.)하여 피상속인이 쟁점가업을 10년 이상 계속해서 경영하였다고 보기 어려운 점 등에 비추어, 처분청이 쟁점가업을 가업상속공제 적용대상에 해당하지 않는다는 이유로 이 건 상속세를 부과한 처분은 잘못이 없는 것으로 판단됨.

재산세과 - 375, 2012. 10. 15.

2011. 1. 1. 이후 상속분부터는 부모가 공동사업으로 개인 중소기업을 경영하는 경우 가업상속공제는 부모 중 피상속인 1인에 한하여 가업상속공제가 적용되며, 다만 가업상속을 받은 상속인인 모의 사망으로 장남이 받는 가업상속재산에 대해서는 가업상속공제 요건을 갖춘 경우 공제가 가능함.

재산세과 - 712, 2009. 4. 8.

가업상속공제를 받은 상속인이 상속일로부터 10년 이내 사망하여 자녀가 가업을 승계하는 경우에는 상속세 및 증여세법 제18조 제2항 제1호의 가업상속공제를 적용하지 아니함.

<case> 부와 모가 동일기업의 최대주주인 경우로서 부의 사망 시 부의 지분을 모가 모두 상속받은 경우

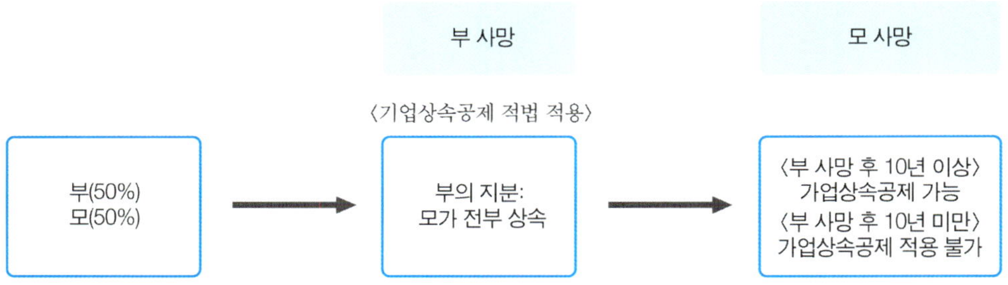

사전 - 법규재산 - 0172, 2023. 9. 13.

父가 단독 운영하던 가업을 母가 상속받은 후 10년 내 母도 사망함에 따라 子가 가업을 상속받은 경우, 가업상속공제가 적용되지 않는 것임.

<case> 부와 모가 동일기업 최대주주인 경우로서 부 사망 시 모의 자녀가 함께 상속받은 경우

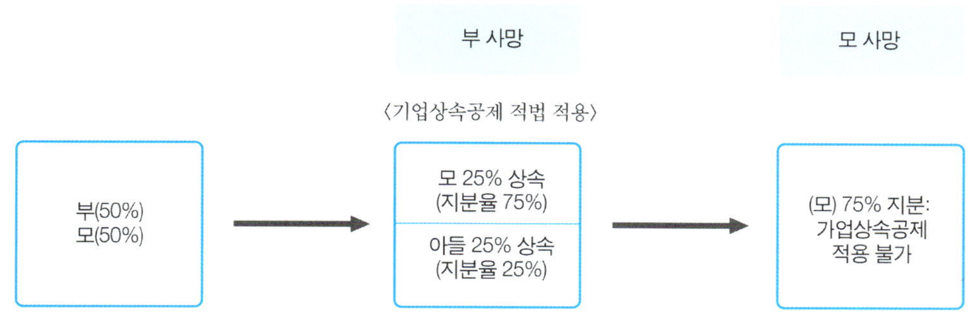

Tip! Ⅲ 부모가 각각 가업을 경영하는 경우에는 부모가 경영하는 각 기업에 대해 가업상속공제가 가능합니다.

부모가 각각 다른 가업을 영위하고 있는 경우에 부 사망 시 가업을 승계받으면서 가업상속공제를 받은 경우에도 모 사망 시 가업상속공제 요건을 갖춘 경우에는 모의 가업을 물려받는 경우에도 가업상속공제가 가능합니다.

> **서면법규과 - 487, 2014. 5. 15.**
> 父로부터 가업을 상속받아 가업상속공제를 적용받은 상속인이 母의 사망으로 母가 운영하던 가업을 상속받는 경우 가업상속공제를 재차 적용 가능함.

<case>

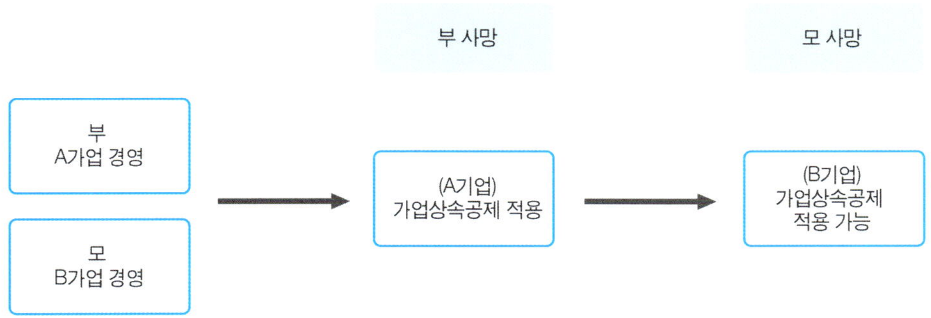

Tip!   Ⅰ   피상속인이 상속개시일 전 10년 이내 회계부정으로 징역형이나 벌금형을 선고받은 경우에는 가업상속공제가 불가능합니다.

(김대표님 질문)

안세무사님!

가업상속공제를 받기 위해서는 투명하게 회계처리해야 한다고 들었는데 어떤 내용인가요?

(안세무사 답변)

김대표님!

법인의 이사, 감사 등 또는 업무집행 지시자에 해당하는 피상속인이 금융위원회가 정한 회계처리기준을 위반하여 거짓으로 재무제표를 작성·공시하거나 감사인 또는 그에 소속된 공인회계사가 감사보고서에 기재하여야 할 사항을 기재하지 아니하거나 거짓으로 기재한 경우에는 10년 이하의 징역 또는 그 위반행위로 얻은 이익 또는 회피한 손실액의 2배 이상 5배 이하의 벌금에 처하게 됩니다.[10] (주식회사 등의 외부감사에 관한 법률 §39 ①)

피상속인 상속개시일 전 10년 이내에 이러한 회계부정행위로 징역형 또는 벌금형을 선고받은 경우에는 가업상속공제가 배제됩니다.[11] (상증법 §18의2 ⑧)

---

10) 주식회사 등의 외부감사에 관한 법률 제39조 【벌칙】

　① 「상법」 제401조의2 제1항 및 제635조 제1항에 규정된 자나 그 밖에 회사의 회계업무를 담당하는 자가 제5조에 따른 회계처리기준을 위반하여 거짓으로 재무제표를 작성·공시하거나 감사인 또는 그에 소속된 공인회계사가 감사보고서에 기재하여야 할 사항을 기재하지 아니하거나 거짓으로 기재한 경우에는 10년 이하의 징역 또는 그 위반행위로 얻은 이익 또는 회피한 손실액의 2배 이상 5배 이하의 벌금에 처한다.

　　1. 재무제표상 변경된 금액이 자산총액의 100분의 10 이상인 경우에는 무기 또는 5년 이상의 징역에 처한다.

　　2. 재무제표상 변경된 금액이 자산총액의 100분의 5 이상으로서 제1호에 해당하지 아니하는 경우에는 3년 이상의 유기징역에 처한다.

11) 상속세 및 증여세법 제18조의2 【가업상속공제】

　⑧ 피상속인 또는 상속인이 가업의 경영과 관련하여 조세포탈 또는 회계부정 행위(「조세범 처벌법」 제3조 제1항 또는 「주식회사 등의 외부감사에 관한 법률」 제39조 제1항에 따른 죄를 범하는 것을 말하며, 상속개시일 전 10년 이내 또는 상속개시일부터 5년 이내의 기간 중의 행위로 한정한다. 이하 제18조의3에서 같다)로 징역형 또는 대통령령으로 정하는 벌금형을 선고받고 그 형이 확정된 경우에는 다음 각 호의 구분에 따른다.

　　1. 제76조에 따른 과세표준과 세율의 결정이 있기 전에 피상속인 또는 상속인에 대한 형이 확정된 경우: 가업상속공제를 적용하지 아니할 것

(김대표님 질문)

안세무사님!
저희 법인은 과거 세무조사 시 연구개발비세액공제 요건을 갖추지 않은 것으로 확인되어 과거 5개 연도분의 공제세액 거의 10억 원 가량을 추징받은 적이 있습니다.
가업상속공제를 받기 위해서는 조세포탈 행위가 없어야 한다고 하는데 저희 법인은 공제 요건에 해당하지 않는 것인가요?

사기 기타 부정한 행위로 세금을 포탈하거나 환급·공제받은 경우에는 2년 이하의 징역 또는 포탈세액등의 2배 이하에 상당하는 벌금형에 처하며 ① 포탈세액이 3억 원 이상이고, 포탈세액등이 신고·납부하여야 할 세액의 30% 이상인 경우, ② 포탈세액등이 5억 원 이상인 경우에는 3년 이하의 징역 또는 포탈세액등의 3배 이하에 상당하는 벌금형에 처하게 됩니다.[12] (조세범처벌법 §3 ①)

피상속인이 상속개시일 전 10년 이내 사기 기타 부정한 행위로 세금을 포탈하거나 환급·공제받아 벌금형 또는 징역형으로 처벌받은 경우에는 가업상속공제가 배제됩니다.(상증법 §18의2 ⑧)

여기서 사기 기타 부정한 행위는 위계에 의한 행위 또는 부정한 행위를 의미하는 것으로 ① 이중장부의 작성 등 거짓 장부작성, ② 거짓 증빙 또는 거짓 문서의 작성 및 수취, ③ 장부의 기록과 파기, ④ 재산의 은닉, 소득·행위·거래의 조작 또는 은폐, ⑤ 고의적으로 장부를 작성하지 아니하거나 비치하지 아니하는 행위 또는 계산서, 세금계산서 또는 계산서합계표, 세금계산서합계표의 조작, ⑥ 전사적 기업자원 관리설비의 조

---

12) 조세범처벌법 제3조【조세 포탈 등】
　① 사기나 그 밖의 부정한 행위로써 조세를 포탈하거나 조세의 환급·공제를 받은 자는 2년 이하의 징역 또는 포탈세액, 환급·공제받은 세액(이하 "포탈세액등"이라 한다)의 2배 이하에 상당하는 벌금에 처한다. 다만, 다음 각 호의 어느 하나에 해당하는 경우에는 3년 이하의 징역 또는 포탈세액등의 3배 이하에 상당하는 벌금에 처한다.
　　1. 포탈세액등이 3억 원 이상이고, 그 포탈세액등이 신고·납부하여야 할 세액(납세의무자의 신고에 따라 정부가 부과·징수하는 조세의 경우에는 결정·고지하여야 할 세액을 말한다)의 100분의 30 이상인 경우
　　2. 포탈세액등이 5억 원 이상인 경우
　② 제1항의 죄를 범한 자에 대해서는 정상(情狀)에 따라 징역형과 벌금형을 병과할 수 있다.

작 또는 전자세금계산서의 조작 등이 이에 해당합니다.(조세범처벌법 §3 ⑥)

따라서 세무조사 시에는 절대로 사기 기타 부정한 행위로 과세되지 않도록 방어하여야 하는 점을 주의하셔야 하며, 대표님 법인의 세무조사 사례처럼 세액공제가 잘못되어 추징된 경우는 조세포탈에 해당하지 않으니 걱정하지 않으셔도 됩니다.

◎ 법인기업의 가업상속공제 요건 중 피상속인 요건 핵심요약

Ⅰ. 10년 이상 계속 가업 경영 요건
　　피상속인이 거주자인 경우로서
　　① 상속개시일 전 10년 이상 최대주주등에 해당
　　② 상속개시일 전 10년 이상 최대주주등의 주식보유비율이 40%(상장법인 20%)
　　　 이상일 것(특수관계인 지분 포함)

Ⅱ. 다음의 기간 동안 대표이사 재직 요건
　　① 전체 가업영위기간 중 100분의 50 이상의 기간 대표이사 재직
　　② 10년 이상의 기간 대표이사 재직 & 상속인이 피상속인의 대표이사직 승계하
　　　 여 사망 시까지 대표이사로 재직
　　③ 상속개시일부터 소급하여 10년 중 5년 이상 대표이사 재직
　　　 ※ 한국표준산업분류상 동일한 대분류 내의 가업영위기간 기준으로 판단

Ⅲ. 가업상속 당시 최대주주등이 2인 이상인 경우 먼저 가업상속하는 1인에 해당

Ⅳ. 상속개시 전 10년 이내 탈세 또는 회계부정으로 징역형 또는 벌금형 미확정

Ⅲ - 2. 피상속인 요건 편(개인기업 편)

개인기업의 대표자가 가업상속공제를 받기 위해서는 다음 세 가지 요건을 충족하여야 합니다.

첫째, 거주자로서 10년 이상 계속하여 가업을 경영하여야 하고,

둘째, 가업의 영위기간 중 다음의 어느 하나에 해당하는 기간 동안 대표자에 해당하여야 하며,

① 100분의 50 이상의 기간

② 10년 이상의 기간(개인기업의 경우 충족이 불가능함)

③ 상속개시 직전 10년 중 5년 이상의 기간

셋째, 각각 50% 지분으로 공동사업하는 경우 최초 가업상속공제 받는 자에 해당하여야 하고,

넷째, 상속개시 10년 전에 조세포탈 또는 회계부정으로 벌금형 또는 징역형을 선고받지 않아야 합니다.

◎ 개인기업의 가업상속공제 피상속인 요건
　① 거주자로서 10년 이상 계속하여 가업을 경영
　② 가업의 영위기간 중 다음 기간 동안 개인기업의 대표자에 해당
　　• 100분의 50 이상의 기간
　　• 10년 이상의 기간(개인기업의 경우 적용 불가능)
　　• 상속개시 직전 10년 중 5년 이상의 기간
　③ 각각 50% 지분으로 공동사업 시 먼저 가업상속하는 1인에 해당
　④ 상속개시 10년 전에 조세포탈 또는 회계부정으로 벌금형 또는 징역형 미선고

서면법규과 – 556, 2014. 5. 30.

특수관계 없는 개인 A, B가 50%의 지분으로 개인 공동사업을 경영하던 중 공동 사업자 A의 사망으로 상속이 개시되어 A의 상속인 1인이 가업을 상속받아 「상속세 및 증여세법」 제18조 제2항 제1호에 따른 가업상속공제를 적용받은 이후 다른 공동사업자 B가 사망한 경우 B의 상속인에 대해서는 같은 법 시행령 제15조 제3항 단서에 따라 가업상속공제를 적용할 수 없는 것임.

 –1. 상속인 요건 편(법인기업 편)

법인사업자가 가업상속공제를 받기 위해서는 다섯 가지의 상속인 요건을 총족하여야 합니다.

(김대표님 질문)

안세무사님!

가업상속공제 요건 중 세 번째 요건인 네 가지 상속인 요건을 충족하려면 어떤 요건을 충족하여야 하나요?

(안세무사 답변)

김대표님!

상속인 요건을 충족하기 위해서는 다음의 다섯 가지 요건을 충족하여야 합니다.

첫째, 상속개시일 현재 만 18세 이상이고 민법상 상속인에 해당할 것

둘째, 상속개시일 전 2년 이상 직접 가업에 종사할 것

셋째, 상속세 신고기한까지 임원으로 취임하고 상속세 신고기한으로부터 2년 이내에 대표이사로 취임할 것

넷째, 상속개시 전 10년 이내 조세포탈 또는 회계부정으로 벌금형 또는 징역형을 선고받지 않을 것

다섯째, 중견기업의 경우 가업상속재산 외의 재산이 가업상속공제 미적용 시 상속세의 2배를 초과하지 않을 것

상속인 요건 I　　상속개시일 현재 가업을 상속받는 자가 18세 이상인 자로서 민법상 상속인에 해당하여야 합니다.

Tip! I　가업에 종사하는 자녀가 두 명 이상인 경우 공동상속도 가능합니다.

(김대표님 질문)

안세무사님!

저는 종합건설업 법인을 25년 이상 경영하여 왔으며 아들 둘, 딸 하나가 있습니다.

딸은 저희 쪽 업무에는 맞지 않을 것 같아 아들 둘에게 법인을 물려주고 싶은데, 자녀 둘에게 물려주는 경우에도 가업상속공제가 가능한가요?

(안세무사 답변)

대표님!

2016. 2. 5. 전에는 상속인이 단독으로 가업을 상속받는 경우에만 가업상속공제가 가능했

지만 2016. 2. 5. 이후부터는 상속인이 여러 명인 경우 공동으로 상속받는 경우에도 가업 상속공제가 가능합니다.

따라서 자녀가 여러 명인 경우 두 명 이상이 공동으로 상속받거나 배우자와 자녀가 공동으로 상속받는 것도 가능합니다.

서면 – 상속증여 – 2996, 2022. 9. 29.

상증령 제15조 제3항 제1호 요건을 충족하는 피상속인이 10년 이상 계속하여 가업을 실제 경영한 경우 가업상속공제를 적용하는 것이며, 가업의 실제 경영 여부는 사실판단 사항임. 또한 해당 가업을 공동상속하는 경우 대표자로 취임하는 등 가업승계 요건을 충족한 자의 승계지분에 대해 가업상속공제 적용하는 것임.

Tip! Ⅱ 피상속인이 거주자인 경우에는 상속인이 비거주자인 경우에도 가업상속공제 가능합니다.

(김대표님 질문)

안세무사님!

피상속인은 거주자에 해당하는 경우에만 가업상속공제가 가능하다고 하셨는데 저는 국내에서 법인을 계속 경영하고 있지만 저희 둘째 아들은 인도지사에서 근무하고 있어 계속 국외에서 거주하고 있는 상태입니다.

만약 이런 상태에서 가업상속이 이루어진 경우 비거주자인 둘째 아들이 상속받는 지분에 대해 가업상속공제가 가능한가요?

(안세무사 답변)

김대표님!

피상속인은 거주자인 경우에만 가업상속공제가 가능하지만 상속인은 피상속인이 거주자인 경우 비거주자인 경우에도 가업상속공제가 가능합니다.

여기서 거주자는 국내에 주소를 두거나 183일 이상 거소를 둔 사람을 의미하는 것으로, 아드님이 계속 인도지사에 근무하는 경우에는 비거주자에 해당할 수 있는데 대표님이 거주자에 해당하는 경우로서 아드님이 인도지사에서 근무 전 법인에서 2년 이상 근무하여 상속인 요건을 충족하는 경우에는 가업상속공제가 가능합니다.

서면 - 법규국조 - 4229, 2022. 4. 14.
피상속인이 거주자인 경우, 상속세 및 증여세법상 가업상속공제 요건을 갖춘 비거주자인
상속인은 가업상속공제를 적용받을 수 있음.

Tip! Ⅲ 상속인은 민법상 법정상속인에 해당하여야 하므로 형제·자매, 조카
(선순위 상속인 생존 시)는 가업상속공제를 적용받을 수 없습니다.

(김대표님 질문)

안세무사님!
저는 화장품 제조 법인을 25년 이상 최대주주로 경영하고 있는데 미혼인 상태이고, 향후
에도 법정혼인을 할 계획이 없는 상태입니다.
현재 저희 남동생과 여동생이 같이 법인의 임원으로 함께 경영에 참여하고 있어서 남동
생과 여동생의 조카에게 가업을 물려주고 싶은데 가업상속공제가 가능할까요?
저희 어머님과 아버님은 현재 살아계신 상태입니다.

(안세무사 답변)

김대표님!
가업상속공제는 민법상 상속순위에 따른 상속인이 상속받는 경우에 한하여 가능합니다.
참고로 민법상 상속인은 ① 직계비속과 배우자, ② 직계존속과 배우자, ③ 형제자매, ④
방계혈족 순으로 정해집니다.(민법 §1000, 1003)
대표님의 경우 직계비속과 배우자가 없는 상태이므로 법정상속인은 직계존속인 부모님
이 되고 부모님이 돌아가시는 경우에는 남동생, 여동생이 법정상속인이 되며 남동생, 여
동생이 사망하는 경우에 한하여 조카가 법정상속인이 됩니다.
따라서 향후 상속개시 시점에 부모님이 돌아가신 상태에서 남동생과 여동생이 가업을
물려받는 경우에는 가업상속공제가 가능하지만 조카는 법정상속인이 아니므로 가업상
속공제가 불가능합니다.

서면 - 법규재산 - 5040, 2022. 1. 28.
피상속인인 자녀가 경영하던 가업을 상속인인 직계존속이 상속받는 경우로서, 상증령 §15
에 따른 가업상속 요건을 모두 충족한 경우 가업상속공제 적용 가능함.

(김대표님 질문)

안세무사님!

저는 포장지 제조 법인을 21년 이상 최대주주로서 경영하고 있습니다.

현재 아들 하나, 딸 하나가 있고 제 욕심에는 아들이 법인을 물려받아 경영했으면 하는데 아들은 이쪽 사업 분야가 비전이 없다고 가업을 물려받기를 원하지 않고 있습니다.

또 딸은 선생님이라 가업을 물려받기 어려울 것 같은데 현재 주식평가액이 높은 상태라서 가업상속공제를 받지 않는 경우 상속세가 너무 클 것 같습니다.

참고로 사위가 작년부터 저희 법인의 영업담당 이사로 근무 중입니다.

(안세무사 답변)

김대표님!

예전에는 자녀들이 부모님의 가업을 물려받는 것을 숙명처럼 생각했지만 요즘 자녀들은 그렇지 않은 경우를 많이 봅니다. 특히 제조업의 경우 그러한 경우가 많은 것 같습니다. 대표님처럼 자녀가 가업을 물려받지 않는 경우에 만약 대표님의 사위나 며느리가 상속개시일 전 2년 이상 가업에 종사하고 상속세 신고기한까지 임원으로 취임하면서 상속세 신고기한부터 2년 이내 대표이사에 취임하는 경우에는 자녀가 상속인 요건을 충족한 것으로 보아 자녀에게 주식을 상속하는 경우에도 가업상속공제가 가능합니다.

즉, 가업을 물려받아 가업에 종사하는 것은 며느리와 사위이지만 주식은 자녀가 상속받는 것이므로 혹시나 요즘처럼 이혼이 흔한 경우라 하더라도 사후관리 기간이 경과한 경우에는 큰 걱정이 없습니다.

대표님의 경우에는 사위가 상속인 요건을 충족 가능할 것으로 보이므로 사위가 상속인 요건을 충족하면서 따님이 주식을 상속받는 경우에는 가업상속공제를 적용받을 수 있는데, 이 경우에는 유류분 청구문제가 있을 수 있으므로 혹시 며느리가 법인의 재무파트 등에서 근무할 수 있는 경우라면 며느리가 상속인 요건을 충족하여 아들, 딸에게 균등하게 주식을 상속하는 것도 방법이 될 수 있습니다.

며느리나 사위도 상속인 요건을 충족할 수 없는 경우에는 전문경영인과 공동대표이사 체계로 경영하는 것도 가능하므로 배우자가 상속인 요건을 충족하여 가업상속공제를 받아 우선 부담하여야 하는 상속세 부담을 줄이는 것도 방법이 될 수 있습니다.

상속개시일 전 피상속인이 10년 이상 계속 가업 경영한 기간 중 2년 이상 직접 가업에 종사하여야 합니다.

상속인이 가업에 종사하다가 중도퇴사한 후 다시 입사한 경우에는 재입사 전 근무기간을 포함하여 2년 이상 가업에 종사 여부를 판단합니다.

(김대표님 질문)

안세무사님!

저는 28년 간 최대주주로서 도·소매업 법인을 경영하였습니다.

다름이 아니라 제가 건강이 좋지 않아 아들에게 가업을 물려받을 것을 설득하고 있는 중인데 제 아들은 2년 전 저희 법인의 영업부 대리로 1년 정도 근무하다가 다른 일을 해보고 싶다고 해서 퇴사한 상태입니다.

이 경우 제 아들이 법인에 다시 입사한 경우 상속개시일 전 2년 이상 가업에 종사하였는지 판단은 재입사 후 기간부터 판단하나요? 아니면 재입사 전 근무기간과 재입사 후 근무기간을 합산하여 판단하나요?

(안세무사 답변)

김대표님!

피상속인의 가업경영기간 판단 시에는 계속 경영을 요건으로 하지만 상속인의 가업종사기간 판단 시에는 계속 종사를 요건으로 하지 않습니다.

따라서 아드님이 상속개시일 전 가업에 직접 2년 이상 종사하였는지 여부는 재입사 전 근무기간과 재입사 후 근무기간을 합산하여 판단하므로 아드님의 경우 재입사 후 1년만 지나면 상속개시일 전 가업종사기간 요건을 충족하게 됩니다.

또한 피상속인의 가업경영기간은 상속개시일부터 소급하여 10년 이상 계속 경영한 기간만 인정되지만 상속인의 가업종사기간은 상속개시 전 소급하여 2년 이상 가업에 종사를 충족하지 않아도 되므로 2년 이상 종사 후 상속개시일 현재 퇴사한 경우에도 가능합니다.

상속세 및 증여세법 기본통칙 18 - 15…1【가업상속 판정기준】

① 영 제15조 제3항 제2호에 따른 상속인이 직접 가업에 종사한 기간의 판정 시 상속인이 가업에 종사하다가 중도에 퇴사한 후 다시 입사한 경우 재입사 전 가업에 종사한 기간은 포함하여 계산한다.

서면 – 상속증여 – 0196, 2020. 6. 29.

상속개시일 전 상속인이 가업에 종사하다가 중도에 퇴사한 후 다시 입사한 경우에는 재입사 전 가업에 종사한 기간을 포함하여 상속인의 가업종사기간을 계산함.

재산세과 – 741, 2010. 10. 11.

가업상속공제 적용 시 상속인이 가업에 종사하다가 군복무로 인해 부득이 휴직한 후 군복무를 마치고 다시 입사한 경우 재입사 전 가업에 종사한 기간을 포함하여 계산하며, 군복무로 인한 휴직 여부는 사실판단 사항임.

서면 – 2023 – 상속증여 – 0259, 2023. 7. 6.

상속인이 2년 이상 종사 요건을 충족하여야 하고, 상속개시일 현재 가업에 종사하여야 하여야 하는 것은 아님.

서면 – 2021 – 상속증여 – 7533, 2022. 12. 22.

상속인이 가업 영위기간 중 2년 이상 종사 후 퇴사한 경우에도 종사기간 포함

◎ **피상속인의 가업경영기간 VS 상속인의 가업종사기간**

- 피상속인의 가업경영기간

  상속개시일부터 소급하여 10년 이상 계속하여 경영한 경우만 인정

  ⇒ 중간에 전문경영인 도입으로 중단된 경우: 재취임한 시점부터 다시 기산

- 상속인의 가업종사기간

  계속하여 종사할 필요 없고 상속개시 전 피상속인의 가업경영기간 동안의 종사기간 통산

  ⇒ 중간에 퇴사 후 재입사한 경우: 입사 전 근무기간 + 입사 후 근무기간

  ⇒ 2년 이상 종사 후 상속개시일 현재 퇴사한 경우: 가업종사 요건 충족

☞ 절세팁!

향후 상속세 절세를 위해서는 미리 배우자 또는 자녀가 법인에서 2년 이상 근무한 근거를 만들어 두는 것이 유리합니다.

상속인의 가업 종사 요건은 피상속인의 가업 영위기간 중 언제든지 통산하여 2년 이상만 충족하면 되는 것으로 상속인이 가업에 종사하지 않는 상태에서 66세 이상이 되어 갑자기 사망하는 경우에는 가업상속공제 요건을 충족하지 못하게 되므로 항상 미리 어떠한 형태로든 배우자 또는 자녀의 법인에서의 근무기간이 2년 이상이 되도록 하고, 그 근무사실이 입증되도록 준비할 필요가 있습니다.

Tip! Ⅱ 피상속인이 65세 이전에 사망하거나 천재지변 및 인재 등 부득이한 사유로 사망한 경우에는 상속개시일 전 2년 이상 가업종사 요건을 충족하지 않아도 됩니다.

(김대표님 질문)

안세무사님!

상속개시일 전 상속인이 2년 이상 직접 가업에 종사하는 요건은 무조건 충족하여야 하는 건가요?

(안세무사 답변)

김대표님!

가업을 승계할 계획이 있지만 예상치 않게 피상속인이 일찍 사망하거나 천재지변 등으로 부득이하게 사망하는 경우에는 상속인의 가업종사 요건을 충족할 수 없으므로 피상속인이 65세 이전에 사망하거나 천재지변 및 인재 등 부득이한 사유로 사망한 경우에는 상속인이 상속개시일 전 2년 이상 가업에 종사하지 않아도 됩니다.

여기서 65세 이전에 사망한 경우이므로 피상속인이 65세에 사망하신 경우에도 상속인의 가업종사 요건을 충족하지 않아도 됩니다.

이 경우 피상속인이 65세를 넘은 경우에도 자살로 사망한 경우는 상속개시 전 2년간 가업종사 요건의 예외사유인 천재, 인재 등 부득이한 사유에 해당하는 것으로 보고 있으므로 상속인이 상속개시 전 2년간 가업종사 요건을 충족하지 않아도 됩니다.

사전 – 법규재산 – 0515, 2023. 9. 25.

가업상속공제를 적용함에 있어, 피상속인이 자살로 사망한 경우는 상속인의 상속개시 전 가업종사 요건(2년)의 예외사유인 피상속인이 인재 등 부득이한 사유로 사망한 경우에 해당하는 것임.

(김대표님 질문)

안세무사님!

제 아들은 저희 법인에서 6개월 정도 근무를 하였고 해외에 유학을 갈 예정인데, 그 기간이 길어질 수도 있는 상황이며 유학 후에는 다시 법인에서 근무를 할 예정입니다.

혹시 이러한 경우에 갑자기 상속이 발생한다면 아들의 가업종사기간 충족 요건은 어떻게 판단되는 건가요?

(안세무사 답변)

김대표님!

아드님이 상속개시일 전 2년 전에 가업에 종사한 경우로서 상속개시일부터 소급하여 2년 내의 기간 중 병역, 질병의 요양, 취학상 형편 등으로 가업에 종사하지 못한 기간이 있는 것으로 인정되는 경우 해당 기간은 가업에 종사한 것으로 봅니다.(상증령 §15 ③ 2호 나목)

여기서 취학상 형편은 고등교육법에 따른 학교와 동일하거나 유사한 경우만 인정되는데 고등교육법에 따른 학교란 대학, 산업대학, 교육대학, 전문대학, 원격대학(방송대학·통신대학·방송통신대학 및 사이버대학), 기술대학, 각종 학교를 의미하는 것으로 아드님이 유학가는 학교가 고등교육법에 따른 학교와 동일하거나 유사한지 여부는 추가로 확인하여 판단하셔야 할 것 같습니다.[13]

또한 병역, 취학상 형편 등으로 가업에 종사하지 않은 기간을 가업종사기간으로 인정하는 것은 반드시 상속개시 2년 전에 가업에 종사한 경우에 한하므로 상속개시 2년 전에 가업에 종사하지 않은 상태에서 상속개시일부터 소급하여 2년 이내 병역, 질병의 요양, 취학상 형편으로 가업에 종사하지 않은 경우에는 가업종사기간으로 인정되지 않으므로 주의하셔야 합니다.

☞ **주의점**

상속개시일 2년 전에 가업에 종사하지 않은 경우로서 상속개시일부터 소급하여 2년 이내 취학, 병역, 질병의 요양으로 가업에 종사하지 않은 경우에는 가업종사 요건을 충족하지 않은 것으로 봅니다.

---

13) 고등교육법 제2조 【학교의 종류】 고등교육을 실시하기 위하여 다음 각 호의 학교를 둔다.

Tip! Ⅳ 상속인이 상속개시 전 2년 이상 가업에 종사한 경우에도 해당 기간이 피상속인의 가업영위기간으로 인정되지 않는 경우(업종변경, 대표이사 사임 후 취임)에는 상속인 요건을 충족하지 못하게 되어 가업상속공제가 불가능합니다.

(김대표님 질문)

안세무사님!

저는 지난 21년간 법인의 최대주주(70%)로서 제조, 도·소매 법인을 경영하여 왔습니다. 다름이 아니라 저희 법인은 제조부분 매출이 도·소매보다 컸으나 2년 전부터 도·소매 매출이 커져서 주된 업종이 바뀐 상태입니다.

저는 아직 건강한 상태이므로 앞으로 10년 이상은 충분히 건강을 유지하면서 가업을 경영할 자신이 있는데, 제 아들은 제조 매출이 클 당시 본부장으로 8년간 근무하다가 현재

---

1. 대학
2. 산업대학
3. 교육대학
4. 전문대학
5. 방송대학·통신대학·방송통신대학 및 사이버대학(이하 "원격대학"이라 한다)
6. 기술대학
7. 각종학교

고등교육법 제3조 【국립·공립·사립 학교의 구분】 제2조 각 호의 학교(이하 "학교"라 한다)는 국가가 설립·경영하거나 국가가 국립대학 법인으로 설립하는 국립학교, 지방자치단체가 설립·경영하는 공립학교(설립주체에 따라 시립학교·도립학교로 구분할 수 있다), 학교법인이 설립·경영하는 사립학교로 구분한다.

는 퇴사한 상태입니다.

제 아들은 과거 8년간 근무했으므로 가업종사 요건을 충족한 것인가요? 아니면 주된 업종이 바뀌었으므로 변경된 업종으로 10년 이상 가업을 경영하는 동안 다시 2년 이상 가업종사 요건이 필요한 것인가요?

(안세무사 답변)

김대표님!

상속인의 상속개시일 전 가업종사기간 판단은 상속개시일 전 계속가업을 경영한 것으로 인정되는 기간 중에 가업에 종사하였는지 여부로 판단합니다.

대표님 법인의 경우 지난 19년간은 제조업이 주된 사업이었지만 현재는 도·소매가 주된 사업으로 변경된 상태이므로 도·소매가 주된 사업으로 변경된 이후부터 10년간 계속 도·소매가 주된 사업에 해당하여야 가업상속공제가 가능한 가업영위기간을 충족하게 됩니다.

즉, 도·소매를 주된 사업으로 영위한 기간만이 피상속인의 가업영위기간으로 인정되므로 아드님의 경우 과거 제조업이 주된 사업일 때 가업에 종사한 기간은 인정되지 않고 도·소매가 주된 사업이 된 이후 다시 2년 이상을 종사하여야 가업종사 요건을 충족하게 됩니다.

실무에서 보면 이러한 부분을 간과하고 있는 경우가 많은데 상속인의 가업종사 요건을 충족하기 위해서는 반드시 상속개시일 전 계속 가업경영기간으로 인정되는 기간에 가업에 종사하여야 하는 점을 주의하여야 합니다.

Tip! V 상속인이 둘 이상의 법인에 겸직하고 있는 경우에도 실제 가업에 종사한 사실이 입증되는 경우에는 가업상속공제가 가능합니다.

(김대표님 질문)

안세무사님!

저희는 용인과 남양주에 법인이 하나씩 있습니다.

남양주 법인은 18년 이상된 제조업 법인으로서 제가 최대주주로서 경영해 왔고 해당 법인을 아들에게 물려줄 계획이며, 아들이 이사로서 업무를 총괄하고 있습니다.

용인 법인의 경우 아들이 최대주주와 대표이사로 되어 있어 현재 아들은 남양주 법인과 용인 법인의 임원을 겸직하고 있는 상태입니다.

제가 남양주 법인을 아들에게 물려주는 경우 가업상속공제가 가능할까요?

(안세무사 답변)

김대표님!

아드님의 경우 대표님이 계속 최대주주로서 경영하고 있는 남양주 법인과 아드님이 최대주주로서 경영을 하고 있는 용인 법인에서 임원으로 겸직하고 있네요.

아드님이 임원을 겸직하고 있는 경우에도 아드님이 남양주 법인에서 실제 가업에 종사하고 있고 가업종사 사실이 입증되는 경우에는 가업상속공제가 가능하니 크게 걱정하지 않으셔도 됩니다.

서면 – 상속증여 – 3273, 2018. 4. 4.

「상속세 및 증여세법」 제18조의 규정에 의한 가업상속공제 요건을 모두 갖춘 경우에는 가업상속공제 시 상속인이 가업에 실제 종사하는 경우에는 겸직이 가능함.

서면 – 상속증여 – 2793, 2019. 10. 7.

가업상속공제는 「상속세 및 증여세법 시행령」 제15조 제4항 제2호 각 목의 요건을 모두 갖춘 경우 적용되는 것으로서 쟁점 가업의 하청업체 대표이사로 재직하면서 해당 가업에 상속개시일 2년 전부터 계속하여 직접 종사한 경우에는 직접 가업에 종사한 경우로 볼 수 있는 것임.

Tip! Ⅵ 상속인의 배우자가 상속개시일 전 2년 이상 가업종사 요건을 충족하여도 가업상속공제가 가능합니다.

상속인이 전문직 등에 종사하는 경우로서 가업에 종사하는 것이 어려운 경우나 상속인이 가업에 종사하는 것을 원하지 않는 경우로서 상속인의 배우자가 상속개시일 전 2년 이상 가업종사 요건을 충족하는 경우에는 상속인이 가업종사 요건을 충족한 것으로 봅니다.

Tip! Ⅰ 상속인이 취학상 형편으로 상속세 과세표준 신고기한까지 임원으로 취임하지 못한 경우에는 상속인 요건을 충족하지 못한 것으로 봅니다.

(김대표님 질문)

안세무사님!

저희는 아들이 가업을 물려받을 생각이 없어 딸에게 물려줄 계획입니다. 딸이 뒤늦게 대입공부를 하고 있는데 혹시 딸이 취학상 형편 때문에 상속세 과세표준 신고기한까지 임원으로 취임하지 못한 경우에는 가업상속공제가 가능한가요?

(안세무사 답변)

김대표님!

가업상속공제를 받기 위해서는 상속세 과세표준 신고기한인 상속일이 속하는 달의 말일부터 6개월 이내에 임원으로 취임하여야 하고 신고기한부터 2년 이내에 대표이사로 취임하여야 합니다.

여기서 대표이사로 취임하는 것은 상속인이 대표이사로 선임되어 법인등기부등본에 기재되고 대표이사직을 수행하는 것을 말하는 것으로, 실제 대표이사직을 수행하는 경우에도 법인등기부등본에 기재되지 않은 경우에는 가업상속공제가 불가능합니다.

이 경우 상속개시일 전 2년 전에 가업에 종사한 경우로서 상속개시일부터 소급하여 2년 이내의 기간 동안 취업상 형편으로 가업에 종사하지 않은 경우에 해당 기간은 가업에 종사한 기간으로 보지만 상속세 과세표준 신고기한까지 임원으로 취임하는 것에 대해서는 예외를 규정하고 있지 않아 상속세 과세표준 신고기한까지 임원으로 취임하지 않은 경우에는 가업상속공제가 불가능하므로 주의하여야 합니다.

사실 해당 요건은 지키기 어려운 요건은 아니지만 상속이 개시되는 경우 경황이 없어 놓치는 경우가 있으므로 놓치지 않도록 반드시 챙겨 두셔요.

Tip! Ⅱ 상속인의 배우자가 상속세 과세표준 신고기한 내에 임원으로 취임하고 상속세 신고기한부터 2년 이내 대표이사로 취임하는 경우에는 가업상속공제 요건을 갖춘 것으로 봅니다.

상속인이 가업을 물려받을 수 없거나 물려받기를 원하지 않는 경우로서 상속인의 배우자가 상속개시일 전 2년 이상 직접 가업종사 요건을 갖추고 상속세 신고기한 내에 임원으로 취임하면서 상속세 신고기한부터 2년 이내에 대표이사로 취임한 경우에는 상속인이 임원취임 요건을 갖춘 것으로 봅니다.

☞ 저자 주: 상속개시일부터 2년 이내 대표이사 취임 여부 판단기준일

상법상 이사는 주주총회 보통결의로 선임하게 되며, 대표이사는 이사회 결의(이사가 3인 미만인 경우 주주총회 결의)로 선임하거나 정관에 주주총회 결의로 선임하는 것으로 규정하고 있는 경우에는 주주총회 결의로 선임하게 됩니다.

상속인이 상속세 과세표준 신고기한까지 이사로 취임한 상태에서 상속세 신고기한부터 2년 이내 대표이사 취임을 하는 것은 정관에 대표이사 선임을 주주총회 결의 사항으로 규정하고 있지 않는 한 이사회 결의로 선임할 수 있습니다.

반면, 상속인이 임원이 아닌 상태에서 상속세 과세표준 신고기한까지 대표이사로 취임하는 경우에는 주주총회 결의로 이사선임에 관한 결의를 거친 후 대표이사 선임에 관한 결의를 하여야 합니다.

이 경우 상속개시일부터 2년 이내 대표이사 취임 여부를 판단 시 법인등기부등본에 등기된 일자를 기준으로 하는지 아니면 이사회 결의일 또는 주주총회 결의일을 기준으로 판단하는지에 대한 부분이 문제가 될 수 있는데, 광주지방법원 2021구합13902 판결에서 등기는 효력발생 요건이 아닌 대항 요건에 불과한 것으로 이사회 결의(사원총회 결의)로 대표이사 선임결의가 이루어진 후 피선임자가 승낙하는 경우 효력이 발생하는

것으로 판결한 바 있습니다.

　다만, 해당 판결은 지방법원 판결로서 향후 고등법원 판결 결과를 지켜볼 필요가 있습니다.

광주지방법원 2021구합13902, 2023. 1. 19.

이사나 대표이사 선임의 효력은 사원총회의 선임결의가 이루어진 후 피선임자의 승낙으로 발생하고 이 경우에 등기는 효력발생 요건이 아니라 대항 요건에 불과하며, 나아가 조세권에 기하여 조세의 부과처분을 하는 경우의 국가는 상업등기의 대항력과 관련한 상법 제37조의 제3자에도 해당하지 않음.

상법 제382조(이사의 선임, 회사와의 관계 및 사외이사) ① 이사는 주주총회에서 선임한다.

상법 제389조(대표이사) ① 회사는 이사회의 결의로 회사를 대표할 이사를 선정하여야 한다. 그러나 정관으로 주주총회에서 이를 선정할 것을 정할 수 있다.

대법원 90누4235, 1990. 9. 28.

"등기할 사항은 등기와 공고 후가 아니면 선의의 제3자에게 대항할 수 없다"는 제3자라 함은 대등한 지위에서 하는 보통의 거래관계의 상대방을 말한다 할 것이고, 조세권에 기하여 조세의 부과처분을 하는 경우의 국가는 여기에 규정된 제3자라 할 수 없음.

Tip!　**Ⅲ**　기회발전특구 소재기업의 경우에는 대표이사 취임 요건을 준수하지 않아도 됩니다.

　상속세 신고기한부터 2년 이내 대표이사 취임 요건은 예외없이 적용되는 요건이었지만 2024. 2. 29. 이후 상속이 개시되는 분부터 기회발전특구에 소재하는 기업이 가업상속공제를 받는 경우에는 상속세 신고기한부터 2년 이내 대표이사 취임 요건을 충족하지 않아도 가업상속공제가 가능합니다.(상증령 §15 ㉕)

　여기서 기회발전특구 소재기업이란 다음 가, 나를 모두 충족한 기업을 말합니다.

가. 소재지 요건(다음 ①, ② 중 어느 하나 충족)

　① 본점 또는 주사무소를 「조세특례제한법」 제99조의4 제1항 제1호 가목 1)부터 5)까지 외의 부분[14]에 따른 기회발전특구로 이전한 경우

---

14) 조세특례제한법 제99조의4 【농어촌주택등 취득자에 대한 양도소득세 과세특례】

② 본사가 기회발전특구에 소재하는 경우

나. 상시근로자 요건

기회발전특구 소재 본사 및 그 밖의 사업장 상시 근무인원[15])의 연평균 인원이 해당 기업 전체 상시 근무인원의 연평균 인원의 100분의 50 이상인 경우

상속인 요건 Ⅳ 상속인이 상속개시 전 10년 이내 또는 상속개시 후 5년 이내 조세포탈 또는 회계부정으로 벌금형 또는 징역형을 확정받지 않아야 합니다.

법인의 이사, 감사 등 또는 업무집행지시자에 해당하는 상속인이 금융위원회가 정한 회계처리기준을 위반하여 거짓으로 재무제표를 작성·공시하거나 감사인 또는 그에 소속된 공인회계사가 감사보고서에 기재하여야 할 사항을 기재하지 아니하거나 거짓으로 기재한 경우에는 10년 이하의 징역 또는 그 위반행위로 얻은 이익 또는 회피한 손실

---

① 거주자 및 그 배우자가 구성하는 대통령령으로 정하는 1세대(이하 이 조에서 "1세대"라 한다)가 2003년 8월 1일(고향주택은 2009년 1월 1일)부터 2025년 12월 31일까지의 기간(이하 이 조에서 "농어촌주택등취득기간"이라 한다) 중에 다음 각 호의 어느 하나에 해당하는 1채의 주택(이하 이 조에서 "농어촌주택등"이라 한다)을 취득(자기가 건설하여 취득한 경우를 포함한다)하여 3년 이상 보유하고 그 농어촌주택등 취득 전에 보유하던 다른 주택(이하 이 조에서 "일반주택"이라 한다)을 양도하는 경우에는 그 농어촌주택등을 해당 1세대의 소유주택이 아닌 것으로 보아 「소득세법」 제89조 제1항 제3호를 적용한다.

  1. 다음 각 목의 요건을 모두 갖춘 주택(이 조에서 "농어촌주택"이라 한다)

    가. 취득 당시 「지방자치분권 및 지역균형발전에 관한 특별법」 제2조 제13호에 따른 기회발전특구(같은 법 제2조 제12호에 따른 인구감소지역, 「접경지역 지원 특별법」 제2조 제1호에 따른 접경지역이 아닌 수도권과밀억제권역 안의 기회발전특구는 제외한다. 이하 이 조 및 제5장의11에서 "기회발전특구"라 한다)에 소재하거나 다음의 어느 하나에 해당하는 지역을 제외한 지역으로서 「지방자치법」 제3조 제3항 및 제4항에 따른 읍·면 또는 인구 규모 등을 고려하여 대통령령으로 정하는 동에 소재할 것

      1) 수도권지역. 다만, 「접경지역 지원 특별법」 제2조에 따른 접경지역 중 부동산가격동향 등을 고려하여 대통령령으로 정하는 지역은 제외한다.

      2) 「국토의 계획 및 이용에 관한 법률」 제6조에 따른 도시지역. 다만, 「지방자치분권 및 지역균형발전에 관한 특별법」 제2조 제12호에 따른 인구감소지역 중 부동산가격동향 등을 고려하여 대통령령으로 정하는 지역은 제외한다.

      3) 「주택법」 제63조의2에 따른 조정대상지역

      4) 「부동산 거래신고 등에 관한 법률」 제10조에 따른 허가구역

      5) 그 밖에 관광단지 등 부동산가격안정이 필요하다고 인정되어 대통령령으로 정하는 지역

15) 「조세특례제한법 시행령」 제60조의2 제7항에 따른 상시 근무인원

  [상시근무자 중 계약기간 1년 미만인 근로자, 단시간 근로자(1개월간 근로시간 60시간 이상인 자 제외), 법인의 임원 중 비상근 임원, 근로소득세 원천징수 사실 확인되지 않고 사내보험 납부내역 없는 자 제외한 자]

액의 2배 이상 5배 이하의 벌금에 처하게 됩니다.(주식회사 등의 외부감사에 관한 법률 §39 ①)

상속인 상속개시일 전 10년 이내 또는 상속개시 후 5년 이내에 이러한 회계부정행위로 징역형 또는 벌금형을 선고받은 경우에는 가업상속공제가 배제됩니다.(상증법 §18의2 ⑧)

또한 사기 기타 부정한 행위로 세금을 포탈하거나 환급·공제받은 경우에는 2년 이하의 징역 또는 포탈세액등의 2배 이하에 상당하는 벌금형에 처하며 ① 포탈세액이 3억 원 이상이고, 포탈세액등이 신고·납부하여야 할 세액의 30% 이상인 경우, ② 포탈세액등이 5억 원 이상인 경우에는 3년 이하의 징역 또는 포탈세액등의 3배 이하에 상당하는 벌금형에 처하게 됩니다.(조세범처벌법 §3 ①)

상속인이 상속개시일 전 10년 이내 또는 상속개시 후 5년 이내에 사기기타 부정한 행위로 세금을 포탈하거나 환급·공제받아 벌금형 또는 징역형으로 처벌받은 경우에는 가업상속공제가 배제되며 상속개시 후 5년 이내인 경우에는 이자상당액과 함께 공제받은 세액이 추징됩니다.(상증법 §18의2 ⑧)

상속인 요건 V　중견기업에 해당하는 경우 가업상속재산 외의 상속재산이 가업상속공제 미적용 시 상속세의 2배를 초과하지 않아야 합니다.

가업상속공제의 취지는 상속세 납부재원 마련 때문에 가업에 해당하는 법인의 주식을 양도하여 가업을 승계하지 못하는 경우를 막아 가업의 영속을 보장하고자 하는 것으로 가업상속재산 외의 재산이 많은 경우로서 해당 재산으로 가업상속공제를 적용하지 않더라도 충분히 상속세 납부가 가능한 경우까지 가업상속공제의 혜택을 줄 이유가 없으므로 가업상속재산 외의 재산으로 상속세를 충분히 납부할 수 있다고 인정되는 다음에 해당하는 경우에는 가업상속공제가 배제됩니다.[16](상증법 §18의2 ②, 상증령 §15 ⑦)

---

16) 상속세 및 증여세법 제18조의2 【가업상속공제】
　② 제1항에도 불구하고 가업이 중견기업에 해당하는 경우로서 가업을 상속받거나 받을 상속인의 가업상속재산 외의 상속재산의 가액이 해당 상속인이 상속세로 납부할 금액에 대통령령으로 정하는 비율을 곱한 금액을 초과하는 경우에는 해당 상속인이 상속받거나 받을 가업상속재산에 대해서는 제1항에 따른 공제(이하 "가업상속공제"라 한다)를 적용하지 아니한다.
　상속세 및 증여세법 시행령 제15조 【가업상속】
　⑦ 법 제18조의2 제2항에서 "해당 상속인이 상속세로 납부할 금액에 대통령령으로 정하는 비율을 곱한 금액"이란 가업상속인이 같은 조 제1항에 따른 가업상속공제를 받지 아니하였을 경우 법 제3조의2 제1항 및 제2항에 따라 계산한 해당 가업상속인이 납부할 의무가 있는 상속세액에 100분의 200을 곱한 금액을 말한다.

다만, 이 경우 상속세 납부능력 요건 외 가업상속공제 요건을 충족하는 경우에는 특례 연부연납기간 동안 상속세 분할납부하는 것은 가능합니다.

◎ 법인기업의 가업상속공제 요건 중 다섯 가지 상속인 요건 핵심요약

  Ⅰ. 상속개시일 현재 만 18세 이상인 법정상속인에 해당할 것
- 자녀 두 명 이상인 경우: 공동상속 가능
- 비거주자: 피상속인이 거주자인 경우 가능
- 민법상 상속인이 아닌 자: 불가능
- 상속인의 배우자가 아래 Ⅱ, Ⅲ 요건 충족: 상속인이 충족한 것으로 봄.

  Ⅱ. 상속개시일 전 피상속인의 계속 가업경영기간 중 2년 이상 가업에 종사
    ※ 피상속인이 65세 이전 또는 천재지변 등으로 사망한 경우 적용 제외
    ※ 상속개시일 2년 전부터 가업에 종사 & 상속개시일 전 2년 내에 병역, 취학, 질병의 요양: 가업종사 기간 인정
- 중도 퇴사 후 입사: 입사 전과 입사 후 근무기간 합산하여 판단
- 상속개시일부터 소급하여 2년 이상일 필요 없음.

  Ⅲ. 상속세 신고기한까지 임원 취임 & 신고기한부터 2년 이내 대표이사 취임 (상속인의 배우자가 충족하는 것도 가능)

  Ⅳ. 상속개시 전 10년 이내 또는 상속개시 후 5년 이내에 조세포탈 또는 회계부정으로 벌금형·징역형 미확정

  Ⅴ. 중견기업 상속세 납부능력 요건 충족
    가업상속재산 외의 재산 ≤ 가업상속공제 미적용 시 상속세의 2배

Ⅳ-2. 상속인 요건 편(개인기업 편)

개인사업자가 가업상속공제를 받기 위해 충족하여야 하는 상속인 요건은 다음과 같이 법인사업자와 거의 동일합니다.

① 상속개시일 현재 만 18세 이상인 상속인에 해당할 것

② 상속개시일 전 2년 이상 가업에 종사할 것

③ 상속세 신고기한 내에 임원 취임하고 상속세 신고기한부터 2년 내에 사업자등록
   상 대표자로 될 것(상속인의 배우자가 대표자가 되는 경우 적용 불가)

④ 상속개시 전 10년 이내 또는 상속개시 후 5년 이내에 조세포탈 또는 회계부정으로
   벌금형 또는 징역형을 선고받지 않을 것

⑤ 중견기업의 경우 가업상속재산 외의 재산가액이 가업상속공제 미적용 시 상속세
   의 2배를 초과하지 않을 것

☞ 개인사업자 가업상속공제 적용시 주의점 1(사업자등록 정정에 관한 사항)
개인기업의 경우 가업을 경영하던 피상속인이 사망 시 폐업을 하는 것이 아닌 사업자등록증상 대표자
만을 변경하여 사업자등록 정정을 하게 됩니다. 이 경우 개인기업은 법인과 달리 뚜렷하게 임원 취임
사실이 확인되지 않으므로 상속세 신고기한 내에 상속인을 대표자로 사업자등록 정정을 할 필요가
있습니다.

☞ 개인사업자 가업상속공제 적용시 주의점 2(상속인의 배우자가 요건 충족해도 되는 지 여부)
법인기업의 경우 상속인의 배우자가 상속세 신고기한까지 임원취임하고 상속세 신고기한부터 2년 이
내 대표이사에 취임하는 경우 상속인이 가업상속공제 요건을 충족하는 것으로 보지만, 개인사업자의
경우 상속인의 배우자를 사업자등록증상 대표자로 하는 것은 상속인 요건을 충족한 것으로 보지 않으
므로 주의하여야 한다.

서면 – 2024 – 상속증여 – 0121, 2024. 12. 12.
상속인의 배우자가 대표이사 등으로 취임하는 경우 상속인이 요건을 갖춘 것으로 보는 상
증령 §15 ③ (2)는 법인사업자에게만 적용되는 것임.

 **30년 이상된 법인도 가업상속공제 요건을 갖추지 못하는
경우가 있으니 주의해야 합니다.**

(김대표님 질문)

안세무사님!
보통 30년 이상 된 법인의 경우 대부분 가업상속공제 요건을 충족할 것으로 생각하는데,
30년 이상된 법인이 가업상속공제 요건을 갖추지 못하는 경우도 있을까요?

 상속개시 10년 전에 피상속인이 최대주주등에 해당하지 않거나 피상속인과 특수관계인의 지분율이 40%(상장법인 20%) 미만인 경우에는 가업상속공제가 불가능합니다.

2023년 이후 상속분부터 최대주주 지분율 유지 요건이 상장법인의 경우 20% 이상으로 낮아졌지만, 2022년까지 상속분의 경우 30% 이상(상장법인)이어서 주식평가액이 큰 상장법인의 경우 상장과정에서 지분이 희석되는 등의 사유로 최대주주등 지분율 요건을 충족하지 못하는 경우를 많이 볼 수 있었습니다.

30년 이상된 법인인 경우에도 최대주주등의 지분율이 상속개시 10년 전에 40%(상장법인 20%) 미만이거나 최대주주등에 해당하지 않는 경우에는 가업상속공제가 불가능합니다.

 상속인이 대표이사직 승계하지 않은 경우로서 상속개시 10년 전에 피상속인이 가업을 영위하지 않은 경우에는 가업상속공제가 불가능합니다.

대표이사 재직 요건 판단 시 상속인이 대표이사직을 승계하여 상속 시까지 대표이사로 재직한 경우를 제외하고는 피상속인이 상속개시 전 10년 이상 계속하여 가업을 영위하면서 경영하여야 합니다.

물론 상속개시 전 질병으로 인해 부득이하게 가업을 영위할 수 없는 경우는 제외되지만 30년 이상된 법인인 경우에도 상속개시 전 10년 전에 전문경영인을 도입하는 등의 사유로 가업을 영위하지 않은 경우에는 가업상속공제가 불가능합니다.

 상속개시 10년 전에 대분류가 다른 업종으로 업종을 변경 시에는 가업상속공제가 배제됩니다.

제조업, 도매업, 서비스업 등 한국표준산업분류상 대분류 내에서는 업종변경이 허용되지만, 대분류가 다른 업종으로 변경한 경우에는 업종을 변경한 후 재화 또는 용역의 공급을 개시한 시점부터 피상속인이 피상속인 요건을 갖추고 10년 이상 경영하여야 가업상속공제가 가능하므로 상속개시 10년 전에 대분류가 다른 업종으로 변경하는 경우에는 가업상속공제가 배제됩니다.

기준 – 법령해석재산 – 0227, 2015. 10. 28.

피상속인이 가업을 영위하다 주된 업종을 변경한 경우 가업영위기간이 10년인지 여부는 업종변경 후 최초로 재화 또는 용역을 개시한 날부터 10년의 요건을 판단하는 것임.

Tip! Ⅳ 상속인이 상속세 신고기한까지 임원으로 취임하지 않거나 상속세 신고기한부터 2년 이내에 대표이사로 취임하지 않는 경우에는 가업상속공제가 배제됩니다.

일정 규모 이상이 되는 가업을 영위하던 피상속인이 사망하는 경우에는 상속인들이 정리하고 처리해야 할 많은 일들이 있는 것이 현실입니다.

간혹 상속 후 다른 일들을 챙기다가 상속인이 실제 임원으로 근무하고 있음에도 임원 취임기간 내에 임원 취임에 대한 등기를 놓치거나 상속세 신고기한부터 2년 이내 대표이사 취임등기(개인사업자의 경우 대표자 변경 사업자등록 정정)를 하지 않는 경우에는 가업상속공제가 배제되므로 주의하여야 합니다.

이러한 이유 때문에 특별한 사정이 없는 한 상속세 신고기한까지 대표이사로 취임하는 것이 유리합니다.

Chapter 4

가업상속공제 한도와 가업상속공제액 편

Ⅰ **가업상속공제 요건을 갖춘 경우에는 가업상속공제 한도 내에서 가업상속재산에 상당하는 금액을 가업상속공제액으로 공제받을 수 있습니다.**

(김대표님 질문)

안세무사님!

가업상속공제 요건인 가업 요건, 피상속인 요건, 상속인 요건을 모두 갖춘 경우에는 최대 얼마까지 가업상속공제를 받을 수 있는 건가요?

(안세무사 답변)

김대표님!

가업 요건, 피상속인 요건, 상속인 요건을 모두 갖춘 경우에는 가업상속재산에 상당하는 금액을 상속세 과세가액에서 가업상속공제액으로 공제받을 수 있습니다.

이 경우 상속세 과세가액에서 공제받을 수 있는 가업상속재산에 상당하는 금액은 피상속인의 계속 경영한 기간이 10년 이상 20년 미만인 경우에는 300억 원, 20년 이상 30년 미만인 경우에는 400억 원, 30년 이상인 경우에는 600억 원을 한도로 합니다.[17] (상증법 §18의2 ①)

이 경우 주의할 점은 가업상속공제 요건을 충족한 상태에서 계속 경영한 기간을 기준으로 가업상속공제 한도가 적용되므로 중간에 대표이사직에서 사임하고 전문경영인이 경영하는 경우, 최대주주 지분율 요건을 충족하지 못하는 경우, 대분류 외 업종으로 변경된 경우 등에 해당하는 경우에는 대표이사 재취임 시점, 최대주주 지분율 다시 충족하는 시점, 대분류 외 업종으로 변경한 시점부터 다시 계속 경영기간을 기산하여 한도를 계산하는 점입니다.

따라서 한도 적용 시에는 이러한 부분을 검토하여 적용하여야 하며, 높은 가업상속공제 한도를 적용받기 위해서는 장기적인 계획하에 대표이사 재임기간 관리, 피상속인의 지분율 관리, 동일업종 유지에 대한 관리를 철저하게 하여야 합니다.

피상속인 "계속 경영"기간	가업상속공제 한도액 (2023년 이후 상속분)	가업상속공제 한도액 (2018년부터 2022년)
피상속인이 10년 이상 20년 미만 "계속 경영"한 경우	300억 원	200억 원
피상속인이 20년 이상 30년 미만 "계속 경영"한 경우	400억 원	300억 원
피상속인이 30년 이상 "계속 경영"한 경우	600억 원	500억 원

◎ 가업상속공제액 Min(①, ②)

① 가업상속 재산가액에 해당 금액

- 법인기업: 주식 등 가액 × (1 - 사업무관자산비율)
- 개인기업: [가업에 직접 사용하는 토지(비사업용 토지 제외), 건축물, 기계장치 등 가액]
  - 사업용 자산에 담보된 채무

② 피상속인의 계속 경영기간에 따른 가업상속공제 한도액

피상속인 "계속 경영"기간	가업상속공제 한도액 (2023년 이후 상속분)	가업상속공제 한도액 (2018년부터 2022년)
피상속인이 10년 이상 20년 미만 "계속 경영"한 경우	300억 원	200억 원
피상속인이 20년 이상 30년 미만 "계속 경영"한 경우	400억 원	300억 원
피상속인이 30년 이상 "계속 경영"한 경우	600억 원	500억 원

---

17) 상속세 및 증여세법 제18조의2 【가업상속공제】

① 거주자의 사망으로 상속이 개시되는 경우로서 가업[대통령령으로 정하는 중소기업 또는 대통령령으로 정하는 중견기업(상속이 개시되는 소득세 과세기간 또는 법인세 사업연도의 직전 3개 소득세 과세기간 또는 법인세 사업연도의 매출액 평균금액이 5천억 원 이상인 기업은 제외한다. 이하 이 조에서 같다)으로서 피상속인이 10년 이상 계속하여 경영한 기업을 말한다. 이하 같다]의 상속(이하 "가업상속"이라 한다)에 해당하는 경우에는 가업상속 재산가액에 상당하는 금액을 상속세 과세가액에서 공제한다. 이 경우 공제하는 금액은 다음 각 호의 구분에 따른 금액을 한도로 한다.
1. 피상속인이 10년 이상 20년 미만 계속하여 경영한 경우: 300억 원
2. 피상속인이 20년 이상 30년 미만 계속하여 경영한 경우: 400억 원
3. 피상속인이 30년 이상 계속하여 경영한 경우: 600억 원

 **피상속인이 둘 이상의 독립된 가업을 영위한 경우에는 계속 경영 기간이 긴 기업의 계속 경영기간을 기준으로 공제한도를 적용합 니다.**

(김대표님 질문)

안세무사님!

저의 경우는 25년간 용인에 있는 제조업 법인을 경영하여 왔고, 15년간 남양주에 있는 도·소매법인을 경영하여 왔습니다.

두 법인 모두에 대해 가업상속공제가 되는 것인지요? 그리고 두 법인 모두 가업상속공제 가 가능하다면 가업상속공제 한도는 어떻게 적용되는 것인가요?

(안세무사 답변)

김대표님!

두 개의 독립된 법인을 경영하고 계시는군요.

피상속인이 여러 개의 기업을 경영하고 있는 경우로서 각 법인별로 가업상속공제 요건 을 충족한 경우에는 여러 개의 기업 모두 가업상속공제가 가능합니다.

여러 개의 법인을 가업상속으로 물려받는 경우 한도 적용은, 각 개별기업 한도의 경우 각각 개별기업의 피상속인 계속 경영기간을 기준으로 적용하되 각 개별기업 한도의 합 계액은 계속 경영기간이 가장 긴 기업의 한도를 초과할 수 없습니다. 이 경우 상속세 과 세표준 계산 시에는 계속 경영기간이 긴 기업의 가업상속 재산가액에서 순차적으로 공 제하여 계산합니다.[18]

김대표님의 경우 용인 법인의 가업상속공제 한도는 400억 원, 남양주 법인의 가업상속공제 한도액은 300억 원이지만 두 법인 전체의 가업상속공제 한도는 400억 원이 적용됩니다. 만약 용인 법인의 가업상속 재산가액이 50억 원이고, 남양주 법인의 가업상속 재산가액 이 320억 원이라면 전체 한도 400억 원 중 용인 법인의 가업상속 재산가액에서 50억 원 을 공제하고 남은 한도가 350억 원이라도 남양주 법인의 개별기업 한도가 300억 원이므 로 350억 원을 공제할 수 있는 것이 아닌 개별기업 한도 300억 원만 상속세 과세가액 계산 시 공제할 수 있는 것입니다.

---

18) 상속세 및 증여세법 시행규칙 제5조 【가업상속의 공제한도 및 순서】
「상속세 및 증여세법」(이하 "법"이라 한다) 제18조 제2항 제1호의 가업상속의 공제한도를 적용할 때 영 제15조 제4항에 따른 피상속인이 둘 이상의 독립된 가업을 영위한 경우에는 해당 기업 중 계속하여 경영 한 기간이 긴 기업의 계속 경영기간에 대한 공제한도를 적용하며, 상속세 과세가액에서 피상속인이 계속 하여 경영한 기간이 긴 기업의 가업상속 재산가액부터 순차적으로 공제한다.

피상속인이 둘 이상의 가업을 영위하는 경우 가업상속공제 적용

<사례> 피상속인이 용인 법인과 남양주 법인 경영
- 용인 법인: 가업영위기간 25년, 가업상속 재산가액 50억 원
- 남양주 법인: 가업영위기간 15년, 가업상속 재산가액 320억 원

1. 개별기업 한도
   - 용인 법인: 400억 원
   - 남양주 법인: 300억 원

2. 전체 한도
   400억 원(가업영위기간이 긴 용인 법인의 가업상속공제 한도)

3. 가업상속공제액 적용
   1) 가업영위기간이 긴 용인 법인의 가업상속공제액
      min(① 전체 한도 400억 원, ② 가업영위기간이 긴 법인의 가업상속 재산가액 50억 원)
      ⇒ 50억 원
   2) 남양주 법인
      min(①, ②, ③) ⇒ 300억 원
      ① 350억 원(전체 한도 400억 원 - 가업영위기간이 긴 용인 법인의 공제액 50억 원)
      ② 320억 원(남양주 법인 가업상속 재산가액)
      ③ 300억 원(남양주 법인 개별기업 한도)

 둘 이상의 독립된 법인을 경영하다가 한 법인에 주식을 양도하여 자회사 형태가 되는 경우 자회사는 가업상속공제가 배제되므로 주의하여야 합니다.

(김대표님 질문)

안세무사님!

저는 도매업을 영위하는 A법인(가업상속 재산가액 200억 원)과 B법인(가업상속 재산가액 50억 원) 두 개 법인을 10년 이상 경영하여 왔습니다.

두 법인에 대한 저의 지분율은 각각 80%인데 두 법인에 모두 지분이 있을 필요가 없고 가업승계 시 불이익이 있을 것 같아 A법인 지분을 B법인에 양도하여 A법인이 B법인의 자회사가 되도록 하려고 합니다. 이러한 경우 가업상속공제 적용 시 어떤 영향이 있을까요?

(안세무사 답변)

김대표님!

도매업은 가업상속공제 대상 업종이고 대표님의 지분율이 80%이므로 다른 요건 충족 시 현재 구조로는 두 개 법인 모두 가업상속공제 적용이 가능합니다.

10년 이상 두 개 법인 모두 경영했으므로 전체 300억 원의 한도가 적용되므로 최대 250억 원 전액에 대해 가업상속공제가 가능합니다.

하지만 현재 대표님이 생각하시는 것처럼 A법인 보유주식을 B법인에 양도하여 A법인이 B법인의 자회사가 되는 경우 B법인이 보유하고 있는 A법인 주식가액은 가업상속공제가 배제되므로 세부담이 커지게 됩니다.

따라서 두 개 이상의 법인을 경영하는 경우에는 절대로 법인 간 자회사가 되는 구조로 전환해서는 안되는 점을 주의하여야 합니다.

서면 – 2023 – 법규재산 – 0749, 2023. 8. 8.

거주자 갑이 중소기업인 A법인(도매업)과 B법인(제조업)의 최대주주등으로서 각각 40% 이상을 10년 이상 계속 보유하고 해당 기업을 10년 이상 계속 경영하다 갑이 보유한 B법인 주식 전부를 A법인에 양도하여 B법인이 A법인의 완전자회사가 된 상태에서 갑이 사망하는 경우, B법인은 가업에 해당하지 않는 것임.

 **30년 이상된 법인이 600억 원이 아닌 300억 원의 가업상속공제 한도를 적용받는 경우가 있으니 주의하여야 합니다.**

(김대표님 질문)

안세무사님!

저희 법인은 30년 이상 되어서 저는 당연히 600억 원의 가업상속공제 한도를 적용받을 수 있을 것으로 생각하고 있는데 30년 이상된 법인이 300억 원의 한도를 적용받는 경우도 있나요? 그런 경우가 있다면 어떤 경우인가요?

Tip! I 30년 이상된 법인인 경우에도 대표이사가 20년 미만 가업을 경영한 상태에서 상속인에게 대표이사직을 물려준 후 가업을 영위하지 않는 경우에는 300억 원의 한도가 적용됩니다.

가업상속공제는 피상속인이 상속개시일 전 소급하여 10년 이상 계속 경영한 경우에 한하여 적용 가능하지만 예외적으로 피상속인이 10년 이상 대표이사직을 유지하면서 경영한 후 상속인이 대표이사직을 물려받아 상속개시일까지 대표이사직을 유지하는 경우에는 상속개시일 전 소급하여 10년 이상 피상속인이 계속 경영하지 않거나 가업을 영위하지 않은 경우에도 가업상속공제가 가능합니다.

30년 이상된 법인인 경우에도 가업상속공제 한도는 피상속인의 계속 경영한 기간을 기준으로 결정되므로 피상속인이 10년 이상 20년 미만 가업을 경영한 후 상속인에게 대표이사직을 물려준 후 가업을 경영하지 않은 경우에는 피상속인의 가업 계속경영 기간을 10년 이상으로 보아 300억 원의 한도가 적용됩니다.

30년 이상된 법인인 경우에도 중간에 전문경영인을 두면서 대표이사에서 사임하고, 다시 대표이사로 취임한 경우에는 300억 원의 한도가 적용될 수 있습니다.

가업상속공제 한도는 피상속인의 계속 가업경영 기간을 기준으로 결정되므로 중간에 전문경영인에게 경영을 맡겼다가 다시 대표이사로 취임하여 계속 가업경영기간이 중단된 후 다시 가업을 경영한 경우에는 다시 대표이사로 취임한 기간부터 계속 가업경영 기간을 판단합니다.

30년 이상된 법인인 경우에도 피상속인이 다시 대표이사로 취임한 후 계속 가업경영기간이 10년 이상 20년 미만에 해당하는 경우에는 600억 원이 아닌 300억 원을 한도로 가업상속공제가 가능합니다.

30년 이상된 법인인 경우에도 피상속인의 최대주주등 지분율이 40%(상장법인 20%) 미만으로 내려갔다가 다시 40%(상장법인 20%) 이상이 된 경우에는 300억 원의 한도가 적용될 수 있습니다.

가업상속공제 한도를 결정하는 피상속인의 가업 계속경영기간은 상속개시일로부터 소급하여 10년 이상 최대주주등으로서 최대주주 지분율 40%(상장법인 20%)를 유지하면서 대분류 내에서 동일한 업종을 주된 사업으로 계속 경영한 기간을 의미하는 것으로 최대주주 지분율이 40%(상장법인 20%) 미만이 된 경우에는 계속 가업을 영위한 기간이 중단되고 40%(상장법인 20%) 이상이 된 시점부터 다시 피상속인이 계속 가업을 경영한 기간이 기산됩니다.

30년 이상된 법인의 경우에도 최대주주등에 해당하지 않다가 다시 최대주주 지분율이 40%(상장법인 20%) 이상이 된 시점부터 상속개시일까지의 기간이 10년 이상 20년 미만인 경우에는 600억 원이 아닌 300억 원을 한도로 가업상속공제가 가능합니다.

가업상속공제 한도 적용의 기준이 되는 피상속인의 계속 가업 경영기간은 대분류 내에서 동일한 업종을 계속 주된 사업으로 경영한 경우에만 인정됩니다.

30년 이상이 된 법인인 경우에도 대분류 외 업종으로 변경하고 업종변경 후 재화와 용역을 공급일부터 상속개시일까지 기간이 10년 이상, 20년 미만인 경우에는 600억 원이 아닌 300억 원의 한도가 적용됩니다.

◎ 30년 이상된 법인이 300억 원의 가업상속공제 한도 적용되는 경우

<case I> 피상속인이 10년 이상 가업경영 후 상속인에게 대표이사직 승계하고 가업 미종사한 경우
- 피상속인 대표이사가 10년 이상 가업을 경영 → 상속인이 대표이사직 승계 → 피상속인 가업 미종사: 한도 300억 원

<case II> 중간에 대표이사 사임한 후 다시 재임한 경우
- 피상속인 대표이사 → 전문경영인 대표이사 → 피상속인 대표이사(10년 이상 20년 미만): 한도 300억 원

<case III> 최대주주등 지분율 요건 미달하였다가 다시 충족한 경우
- 최대주주 지분율 요건 충족 → 지분율 요건 미달 → 지분율 요건 충족(10년 이상 20년 미만): 한도 300억 원

<case IV> 대분류 외 업종으로 변경한 경우
- 30년 이상 경영 → 대분류 외 업종변경(10년 이상 20년 미만): 한도 300억 원

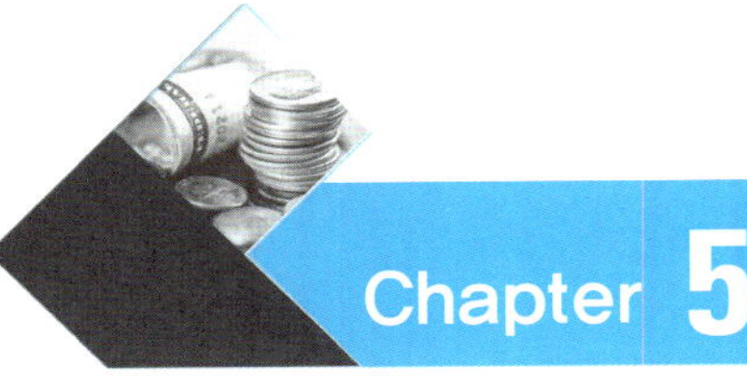

Chapter 5

법인기업의 가업상속 재산가액과 사업무관자산비율 최소화 전략

 법인기업의 가업상속 재산가액

> **(김대표님 질문)**
>
> 안세무사님!
>
> 가업상속공제 한도 내에서 공제되는 법인기업의 가업상속 재산가액은 어떻게 계산되나요?
>
> --
>
> **(안세무사 답변)**
>
> 김대표님!
>
> 법인기업의 경우 피상속인의 가업상속공제 대상주식이 공제대상 재산이 되며 전체 자산 중 사업과 관련 없는 자산에 대해서까지 가업상속공제를 적용하는 것은 취지에 맞지 않으므로 상속개시일 현재 피상속인의 가업상속대상 주식가액에서 사업무관자산비율이 차지하는 가액을 차감한 가액이 가업상속공제 대상 재산가액이 됩니다.

◎ 법인기업의 가업상속 재산가액

= 피상속인의 가업상속공제 대상 주식등의 가액 × (1 − 사업무관자산비율)

Tip!　I　가업상속공제 대상 업종을 영위하지 않는 자회사와 합병하는 경우에는 가업상속 재산가액을 극대화할 수 있습니다.

가업법인이 가업상속공제 대상 업종을 영위하지 않은 자회사 주식을 보유하고 있는 경우 해당 자회사 주식가액은 사업무관자산이 되어 가업상속공제가 배제됩니다.

하지만 자회사 주식가액이 큰 경우에 가업상속공제 대상 업종을 영위하지 않는 자회사를 흡수합병하는 경우에는 합병법인의 자산에서 자회사의 자산을 제외하는 것이 아닌 합병 후 법인의 주식등의 가액에서 사업무관자산이 차지하는 비율을 차감한 가액이 가업상속 재산가액이 되므로 가업상속 재산가액을 극대화 할 수 있습니다.

기획재정부 재산세제과 - 222, 2016. 3. 18.

가업에 해당하는 기업이 가업에 해당하지 않는 자회사를 흡수합병한 경우 가업상속 재산가액은 가업에 해당하는 법인의 주식가액에 총자산가액 중 사업무관자산을 제외한 자산가액이 총자산가액에서 차지하는 비율을 곱하여 계산하는 것임.

서면 - 2020 - 상속증여 - 2415, 2020. 12. 31.

10년 이상 영위한 합병법인과 합병법인의 자회사가 합병 시 가업영위기간은 합병법인을 기준으로 하며, 가업상속 재산가액은 합병 후 법인의 주식 등의 가액에 사업무관자산을 제외한 자산가액이 총자산가액에서 차지하는 비율을 계산하는 것임.

Tip! **Ⅱ** 상속개시 후 상속인의 일정지분을 처분할 계획이 있는 경우에는 처분 예정인 지분을 제외하고 가업상속공제를 받는 것이 유리합니다.

가업상속공제는 피상속인의 보유지분 전체를 상속받아야 하는 것을 요건으로 하지 않고 있습니다.

이 경우 피상속인 전체 보유지분에 대해 가업상속공제를 받은 후 상속세 납부 등 상속인의 자금사정 등으로 상속개시 후 5년 이내 지분을 양도하는 경우에는 가업상속공제 받은 금액 전체가 추징되므로 상속받은 지분 중 일정지분을 양도할 계획이 있는 경우에는 양도할 지분에 대해서는 가업상속공제를 받지 않고 일반상속세를 부담하는 것이 유리합니다.

특히 언제든지 주식을 양도하여 현금화가 가능한 상장법인의 경우 상속개시 후 5년간 지분을 양도하지 못하는 것은 큰 제약이 될 수 있으므로 상장법인의 경우에는 상속인이 일정지분을 양도하여 현금화할 수 있도록 일정지분에 대해서는 가업상속공제를 적용받지 않고 일반상속세를 부담하면서 상속받는 것을 고려할 필요가 있습니다.

이 경우 가업상속공제를 적용받지 않은 지분은 사후관리 대상에서 제외되므로 처분하는 경우에도 사후관리에 위반하지 않게 됩니다.

 법인기업의 가업상속공제 대상 주식

(김대표님 질문)

안세무사님!

가업상속공제 요건을 갖춘 피상속인이 상속개시 당시 보유한 주식만이 가업상속공제 대상 주식에 해당하는 것인가요?

(안세무사 답변)

김대표님!

당연히 피상속인이 상속개시 당시 보유한 주식은 가업상속공제 대상 주식에 해당하지만 추가로 몇 가지 고려할 사항이 있습니다.

Tip! I 피상속인이 10년 이상 주식을 보유하지 않아도 공제대상 주식에 해당합니다.

과거에는 피상속인이 10년 미만 보유한 주식은 가업상속공제 대상 주식에 해당하지 않는다고 해석하여 상속개시일 전 10년 이내 유상증자, 취득, 수증받은 주식에 대해서는 가업상속공제가 불가능했습니다.

하지만 2022. 1. 5. 기획재정부에서 2022. 1. 5. 이후 상속세 결정·경정분부터 피상속인이 상속개시일 현재 10년 이상 보유하지 않은 주식에 대해서도 가업상속공제가 가능한 것으로 해석을 변경하여 상속개시일 현재 피상속인 보유주식 중 보유기간이 10년 미만인 주식에 대해서도 가업상속공제가 가능합니다.

Tip! Ⅱ 피상속인의 배우자가 주식을 보유하고 있는 경우에는 배우자로부터 수증받은 후 가업상속공제를 적용받는 것이 유리합니다.

가업상속공제의 경우 최대주주 등 1인이 보유한 주식에 대해서만 가능하므로 대표이사 배우자가 보유하고 있는 주식에 대해서는 가업상속공제가 불가능하여 대표이사 배우자 소유주식에 대해서는 절세가 어려운 측면이 있습니다.

대표이사의 배우자가 주식을 보유하고 있는 경우에는 피상속인이 10년 이상 보유하지 않은 주식에 대해서도 가업상속공제가 가능하므로 피상속인의 가업상속 재산가액이 가업상속공제 한도 범위 내이고 피상속인의 배우자가 가업법인의 주식을 보유하고 있는 경우로서 배우자의 상속세 계산 시 적용 세율이 40% 이상인 경우에는 10~30% 증여세율이 적용되는 범위에서 피상속인이 배우자로부터 주식을 수증받은 후 가업상속공제를 받는 것이 유리할 수 있습니다.

Tip! Ⅲ 가업승계에 대한 증여세 과세특례를 적용받은 경우로서 가업상속공제 요건에 준하는 요건을 충족한 경우에는 가업상속공제 대상 주식에 해당합니다.

가업승계에 대한 증여세 과세특례는 낮은 증여세율을 부담하는 장점이 있지만 증여일자와 관계없이 특례적용 받은 증여주식가액이 상속 재산가액에 합산되어 상속세가 과세되는 단점이 있습니다.

가업승계 증여세 과세특례를 적용받은 경우로서 ① 가업상속공제 요건에서의 가업 요건, 피상속인 요건(대표이사 재직 요건 미적용), 상속인 요건을 충족하고, ② 주식을 수증받은 자가 증여받은 주식 등을 처분하거나 지분율이 낮아지지 않은 경우로서 가업에 종사하면서 대표이사로 재직하고 있는 경우에는 가업상속공제가 가능합니다.(조특령 §27의6 ⑨)

이 경우 피상속인이 가업승계에 대한 증여세 과세특례 적용하여 증여 시 보유주식 전부를 증여하는 경우가 있을 수 있는데, 보유주식 전부를 증여한 경우에는 수증자가 증여받은 주식을 피상속인이 보유한 것으로 보아 지분율 요건을 적용합니다.

한편, 가업승계 증여세 특례를 적용받은 수증자가 증여자보다 먼저 사망한 경우에는 증여자의 상속세 과세가액 산정 시 해당 가업승계 주식의 가액은 가산하지 않습니다.

주의하여야 할 점은 가업승계 증여세 과세특례 적용받고 사후관리 기간 경과 후 수증자가 증여받은 주식을 처분하는 경우에는 증여세가 추징되지는 않지만 피상속인 사망 시까지 가업이 유지되어 가업상속공제가 필요한 경우에 가업상속공제가 배제되므로 가업승계 증여세 과세특례 적용받은 후 주식을 처분하거나 유상증자 등으로 지분이 감소되는 경우에는 이러한 문제점을 모두 체크한 후 진행하여야 합니다.

◎ **가업승계 증여세 과세특례 적용받은 주식에 대한 가업상속공제 요건**

① 가업상속공제 요건인 가업 요건, 피상속인 요건, 상속인 요건을 충족할 것
- 피상속인 보유주식 전부를 증여한 경우: 수증자가 증여받은 주식을 피상속인이 보유한 것으로 보아 지분율 요건 적용
- 대표이사 재직 요건은 미적용
- 중견기업 매출액 평균금액 - 증여일이 속하는 사업연도 직전 3년으로 판단

② 수증자가 증여받은 주식 등을 처분하거나 지분율이 낮아지지 아니한 경우로서 가업에 종사하거나 대표이사로 재직하고 있을 것
- 수증자가 증여받은 주식을 한 주라도 처분하거나 1%라도 지분율이 낮아진 경우에는 가업상속공제 배제
- ※ 가업승계에 대한 증여세 특례를 적용받은 수증자가 증여자보다 먼저 사망한 경우 증여자의 상속세 과세가액 산정 시 가업승계 주식가액은 미가산

기획재정부 재산세제과 - 1084, 2023. 9. 15.

가업승계 증여세 특례 요건을 갖춘 후 피상속인이 대표이사직을 승계한 경우, 그 후 상속인이 대표이사직을 승계하여 상속개시일까지 재직하면 가업상속공제 대상이 될 수 있음.

서면 - 법규재산 - 4436, 2023. 9. 14.

가업의 승계에 대한 증여세 특례를 적용받은 수증자가 증여자보다 먼저 사망한 경우로서 증여자의 상속세 과세가액 산정 시, 해당 가업승계 주식의 가액을 가산하지 않는 것임.

주식의 실제 소유자와 명의자가 다른 이른바 명의신탁주식에 대해서는 그 명의자로 등기등을 한 날에 명의신탁한 것으로 보아 증여세를 과세하고, 소유권 취득일이 속하는 연도의 다음 연도 말일까지 실제소유자 명의로 명의개서를 하지 아니하고 종전 소유자의 명의로 둔 경우에는 취득일이 속하는 연도의 다음 연도 말일의 다음 날에 종전 소유자에게 명의신탁한 것으로 보아 증여세를 과세합니다.[19] (상증법 §45의2 ①)

이 경우 조세회피목적이 없는 경우에는 명의신탁증여의제에 대한 증여세를 과세하지 않는데 상속 시 상속인이 명의신탁주식을 상속재산에 합산하여 신고한 경우에는 조세회피목적이 없는 것으로 보아 증여세가 과세되지 않습니다.(상증법 §45의2 ③ 2호)

또한 상속세 신고 시 명의신탁주식을 상속재산에 합산하여 신고한 경우로서 명의신탁 사실이 입증되는 경우에는 명의신탁주식에 대해서도 가업상속공제 적용이 가능합니다.

따라서 명의신탁주식이 있는 경우에는 상속세 신고서 상속 재산가액에 합산하여 신고하면서 가업상속공제를 받는 것이 유리할 수 있습니다.

조심2020구0841, 2020. 10. 28.

2016. 2. 5. 1인 가업상속공제 규정이 삭제되어 전부 상속되지 아니한 것에 대하여도 가업상속공제가 적용되므로 상속인들이 상속세 신고 시 상속재산에 합산하여 신고한 명의신탁주식에 대해서는 가업상속공제가 가능하지만, 상속인들이 상속세 신고 시 상속재산에 합산하여 신고하지 않은 명의신탁주식에 대해서는 가업상속공제가 불가능함.

---

19) 상속세 및 증여세법 제45조의2 【명의신탁재산의 증여 의제】
　① 권리의 이전이나 그 행사에 등기등이 필요한 재산(토지와 건물은 제외한다. 이하 이 조에서 같다)의 실제소유자와 명의자가 다른 경우에는 「국세기본법」 제14조에도 불구하고 그 명의자로 등기등을 한 날(그 재산이 명의개서를 하여야 하는 재산인 경우에는 소유권취득일이 속하는 해의 다음 해 말일의 다음 날을 말한다)에 그 재산의 가액(그 재산이 명의개서를 하여야 하는 재산인 경우에는 소유권취득일을 기준으로 평가한 가액을 말한다)을 실제소유자가 명의자에게 증여한 것으로 본다. 다만, 다음 각 호의 어느 하나에 해당하는 경우에는 그러하지 아니하다.
　　1. 조세회피의 목적 없이 타인의 명의로 재산의 등기등을 하거나 소유권을 취득한 실제소유자 명의로 명의개서를 하지 아니한 경우
　　2. (삭제, 2015. 12. 15.)
　　3. 「자본시장과 금융투자업에 관한 법률」에 따른 신탁재산인 사실의 등기등을 한 경우
　　4. 비거주자가 법정대리인 또는 재산관리인의 명의로 등기등을 한 경우

　주식회사뿐만 아니라 유한회사, 유한책임회사 출자지분도 가업상속공제 대상에 해당합니다.

서면 – 법규재산 – 2914, 2022. 5. 31.

가업상속공제 대상 주식등에는 유한책임회사의 출자지분이 포함되며, 유한책임회사의 업무집행자를 대표이사로 보아 가업상속공제 규정을 적용하는 것임.

◎ **가업상속공제 대상 주식**

- 피상속인이 상속개시일 현재 보유한 주식

  ※ 보유기간이 10년 이상일 필요 없음(상속개시일 10년 전에 취득, 수증, 유상증자된 주식도 가능).

  ※ 피상속인의 가업상속 재산가액이 가업상속공제 한도 내이고 배우자 보유주식(가업상속공제 적용 불가능)의 예상 상속세가 큰 경우에는 배우자로부터 수증받아 가업상속공제를 받는 것이 유리함.

- 명의신탁주식

  명의신탁사실 입증되는 경우로서 상속세 신고 시 상속재산에 합산하여 신고한 경우

- 가업승계에 대한 증여세 과세특례 적용받은 주식으로서 ①, ② 충족한 경우

  ① 가업상속공제 요건인 가업 요건, 피상속인 요건을 충족할 것

    ※ 피상속인 보유주식 전부를 증여한 경우: 수증자가 증여받은 주식을 피상속인이 보유한 것으로 보아 지분율 요건 적용

    ※ 대표이사 재직 요건은 미적용

    ※ 중견기업 매출액 평균금액: 증여일이 속하는 사업연도 직전 3년으로 판단

  ② 수증자가 증여받은 주식 등을 처분하거나 지분율이 낮아지지 아니한 경우로서 가업에 종사하거나 대표이사로 재직하고 있을 것

 # 법인기업의 경우 사업무관자산비율을 낮추는 것이 핵심입니다.

(김대표님 질문)

안세무사님!

가업상속공제를 적용받는 가업상속 재산가액은 피상속인의 가업상속공제 대상 주식가액에서 사업무관자산비율을 차감한다고 하셨는데 그럼 사업무관자산에는 어떤 것이 있나요?

(안세무사 답변)

김대표님!

가업상속공제액을 극대화하기 위해서는 사업무관자산비율을 줄이는 것이 핵심이며, 사업무관자산은 다음과 같습니다.[20]

| 가업상속공제가 배제되는 사업무관자산 |

사업무관자산

① 「법인세법」 제55조의2 해당자산
   ☞ 비사업용 토지, 주택, 분양권, 조합권 입주권, 별장 등

② 「법인세법 시행령」 제49조 해당자산 및 임대용부동산
   ☞ 업무무관부동산, 동산, 법인이 임대하고 있는 부동산
   〔법인소유 국민주택규모 이하인 주택 또는 「소득세법」 제99조 제1항 기준시가 6억 원 이하 주택으로서 해당 법인 임직원(비소액주주등 또는 최대주주 또는 최대주주와 친족관계에 있는 자 제외)에게 5년 이상 무상대여하고 있는 임대주택 제외〕

③ 「법인세법 시행령」 제61조 제1항 제2호 해당 자산: 대여금
   ☞ 특수관계 여부와 관계 없이 법인의 모든 대여금
   〔임직원 본인 또는 자녀 학자금, 주택(대여 당시 「소득세법」 제99조 제1항 기준시가 6억 원 이하 주택) 전세금 대여액 제외〕

④ 과다보유현금(취득일로부터 만기가 3개월 이내인 금융상품 포함)
   상속개시 전 5개 사업연도 말 평균현금 보유액의 200% 초과분

⑤ 영업활동과 직접 관련없이 보유하는 주식·채권 및 금융상품

---

20) 상속세 및 증여세법 시행령 제15조 【가업상속】
   ⑤ 법 제18조의2 제1항 각 호 외의 부분 전단에서 "가업상속 재산가액"이란 다음 각 호의 구분에 따라 제3항 제2호의 요건을 모두 갖춘 상속인(이하 이 조에서 "가업상속인"이라 한다)이 받거나 받을 상속재산의 가액을 말한다. (2023. 2. 28. 개정)
   2. 「법인세법」을 적용받는 가업: 가업에 해당하는 법인의 주식등의 가액[해당 주식등의 가액에 그 법인의 총자산가액(상속개시일 현재 법 제4장에 따라 평가한 가액을 말한다) 중 상속개시일 현재 다음 각 목의 어느 하나에 해당하는 자산(상속개시일 현재를 기준으로 법 제4장에 따라 평가한 가액을 말한다. 이 조 및 제68조에서 "사업무관자산"이라 한다)을 제외한 자산가액이 차지하는 비율을 곱하여 계산한 금액에 해당하는 것을 말한다] (2020. 2. 11. 개정)

토지 등 양도소득에 대한 과세특례를 적용받는 「법인세법」 제55조의2에서 규정하고 있는 다음에 해당하는 비사업용 토지, 주택, 주택을 취득하기 위한 권리, 별장, 콘도미니엄 등은 사업무관자산에 해당합니다.

1. 비사업용 토지

토지는 일정기간 이상의 기간 동안 사업용으로 사용하지 않은 경우 비사업용 토지에 해당하는데 나대지의 경우 농업법인이 보유한 농지, 임업법인이 보유한 임야, 축산업법인이 소유한 축산용지, 재산세 분리과세 · 별도합산 과세대상 토지, 재산세 종합합산 과세대상 토지로서 사업과 직접 관련성이 입증되는 경우를 제외하고는 거의 모두 비사업용 토지에 해당하므로 법인이 소유한 나대지는 거의 비사업용 토지에 해당한다고 할 수 있습니다.

가. 「법인세법」 제55조의2에 해당하는 자산 (2012. 2. 2. 개정)

나. 「법인세법 시행령」 제49조에 해당하는 자산 및 타인에게 임대하고 있는 부동산(지상권 및 부동산 임차권 등 부동산에 관한 권리를 포함한다). 다만, 해당 법인이 소유한 주택(「주택법」 제2조 제6호에 따른 국민주택규모 이하인 주택 또는 상속개시일 현재 「소득세법」 제99조 제1항에 따른 기준시가가 6억 원 이하인 주택으로 한정한다)으로서 해당 법인의 임원 및 직원(다음의 어느 하나에 해당하는 자는 제외하며, 이하 이 조에서 "임직원"이라 한다)에게 5년 이상 계속하여 무상으로 임대하고 있는 주택은 제외한다. (2025. 2. 28. 개정)

  1) 해당 법인의 발행주식총수 또는 출자총액의 100분의 1 이상의 주식등을 소유한 주주등 (2025. 2. 28. 개정)

  2) 해당 법인의 법 제63조 제3항 전단에 따른 최대주주 또는 최대출자자와 제2조의2 제1항 제1호의 관계에 있는 자 (2025. 2. 28. 개정)

다. 「법인세법 시행령」 제61조 제1항 제2호에 해당하는 자산. 다만, 임직원에게 대여한 다음의 어느 하나에 해당하는 자산은 제외한다. (2025. 2. 28. 개정)

  1) 임직원 본인 또는 자녀의 학자금 (2025. 2. 28. 개정)

  2) 주택(대여일 당시 「소득세법」 제99조 제1항에 따른 기준시가가 6억 원 이하인 주택으로 한정한다)에 대한 전세금(주택의 등기를 하지 않은 전세계약에 따른 임대차보증금을 포함한다) (2025. 2. 28. 개정)

라. 과다보유현금[상속개시일 직전 5개 사업연도 말 평균 현금(요구불예금 및 취득일부터 만기가 3개월 이내인 금융상품을 포함한다)보유액의 100분의 200을 초과하는 것을 말한다] (2025. 2. 28. 개정) 영 제15조 제5항 제2호의 개정규정은 2025. 2. 28. 이후 상속이 개시되는 경우부터 적용함. (영 부칙(2025. 2. 28.) 2조)

마. 법인의 영업활동과 직접 관련이 없이 보유하고 있는 주식등, 채권 및 금융상품(라목에 해당하는 것은 제외한다) (2018. 2. 13. 개정)

구분	사업무관자산
농지	농업법인이 소유하지 않은 농지(일부 예외 있음)
임야	임업을 주업으로 하지 않는 법인이 소유하는 임야(일부 예외 있음)
목장용지	축산업을 주업으로 하지 않는 법인이 소유하는 목장용지(일부 예외 있음)
그 외 나대지	사업에 직접 사용되지 않는 재산세 종합합산 과세대상 토지 (주차장, 휴양업, 하치장 등 또는 토지이용 수입금액이 토지가액의 3% 이상인 경우 등은 사업용 토지에 해당하지만 주차장, 휴양업 등은 가업상속공제 대상 업종에 해당하지 않음)

☞ 주의점

　법인이 보유하는 임야, 농지등, 나대지의 경우 거의 모두 사업무관자산에 해당함.

2. 주택 및 부수토지

　법인이 주택 및 부수토지를 보유한 경우에는 사업무관자산에 해당합니다. 다만, 일정 임대주택(법령 §92조의2 ②) 및 읍·면지역에 소재하는 일정 농어촌주택[21] (법령 §92의10)에 해당하는 경우에는 토지 등 양도소득에 대한 과세특례 적용대상에는 해당하지 않지만 업무무관부동산에는 해당합니다.

　또한 사택 운영방법상의 임대차계약에 의해 직원에게 사택을 제공하고 있는 경우에는 사업무관자산으로 보지 않고 있습니다.

조심2021서6935, 2022. 8. 2.

비록 가업상속 대상 주식회사가 무상(관리비 보전 수준의 보증금 포함) 임대차계약을 통해 직원에게 쟁점사택을 제공하고 있지만 이는 사택 운영방법상의 임대차계약일 뿐이므로 이를 적극적 임대로 보기 어려운 점 등에 비추어, 쟁점사택을 법인의 업무에 직접 사용하지 아니하거나 타인에게 임대하고 있는 사업무관자산으로 보기는 어렵다 할 것임.

3. 주택을 취득하기 위한 권리

　주택을 취득하기 위한 권리인 조합원 입주권, 분양권을 보유하고 있는 경우에는 사

---

21) 법인세법 시행령 제92조의10 【별장의 범위와 적용기준】
　　법 제55조의2 제1항 제2호 단서에서 "대통령령으로 정하는 범위 및 기준에 해당하는 농어촌주택(그 부속토지를 포함한다)"이란 다음 각 호의 요건을 모두 갖춘 주택과 그 부속토지를 말한다.
　　1. 건물의 연면적이 150제곱미터 이내이고 그 건물의 부속토지의 면적이 660제곱미터 이내일 것
　　2. 건물과 그 부속토지의 가액이 기준시가 2억 원 이하일 것
　　3. 「조세특례제한법」 제99조의4 제1항 제1호 각 목의 어느 하나에 해당하는 지역을 제외한 지역에 소재할 것

업무관자산에 해당합니다.

4. 콘도미니엄, 별장, 휴양용으로 사용하는 빌라 등

주택(주택 부수토지 포함) 및 주거용 건축물로서 상시 주거용으로 사용하지 않고 휴양·피서·위락 등의 용도로 사용하는 콘도미니엄, 별장, 휴양용으로 사용하는 빌라 등은 사업무관자산에 해당합니다.(법령 §55의2 ②)

| 사업무관자산으로 보는 비사업용 토지, 주택 등 토지 등 양도소득 과세특례 적용대상 |

구분		사업무관자산
비사업용 토지	농지	농업법인이 소유하지 않은 농지(일부 예외 있음)
	임야	임업을 주업으로 하지 않는 법인이 소유하는 임야 (일부 예외 있음)
	목장 용지	축산업을 주업으로 하지 않는 법인이 소유하는 목장용지 (일부 예외 있음)
	그 외 나대지	사업과 직접 사용되지 않는 재산세 종합합산 과세대상 토지 (주차장, 휴양업, 하치장 등 또는 토지이용 수입금액이 토지가액의 3% 이상인 경우 등은 사업관련 자산에 해당)
주택 및 부수토지등		주택 및 부수토지, 조합원 입주권 및 주택 분양권, 휴양·피서·위락용도 등으로 사용하는 별장, 콘도 등(일정 임대주택 및 읍·면지역 소재 일정 농어촌주택 제외)

Tip! Ⅱ 업무무관 부동산, 동산 및 타인에게 임대한 부동산은 사업무관자산에 해당합니다.

법인의 업무에 직접 사용하지 않는 부동산(유예기간 경과 전 제외), 유예기간 중에 법인의 업무에 사용하지 않고 양도한 부동산, 서화·골동품 등 업무무관동산과 타인에게 임대한 부동산은 사업무관자산에 해당합니다.

1. 업무무관자산

법인의 업무에 직접 사용하지 않는 부동산(유예기간 경과 전 제외), 유예기간 중에 법인의 업무에 사용하지 않고 양도한 부동산, 서화·골동품 등 업무무관동산과 타인에게 임대한 부동산은 사업무관자산에 해당합니다.(법령 §49)

이 경우 법인이 보유하는 건축물 없는 나대지의 경우 유예기간 경과 전과 착공을 하는 경우에는 업무무관부동산으로 보지 않지만 업무무관부동산에 해당하지 않는 경우라 하더라도 나대지의 경우 거의 대부분 비사업용 토지에 해당하게 되므로 가액이 큰 토지를 보유하고 있는 경우로서 피상속인 건강이 좋지 않은 경우에는 이에 대한 대응 전략을 세울 필요가 있습니다.

가. 업무무관부동산

- 법인의 업무에 직접 사용하지 않는 부동산

  (유예기간 경과 전에 있는 경우 제외)

- 유예기간 중에 법인의 업무에 사용하지 않고 양도한 부동산

  ※ 나대지에 착공하는 경우: 업무 관련 부동산에 해당하지만 비사업용 토지에 해당함.

나. 업무무관동산

- 서화 및 골동품

- 업무에 직접 사용하지 않는 자동차·선박·항공기 등

2. 타인에게 임대한 부동산

타인에게 임대한 부동산은 법인의 사업목적에 부동산 임대업이 있는 경우에도 무조건 사업무관자산에 해당합니다.

다만, 사택 운영방침에 따라 직원에게 임대하는 사택의 경우에는 임대부동산으로 보지 않습니다.

또한 2025. 2. 28. 이후 상속분부터 법인소유의 국민주택규모 이하인 주택 또는 「소득세법」 제99조 제1항 기준시가 6억 원 이하 주택으로서 해당 법인 임직원(비소액주주 등 또는 최대주주 또는 최대주주와 친족관계에 있는 자 제외)에게 5년 이상 무상대여하고 있는 임대주택은 사업무관자산에서 제외됩니다.

> **조심2021서6935, 2022. 8. 2.**
> 비록 가업상속 대상 주식회사가 무상(관리비 보전 수준의 보증금 포함) 임대차계약을 통해 직원에게 쟁점사택을 제공하고 있지만 이는 사택 운영방법상의 임대차계약일 뿐이므로 이를 적극적 임대로 보기 어려운 점 등에 비추어, 쟁점사택을 법인의 업무에 직접 사용하지 아니하거나 타인에게 임대하고 있는 사업무관자산으로 보기는 어렵다 할 것임.

구분	사업무관자산
업무무관자산	• 업무무관부동산 　– 법인의 업무에 직접 사용하지 않는 부동산 　　(유예기간 경과 전에 있는 경우 제외) 　– 유예기간 중에 법인의 업무에 사용하지 않고 양도한 부동산 　　※ 나대지에 착공하는 경우: 업무 관련 부동산에 해당하지만 비사업용 토지 　　　에 해당 여부 검토 필요 • 업무무관동산 　– 서화 및 골동품 　– 업무에 직접 사용하지 않는 자동차·선박·항공기 등
임대부동산	타인에게 임대한 부동산은 사업무관자산 해당함. ※ [법인소유 국민주택규모 이하인 주택 또는 「소득세법」 제99조 제1항 기준시가 　6억 원 이하 주택으로서 해당 법인 임직원(비소액주주 등 또는 최대주주 또는 　최대주주와 친족관계에 있는 자 제외)에게 5년 이상 무상대여하고 있는 임대주 　택 제외]

Tip! Ⅲ 특수관계인 여부를 불문하고 법인의 대여금은 사업무관자산에 해당합니다.

　세법상 대여금은 특수관계인에게 대여한 경우에만 가지급금에 대한 인정이자에 대한 부당행위계산부인 등 과세문제가 발생하지만 가업상속공제 사업무관자산 판단 시에는 특수관계인이 아닌 자에게 대여한 대여금도 사업무관자산으로 보고 있습니다.

　이 경우 법인이 대표이사 등 특수관계인에 대한 가지급금 채권과 퇴직금 지급채무가 동시에 있는 경우에도 사업무관자산을 판단하는 가지급금 금액은 퇴직금 채무를 상계하지 않고 판단합니다.

　다만 2025. 2. 28. 이후 상속분부터 임직원 본인 또는 자녀 학자금 대여금, 임직원 주택(대여 당시 「소득세법」 제99조 제1항 기준시가 6억 원 이하 주택) 전세금 대여액은 사업무관자산에서 제외됩니다. 이 경우 주택관련 대여금 중 사업무관자산범위에서 제외되는 대여금의 범위를 주택 전세금 대여금으로 한정하고 있으므로 주택 구입관련 대여금은 사업무관자산에 해당하는 점을 주의하여야 합니다.

> **서면 - 법령해석재산 - 2768, 2020. 10. 15.**
>
> 특수관계인에게 해당 법인의 업무와 관련 없이 지급한 가지급금은 「상속세 및 증여세법 시행령」 제15조 제5항 제2호에 따른 사업무관자산에 해당하는 것임.
>
> **조심2018서4160, 2019. 1. 31.**
>
> 사업무관자산에 해당하는 가지급금 등을 계산할 때 미지급 퇴직금을 상계한다는 별도의 규정이 없는 점 등에 비추어 처분청이 가업상속공제와 관련하여 사업무관자산의 계산을 잘못하였다는 청구주장을 받아들이기 어려움.

Tip! Ⅳ 법인이 과도하게 보유하고 있는 현금은 사업무관자산에 해당합니다.

상속개시일 직전 5개 사업연도 말 평균 현금(요구불예금 및 취득일부터 만기가 3개월 이내인 금융상품 포함)보유액의 100분의 200(2025. 2. 28. 이후 상속분부터)을 초과하는 현금보유액은 사업무관자산에 해당합니다.

따라서 사업무관자산에 해당하는 과다보유현금을 최소화하기 위해서는 상속개시 5년 전부터 연말 법인자산 포트폴리오를 만기 3개월 초과 금융상품 비중을 줄이고 만기 3개월 이내 금융상품 및 수시입출금 잔액을 늘리는 것으로 구성하여야 합니다.

◎ **사업무관자산으로 보는 과다보유현금**

- 과다보유현금

    상속개시일 현재 현금
  -) 상속개시일 직전 5개 사업연도 말 평균 현금보유액의 200%(2025. 2. 28. 이후 상속분부터 적용, 2025. 2. 27.까지 상속분의 경우 150%)
  =) 과다보유현금
  * 현금: 요구불 예금 및 취득일부터 만기가 3개월 이내인 금융상품

Tip! Ⅴ 영업활동과 직접 관련없이 보유하고 있는 만기 3개월 초과하는 정기예금 등 금융상품은 사업무관자산에 해당합니다.

시중은행 수시입출금 통장 금리는 0.1%대이므로 합리적으로 자금을 관리하는 코스닥 상장법인이나 여유자금이 많은 법인이라면 당연히 수시입출금 통장이 아닌 정기예

금, 정기적금 등에 예치하는 것이 합리적이라 할 수 있습니다.

이 경우 만기 3개월 이내 예금 등은 과다보유현금에 해당하지 않는 한 사업무관자산에 해당하지 않지만, 만기 3개월 초과 예금 등은 사업무관자산에 해당합니다.

코스닥 상장법인등 상대적으로 여유자금이 많은 법인의 가업승계 시 최대 걸림돌 중 하나는 3개월 초과 정기예금 등을 사업무관자산으로 보는 것이라 할 수 있습니다.

따라서 피상속인 건강이 좋지 않은 경우에는 일정 이자율이 보장되는 만기 3개월 정기예금 등에 예치하는 것이 유리합니다.

또한 만기 3개월 초과하는 정기예금등 금융상품을 사업무관자산으로 보는 것은 영업활동과 직접 관련없이 보유하고 있는 경우에 한하므로 만기 3개월 초과 정기예금이라도 제품생산을 위한 공장구입자금 등으로 사용할 목적이 입증되는 경우에는 사업무관자산에서 제외될 수 있으므로 만기 3개월 초과 예금 등을 보유하고 있는 경우라면 영업활동 관련 사용목적으로 보유하고 있는 사실이 입증되도록 이사회 결의서, 부동산 물건 소개받은 자료, 공장신축 계획 및 견적서 등을 남기는 것이 유리합니다.

> **서면 – 상속증여 – 2569, 2018. 10. 31.**
> 법인이 보유하고 있는 만기가 3개월 이내인 금융상품은 현금에 포함하여 과다보유현금 해당 여부를 판단하는 것이며, 만기가 3개월 초과하는 금융상품은 사업무관자산에 해당하는 것임.

Tip! Ⅵ 영업활동과 직접 관련없이 보유하고 있는 주식등, 채권 및 금융상품은 사업무관자산에 해당합니다.

1. 단기매매증권의 사업무관자산 해당 여부

법인이 단기간 매매차익을 목적으로 매도와 매수를 빈번하게 하는 주식은 기업회계기준상 단기매매증권으로 분류되며 단기매매증권으로 분류되는 주식은 사업무관자산에 해당합니다. 법인이 유가증권 상장·코스닥 시장 주식에 투자한 주식이 이에 해당합니다.

2. 자회사 주식(지분법적용투자주식)의 사업무관자산 해당 여부

법인이 피투자기업의 지분율을 20% 취득하여 유의적 영향력을 갖게 되는 경우에는 지분법적용투자주식으로 분류됩니다.

지분법적용투자주식, 즉 자회사 주식이 사업무관자산에 해당하는지에 대해 국세청에서는 일관되게 사업무관자산이 아닌 것으로 해석하고 있습니다.

반면, 대법원은 지분법적용투자주식의 경우 영업활동과 직접 관련성이 있을 가능성이 높은 것으로 보고 영업활동과 관련성이 있다고 입증되는 경우에는 사업무관자산으로 보지 않지만 투자활동이나 재무활동과 관련하여 보유하는 주식, 법인이 단순히 관계회사에 대한 지배권, 경영권을 보유할 목적으로 보유하고 있는 주식은 사업무관자산에 해당하는 것으로 보고 있습니다.

영업활동에 대해서는 세법에서 정의하고 있지 않으므로 기업회계기준에 따르면 제품의 생산과 상품 및 용역의 구매·판매활동으로서 투자와 재무활동에 속하지 않는 모든 거래를 의미하는 것으로, 특이점은 이자수익과 배당금수익도 영업활동으로 인한 현금유입으로 보고 있는 점입니다.

법인이 20% 이상 출자한 경우를 보면 해외 자회사의 경우는 대부분 해외에 생산공장이 있는 경우나 해외 판매법인이 있는 경우가 대부분인 반면, 국내 자회사의 경우 그렇지 않은 경우가 많습니다.

따라서 해외 생산공장이 있거나 해외 판매법인에 대한 출자주식은 영업활동 관련성이 입증되는 것으로 보아 사업무관자산으로 구분되지 않을 수 있지만 국내 자회사의 경우 생산과 판매증진에 직접적인 관련성을 입증하기 어려운 경우가 대부분이어서 사업무관자산에 해당하는 것으로 판단될 가능성이 크고, 국세청에서도 일관되게 사업무관자산으로 해석하고 있는 점을 주의하여야 합니다.

또한 배당금 수령도 영업활동으로 보지만 배당금 발생 여부만으로 영업활동과 직접 관련 있는지 여부를 판단할 수 있는 기준이 될 수는 없는 점을 주의하여야 합니다.

일반기업회계기준 제2장【재무제표의 작성과 표시Ⅰ】

2.60. 영업활동이라 함은 일반적으로 제품의 생산과 상품 및 용역의 구매·판매활동을 말하며, 투자활동과 재무활동에 속하지 아니하는 거래를 모두 포함한다.

2.61. 영업활동으로 인한 현금의 유입에는 제품 등의 판매에 따른 현금유입(매출채권의 회수 포함), 이자수익과 배당금수익, 기타 투자활동과 재무활동에 속하지 아니하는 거래에서 발생된 현금유입이 포함된다.

조심 2020서1841, 2021. 2. 19.

사실관계를 종합하여 살펴보면 쟁점법인과 해외자회사의 직접적인 사업관련성을 부인하기 어렵고 쟁점지분은 쟁점법인의 영업활동과 직접 관련되어 보유하는 주식 등에 해당한다고 봄이 타당하다 할 것이므로, 처분청이 쟁점지분을 쟁점법인의 영업활동과 직접 관련이 없는 자산으로 보아 가업상속공제 대상에서 제외한 이 건 상속세 부과처분은 잘못이 있는 것으로 판단됨.

서면 – 상속증여 – 0750, 2022. 5. 13.(국내 자회사 주식에 대한 해석)

가업에 해당하는 법인이 보유 중인 자회사가 발행한 주식은 사업무관자산에 해당하는 것임.

대법원 2021두52389, 2021. 12. 30.

법인의 영업활동과 직접 관련하여 보유하고 있는 주식은 법인의 제품의 생산활동, 상품·용역의 구매 및 판매활동 등과 직접 관련하여 보유하는 주식을 의미하고, 투자활동이나 재무활동과 관련하여 보유하는 주식, 법인이 단순히 관계회사에 대한 지배권, 경영권을 보유할 목적으로 보유하고 있는 주식은 제외됨.

조심2020서1841, 2021. 2. 19.

사실관계를 종합하여 살펴보면 쟁점법인과 해외 자회사의 직접적인 사업관련성을 부인하기 어렵고 쟁점지분은 쟁점법인의 영업활동과 직접 관련되어 보유하는 주식등에 해당한다고 봄이 타당하다 할 것이므로, 처분청이 쟁점지분을 쟁점법인의 영업활동과 직접 관련이 없는 자산으로 보아 가업상속공제 대상에서 제외한 이 건 상속세 부과처분은 잘못이 있는 것으로 판단됨.

감심2019 – 270, 2020. 3. 5.

법인의 영업활동을 위하여 필요한 현지 생산공장에 해당하는 해외 현지법인 출자주식은 국내 법인의 영업활동과 직접 관련이 있으므로 법인의 사업관련 자산에 포함하여 가업상속공제액을 계산하여야 함.

조심2020전1852, 2021. 12. 14.

쟁점법인은 미국 주요 완성차업체와 거래하고 있는 AAA를 인수함으로써 북미 시장에 대한 접근성을 강화하고 글로벌 시장에 참여할 수 있는 계기가 될 수 있어 보이고, 서로의 지식과 기술, 영업전략 등을 향상시키기 위하여 쟁점법인과 AAA가 공동으로 참여하는 영업전략 회의나 워크숍 등을 지속적으로 실시한 사실이 나타나므로 쟁점지분은 쟁점법인의 영업활동과 직접 관련이 있다고 판단됨.

조심2021인2887, 2021. 8. 24.

AAA이 실질적으로 BBB의 해외 생산공장으로 운영되고 있는 것으로 보이고, AAA과

BBB의 직접적인 사업관련성을 부인하기 어려운 점 등에서 처분청이 쟁점출자금 관련 지분을 BBB의 영업활동과 직접 관련이 없는 자산으로 보아 가업상속공제 대상에서 제외한 것은 잘못이 있다고 판단됨.

조심2020인1458, 2020. 11. 23.

쟁점자산은 기업회계기준에 따라 해외투자자산으로 회계처리되었는데, 기업회계기준에서 투자자산은 유형자산, 무형자산과 그 성격이 달라 별도의 계정으로 분류하고 있어서 결국 법인이 보유하고 있는 주식은 기업 본연의 영업활동을 위한 직접적인 자산에 해당한다고 보기 어려운 점, △△△는 국내에 생산시설을 두고 있고 전체 매출액의 **% 가량이 국내 생산시설에서 생산한 가구에서 발생하고 있을 뿐만 아니라, 외국에 생산시설을 두고 있는 기업에 대하여 가업상속공제를 적용하는 것은 우리나라의 고용, 생산 등 국민경제에 기여하는 중소·중견기업의 가업승계를 지원한다는 동 제도의 취지에 부합하지 않는 점 등에 비추어, 처분청이 쟁점자산을 영업활동과 직접 관련이 없다고 보아 한 이 건 처분은 잘못이 없음.

3. 매도가능증권, 만기보유증권의 사업무관자산 해당 여부

단기매매증권, 지분법적용투자주식(자회사주식)이 아닌 경우에는 매도가능증권으로 분류되며 채권의 경우 만기보유증권으로 분류되는데 매도가능증권, 만기보유증권의 경우 모두 사업무관자산에 해당합니다. 비상장주식에 투자한 주식이 대표적인 매도가능증권에 해당합니다.

4. 종신보험의 사업무관자산 해당 여부

일정 규모 이상의 법인의 경우 대부분 법인 CEO를 피보험자로 하고 법인을 계약자로 한 종신보험을 가입한 경우가 많은데 종신보험의 경우 사망 시에만 보험금이 지급되는 경우로서 중도인출하여 영업활동에 사용하지 않거나 퇴직금 재원마련 목적이 입증되지 않는 경우에는 사업무관자산에 해당합니다.

| 사업무관자산으로 분류되는 주식, 채권, 금융상품 |

구분	보유목적	대상	사업무관자산 해당 여부
단기매매증권 (FVPL금융자산)	매매차익 목적으로 단기투자	20% 미만 상장주식, 채권	사업무관자산
매도가능증권 (FVOCI금융자산)	장기투자 목적	20% 미만 상장주식, 비상장주식, 채권	사업무관자산
만기보유증권	만기까지 보유	채권	사업무관자산
자회사 주식 (지분법적용투자주식)	경영권 확보, 의결권 등 행사목적	20% 이상 보유주식	• 영업활동 관련 입증: 사업관련자산 • 영업활동 관련 미입증: 사업무관자산
종신보험	법인이 계약자, 피상속인 피보험자		사망 시 지급되는 보험금: 사업무관자산 (제외: 중도인출하여 영업활동 사용 또는 퇴직금 재원마련 목적)

 # Ⅳ 사업무관자산비율 낮추는 필수 핵심전략

Tip! Ⅰ 나대지를 보유하고 있는 경우에는 창고 등을 지어 비사업용 토지에 해당하지 않도록 하여야 합니다.

매출액이 일정 규모 이상인 비상장법인 또는 상장법인의 경우를 보면 대부분 사업확장 등에 따른 공장신축, 본사 이전 등의 계획을 가지고 나대지 상태로 토지를 보유하면서 종합합산과세 대상에 해당하여 종합부동산세를 내고 있는 경우를 많이 볼 수 있습니다.

이러한 경우에는 상속개시 10년 전부터 대응전략이 필요할 수 있으며, 비교적 건축비가 적게 소요되는 창고 등을 건축하여 창고업을 병행하거나 법인의 창고로 활용하는 것이 유리할 수 있습니다. 다만, 이 경우 창고 등을 건축하여 창고업이 아닌 임대업을 하는 경우에는 사업무관자산이 되므로 주의하여야 합니다.

 대여금이 있는 경우 상속개시 전 회수한 후 다시 대여하는 것이 유리합니다.

법인의 대여금은 사업무관자산(임직원 학자금 또는 일정 규모 이하 국민주택 전세금 대여액 제외)에 해당하므로 대여금이 있는 경우에는 상속개시 2년 전 정도부터 대응전략을 준비할 필요가 있으며, 상속개시 전 회수한 후 다시 대여하는 것을 검토할 필요가 있습니다.

다만, 상속개시가 임박한 상태에서 대여금을 회수하는 경우에는 과다보유현금에 해당할 수 있으므로 대여금 회수 후 부채반제 등의 계획을 동시에 검토한 후 진행하여야 합니다.

 주택, 별장, 업무무관동산 등은 꼭 필요한 경우가 아닌 한 양도하거나 사내근로복지기금에 출연하는 것이 유리합니다.

1. 양도

법인이 보유하고 있는 주택 및 부수토지, 별장, 업무무관동산으로서 법인이 반드시 보유하고 있을 필요가 없는 자산은 양도하여 현금화하는 것을 검토할 필요가 있습니다. 이러한 자산을 상속개시 1년 전에 양도하는 경우에는 과다보유 현금액이 줄어드는 추가적인 이점도 있습니다.

사업무관자산비율을 낮추기 위해 주택 등을 양도하는 경우에는 법인세 10% 또는 20% 중과되는 토지등 양도소득에 대한 법인세 문제와 업무무관자산 양도 시 발생하는 지급이자 손금불산입 등의 과세문제를 반드시 검토하여 진행하여야 합니다.

2. 사내근로복지기금 출연

주택, 별장, 콘도회원권 등을 사내근로복지기금에 출연하는 경우 법인은 장부가액 전액이 사내근로복지기금 출연금으로 비용인정됨과 동시에 주택등 양도 시 토지등 양도소득에 대한 법인세가 중과되지 않으며 사업무관자산비율이 낮아지는 효과가 있습니다.

따라서 사업무관자산 중 주택, 직원들 휴양소로 사용하는 콘도회원권 등의 경우 사내근로복지기금에 출연하여 복지사업에 활용하는 것이 좋은 전략이 될 수 있습니다.

법인이 주택을 구입하는 경우에는 중과 취득세율이 적용되지만, 사내근로복지기금이 주택을 출연받은 경우에는 증여취득세율이 적용됩니다.

3. 사택의 경우 사택운영방침 제정

법인이 주택을 구입하여 출퇴근이 어려운 지역에 거주하는 직원에게 임대하는 경우라면 반드시 사택운영방침을 제정하여 해당 운영방침을 준수하면서 임대하는 경우 사업무관자산에서 제외될 수 있습니다.

심사상속 2022-0010, 2023. 1. 18.

쟁점수목은 경제적·재산적 가치가 있어 장부가액으로 평가함이 타당하고, 장기간 처분이 제한되고 있는 점 등에 비추어 비유동자산으로 사업용 자산에 해당하는 것으로 보아 상증세법에 따라 가업상속공제를 적용함이 타당함.

서면-2022-상속증여-3996, 2022. 12. 26.

박물관 운영업에 사용되는 소장품은 가업상속 재산가액에 해당하지 아니함.

Tip! Ⅳ 자회사 주식의 경우 영업활동 목적보유가 입증되도록 준비하여야 하며 국내 100% 자회사의 경우 합병하는 것이 유리할 수 있습니다.

자회사 주식의 경우 통상 거액인 경우가 많은데 제품의 생산, 판매활동과의 관련성이 입증되는 경우에 한하여 사업무관자산에서 제외되므로 매출, 매입거래 발생 등을 통해 영업활동 관련성이 명확하게 입증되도록 할 필요가 있습니다.

또한 법인이 합병한 경우 가업영위기간 등 요건은 합병법인을 기준으로 판단하므로 제품생산 및 판매관련 영업활동 입증이 어려운 100% 출자한 국내 자회사 주식의 경우 가업상속공제 측면에서는 합병하는 것이 유리합니다.

Tip! Ⅴ 금융상품의 경우 퇴직금 재원 마련목적 또는 법인의 운용자산으로 사용한 근거를 남기는 것이 유리합니다.

장기금융상품의 경우 퇴직금 재원마련 목적임이 인정되는 경우에는 사업무관자산에서 제외될 수 있으므로 이사회 의사록 등을 통해 퇴직금 재원마련 목적이 명확하게 입증되도록 할 필요가 있습니다.

단기금융상품의 경우 법인의 운용자산으로 일부 사용하면서 단기간 내에 법인의 영업활동으로 사용될 것이 명확하게 입증되도록 할 필요가 있습니다.

또한 과다보유현금에 해당하지 않는 경우로서 피상속인 건강이 좋지 않은 경우에는 과다보유현금에 해당하지 않는 범위 내에서 장·단기 금융상품을 만기 3개월 미만의 예금 등으로 보유하고 있는 것이 유리합니다.

> **Tip! Ⅵ** 법인이 임원을 피보험자로 하여 가입한 종신보험이 있는 경우에는 중도인출과 약관대출 실행을 통해 영업활동 자금으로 사용하는 경우 사업무관자산에서 제외될 수 있습니다.

최근에는 일정 규모 있는 법인의 경우 거의 대부분 법인을 계약자로 임원을 피보험자로 하는 종신보험을 가입하고 있는 경우가 많은데 종신보험은 장기금융상품으로 분류되는 것으로 일반적인 경우에는 사업무관자산에 해당하지만 해당 보험금을 중도인출하고 약관 대출받아 영업활동에 사용한 경우에는 사업무관자산에서 제외하는 것으로 결정된 사례가 있으니 일부는 중도인출하고 약관대출 실행을 통해 사업무관자산에서 제외받을 수 있도록 할 필요가 있습니다.

또한 퇴직금 재원마련 목적인 경우에는 사업무관자산에서 제외될 수 있으므로 퇴직금 재원마련 목적으로 불입하는 것을 이사회 결의 등을 통해 남겨두는 것이 좋습니다.

> **조심2019광3069, 2020. 1. 30.**
> AA개발이 영업상에 필요한 노임지급 등의 용도를 위하여 쟁점보험에서 중도인출 또는 약관대출을 하거나 받은 것으로 확인되는바, 쟁점보험이 AA개발의 영업활동과 직접 관련이 없다고 보기에는 무리가 있으므로 쟁점보험을 청구법인의 사업무관 자산가액에서 제외하는 것이 타당함.

> **Tip! Ⅶ** 단기금융상품, 장기금융상품보다 비용처리되는 정기보험에 가입하는 것이 유리합니다.

단기금융상품, 장기금융상품의 경우 아주 특별한 경우를 제외하고는 사업무관자산에서 제외되는 경우가 거의 없지만 비용처리되는 정기보험의 경우 법인의 자산(해지환급금 제외)으로 계상되지 않으므로 법인의 입장에서 실제로는 향후 환급금을 받을 수 있는 저축성 금융상품 성격임에도 불구하고 사업무관자산으로 분류되지 않는 장점이 있습니다.

또한 불입하는 동안 해지환급금을 제외한 금액이 비용처리되어 비상장법인의 경우 주식가치가 하락하는 효과도 있습니다.

따라서 가업상속공제 대비 측면에서는 가장 유리한 금융상품이라 할 수 있으므로 법인자산 중 일부금액은 정기보험에 가입하는 것이 유리합니다.

Tip! Ⅷ 과다보유현금으로는 상속개시 전 부채를 상환하는 것이 유리하며 피상속인 건강이 좋지 않은 경우에는 만기 3개월 이내의 금융상품 비중을 늘려야 합니다.

1. 상속개시 전 5년부터 사업무관자산 해당 자산 양도

과다보유현금이 있는 경우에는 적어도 상속개시 5년 전부터 대응전략 준비가 필요합니다. 우선 법인이 사업무관자산비율을 낮추기 위해 양도하는 자산은 5년 전부터 매각하기 시작하여 상속개시 전 5개 연도 말 평균 현금액이 일정금액 이상 되도록 하는 전략이 필요합니다.

2. 부채상환 또는 건설 중인 자산 전환

사업무관자산 양도로 상속개시 전 5개 연도 말 평균 현금액이 일정금액 이상이 되도록 하였지만 상속개시일 현재 과다보유현금을 보유할 것으로 인정되는 경우에는 일정 금액으로 부채를 상환하는 전략이 필요합니다.

또한 건설 중인 자산은 사업무관자산에 해당하지 않으므로 사옥 또는 공장 신축계획이 있는 경우에는 공사비를 투입하여 건설 중인 자산으로 전환하는 것이 유리합니다.

> **서면 – 2019 – 상속증여 – 3355, 2020. 2. 6.**
> 가업승계 증여세 과세특례를 적용함에 있어 가업에 해당하는 법인이 보유하고 있는 건설 중인 자산이 증여일 현재 「상속세 및 증여세법 시행령」 제15조 제5항 제2호 각 목에 해당하지 않는 경우에는 사업무관자산으로 보지 않는 것임.

3. DB형 퇴직연금 불입

기준책임준비금의 150% 내에서 불입하는 DB형 퇴직연금은 사업무관자산으로 보지 않습니다. 통상적으로 법인이 기준책임준비금의 100% 이상을 불입하는 경우는 거의 없으므로 과다보유현금에 해당하는 경우로서 기준책임준비금의 150% 미만 퇴직연금에 불입되어 있는 경우에는 DB형 퇴직연금 계좌에 불입하는 것이 유리합니다.

> **서면 – 상속증여 – 3355, 2020. 2. 6.**
>
> 가업승계 증여세 과세특례를 적용함에 있어 가업에 해당하는 법인이 보유하고 있는 건설 중인 자산이 증여일 현재 「상속세 및 증여세법 시행령」 제15조 제5항 제2호 각 목에 해당하지 않는 경우에는 사업무관자산으로 보지 않는 것임.
>
> **기획재정부 재산세제과 – 1121, 2022. 9. 14.**
>
> 조특법 §30의6 가업승계 증여세 특례 적용 시 확정급여형 퇴직연금제도(DB)를 설정한 법인의 퇴직연금운용자산은(기준책임준비금의 150% 초과분은 제외) 상증령 §15 ⑤ (2) 마목에서 규정한 사업무관자산에 해당하지 아니함.

> **Tip!** **X** 만기 3개월 초과 금융상품 등 사업무관자산에 해당하는 금융상품을 보유하고 있는 경우에는 이사회 결의 등을 통해 시설투자 등 사업목적 사용계획을 명확하게 하고 상속개시 후 처분하여 실제 사업목적 사용이 입증되도록 하는 것이 유리합니다.

유가증권, 금융상품 등 사업무관자산을 보유하고 있는 경우로서 해당 자산을 활용하여 사업관련 투자 등에 사용할 계획이 있는 경우에는 이사회 결의를 통해 투자계획 등을 명확하게 하고 상속개시 후 실제 유가증권, 금융상품 등을 매각하여 이사회 결의 내용과 동일하게 사용하는 경우에는 사업무관자산에서 제외될 수 있습니다.

> **조심2023전7461 2023. 8. 2.**
>
> 쟁점법인이 쟁점주식 증여 전부터 상당 규모의 시설투자를 진행한 사실이 확인되고, 이에 충당할 목적의 자금을 일시운영할 목적으로 쟁점금액을 취득하였다가 이후 실제 시설투자에 직접 사용된다면 사업무관자산으로 단정하기 어려움.

조심2020서1584, 2021. 12. 6.

실제 상속개시일 이후 2019년 말까지 52억 원의 쟁점유가증권이 매각되었고, 45억 원 상당이 당초 계획한 투자내역에 사용되었으며, 2020년 말까지 35억 원의 쟁점유가증권이 매각되었고, 20억 원 상당이 동일 투자내역에 사용되었는바, 투자자금의 원천이 쟁점유가증권의 매각대금으로 보이는 점 등에 비추어 쟁점법인은 연구소 및 공장 건설 등을 위하여 차입한 금액을 자금운영의 목적으로 쟁점유가증권을 취득하였고, 상속개시일 이후 쟁점유가증권을 매각하여 실제 투자에 사용한 것으로 보이므로 쟁점유가증권 중 최소한 상속개시일 이후 실제 투자된 금액 상당액은 영업활동과 무관한 자산으로 보기는 어렵다고 판단됨.

Tip! XI 매매차익 실현목적 상장주식 등 쉽게 현금화할 수 있는 사업무관자산은 상속개시 전 현금화한 후 재취득하는 것이 유리합니다.

법인이 시세차익을 얻을 목적으로 투자하고 있는 상장주식의 경우 전액 사업무관자산에 해당합니다.

쉽게 현금화가 가능한 상장주식은 상속개시 전 양도하여 현금화 한 후 전액 사업무관자산이 되는 것이 아닌 과다보유현금이 되는 것이 가업승계 측면에서는 유리합니다.

상장주식으로서 사업무관자산이 되는 경우에는 100% 가액이 사업무관자산에 해당하지만 과다보유현금으로 사업무관자산이 되는 경우에는 직전 5개 연도 평균현금보유액 초과액만이 사업무관자산이 되므로 직전 5개 연도 평균현금보유액이 0원이 아닌 한 전액이 사업무관자산이 되는 것보다 더 낮은 금액이 사업무관자산에 해당하게 됩니다.

| 법인기업의 사업무관자산비율 낮추는 전략 |

사업무관자산 목록	대응 전략 〈상속개시 10년 전부터 적극적인 준비 필요〉
① 「법인세법」 제55조의2 해당자산 ☞ 비사업용 토지, 주택등 (10년 전부터 대응전략 필요)	• 전, 답, 임야, 나대지 등 비사업용 토지 등을 취득하지 않는 것이 유리함. • 나대지를 보유하는 경우 창고 등으로 건축계획 수립 • 법인 명의로 주택 등의 취득은 지양하고, 있는 경우 매각 • 자산대비 비사업용 토지 등의 비중이 큰 경우에는 장기적인 계획을 통해 양도 • 직원 휴양소용 주택, 콘도 등은 사내근로복지기금에 출연

사업무관자산 목록	대응 전략 〈상속개시 10년 전부터 적극적인 준비 필요〉
② 업무무관부동산・동산 및 임대용부동산 (10년 전부터 대응전략 필요)	• 부동산을 취득하기 전 업무무관자산에 해당하는지 여부 검토하고 비중이 큰 경우에는 양도 • 부동산을 타인에게 임대하지 않음.
③ 「법인세법 시행령」 제61조 제1항 제2호 해당자산 ☞ 대여금 (2년 전부터 대응전략 필요)	• 대여금이 있는 경우 상속개시 전 회수
④ 과다보유현금(취득일로부터 만기가 3개월 이내인 금융상품 포함) (5년 전부터 대응전략 필요)	• 피상속인 일정 연령 이상인 경우 매년 관리 필요 • 사업무관자산: 5년 전부터 양도 • 상속개시 전 부채상환 또는 건축비 투입 • 기준책임준비금 150% 내에서 DB형 퇴직연금 불입
⑤ 영업활동과 직접 관련없이 보유하는 주식・채권 및 금융상품 (5년 전부터 대응전략 필요)	• 만기 3개월 초과 예금은 사업무관자산으로 보므로 3개월 이하 단기 예금으로 전환 • 자회사 주식은 영업관련성 입증되도록 준비 • 국내 자회사 주식은 합병 검토 • 금융상품의 경우 퇴직금 재원 마련목적・영업활동 관련 자금 사용・투자활용목적 입증되도록 준비 (금융상품을 사업을 위한 질권설정, 은행담보로 제공한 경우에도 영업을 위해 필수적으로 수반되는 절차가 아닌 경우에는 사업무관자산 해당) • 비용처리되는 정기보험에 가입하는 것이 유리 • 종신보험: 중도대출과 약관대출 실행 통해 영업활동 자금으로 이용 • 상장주식 단기 매매목적 투자: 상속개시 전 처분한 후 재투자

Chapter 6

개인기업의 가업상속 재산가액 및 가업상속공제액 최대화 전략

(김대표님 질문)

안세무사님!

저는 20년 이상 개인사업자로 가업을 영위하여 왔습니다.

주식이 없는 개인기업의 경우 어떠한 가액이 가업상속 재산가액이 되나요?

 ## 개인기업의 가업상속재산

개인기업의 경우 피상속인이 주식을 보유하는 형태가 아니므로 개인기업의 상속재산 중 가업에 직접 사용되는 토지(비사업용 토지 제외), 건축물, 기계장치 등 사업용 자산의 가액에서 해당 재산에 담보된 채무를 차감한 가액이 가업상속 재산가액에 해당합니다.[22] 여기서 사업용 자산은 가업에 직접 사용되는 사업용 비유동자산으로서 유형자산과 무형자산을 의미합니다.

이 경우 피상속인과 상속인이 공동명의로 소유하고 있는 토지와 건축물도 가업상속 재산에 해당합니다.

다만 2025. 2. 28. 이후 상속분부터 비사업용 토지는 가업상속 재산가액에서 제외되

---

22) 상속세 및 증여세법 시행령 제15조 【가업상속】

　⑤ 법 제18조의2 제1항 각 호 외의 부분 전단에서 "가업상속 재산가액"이란 다음 각 호의 구분에 따라 제3항 제2호의 요건을 모두 갖춘 상속인(이하 이 조에서 "가업상속인"이라 한다)이 받거나 받을 상속재산의 가액을 말한다. (2023. 2. 28. 개정)

　1. 「소득세법」을 적용받는 가업: 가업에 직접 사용되는 토지(「소득세법」 제104조의3에 따른 비사업용 토지는 제외한다. 이하 이 조 및 제68조에서 같다), 건축물, 기계장치 등 사업용 자산의 가액에서 해당 자산에 담보된 채무액을 뺀 가액 (2025. 2. 28. 개정)

므로 비사업용 토지 등 가액이 큰 경우에는 건축 등을 통해 비사업용 토지에서 제외될
수 있도록 하는 것이 유리합니다.

◎ 개인기업의 가업상속 재산가액

　　　개인기업의 토지, 건축물, 기계장치, 임차보증금 등 사업용 재산가액

－) 해당 재산에 담보된 채무

－) 비사업용 토지

＝) 개인기업의 가업상속 재산가액

＊ 사업무관자산비율 반영 안됨.

재산세과 – 283, 2010. 5. 7.

피상속인과 상속인이 사업용 토지와 건물을 공동으로 소유하던 중 상속개시되는 경우 가
업상속 요건에 해당하면 가업상속공제를 적용하는 것임.

서면 – 2020 – 상속증여 – 3741, 2021. 3. 31.

소득세법을 적용받는 가업의 사업용 자산은 가업에 직접 사용되는 사업용 비유동자산으
로 유형자산 및 무형자산을 의미함.

 개인기업의 가업상속 재산가액 최대화 전략

(김대표님 질문)

안세무사님!

제 개인사업자의 사업용 통장은 사업관련 목적으로만 사용하고 있는데 항상 잔고가 많
이 있는 편이고 사업성격상 상당액의 재고를 가지고 있는데 예금과 재고자산이 가업상
속재산에 해당하나요? 그리고 이번에 강남에 판매전시장을 오픈하면서 월세가 부담스러
워 임차보증금 15억 원에 임대차계약을 했는데, 임차보증금도 가업상속재산에 해당하나
요?

그리고 개인사업자가 가업상속 재산가액을 최대한 늘릴 수 있는 팁이 있을까요?

개인기업의 가업상속재산은 사업에 직접 사용되는 사업용 비유동자산으로 유형자산과 무형자산만 해당하므로 사업용 통장의 예금 잔고는 가업상속공제가 불가능합니다.

또한 1년 이내 언제든지 처분이 가능한 유동자산으로 분류되는 재고자산도 가업상속재산에 해당하지 않습니다.

따라서 피상속인 건강이 좋지 않은 경우에는 상속세 과세대상인 예금과 재고량을 최소화하고 가업상속공제 대상이 되는 사업용 고정자산가액을 늘리는 전략이 필요합니다.

> **조심2019중2136, 2019. 9. 9.**
> 1년 이내의 단기간 보유하거나 사업의 필요에 따라 언제든지 처분할 수 있는 자산인 유동자산을 "사업용 자산"으로 본다면 정상적인 영업활동에 따라 유동자산이 단기에 처분될 경우 그 처분된 가액이 가업용 자산가액 총액의 ○○○를 넘는 경우 사후적인 상속세 추징대상이 되는바, 유동자산은 가업상속공제 대상인 사업용 자산에 포함되지 아니한다고 해석함이 타당함.

임차보증금은 가업상속공제가 가능하므로 상속개시 전 사업용 부동산 임차 시에는 월세보다 보유하고 있는 현금을 투입하여 임차보증금으로 계약함으로써 실제 현금성 자산을 상속받으면서도 상속세를 부담하지 않는 전략이 필요합니다.

이 경우 토지, 건물의 경우 상속받은 후 양도할 때 피상속인의 취득가액으로 양도소득세를 부담하는 이월과세가 적용되지만 임차보증금은 이런 문제도 없으므로 온전하게 상속인이 현금성 자산을 상속받는 효과가 있습니다.

다만, 가업용 자산을 5년 이내 40% 이상 처분하는 경우에는 공제받은 상속세가 추징되는데 임차보증금 반환도 자산의 처분으로 보므로 전체 가업용 자산가액의 35% 정도로 임차보증금 계약을 한 후 상속개시 후 임차보증금을 반환받아 현금화하는 것이 유리할 수 있습니다.

Tip! Ⅲ 사업용 재산에 담보된 채무는 최소화하는 것이 유리합니다.

개인기업의 가업상속 재산가액은 토지, 건축물, 기계장치, 임차보증금, 무형자산 등의 사업용 고정자산 가액에서 담보된 채무를 차감하여 계산하므로 담보된 채무가액이 큰 경우에는 가업상속공제액이 감소하게 됩니다.

따라서 가업상속공제 대상 사업용 고정자산에 담보된 채무가 있는 경우로서 가업상속재산 외 담보제공 가능한 재산이 있는 경우에는 가업상속공제 대상 재산을 담보로 한 대출을 상환한 후 가업상속재산 외 재산을 담보로 제공하여 일반상속세를 절세하고 가업상속 재산가액을 극대화하는 것이 유리합니다.

Tip! Ⅳ 특허권 등 등록가능한 지적재산권이 있는 경우에는 피상속인 명의로 등록한 후 감정평가받아 상속받는 것이 유리합니다.

개인기업의 사업과 관련하여 창출된 무형자산도 가업상속공제가 가능합니다.
피상속인 명의로 특허권 등을 출원받고 감정평가하여 상속받은 후 이를 양도하는 경우에는 양도소득이 아닌 기타소득 과세대상으로 향후 양도 시 상속개시 당시 평가액이 취득가액으로 인정됩니다.

따라서 향후 양도가능한 특허권 등 출원가능한 재산이 있는 경우에는 피상속인 명의로 등록하여 감정평가받은 후 상속받는 전략이 필요합니다.

Tip! Ⅴ 부동산상속이 목적인 경우에는 개인기업 형태로 상속받는 것이 유리하며, 가업에 사용하는 부동산은 임대하지 않는 것이 유리합니다.

개인기업을 가업상속받는 경우에는 법인기업과 달리 사업무관자산이 차지하는 비율만큼을 차감하지 않으므로 개인기업의 사업에 직접 사용하는 부동산을 상속세 없이 상속받는 것과 동일한 효과가 있습니다. 따라서 가업의 매출액과 당기순이익이 그다지 크지 않은 경우로서 부동산 상속받아 매각하는 것이 목적인 경우에는 개인기업을 법인 전환하는 것보다 개인기업 형태로 상속받는 것이 유리할 수 있습니다.

이 경우 개인기업의 사업에 직접 사용되는 부동산은 상속세 없이 상속이 가능하지만 부동산 중 일부를 임대하는 경우에는 임대비율에 해당하는 가액에 대해 가업상속공제 가 배제되므로 상속개시 전과 사후관리 기간인 상속개시 후 5년간은 부동산을 임대하 지 않아야 하는 점을 주의하여야 합니다.

Tip! Ⅵ 가격이 많이 상승한 부동산의 경우 양도 후 신규로 취득하여 상속하는 것이 유리합니다.

개인가업을 물려받으면서 상속받은 부동산에 대해서는 상속세 부담이 낮은 대신 양 도 시 상속 당시 평가액이 아닌 피상속인의 취득가액으로 양도소득세를 부담하여야 하 므로 양도소득세 부담이 커지는 단점이 있습니다.

따라서 가격이 많이 상승한 부동산을 상속받아 양도하는 경우에는 상속인의 양도소 득세 부담이 너무 커지는 문제가 있으므로, 가격이 많이 상승한 부동산은 피상속인 생전 에 양도하여 피상속인이 양도소득세를 부담한 후 다른 부동산을 취득하여 향후 상속인 이 상속받은 후 양도 시 비교적 높은 취득가액으로 양도소득세를 부담하게 하는 것이 유리할 수 있습니다.

◎ 개인기업의 가업상속 재산가액

　= 개인기업의 토지, 건축물, 기계장치, 임차보증금 등 사업용 재산가액

　　－) 해당 재산에 담보된 채무

　　－) 비사업용 토지

　　※ 피상속인과 상속인의 공동소유 부동산: 가업상속재산 해당

　　※ 사업용 계좌의 예금, 재고자산: 가업상속재산 아님.

　　※ 개인기업의 영업권도 가업상속 재산가액이므로 개인기업의 사업용 자산가액이 낮은 경우에도 가업상속공제 받는 것이 유리

◎ 개인기업의 가업상속 재산가액 최대화 전략

　1. 가업상속공제 배제되는 사업용 계좌 예금, 재고자산 가액을 최소화하고 가업상속

공제 가능한 사업용 자산가액을 늘릴 것

2. 임차보증금 액수를 높게 할 것

⇒ 월세계약은 임차보증금 계약으로 전환

⇒ 임차보증금 가액비중을 전체 사업용 자산가액의 35% 정도 되도록 할 것

3. 사업용 자산 담보 채무

⇒ 가업상속재산 외의 재산 담보채무 전환

4. 양도소득세 이월과세가 적용되지 않는 특허권 등 등록가능한 무형자산을 등록한 후 감정평가받아 상속받을 것

5. 부동산 상속이 목적인 경우에는 개인기업 형태로 상속받는 것이 유리하며, 부동산을 임대하지 말 것

6. 양도소득세 이월과세 대비 가격이 많이 오른 부동산의 경우 매각하여 신규로 부동산 구입한 후 상속할 것

(상속인 양도 시 취득가액: 신규 구입한 부동산 취득가액)

7. 비사업용 토지의 경우 건축 등을 통해 가업상속 재산가액에 해당하도록 할 것

 **개인기업의 사업용 고정자산가액이 낮은 경우에도 가업상속공제 받는 것이 유리합니다.**

(김대표님 질문)

안세무사님!

저는 개인사업체의 대표자로서 12년 정도 경영을 해왔습니다.

법인으로 전환하는 경우 가지급금 등을 관리해야 하므로 계속 개인사업자로 유지할 생각인데, 제 사업장의 경우 특성상 사업용 고정자산 및 큰 공간이 크게 필요하지 않아 부동산, 기계장치 등 가액이 큰 고정자산이 없으며 임차보증금이나 사업에 사용하는 부동산도 없는 상태입니다.

이러한 경우에도 가업상속공제를 꼭 받아야 하나요?

(안세무사 답변)

김대표님!

대표님 개인사업체의 사업용 자산가액이 낮은 경우라면 사업용 자산을 상속받음으로써 발생하는 상속세 부담은 크게 걱정할 상황이 아닌 것으로 보입니다.

하지만 개인기업을 운영하던 피상속인 사망 시 상속세 과세는 피상속인 사업장의 토지, 건물 등에 대해서만 과세하는 것이 아니라 피상속인 사업장의 직전 3년간 순손익가치를 가중평균하여 산정한 후 가중평균한 가액의 50%에 상당하는 가액이 순자산가액(평가기준일 현재 자기자본 × 10%)을 초과하는 경우 초과하는 금액은 영업권 평가액으로 하여 해당 영업권에 대해 상속세를 과세할 수 있습니다.

영업권 평가는 개인기업의 순자산가치가 낮을수록 높게 평가되는 구조이므로 개인기업의 사업용 자산가액이 낮은 경우로서 이익이 계속 실현되는 경우라면 가업상속공제를 받는 것이 유리합니다.

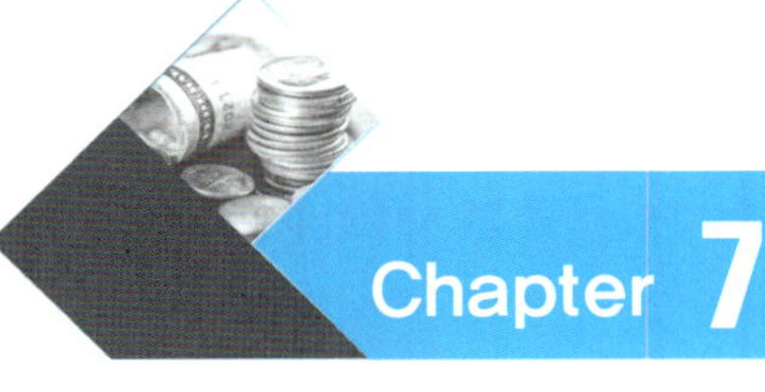

Chapter 7

유류분 청구와 가업상속공제 편

Ⅰ 유류분 청구로 가업을 승계하지 않은 상속인에게 가업주식이 반환되는 경우에는 공제받은 상속세가 추징됩니다.

(김대표님 질문)

안세무사님!

저는 의료용 기기 제조법인을 20년 이상 계속 경영해 왔습니다.

현재 자녀는 딸 하나, 아들 하나 이렇게 둘인데 딸은 디자인 전공으로 현재 유학 중으로 가업을 승계할 의지가 없는 상태이며, 아들은 가업승계를 목적으로 법인에 근무하고 있는 상태입니다.

딸에게 주식을 물려주기 싫은 게 아니라 딸에게 주식을 물려주는 경우 사위가 경영권에 간섭하는 등의 일이 있을 것 같아 온전하게 법인은 아들에게 물려주고 싶습니다.

주변에서 이런 경우에 딸이 유류분 청구를 하면 유류분 청구로 반환되는 주식에 대해서는 가업상속공제가 배제되고 상속세를 납부하여야 한다고 하는데, 유류분 청구는 어떤 제도이며 가업상속공제 받은 후 가업을 승계하지 않은 자녀가 유류분 청구를 하는 경우 상속세는 어떻게 되는 건가요?

Tip! Ⅰ 가업상속공제를 통한 절세효과를 극대화하기 위해서는 반드시 유류분 청구를 대비한 준비가 되어 있어야 합니다.

1. 유류분 제도의 이해

유류분 청구제도는 과거 아들 선호사상이 짙었던 1977년도에 도입된 제도입니다.

과거 아들, 특히 제사를 주재하는 큰아들에게 재산 전부를 물려주는 관습이 있어 법정상속인, 특히 딸에게도 법정상속분 중 최소한 일정 비율만큼은 상속받을 수 있도록 하기 위해 사전증여, 유증으로 법정상속인이 법정상속분만큼 상속받지 못하였을 경우 법정상속분을 초과하여 상속받은 상속인에게 법정상속분의 일정 비율만큼을 반환청구하여 되돌려 받을 수 있도록 하는 것이 유류분 제도라고 할 수 있습니다.

2. 법정상속인과 법정상속분은 다음과 같습니다.

가. 법정상속인과 상속순위(민법 §1000, 1001, 1003)

구분		적용순위	
		배우자 있는 경우	배우자 없는 경우
직계비속 있는 경우		직계비속, 배우자	직계비속
직계비속 없는 경우	직계존속 있는 경우	직계존속과 배우자	직계존속
	직계존속 없는 경우	배우자 단독	
직계존속 없는 경우		배우자 단독	형제자매
형제자매도 없는 경우			4촌 이내의 방계혈족
상속인 없는 경우		특별연고자	
특별연고자 없는 경우		국가	

나. 법정상속분

상속인이 수인인 경우 각 인원수로 나누어 계산하되 배우자의 경우 0.5배를 가산하여 계산합니다.(민법 §1009)

3. 유류분 청구

각 상속인의 유류분은 다음과 같습니다.(민법 §1112) 따라서 형제, 자매, 남매간에 부모로부터 상속받은 재산에 대해 유류분 청구를 하는 경우에는 법정상속분의 50%에 대해 유류분 청구를 할 수 있습니다.

유류분 청구는 상속인이 아닌 자는 상속개시 전 1년 이내에 가능하지만 상속인의 경우 상속개시일부터 10년 이내에는 기간 제한 없이 가능합니다.(민법 §1114)

◎ 상속인별 유류분
- 직계비속: 법정상속분의 2분의 1
- 피상속인의 배우자: 법정상속분의 2분의 1
- 피상속인의 직계존속: 법정상속분의 3분의 1
- 피상속인의 형제자매: 법정상속분의 3분의 1(삭제하는 것으로 개정 예정)

| 유류분 계산 사례 |

상속인 수	상속인	법정상속분	법정 상속 비율(A)	유류분 청구비율
3	아들, 딸	1(아들, 딸 각각)	1/3.5 (아들, 딸 각각)	1/3.5 × 1/2
	배우자	1.5	1.5/3.5	1.5/3.5 × 1/2
3	부모	1(부모 각각)	1/3.5(부모 각각)	1/3.5 × 1/2
	배우자	1.5	1.5/3.5	1.5/3.5 × 1/2
3	배우자	1.5	1.5/2.5	1.5/2.5 × 1/2
	아들 (상속 전 사망)	1		
	손자		1/2.5 × 1.5/2.5	1/2.5 × 1.5/2.5 × 1/2
	며느리		1/2.5 × 1/2.5	1/2.5 × 1/2.5 × 1/2

Tip! Ⅱ 가업을 승계하지 않은 자녀가 유류분 청구를 통해 가업주식을 상속받는 경우 유류분 청구로 반환된 주식가액에 대해서는 가업상속공제 받은 상속세가 추징됩니다.

과거에는 부모가 가업을 이어갈 자녀를 정하고 이를 유지로 한 경우에는 다른 자녀들이 숙명처럼 받아들이는 것이 관행이었지만, 최근에는 부모가 가업을 이어갈 자녀를 정한 경우에도 부모가 사망하는 경우 가업을 승계받지 않은 자녀가 유류분 청구를 하는 사례를 많이 볼 수 있습니다.

이렇게 가업기업에 종사하지 않는 자녀가 유류분 청구를 통해 가업주식을 상속받은 경우에는 해당 주식가액에 대해서는 가업상속공제가 배제되므로 상속세를 추가납부하여야 하는 문제가 발생하고, 상속세 납부 때문에 주식을 양도하여야 하는 경우에는 지분율이 감소하는 문제가 추가적으로 발생하게 됩니다.

따라서 가업상속공제액을 극대화하여 성공적으로 가업을 승계하기 위해서는 유류분 청구에 대비한 사항까지 준비하여야 하며, 이러한 준비는 피상속인의 보유재산 구성현황, 자녀 및 자녀 배우자의 성향 등을 고려하여 철저하게 할 필요가 있습니다.

 ## 유류분 청구로 가업상속공제가 배제되는 것에 대한 준비는 피상속인 재산 구성 현황에 따라 다른 전략이 필요합니다.

(김대표님 질문)

안세무사님!
저의 경우는 10년 이상 의류제조업을 경영하여 왔고 주식평가액이 200억 원 정도 됩니다. 제조를 모두 국내에서 하고 있어 가업상속공제 대상 가업에 해당하는 상태이며, 디자인을 전공한 딸이 이사로 재직 중입니다.
자녀는 이사로 재직 중인 딸과 지방에서 한의원을 운영하는 한의사 아들이 한 명 있습니다. 의류제조업이라 디자이너인 딸에게 가업법인을 전부 물려주었으면 하는데, 며느리가 욕심이 많아서 유류분 청구가 걱정되는 상황입니다.
이렇게 가업을 물려받지 않은 자녀가 유류분 청구를 할 것이 상당 정도 예상되는 경우에는 어떻게 해야 할까요?

Tip! I 피상속인의 재산 대부분이 가업주식인 경우에는 유류분 청구액만큼의 주식을 가업을 물려받지 않은 자녀에게 상속하고 상속 후 시가감자를 통해 현금으로 지급하는 것을 검토할 수 있습니다.

 **(안세무사 답변)**

김대표님!
대표님의 경우 디자이너인 딸이 어느 누구의 간섭 없이 대표님께서 경영하던 법인을 운영하기를 원하시는 것 같습니다.
이런 경우로서 대표님의 재산이 거의 대부분 가업주식으로 구성되어 있는 경우라면 우선 아들의 유류분을 계산한 후 해당 유류분만큼을 유증 등을 통해 아들이 물려받게 하고 상속 후 시가감자를 통해 주식평가액만큼을 현금으로 지급하면서 해당 자금으로 상속세를 납부하게 하는 것이 좋은 전략이 될 수 있을 것입니다. 다만, 이러한 전략은 비상장법인의 경우만 가능합니다.

구체적으로 아드님의 가업주식에 대한 유류분 청구액(배우자 생존)은 28.57억 원(200억 원 × 1/3.5 × 1/2)으로 해당 주식 가액만큼을 아드님이 상속받게 하는 경우 아드님의 해당 주식 취득가액은 28.57억 원이 되며 시가감자를 하여 감자대가로 28.57억 원을 현금으로 수령하는 경우에도 세금 없이 28.57억 원을 수령할 수 있습니다.

이렇게 감자대가로 28.57억 원을 지급하면서 감자하는 경우에는 아드님의 주식이 전부 소각되어 따님이 100% 주주가 될 수 있습니다. 미리 이러한 부분을 염두해 두고 준비한다면 남매간의 법적 다툼도 막을 수 있을 것입니다.

이 경우 감자대가 지급재원이 부족할 것으로 예상되는 경우에는 법인을 계약자로, 대표님을 피보험자로, 수익자를 법인으로 하는 보험계약을 체결하고 사망 시 해당 보험금을 수령하여 감자대가를 지급하는 것도 대안이 될 수 있습니다.

◎ **피상속인 재산이 대부분 가업주식으로 구성된 경우 유류분 청구대비 전략**
  (비상장법인의 경우만 실행 가능 전략)
- 법인: 계약자, 대표이사: 피보험자, 법인: 수익자 보험계약 체결
- 가업을 물려받지 않은 자녀의 유류분만큼 주식 상속: 상속세 과세
- 대표이사 사망 시 보험금 수령
- 유류분 청구자녀 주식 시가감자: 소득세 없음(주식 취득가액: 상속 당시 평가액)
    ⇒ 보험금으로 감자대가 지급

(안세무사 답변)

김대표님!

대표님이 가업주식 외 부동산과 금융재산을 보유하고 있는 경우라면 가업을 승계하지 않는 자녀의 유류분 가액을 계산한 후 유류분 청구가 되지 않는 범위 내에서 부동산과 금융재산은 가업을 물려받지 않는 자녀에게 사전증여나 유증하는 것이 유리합니다.

이 경우 가업을 물려받는 자녀의 경우 현금성 자산이 부족한 문제가 있고 부동산 등을 물려받는 자녀의 경우는 상속세가 과다한 문제가 있을 수 있습니다.

유류분 가액계산은 상속 시 물려준 재산뿐만 아니라 사전증여한 재산도 모두 상속 당시로 환산하여 계산하므로 가업을 물려주는 자녀의 경우 생전에 가업승계 증여세 과세특례를 활용하여 일정 지분을 물려준 뒤 꾸준히 배당금을 수령받을 수 있게 하여 일정 현금을 보유할 수 있도록 하는 전략이 필요하고, 가업을 물려받지 않는 자녀의 경우 부동산 등을 상속받음에 따른 과다한 상속세 부담 문제가 있으므로 상속 개시 10년 전에 상속세 절세를 위한 사전증여 전략을 세울 필요가 있습니다.

◎ **피상속인 재산이 가업주식과 부동산 등으로 구성된 경우 유류분 청구대비 전략**

- 피상속인 전체 재산에 대해 가업을 승계받지 않는 자녀의 유류분 가액계산
- 부동산, 금융재산
  가업을 승계하지 않는 자녀에게 유류분 가액만큼 사전증여, 상속
- 가업주식
  가업을 승계하는 자녀에게 가업승계 증여세 과세특례 증여 후 배당실행, 상속

가업을 물려받지 않은 자녀가 유류분 청구를 하는 경우를 대비해서 최근 유언대용신탁 등 신탁을 통한 유류분 청구방지 해결책들이 대안으로 제시되고 있습니다.

유언대용신탁이 유류분 산정 기초재산이 되는지 여부에 대해 수원지방법원 2017가합408489 판결에서 유류분 산정 기초재산에 해당하지 않는 것으로 판결한 이후로 가업주식에 대해 유류분 청구를 방지할 수 있는 대안으로 신탁을 통한 해결책이 제시되고 있지만 해당 쟁점에 대해 고등법원과 대법원의 판결이 없는 상태이며, 가업상속공제와 관련해서는 다음과 같은 문제점이 있는 점을 절대 간과해서는 안됩니다.

첫째, 유언대용신탁한 재산도 상속세 과세대상재산에 해당합니다.(상증법 §9) 유언대용신탁으로 상속받는 주식을 주식이 아닌 신탁재산으로 보는 경우 법인기업에 대한 가업상속공제는 주식 및 출자지분에 대해서만 가능하므로 유언대용신탁으로 상속받은 재산에 대해서는 가업상속공제가 적용되지 않아 과다한 상속세를 부담하여야 하는 문제점이 있습니다.

둘째, 가업상속공제 요건은 피상속인이 상속개시일 전 최대주주등으로서 계속하여 10년 이상 40%(상장법인 20%) 이상 주식등을 보유한 경우에 한하여 적용되는 것으로 이러한 지분율 판단 시 유언대용신탁을 제외하고 판단하여야 한다는 해석이 없는 상태이므로 유언대용신탁한 주식을 제외하는 경우 지분율 유지 요건을 갖추지 못하는 경우에는 가업상속공제 요건 자체를 충족하지 못하는 문제가 발생하여 상속세 때문에 원활한 가업승계가 어려워지는 상황이 될 수도 있습니다.

셋째, 현행 자본시장법에서는 신탁회사가 동일법인 발행주식총수의 15%를 초과하여 취득하는 경우 초과하는 주식에 대해서는 의결권을 행사할 수 없도록 되어 있으므로 의결권 행사에 제한이 있는 경우 가업승계 취지를 달성할 수 없는 문제점이 있습니다.[23] (다만, 가업승계 목적으로 중소기업이 신탁한 주식에 대해서는 의결권 제한을 없

---

23) 자본시장과 금융투자업에 관한 법률 제87조【의결권 등】
　　① 집합투자업자(투자신탁이나 투자익명조합의 집합투자업자에 한한다. 이하 이 조에서 같다)는 투자자의 이익을 보호하기 위하여 집합투자재산에 속하는 주식의 의결권을 충실하게 행사하여야 한다.
　　③ 제2항에도 불구하고 집합투자업자는 법인의 합병, 영업의 양도·양수, 임원의 임면, 정관변경, 그 밖

애는 방향으로 개정이 예정되어 있는 상태임.)

◎ 유류분 청구를 대비한 가업승계 목적 신탁 시 검토할 사항

- 신탁재산

  주식 및 출자지분이 아닌 신탁재산으로 보는 경우 가업상속공제 배제

  ⇒ 과다한 상속세 부담

- 최대주주등으로서 10년 이상 40%(상장법인 20%) 이상 주식보유 요건

  신탁한 주식 제외 시 미달하는 경우 가업상속공제 요건 불충족

- 의결권 제한

  신탁회사가 15% 초과보유 시 초과하는 주식에 대해 의결권 제한

  (중소기업이 가업승계 목적 신탁주식에 대해 의결권 삭제하는 것으로 개정 예정)

에 이에 준하는 사항으로서 투자자의 이익에 명백한 영향을 미치는 사항(이하 이 조에서 "주요의결사항"이라 한다)에 대하여 제2항의 방법에 따라 의결권을 행사하는 경우 집합투자재산에 손실을 초래할 것이 명백하게 예상되는 때에는 제1항에 따라 의결권을 행사할 수 있다. 다만, 「독점규제 및 공정거래에 관한 법률」 제31조 제1항에 따른 상호출자제한기업집단(이하 "상호출자제한기업집단"이라 한다)에 속하는 집합투자업자는 집합투자재산으로 그와 계열회사의 관계에 있는 주권상장법인이 발행한 주식을 소유하고 있는 경우에는 다음 각 호의 요건을 모두 충족하는 방법으로만 의결권을 행사할 수 있다.

1. 그 주권상장법인의 특수관계인(「독점규제 및 공정거래에 관한 법률」 제9조 제1항 제5호 가목에 따른 특수관계인을 말한다)이 의결권을 행사할 수 있는 주식의 수를 합하여 그 법인의 발행주식총수의 100분의 15를 초과하지 아니하도록 의결권을 행사할 것
2. 집합투자업자가 제81조 제1항 각 호 외의 부분 단서에 따라 같은 항 제1호 가목의 투자한도를 초과하여 취득한 주식은 그 주식을 발행한 법인의 주주총회에 참석한 주주가 소유한 주식수에서 집합투자재산인 주식수를 뺀 주식수의 결의내용에 영향을 미치지 아니하도록 의결권을 행사할 것

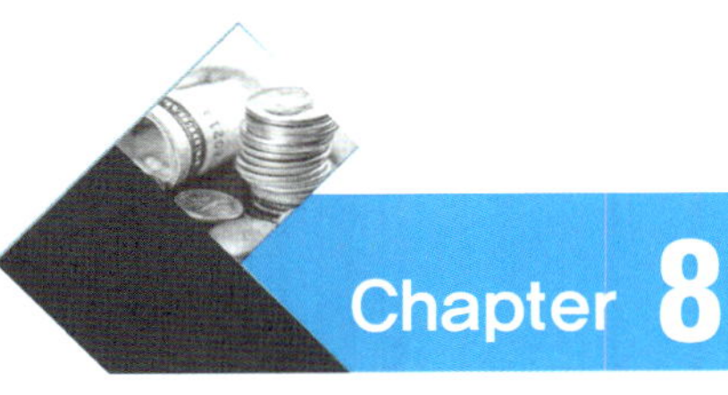

Chapter 8

가업상속공제 사후관리 편

Ⅰ **가업상속공제를 받은 경우에는 5년간 네 가지의 사후관리 사항을 준수하여야 합니다.**

(김대표님 질문)

안세무사님!

피상속인의 계속 경영기간이 30년 이상인 경우 최대 600억 원까지 가업상속공제가 가능하므로 하니까 상속세 절세액이 엄청 큰 매력이 있는데, 주변 친구들을 보니 지켜야 할 사후관리가 까다로워서 가업상속공제 받는 걸 망설이는 경우가 꽤 많이 있습니다.

가업상속공제 사후관리 기간은 몇 년이고 가업상속공제를 받은 후에는 어떠한 사후관리 요건을 지켜야 하나요?

(안세무사 답변)

김대표님!

가업상속공제를 받은 경우에는 상속개시일부터 5년간 다섯 가지의 사후관리 사항을 준수하여야 합니다.(상증법 §18의2 ⑤)

2019년까지는 사후관리 기간이 10년이고 2020년 이후부터 2022년 상속분까지는 사후관리 기간이 7년이었지만 2023년 이후 상속분부터는 사후관리 기간이 5년으로 짧아졌습니다. 이처럼 가업상속공제 관련 세제는 가업의 원활한 승계를 지원하는 차원에서 계속 완화되고 있습니다. 완화된 사후관리는 2023년 전에 가업상속공제를 받고 사후관리 기간이 경과하지 않은 경우로서 2023년 전에 사후관리를 위반하여 추징되지 않은 경우에도 적용됩니다.

가업상속공제를 받은 경우 다섯 가지 사후관리 사항은
첫째, 가업용 자산의 40% 이상을 처분하지 않아야 하는 자산처분 요건
둘째, 상속인이 가업에 계속 종사하여야 하는 상속인 가업종사 요건
셋째, 상속인이 상속받은 지분이 감소하지 않아야 하는 상속인 지분감소 요건

◎ 가업상속공제 사후관리 기간 및 다섯 가지 사후관리 사항

• 가업상속공제 사후관리 기간

적용 시기	사후관리 기간
2019년까지 상속분	10년
2020년부터 2022년까지 상속분	7년
2023년 이후 상속분	5년

• 상속개시 후 5년간 지켜야 할 다섯 가지 사후관리 사항

구분	사후관리 사항
가업용 자산처분 요건	가업용 자산의 40% 이상을 처분하지 말 것
상속인 가업종사 요건	상속인이 가업에 종사할 것, 휴·폐업하지 말 것
상속인 지분유지 요건	상속인의 지분이 감소하지 말 것

---

24) 상속세 및 증여세법 제18조의2【가업상속공제】
　⑤ 가업상속공제를 받은 상속인이 상속개시일부터 5년 이내에 대통령령으로 정하는 정당한 사유 없이 다음 각 호의 어느 하나에 해당하면 제1항에 따라 공제받은 금액에 해당일까지의 기간을 고려하여 대통령령으로 정하는 율을 곱하여 계산한 금액(제1호에 해당하는 경우에는 가업용 자산의 처분 비율을 추가로 곱한 금액을 말한다)을 상속개시 당시의 상속세 과세가액에 산입하여 상속세를 부과한다. 이 경우 대통령령으로 정하는 바에 따라 계산한 이자상당액을 그 부과하는 상속세에 가산한다.
　1. 가업용 자산의 100분의 40 이상을 처분한 경우
　2. 해당 상속인이 가업에 종사하지 아니하게 된 경우
　3. 주식등을 상속받은 상속인의 지분이 감소한 경우. 다만, 상속인이 상속받은 주식등을 제73조에 따라 물납(物納)하여 지분이 감소한 경우는 제외하되, 이 경우에도 상속인은 제22조 제2항에 따른 최대주주나 최대출자자에 해당하여야 한다.
　4. 다음 각 목에 모두 해당하는 경우
　　가. 상속개시일부터 5년간 대통령령으로 정하는 정규직 근로자(이하 이 조에서 "정규직 근로자"라 한다) 수의 전체 평균이 상속개시일이 속하는 소득세 과세기간 또는 법인세 사업연도의 직전 2개 소득세 과세기간 또는 법인세 사업연도의 정규직 근로자수의 평균의 100분의 90에 미달하는 경우
　　나. 상속개시일부터 5년간 대통령령으로 정하는 총급여액(이하 이 목에서 "총급여액"이라 한다)의 전체 평균이 상속개시일이 속하는 소득세 과세기간 또는 법인세 사업연도의 직전 2개 소득세 과세기간 또는 법인세 사업연도의 총급여액의 평균의 100분의 90에 미달하는 경우

구분	사후관리 사항
고용유지 요건	5년간 정규직 근로자수 또는 총급여액 평균 ≥ 상속개시 직전 2년간 평균의 90%
조세포탈 또는 회계부정 요건	상속개시 후 5년 이내 상속인이 조세포탈 또는 회계 부정으로 벌금 또는 징역형 미선고

 가업상속공제 받은 후 5년간은 가업용 자산의 40% 이상을 처분하지 않아야 합니다.

(김대표님 질문)

안세무사님!

기업을 영위하다 보면 여러 가지 필요에 의해 법인자산을 처분하는 일이 있을 수 있는데 가업용 자산의 40% 이상을 처분하지 않아야 된다고 하니 조금 난감하네요.

여기서 가업용 자산은 어떤 자산을 의미하고 처분비율은 어떻게 계산하는 것이며 정말 부득이하게 처분하여야 하는 경우도 있을 수 있는데 무조건 처분하면 안 되는 것인가요?

Tip! I 가업에 해당하는 법인의 사업에 직접 사용하는 고정자산만이 자산처분 제한 적용을 받습니다.

가업에 사용하는 법인의 모든 자산이 대상이 아니라 법인의 사업에 직접 사용하는 사업용 고정자산만 상속개시일부터 5년간 40% 이상을 처분하면 안됩니다.(상증법 §18의2 ⑤ 1)

2019년부터 2022년 상속분에 대해서는 자산처분 제한비율이 20%(5년 이내 10%)이었지만 2023년 이후 상속분부터는 자산처분비율이 40%로 완화되었습니다.

사업용 고정자산에 한하여 처분제한을 받게 되므로 유동자산과 사업무관자산은 처분제한 대상이 아닙니다.

따라서 법인의 유동자산, 투자자산으로 구분되어 사업무관자산으로 분류된 자산은 얼마든지 처분해도 관계없습니다.

이 경우 가업용 자산처분비율 계산은 상속개시일 현재 사업용 고정자산 가액 중 처분한 자산의 상속개시일 현재 가액으로 계산합니다. 즉, 처분자산의 양도가액이 아닌 상속개시일 당시 가액으로 계산하는 것이며 40% 이상을 처분하여 상속세가 추징된 후 다시 처분한 경우에는 종전에 처분한 자산의 가액을 제외하고 처분비율을 산정합니다.[25] (상증령 §15 ⑩)

◎ **가업용 자산 처분비율 계산(②/①)**

① 상속개시일 현재 가업용 고정자산 가액*

② 가업용 자산 중 처분(임대)한 자산의 상속개시일 현재 가액

* 40% 이상 처분하여 추징된 후 다시 처분한 경우 종전에 처분한 자산의 가액 제외하고 산정

☞ 저자 주

〈상속개시일 전 부동산 매매계약체결하고 상속개시 후 잔금청산한 경우 처분금지 위반 여부〉

상속개시일 전 매매계약을 체결하고 상속개시 후 부동산을 매각한 것이 가업용 자산 처분에 해당하는지에 대해 조심2022서6400 결정에서는 부동산잔금지급일이 상속개시일부터 1년 이내인 경우 상속개시일부터 1년을 초과하여 사용될 것으로 예상되는 자산이 아닌 바 매각예정자산으로서 비유동자산이 아닌바 사후관리대상 고정자산에 해당하지 않는 점을 이유로 하여 사업용 처분금지 위반에 해당하지 않는 것으로 봄.

반면, 조심2023인7287 결정에서는 동일하게 잔금청산일이 상속개시일부터 1년 이내인 사안에 대해 가업용 자산처분시점은 매매계약체결일이 아닌 잔금청산일이므로 가업용 자산처분금지에 해당하는 것으로 봄.

조심2022서6400, 2023. 6. 26.

쟁점부동산은 상속개시일 이전부터 매각이 예정되어 있었고 쟁점법인은 쟁점부동산 매각대금을 채무상환, 직원급여 등 운영자금에 사용한 점 등에 비추어 가업상속공제 대상에도 해당함.

※ 기업회계기준서 제5호 유형자산

5. 이 기준서에서 사용하는 용어의 정의는 다음과 같다.

(가) 유형자산은 재화의 생산, 용역의 제공, 타인에 대한 임대 또는 자체적으로 사용할 목적으로 보유하는 물리적 형체가 있는 자산으로서, 1년을 초과하여 사용할 것이 예상되는 자산을 말한다.

---

25) 상속세 및 증여세법 시행령 제15조 【가업상속】

⑩ 가업용자산의 처분비율은 제1호의 가액에서 제2호의 가액이 차지하는 비율(이하 이 조에서 "자산처분비율"이라 한다)로 계산한다. 이 경우 법 제18조의2 제5항 제1호에 해당하여 상속세를 부과한 후 재차 같은 호에 해당하여 상속세를 부과하는 경우에는 종전에 처분한 자산의 가액을 제외하고 계산한다.

1. 상속개시일 현재 가업용자산의 가액
2. 가업용자산 중 처분(사업에 사용하지 아니하고 임대하는 경우를 포함한다)한 자산의 상속개시일 현재의 가액

※ **한국채택기업회계기준(K – IFRS)**

제1106호【매각예정비유동자산과 중단영업】

6. 비유동자산(또는 처분자산집단)의 장부금액이 계속 사용이 아닌 매각거래를 통하여 주로 회수될 것이라면 이를 매각예정으로 분류한다.

조심2022서6400, 2023. 6. 26.

쟁점부동산은 상속개시일 이전부터 매각이 예정되어 있었고 쟁점법인은 쟁점부동산 매각대금을 채무상환, 직원급여 등 운영자금에 사용한 점 등에 비추어 가업상속공제 대상에도 해당함.

조심2023인7287, 2023. 9. 18.

상속개시일 당시 쟁점부동산이 매각예정이었다가 상속개시일 이후 잔금청산·소유권이전등기되어 매각되었고, 가업상속공제를 받은 상속인이 상속개시일로부터 5년 이내에 정당한 사유 없이 가업용자산의 10% 이상을 처분한 경우에 해당하므로 가업상속공제 대상에서 배제함이 타당함.

Tip! Ⅱ 부동산을 임대하는 것도 자산의 처분에 해당합니다.

가업상속 당시 사업용 자산으로 인정받은 부동산을 임대하는 것도 자산의 처분에 해당하므로 상속개시일부터 5년 이내 부동산을 임대하는 경우에는 주의하여야 합니다.

부동산을 임대하는 경우 처분한 자산의 가액은 임대부동산의 상속개시일 현재 가액을 해당 부동산 전체 면적 중 임대면적 비율로 곱한 금액으로 계산합니다.

◎ 부동산을 임대한 경우 처분비율 계산(②/①)
  ① 상속개시일 현재 가업용 고정자산 가액
  ② 임대부동산의 상속개시일 현재 가액 × 임대면적 / 총면적

개인기업의 경우 임차보증금이 가업상속재산에 해당하므로 피상속인의 금융재산이 많은 경우에는 개인기업의 사업장 임차 시 월세보다는 피상속인 금융재산으로 가액이 높은 임차보증금 계약을 체결하는 것이 유리합니다.

이렇게 가업상속재산으로 가업상속공제 받은 임차보증금을 반환받은 경우에는 즉시 해당 가액에 상당하는 임대차계약을 체결하여 임차보증금으로 사용하여야 하는 것으로, 임차보증금을 반환받고 현금으로 사용하는 경우 또는 가액을 낮추어 임차보증금 계약을 체결하는 경우에는 자산의 처분으로 보는 점을 주의하여야 합니다.

> **심사상속 2016 – 0021, 2016. 10. 28.**
> 사업장을 이전하고 임차보증금을 이전된 사업장 임차보증금으로 사용하여야 하나, 상속인들이 임차보증금을 가져간 점, 당초 사업장의 임차보증금은 250백만 원이나 이전된 사업장의 임차보증금은 200백만 원으로 감소된 바, 이는 가업용 자산이 5년 이내에 100분의 10 이상 처분된 것으로 가업상속공제를 배제한 처분은 달리 잘못이 없음.

◎ **가업용 자산처분 제한내용과 처분비율 계산**

- 처분제한 대상 자산
  가업에 사용하는 사업용 고정자산
  ※ 유동자산과 사업무관자산은 대상 아님.

- 가업용자산 처분 제한비율
  2023년 이후 상속분부터 상속개시일로부터 5년 이내 **가업용 자산의 40% 이상 처분한 경우**

- 부동산 임대도 처분으로 보는 점 주의

- 가업용 자산처분 비율(40% 이상) 계산방법
  (②/① ≥ 5년 이내 40%)
  ① 상속개시일 현재 사업용 고정자산 가액
     (40% 이상 처분하여 추징된 후 다시 처분한 경우 종전에 처분한 자산의 가액 제외하고 산정)

> ② 처분(임대)한 자산의 상속개시일 현재 가액
>   * 부동산을 임대한 경우 처분한 자산의 상속개시일 현재 가액
>   ⇒ 임대부동산의 상속개시일 현재 가액 × 임대면적 / 총면적
>   * 개인기업의 경우 임차보증금 반환받고 새로운 임대차 계약 시 보증금 액수 감소
>   ⇒ 가업용 자산의 처분에 해당

Tip! IV 가업용 자산처분에 정당한 사유가 있는 경우에는 자산처분제한의 사후 관리 대상에서 제외됩니다.

가업용 자산이 수용되는 경우, 국가 등에 증여하는 경우, 상속인이 사망한 경우 등 자산처분에 정당한 사유가 있는 다음에 해당하는 경우에는 사업용 고정자산을 처분하는 경우에도 자산처분에 대한 사후관리를 적용받지 않습니다.(상증령 §15 ⑧)

이 경우 처분자산과 같은 종류의 자산을 대체취득하여 가업에 사용하는 경우는 처분 즉시 처분자산 양도가액 이상의 금액에 상당하는 같은 종류의 자산을 취득하여 사용하는 경우를 의미하는 것으로, 처분 즉시 대체취득하지 않거나 처분한 자산의 양도가액보다 훨씬 낮은 금액의 자산을 취득하는 경우는 인정되지 않으므로 주의하여야 합니다.

또한 가업용으로 사용하던 부동산을 매각하고 상속개시 당시 임대 중이던 건물로 사업장을 이전하는 경우는 대체취득에 해당하지 않으므로 주의하여야 합니다.

특이점은 내용연수가 지난 자산을 처분하는 경우에 자산처분제한비율을 받지 않으므로 고정자산의 내용연수를 검토하여 처분계획을 수립하면 됩니다.

가. 다음 사유로 처분자산과 같은 종류 자산을 대체취득하여 가업에 사용하는 경우
   ① 가업용 자산이 수용 또는 협의매수되는 경우
   ② 국가 또는 지방자치단체에 양도되는 경우
   ③ 시설의 개체, 사업장 이전으로 처분되는 경우

나. 가업용 자산을 국가 또는 지방자치단체에 증여하는 경우

다. 가업을 상속받은 상속인이 사망한 경우

라. 동일업종으로 조직변경되어 소유권이 이전되는 경우로서 이전 가업용 자산을 계속 사용하는 경우(조직변경: 합병, 분할, 통합, 개인사업자의 법인전환)

마. 내용연수가 지난 자산을 처분하는 경우

바. 주된 업종변경으로 자산을 처분하는 경우로서 변경업종 필요자산 대체취득하는
경우

사. 가업용 자산 처분금액을 연구·인력개발비로 사용하는 경우

◎ 가업용 자산의 처분제한을 받지 않는 정당한 사유
- 처분자산과 같은 종류자산을 대체취득하여 사용한 경우
  ① 가업용 자산이 수용 또는 협의매수되는 경우
  ② 국가 또는 지방자치단체에 양도되는 경우
  ③ 시설의 개체, 사업장 이전으로 처분되는 경우
- 가업용 자산을 국가 또는 지방자치단체에 증여하는 경우
- 가업을 상속받은 상속인이 사망한 경우
- 동일업종으로 조직변경되어 소유권이 이전되는 경우로서 이전 가업용 자산을 계속 사용하는 경우(조직변경: 합병, 분할, 통합, 개인사업자의 법인전환)
- 내용연수가 지난 자산을 처분하는 경우
- 주된 업종변경으로 자산을 처분하는 경우로서 변경업종 필요자산 대체 취득하는 경우
- 가업용 자산 처분금액을 연구·인력개발비로 사용하는 경우
  ※ 대체취득: 처분 즉시 처분한 자산의 양도가액에 상당하는 자산을 대체취득하여 계속 사용한 경우에 한하여 인정 대체취득
  ※ 부동산 매각 후 임대 중인 부동산으로 사업장 이전: 대체취득 아님.

서면 - 상속증여 - 1649, 2017. 8. 10.

대체 취득자산은 가업상속공제를 적용받지 아니한 자산으로서 처분자산과 동일한 자산의 추가 취득을 의미하는 것임.

서면 - 상속증여 - 3357, 2020. 4. 21.

"처분자산과 같은 종류의 자산을 대체 취득하여 가업에 계속 사용하는 경우"는 처분 즉시 처분자산 양도가액 이상의 금액에 상당하는 같은 종류의 자산을 취득하여 가업에 계속 사용하는 경우를 말함.

서면 - 법규재산 - 5459, 2022. 4. 26.

가업의 사업장으로 사용하던 건물을 매각하고, 가업상속 이전부터 해당 법인이 보유하던 임대용 건물로 사업장을 이전하는 경우는 가업용 자산 처분의 정당한 사유로서의 대체 취득에 해당하지 않는 것임.

 **가업상속공제 받은 후 5년간 상속인이 계속 가업에 종사하여야 합니다.**

Tip! I 상속인이 가업에 종사하지 않는 것으로 보는 경우는 다음과 같습니다.

상속인의 상속개시 후 가업에 계속 종사하는지 여부를 판단할 때 다음에 해당하는 경우에는 가업에 종사하는 것으로 보지 않습니다.(상증령 §15 ⑪)

가업에 직접 종사 사실은 법인의 인사기록카드, 급여수령 사실, 4대보험 가입, 직접 작성·결제한 업무문서, 신용카드 내역서, 이메일 송수신 내역 등에 의해 명확하게 입증되는 경우에 한하여 인정되므로 가업에 직접 종사한 사실이 명확하게 입증되도록 할 필요가 있습니다.

이 경우 2024. 2. 29. 전에 업종을 변경하는 경우에는 평가심의위원회의 승인이 없는 한 중분류 내에서 다른 업종으로 변경하는 경우만 허용되었지만 2024. 2. 29. 이후 주된 업종을 변경하는 경우에는 대분류 내에서 가업상속공제 대상 업종으로 변경하는 것도 허용되는 것으로 개정되었습니다. 또한 2024. 2. 29. 이후 상속이 개시되는 분부터는 기회발전특구 혜택기업의 경우 상속인(또는 상속인의 배우자)이 대표이사 등으로 종사하지 않은 경우, 대분류 외 가업상속공제 대상 업종으로 변경한 경우에도 사후관리를 위반한 것으로 보지 않는 것으로 개정되었습니다.

가. 상속인(또는 상속인의 배우자가 요건을 충족한 경우에는 배우자. 다만 개인기업의 경우 배우자가 충족한 경우에는 인정 안 됨)이 대표이사 등으로 종사하지 아

니하는 경우(2024. 2. 29. 이후 상속개시분부터 기업발전특구 혜택기업 적용 제외,
상증령 §15 ㉕)

나. 주된 업종을 변경하는 경우로서 다음에 해당하지 않는 경우
　① 한국표준산업분류에 따른 대분류 내에서 가업상속공제 대상업종으로 변경하는
　　경우(2024. 2. 29. 이후 상속개시분부터 기회발전특구 혜택기업의 경우 적용 제
　　외, 상증령 §15 ㉕)
　② "①" 외의 경우로서 평가심의위원회의 심의를 거쳐 업종의 변경을 승인하는
　　경우
다. 1년 이상 휴업 또는 폐업하거나 1년 이상 실적이 없는 경우

◎ 가업상속공제 받은 후 상속인이 가업에 종사하지 않은 것으로 보는 경우
- 상속인(또는 상속인의 배우자. 다만 개인기업의 경우 배우자 종사 불인정)이 대표
  이사 등으로 종사하지 아니하는 경우
  (2024. 2. 29. 상속개시분부터 기업발전특구 혜택기업 적용 제외)
- 주된 업종을 변경하는 경우
  (2024. 2. 29. 상속개시분부터 기업발전특구 혜택기업 적용 제외)
  ※ 대분류 내 업종 변경은 가능(2024. 2. 29. 이후 주된 업종 변경분부터)
  ※ 대분류 외 변경 시에는 평가심의위원회의 심의를 거친 경우 가능
- 1년 이상 휴업 또는 폐업하거나 1년 이상 실적이 없는 경우

조심2018서0804, 2018. 7. 24.

쟁점호텔 리모델링 공사는 가업의 확대·승계 발전을 위한 것으로 '영업준비'의 일환으로
서 영업활동의 일부에 해당한다고 보이는 점 등에 비추어 가업의 확대·승계 발전을 위한
가업자산의 리모델링 공사 기간 중 매출실적이 없게 된 것을 상증세법상 '가업을 1년 이상
휴업하는 경우'에 해당한다고 보아 청구인들에게 상속세를 부과한 처분은 잘못이 있다고
판단됨.

Tip! **Ⅱ** 정당한 사유가 있는 경우에는 상속개시 후 5년간 상속인이 가업에 종사
하지 않아도 됩니다.

가업을 상속받은 상속인이 사망한 경우, 가업상속받은 재산을 국가 또는 지방자치단

체에 증여한 경우, 상속인이 병역의무의 이행, 질병의 요양, 취학상 형편으로 가업에 종사할 수 없는 경우에는 상속인의 가업 계속 종사 의무 사후관리 대상에서 제외됩니다.(상증령 §15 ⑧ 2)

이 경우 취학상 형편은 고등교육법에 따른 학교에의 취학을 의미하는 것으로 대학, 산업대학, 교육대학, 전문대학, 방송대학 등 원격대학, 기술대학, 각종 학교 중 재학증명서 또는 졸업증명서에 의해 입증되는 학교가 이에 해당하여야 합니다.

◎ 상속인이 가업에 계속 종사하지 않아도 되는 정당한 사유

- 상속인이 사망한 경우
- 가업상속받은 재산을 국가 또는 지방자치단체에 증여한 경우
- 상속인이 병역, 질병의 요양, 취학상 형편으로 가업에 종사하지 못하는 경우
  ※ 취학상 형편: 고등교육법에 따른 학교에의 취학을 의미함.

서면 – 상속증여 – 1912, 2018. 8. 7.

상속인이 법률의 규정에 의한 병역의무의 이행, 질병의 요양, 취학상 형편 등 부득이한 사유로 가업에 직접 종사하지 아니하다가 그 사유가 종료된 후 가업에 종사하는 경우에는 가업에 종사하지 아니하게 된 경우에서 제외함.

 **가업상속공제 받은 후 5년간은 상속인의 지분이 감소되어서는 안됩니다.**

(김대표님 질문)

안세무사님!

법인을 경영하다 보면 여러 가지 사유로 지분이 감소되는 경우가 있습니다.

가업상속공제 받은 후 사후관리에는 5년간 상속인의 지분이 감소되지 않아야 하는 요건이 있는데, 사후관리에서 지분이 감소되는 것으로 보는 경우와 지분이 감소되어도 부득이하게 정당한 사유가 있는 것으로 보는 경우는 어떤 경우인가요?

상속받은 주식을 처분하는 경우에는 당연히 상속인의 지분이 감소된 것에 해당합니다. 상속인이 상속받은 지분을 처분하지 않는 경우에도 유상증자 시 상속인 또는 최대주주등 판단 시 지분율 합산하는 특수관계인이 지분율만큼 신주를 인수하지 않은 경우, 유상감자 시 지분율을 초과하여 주식이 소각된 경우에는 지분율이 감소하게 됩니다.

상속인의 지분이 감소된 것으로 보는 경우는 다음과 같으며 상속인의 특수관계인의 지분이 감소하여 상속인이 최대주주등에 해당하지 않는 경우도 상속인의 지분이 감소된 것으로 보므로 가업상속공제 후에는 상속인의 특수관계인의 지분 양도 등을 관리할 필요가 있습니다.(상증령 §15 ⑫)

또한 상속받은 주식을 물납하여 지분이 감소된 경우에는 상속인의 지분이 감소된 것으로 보지 않지만 물납으로 인하여 최대주주등에 해당하지 않는 경우에는 지분이 감소된 것으로 보므로 물납하는 경우에는 최대주주등의 지분율이 유지되는 선에서 물납하여야 하는 점을 주의하여야 합니다.

가. 상속인이 상속받은 주식등을 처분하는 경우

나. 해당 법인이 유상증자할 때 상속인의 실권 등으로 지분율이 감소한 경우

다. 상속인의 특수관계인이 주식등을 처분하거나 유상증자할 때 실권 등으로 상속인이 최대주주등에 해당되지 아니하게 되는 경우

라. 상속인이 상속받은 주식을 물납하여 지분이 감소된 경우로서 최대주주등에 해당하지 않는 경우

2명 이상의 상속인이 공동으로 가업을 상속받은 후 타인에게 주식을 양도하거나 유상증자 시 실권하는 것이 아닌 공동상속인 중 1명이 다른 공동상속인에게 주식을 양도하는 것도 상속인 지분이 감소된 것으로 보고 있으므로 주의하여야 합니다.

> **2022 - 법규재산 - 1704, 2023. 9. 1.**
>
> 가업상속공제를 받은 공동상속인 간 5년 이내 지분을 양도하여 지분이 감소한 경우, 가업
> 상속공제 사후관리규정(상증법 §18의2 ⑤)에 따라 상속세가 추징되는 것임.

◎ **상속인의 지분이 감소된 것으로 보는 경우**

- 상속인

    상속받은 주식처분, 유상증자 시 지분율만큼 신주 미인수, 유상감자 시 지분율 초
    과하여 소각, 상속받은 주식 물납 & 최대주주등 미해당

- 상속인의 특수관계인

    상속받은 주식처분, 유상증자 시 지분율만큼 신주 미인수, 유상감자 시 지분율 초
    과하여 소각 & 최대주주등 미해당

Tip! ⫼ 정당한 사유가 있는 경우에는 상속인의 지분이 감소하여도 됩니다.

부득이하게 상속인의 지분이 감소된 경우로서 정당한 사유가 있는 것으로 보는 다음
에 해당하는 경우에는 상속인의 지분이 감소된 경우로 보지 않습니다.(상증령 §15 ⑧ 3)
이 경우 상속인의 지분이 회생계획인가에 따라 감소되는 경우는 정당한 사유가 있는
것으로 보지 않습니다.

가. 합병·분할 등 조직변경에 따라 주식등을 처분하는 경우로서 처분 후에도 조직
   변경 후 법인의 최대주주등에 해당하는 경우

나. 해당 법인의 사업확장 등에 따라 유상증자할 때 상속인의 특수관계인 외의 자에
   게 주식등을 배정함에 따라 상속인의 지분율이 낮아지는 경우로서 상속인이 최
   대주주등에 해당하는 경우

다. 상속인이 사망한 경우로서 사망한 자의 상속인이 가업에 종사하는 경우

라. 주식등을 국가 또는 지방자치단체에 증여하는 경우

마. 「자본시장과 금융투자업에 관한 법률」 제390조 제1항에 따른 상장규정의 상장
   요건을 갖추기 위하여 지분을 감소시킨 경우로서 상속인이 최대주주등에 해당하
   는 경우

바. 주주 또는 출자자의 주식 및 출자지분의 비율에 따라서 무상으로 균등하게 감자

하는 경우

사. 「채무자 회생 및 파산에 관한 법률」에 따른 법원의 결정에 따라 무상으로 감자하

거나 채무를 출자전환하는 경우

◎ 상속인의 지분이 감소된 것으로 보지 않는 정당한 사유

- 조직변경에 따라 주식처분 & 상속인이 조직변경된 법인의 최대주주
- 제3자 배정으로 특수관계인 외의 자에게 신주배정 & 상속인이 최대주주
- 상속인 사망 & 사망한 상속인의 상속인이 가업승계 종사
- 국가 또는 지방자치단체에 증여
- 상장 요건 갖추기 위해 지분감소 & 상속인이 최대주주
- 무상감자
- 「채무자 회생 및 파산에 관한 법률」에 따른 법원의 결정에 따른 무상감자 또는 채무의 출자전환(다만 최대주주 등 지분율 요건 판단시에는 예외대상 아님)

기준 – 법령해석재산 – 0023, 2016. 3. 30.

가업상속공제를 적용받은 상속인의 지분이 법원의 회생계획인가결정에 따라 감소하는 경우 추징배제되는 정당한 사유에 해당하지 아니함.

 **가업상속공제 받은 후 5년간 정규직 근로자수 또는 총급여 평균이 기준고용인원 또는 총급여액의 90% 이상이어야 합니다.**

(김대표님 질문)

안세무사님!

요즘 법인 CEO들과 이야기하다 보면 모두들 직원문제가 법인경영 시 가장 어려운 점이라고 하는 경우가 많습니다.

가업상속공제를 받은 후에는 일정 고용인원을 계속 유지해야 한다고 들었는데, 구체적으로 어떤 요건을 갖추어야 하는 것인가요?

1. 정규직 근로자의 의미

정규직 근로자는 근로기준법에 따라 근로계약을 체결한 근로자로서 다음에 해당하는 자는 제외합니다.[26] (상증령 §15 ⑬)

가. 근로계약기간이 1년 미만인 근로자

   (근로계약 연속된 갱신으로 근로계약 총 기간이 1년 이상인 근로자 제외)

나. 단시간근로자로서 1개월간의 소정근로시간이 60시간 미만인 근로자

다. 근로소득원천징수부에 따라 근로소득세를 원천징수한 사실이 확인되지 않고, 국민연금, 건강보험의 납부 사실도 확인되지 않는 자

2. 정규직 근로자수 평균의 의미

정규직 근로자수의 평균은 법인세 사업연도 매월 말일 현재의 정규직 근로자수를 합하여 해당 법인세 사업연도 월수로 나누어 계산합니다. 이 경우 정규직 근로자수 평균 계산시 소수점 이하의 부분도 절사나 반올임 없이 모든 비율을 반영하여야 합니다.

> **사전 – 2016 – 법령해석재산 – 0005, 2016. 5. 13.**
> 가업상속공제 사후관리 요건을 충족하기 위한 정규직 근로자수의 산정 시 소수점 이하 부분은 절사나 반올림 없이 모든 비율을 반영하는 것임.

---

26) 상속세 및 증여세법 시행령 제15조 【가업상속】
  ⑬ 법 제18조의2 제5항 제4호 가목에서 "대통령령으로 정하는 정규직 근로자"란 「근로기준법」에 따라 계약을 체결한 근로자를 말한다. 다만, 다음 각 호의 어느 하나에 해당하는 사람은 제외한다.
    1. 근로계약기간이 1년 미만인 근로자(근로계약의 연속된 갱신으로 인하여 그 근로계약의 총 기간이 1년 이상인 근로자는 제외한다)
    2. 「근로기준법」 제2조 제1항 제9호에 따른 단시간근로자로서 1개월간의 소정근로시간이 60시간 미만인 근로자
    3. 「소득세법 시행령」 제196조에 따른 근로소득원천징수부에 따라 근로소득세를 원천징수한 사실이 확인되지 않고, 다음 각 목의 어느 하나에 해당하는 금액의 납부 사실도 확인되지 않는 자
      가. 「국민연금법」 제3조 제1항 제11호 및 제12호에 따른 부담금 및 기여금
      나. 「국민건강보험법」 제69조에 따른 직장가입자의 보험료

3. 기준 고용인원의 의미

　고용유지 요건 판단 시 기준 고용인원은 상속개시 직전 2개 사업연도 또는 과세기간의 정규직 근로자수의 평균을 의미합니다.(상증법 §18의2 ⑤)

　따라서 고용유지에 대한 가업상속공제 사후관리 측면에서는 상속개시 직전 2개 사업연도 고용인원의 경우 외주 인력 비율을 높이는 방법 등으로 최소화한 후 가업상속공제 받은 후 신규 채용하는 것이 유리합니다.

4. 분할 또는 합병한 경우 정규직 근로자수

　가업에 해당하는 법인이 분할하거나 다른 법인을 합병한 경우 정규직 근로자수는 다음과 같이 계산하므로 고용인원 사후관리 요건을 충족하기 위해 합병을 통해 정규직 근로자수를 늘리는 것은 실익이 없고 분할을 통해 정규직 근로자수가 감소하는 경우에도 불이익은 없습니다.

　　가. 분할에 따라 가업 법인의 정규직 근로자가 다른 법인에 승계된 경우: 분할 후에도 가업법인의 정규직 근로자로 보아 계산

　　나. 합병에 따라 다른 법인의 정규직 근로자가 가업법인에 승계된 경우: 상속개시 전부터 가업법인의 근로자로 보아 계산

5. 가업을 상속받은 상속인 등의 정규직 근로자수 합산여부

가. 기준고용인원 계산 시 정규직 근로자수 합산여부

　가업을 상속받은 상속인이 상속개시 전부터 가업기업에서 정규직 근로자로 근무하는 경우에는 최대주주 및 친족에 해당하는 경우에도 기준고용인원 계산 시에는 정규직 근로자수에 합산됩니다.

　다만, 총급여액 계산 시 총급여액에서는 차감하고 계산됩니다(상속개시 직전 2개 과세기간 또는 사업연도에 최대주주등과 최대주주등과 친족관계에 있는 자만이 기준고용인원으로 있는 경우에는 총급여액 계산 시 합산).

> **서면 - 법규재산 - 8408, 2023. 3. 24.**
>
> 가업상속공제 적용 시 기준고용인원을 계산할 때 상속개시 전부터 가업기업에서 정규직 근로자로 근무하던 '가업기업의 최대주주 및 그 친족'은 정규직 근로자수에 포함되는 것이며, 고용노동부로부터 근로계약기간 등을 승인받은 외국인근로자를 1년 단위로 계약을 체결하는 경우 정규직 근로자에 해당하는 것임.

나. 상속개시 후 5년 평균 정규직 근로자수 합산여부

기준고용인원 계산 시에는 최대주주의 특수관계인이라 하더라도 정규직 근로자수에 합산되는 것과 달리 상속개시 후 5년 평균 정규직 근로자수 계산 시에는 가업기업의 대표자가 된 날부터 정규직 근로자에 해당하지 않습니다.

따라서 고용유지에 대한 사후관리 준수 시에는 1명이 무조건 감소하는 구조적 모순이 있습니다.

> **서면 - 법규재산 - 0547, 2023. 3. 15.**
>
> 상속개시 전부터 가업기업에서 정규직 근로자로 근무한 가업상속인은 가업상속공제 기준고용인원 계산 시 포함되나 기준총급여액 계산 시에는 제외되며, 정규직 근로자수의 평균을 계산 시에는 가업기업의 대표자가 된 날이 속하는 월부터 정규직 근로자수에 포함되지 않는 것임.
>
> **서면 - 법규재산 - 8408, 2023. 3. 24.**
>
> 가업상속공제 적용 시 기준고용인원을 계산할 때 상속개시 전부터 가업기업에서 정규직 근로자로 근무하던 '가업기업의 최대주주 및 그 친족'은 정규직 근로자수에 포함되는 것이며, 고용노동부로부터 근로계약기간 등을 승인받은 외국인근로자를 1년 단위로 계약을 체결하는 경우 정규직 근로자에 해당하는 것임.

Tip! Ⅱ 가업상속공제 받은 후 5년간 총급여액 전체 평균이 기준 총급여액의 90% 이상이어야 합니다(상속개시일부터 5년 후 판단).

1. 총급여액의 의미

총급여액이란 정규직 근로자에게 지급한 다음의 소득의 합계액을 의미하는 것입니다.[27] (상증령 §15 ⑭)

다만, 최대주주등과 최대주주와 친족관계에 있는 자의 총급여액은 제외하되 상속개시 전 2개 과세기간 또는 사업연도에 최대주주등과 최대주주등과 친족관계에 있는 자만이 기준고용인원으로 있는 경우에는 총급여액 계산 시 합산합니다.

2020년 이후 상속분부터는 정규직 근로자수 요건을 갖추지 못한 경우에도 총급여액 요건을 갖춘 경우에는 고용유지 요건을 충족한 것으로 봅니다.

① 근로를 제공함으로써 받는 봉급·급료·보수·세비·임금·상여·수당과 이와 유사한 성질의 급여
② 법인의 주주총회·사원총회 또는 이에 준하는 의결기관의 결의에 따라 상여로 받는 소득

2. 기준 총급여액의 의미

기준 총급여액은 상속개시 전 2개 과세기간 또는 사업연도 총급여액의 평균액을 의미합니다.(상증법 §18의2 ⑤)

따라서 상속개시 전 2개 과세기간 또는 사업연도 총급여액은 높지 않은 것이 유리하며, 정규직 근로자수 요건을 갖추기 어려운 경우에는 전략적으로 총급여액 유지 조건을 충족할 수 있도록 조정할 필요가 있습니다.

3. 분할 또는 합병한 경우 총급여액 계산

가. 분할에 따라 가업 법인의 정규직 근로자가 다른 법인에 승계된 경우: 분할 후에도 가업법인의 정규직 근로자로 보아 총급여액 계산
나. 합병에 따라 다른 법인의 정규직 근로자가 가업법인에 승계된 경우: 상속개시 전부터 가업법인의 근로자로 보아 총급여액 계산

---

27) 상속세 및 증여세법 시행령 제15조 【가업상속】
　⑭ 법 제18조의2 제5항 제4호 나목에서 "대통령령으로 정하는 총급여액"이란 제13항에 따른 근로자(「조세특례제한법 시행령」 제26조의4 제2항 제3호에 해당하는 사람을 제외하되, 기준고용인원 산정기간에 같은 호에 해당되는 사람만 있을 경우에는 포함한다)에게 지급한 「소득세법」 제20조 제1항 제1호 및 제2호에 따른 소득의 합계액을 말한다.

◎ 고용유지에 대한 사후관리 내용

- 정규직 근로자수 요건

  상속개시 후 5년간 정규직 근로자수 전체평균 ≥ 기준 고용인원의 90%

  * 정규직 근로자수: 근로기준법에 따라 근로계약을 체결한 자로서 ①, ②, ③에 해당하지 않는 자
    ① 계약기간 1년 미만인 자(갱신으로 1년 이상되는 자 제외)
    ② 월 근로시간 60시간 미만 초단기 근로자
    ③ 소득세, 국민연금, 건강보험 납부 사실 미확인 자
  * 기준고용인원: 상속개시 직전 2개 사업연도 평균 정규직 근로자수(상속인이 정규직인 경우 정규직 근로자수에 합산)
  * 상속개시 후 5년간 정규직 근로자수 평균: 가업을 물려받은 상속인은 제외

- 총급여액 요건

  상속개시 후 5년간 총급여액 전체 평균 ≥ 기준 총급여액의 90%

  * 총급여액: 정규직 근로자(최대주주와 친족관계 있는 자 제외)에게 지급한 총급여
  * 기준 총급여액: 상속개시 직전 2개 과세기간 또는 사업연도 총급여액 평균

- 분할 또는 합병의 경우 정규직 근로자수 및 총급여액 계산

  * 분할에 따라 정규직 근로자가 다른 법인에 승계: 분할 후에도 가업법인의 정규직 근로자 간주
  * 합병에 따라 다른 법인의 정규직 근로자가 가업법인에 승계: 합병 전부터 가업법인의 정규직 근로자 간주

Ⅵ 상속개시 후 5년간 상속인이 조세포탈 또는 회계부정으로 벌금형 또는 징역형을 선고받지 않아야 합니다.

상속인이 상속개시일부터 5년 이내 사기 기타 부정한 행위로 세금을 포탈하거나 환급·공제받아 벌금형 또는 징역형으로 처벌받은 경우에는 공제받은 가업상속공제 금액을 상속개시 당시의 상속세 과세가액에 산입하여 상속세가 부과됩니다.(상증법 §18의2 ⑧)

Ⅶ 가업상속공제를 받은 후 사후관리 요건을 위반한 경우에는 당초 공제받은 금액이 상속세 과세가액에 가산되어 상속세가 과세되며, 위반사유 발생일까지의 기간을 고려한 이자상당액이 함께 추징됩니다.

(김대표님 질문)

안세무사님!

그러면 지금까지 살펴본 가업상속공제 사후관리 요건을 5년간 준수하지 않고 위반하였을때에는 가업상속공제 혜택을 받은 상속세를 다시 납부해야 하는 것인가요?

(안세무사 답변)

김대표님!

맞습니다. 가업상속공제를 받고 사후관리 기간인 5년간 사후관리 요건을 위반한 경우에는 가업상속공제 받은 금액을 상속세 과세가액에 가산하여 계산한 상속세와 이자상당액을 추가로 납부하여야 합니다.

Tip! Ⅰ 사후관리 위반 시 상속세 과세가액에 가산하여야 하는 금액과 이자상당액은 다음과 같이 계산합니다.

1. 상속세 과세가액 가산금액

가. 가업용 자산의 40% 이상 처분

　　가업상속공제 금액 × 가업용 자산처분비율*

　　* 자산처분비율이 40% 이상이 되어 상속세를 부과한 후 다시 자산을 처분하여 상속세가 과세되는 경우에는 종전 처분한 자산의 가액은 제외하고 산정

나. 상속인 가업 미종사, 상속인 지분감소, 고용인원 또는 총급여액 감소

　　가업상속공제 금액 전체

2. 기간별 추징률

2020년부터 2022년까지 상속분의 경우 상속개시일부터 7년간 사후관리가 되면서 상속개시일부터 사후관리 위반일까지의 기간이 상속개시일부터 5년 미만인 경우에는 가

업상속공제 금액의 100%, 5년 이상 7년 미만이 경우에는 가업상속공제 금액에 80% 추징률이 적용되어 상속세 과세가액에 가산되었지만 2023년 이후 상속분부터 사후관리 기간이 5년으로 단축되면서 5년 이내 사후관리를 위반하는 경우에는 공제받은 금액 전액이 상속세 과세가액에 가산되는 것으로 개정되었습니다.

| 기간별 추징률 |

기간	2020.2.10. 이전 상속분	2020.2.11. 이후 상속분	2023. 이후 상속분
5년 미만	100%	100%	100%
5년 이상 7년 미만	100%	80%	
7년 이상 8년 미만	90%		
8년 이상 9년 미만	80%	해당 사항 없음	
9년 이상 10년 미만	70%		

3. 추징세액에 가산하는 이자상당액

이자상당액 = 사후관리 위반 추징금액 × 상속세율 × 상속세 신고기한 다음 날부터 위반사유 발생일까지 기간 × 국세환급 가산금 이자율

| 국세환급금 가산금 이자율 |

'17.3.15.~ '18.3.18.	'18.3.19.~ '19.3.19.	'19.3.20.~ '20.3.12.	'20.3.13.~ '21.3.15.	'21.3.16.~ '23.3.19.	'23.3.20. 이후	'24.3.22. 이후	'25.3.21. 이후
연 1.6%	연 1.8%	연 2.1%	연 1.8%	연 1.2%	연 2.9%	연 3.5%	연 3.1%

Tip! Ⅱ 양도소득세 이월과세를 적용받은 경우 양도소득세 이월과세 적용으로 추가부담한 양도소득세는 추징세액에서 차감됩니다.

사후관리 위반으로 상속세가 추징되기 전 상속받은 주식등을 양도한 경우로서 주식등의 양도 시 양도소득세 이월과세가 적용되어 피상속인 취득가액을 적용하여 높은 양도소득세를 부담한 후 상속세가 추징되는 경우에는 과다한 세 부담을 하는 결과가 됩니다.

이 경우 가업을 상속받으면서 가업상속공제를 받은 후 사후관리 위반 또는 상속인의 탈세나 회계부정으로 벌금형 또는 징역형을 선고받아 상속세가 추징되는 경우로서 양

도소득세 이월과세가 적용되어 납부하였거나 납부할 양도소득세가 있는 경우에는 ①
이월과세를 적용하여 계산한 양도소득세 상당액에서 ② 이월과세를 적용하지 않고 계
산한 양도소득세 상당액을 차감한 금액을 상속세 추징세액에서 차감하고 추징하게 됩
니다.[28] (상증법 §18의2 ⑩, 상증령 §15 ㉑)

◎ **상속세 추징세액에서 공제되는 양도소득세 상당액(① - ②)**

(사후관리 위반으로 상속세 추징 전 상속받은 주식등을 양도하여 양도소득세 이월
과세가 적용된 경우)
① 이월과세를 적용하여 계산한 양도소득세 상당액
② 이월과세를 적용하지 않고 계산한 양도소득세 상당액

---

28) 상속세 및 증여세법 제18조의2 【가업상속공제】
⑩ 제5항 또는 제8항 제2호에 따라 상속세를 부과할 때 「소득세법」 제97조의2 제4항에 따라 납부하였거
나 납부할 양도소득세가 있는 경우에는 대통령령으로 정하는 바에 따라 계산한 양도소득세 상당액을
상속세 산출세액에서 공제한다. 다만, 공제한 해당 금액이 음수(陰數)인 경우에는 영으로 본다.
상속세 및 증여세법 시행령 제15조 【가업상속】
㉑ 법 제18조의2 제10항 본문에서 "대통령령으로 정하는 바에 따라 계산한 양도소득세 상당액"이란 같
은 조 제1항에 따른 가업상속공제를 받고 양도하는 가업상속 재산에 대하여 「소득세법」 제97조의2
제4항을 적용하여 계산한 양도소득세액에서 같은 법 제97조를 적용하여 계산한 양도소득세액을 뺀
금액을 말한다.

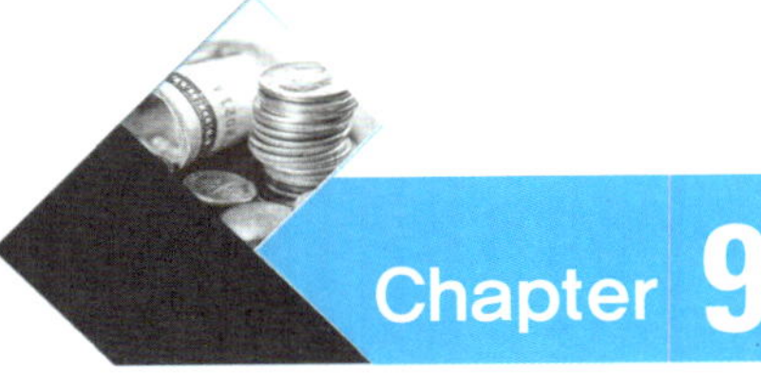

Chapter 9

가업상속공제 요건을 충족한 법인의 연부연납, 납부유예

Ⅰ **가업기업에 대한 연부연납제도는 일반상속세 연부연납보다 훨씬 유리합니다.**

(김대표님 질문)

안세무사님!

가업기업에 대한 연부연납제도는 일반상속세 연부연납보다 유리하다고 하셨는데 어떠한 점이 유리한가요?

(안세무사 답변)

김대표님!

일반 상속세 연부연납은 최장 10년간 분할납부가 가능하지만 가업기업의 경우에는 최장 20년간 분할납부가 가능하며 10년간 상속세를 납부하지 않다가 이후 10년간 분할납부하는 것도 가능합니다.

또한 연부연납이 가능한 요건은 가업상속공제 요건보다 완화하여 규정하고 있으므로 가업상속공제 요건을 충족하지 못한 경우에도 연부연납 요건을 충족할 수 있는 특징이 있습니다.

Tip! Ⅰ 가업기업이 연부연납 신청 요건을 갖추고 연부연납 특례적용대상 가업 요건을 갖추는 경우에는 연부연납 특례를 적용받을 수 있습니다.

1. 연부연납 신청 요건

상속세 연부연납은 우선 기본적으로 다음의 연부연납 신청 요건을 충족한 후 연부연납을 신청하여 허가를 받아야 가능합니다.(상증법 §71 ①)

가. 상속세가 2천만 원을 초과할 것

나. 과세표준신고기한 또는 납부고지서상의 납부기한까지 연부연납 신청서를 제출할 것

다. 납세담보를 제공할 것

2. 가업상속기업의 특례 연부연납 적용 요건

가업상속공제를 받았거나 다음 요건을 충족한 법인은 특례 연부연납기간을 적용받을 수 있습니다.[29] 특례 연부연납기간 적용 요건은 피상속인의 지분율 요건 및 대표이사 재직 요건 적용기간이 10년이 아닌 5년을 기준으로 하는 등 가업상속공제 요건보다 완화된 요건이 적용되는 특징이 있습니다.

또한 중견기업에 적용되는 상속세 납부능력 요건이 없으므로 중견기업의 경우로서 가업상속재산 외의 재산가액이 가업상속공제 미공제 시 상속세 산출세액의 2배를 초과하여 가업상속공제 요건을 충족하지 못하는 경우에도 특례 연부연납 적용 요건을 충족하는 경우에는 특례 연부연납기간 동안 분할납부가 가능합니다.

가. 가업 요건

중소기업(조특령 § ①)에 해당할 것

---

29) 상속세 및 증여세법 시행령 제68조【연부연납금액 등의 계산】
　③ 법 제71조 제2항 제1호 가목에서 "대통령령으로 정하는 요건에 따라 중소기업 또는 중견기업을 상속받은 경우"란 다음 각 호의 요건을 모두 갖춘 경우를 말한다.
　　1.「조세특례제한법 시행령」제2조 제1항에 따른 중소기업 또는 같은 영 제9조 제4항에 따른 중견기업을 상속받은 경우
　　2. 피상속인이 다음 각 목의 요건을 모두 갖춘 경우
　　　가. 제1호에 따른 중소기업 또는 중견기업의 최대주주등인 경우로서 피상속인과 그의 특수관계인의 주식등을 합하여 해당 기업의 발행주식총수등의 100분의 40(거래소에 상장되어 있는 법인이면 100분의 20) 이상을 5년 이상 계속하여 보유할 것
　　　나. 피상속인이 해당 기업을 5년 이상 계속하여 경영한 경우로서 해당 기업의 영위기간 중 다음의 어느 하나에 해당하는 기간을 대표이사등으로 재직할 것
　　　　1) 100분의 30 이상의 기간
　　　　2) 5년 이상의 기간(상속인이 피상속인의 대표이사등의 직을 승계하여 승계한 날부터 상속개시일까지 계속 재직한 경우로 한정한다)
　　　　3) 상속개시일부터 소급하여 5년 중 3년 이상의 기간
　　3. 상속인이 다음 각 목의 요건을 모두 갖춘 경우. 이 경우 상속인의 배우자가 다음 각 목의 요건을 모두 갖춘 경우에는 상속인이 그 요건을 갖춘 것으로 본다.
　　　가. 상속개시일 현재 18세 이상일 것
　　　나. 상속세 과세표준 신고기한까지 임원으로 취임하고, 상속세 신고기한부터 2년 이내에 대표이사 등으로 취임할 것

직전 3개 연도 평균 매출액이 5천억 원 미만인 중견기업(조특령 § ④)에 해당할 것

나. 피상속인 요건

(1) 지분율 보유 요건

중소기업 또는 중견기업의 최대주주등인 경우로서 피상속인과 특수관계인의 주식등을 합하여 발행주식총수등의 40% 이상(상장기업 20%)을 5년 이상 계속 보유할 것

(2) 대표이사 재직 요건
① 전체 가업 영위기간 중 30% 이상
② 5년 이상의 기간(상속인이 대표이사직을 승계하여 상속개시까지 대표이사로 재직한 경우)
③ 상속개시 직전 5년 중 3년 이상의 기간

다. 상속인 요건

(상속인의 배우자가 충족한 경우도 상속인이 충족한 것으로 봄)
① 상속개시일 현재 18세 이상일 것
② 상속세 과세표준 신고기한까지 임원 취임 & 상속세 신고기한부터 2년 이내에 대표이사 등으로 취임할 것

라. 가업상속공제 사후관리 위반으로 추징된 세액에 대해 연부연납 가능여부

가업상속공제 사후관리규정 위반으로 추징세액 신고 시 가업상속재산에 대한 특례 연부연납 요건을 충족하는 경우에는 추징세액에 대해서도 10년 거치 10년 분할납부 또는 20년 분할납부가 가능한 특례 연부연납기간 적용이 가능합니다.

기획재정부 재산세제과 - 1039, 2023. 9. 4.

가업상속공제 사후관리규정 위반으로 추징세액 신고 시 해당 추징세액에 대해 연부연납 적용 가능하며「상속세 및 증여세법」(2019. 12. 31. 법률 제16846호로 개정되기 전의 것) 제71조 제2항 제1호(이하 "연부연납기간 특례")의 요건을 충족하는 경우 해당 연부연납 기간 특례를 적용할 수 있는 것임.

◎ 가업기업에 대한 연부연납 특례 적용대상 기업

　　1. 연부연납 신청 요건 충족

　　　① 상속세: 2천만 원 초과

　　　② 과세표준 신고기한(납부고지서상의 납부기한)까지 연부연납 신청서 제출

　　　③ 납세담보 제공할 것

　　2. 연부연납신청 대상기업 요건

　　　• 가업상속공제를 받은 개인기업, 법인기업(가업상속공제 한도 초과하는 경우)

　　　• 가업상속공제 미적용 기업으로서 다음 요건 충족기업

　　　가. 가업 요건

　　　　중소기업 또는 직전 3개연도 평균 매출액이 5천억 원 미만인 중견기업

　　　나. 피상속인 요건

　　　　① 지분율 요건

　　　　　최대주주등 해당 & 특수관계인 포함 40%(상장 20%) 이상 5년간 계속 보유

　　　　② 대표이사 재직 요건

　　　　　• 전체 가업영위 기간 중 30% 이상

　　　　　• 5년 이상의 기간

　　　　　　(상속인이 대표이사직을 승계하여 재직한 경우)

　　　　　• 상속개시 직전 5년 중 3년 이상

　　　다. 상속인 요건: 상속인의 배우자가 충족한 경우도 상속인이 충족한 것으로 봄.

　　　　① 상속개시일 현재 18세 이상일 것

　　　　② 상속세 과세표준 신고기한까지 임원 취임 & 상속세 신고기한부터 2년 이내에 대표이사 취임

　　　　　※ 중견기업의 경우로서 상속세 납부능력 요건을 충족하지 못하여 가업상속공제 요건을 충족하지 못하는 경우에도 적용 가능

3. 가업을 상속받은 경우 적용되는 특례 연부연납기간

　가업기업에 대한 연부연납 특례를 적용받는 경우에는 2023년 이후 상속분부터 연부연납 허가일부터 20년간 상속세를 분할납부하거나 연부연납 허가일부터 10년간 상속세를 납부하지 않고 있다가 10년간 분할납부할 수 있습니다.[30]

---

30) 상속세 및 증여세법 제71조【연부연납】
　② 제1항에 따른 연부연납의 기간은 다음 각 호의 구분에 따른 기간의 범위에서 해당 납세의무자가 신청한 기간으로 한다. 다만, 각 회분의 분할납부 세액이 1천만 원을 초과하도록 연부연납기간을 정하여야 한다.

구분		2018~2022년 상속분		2023년 이후 상속분
가업상속재산 가액 해당 주식	50% 미만	10년 또는 3년 거치 7년 분납	가업상속재산 가액 해당 주식	20년 분할납부 또는 10년 거치 10년 분할납부
	50% 이상	20년 또는 5년 거치 15년 분납		
사업무관자산비율 해당 주식	10년간 분할납부		10년간 분할납부	
	*2021년까지 상속분: 5년간 분할납부			

4. 연부연납 신청 시 납부할 세액 및 연부연납기간 동안 납부할 세액

가. 사업무관자산 및 주식 외 기타재산에 대해 납부할 세액

(1) 일반 연부연납기간(10년) 적용되는 연부연납 대상금액

$$\text{상속세 납부세액} - \left(\text{상속세 납부세액} \times \frac{(\text{가업상속 재산가액} - \text{가업상속공제 금액})}{(\text{총상속 재산가액} - \text{가업상속공제 금액})} \right)$$

(2) 연부연납 신청 시 및 연부연납기간 동안 납부할 세액

$$\text{연부연납 대상금액} \times \frac{1}{(\text{연부연납기간}+1)}$$

나. 가업상속재산 가액 해당 주식에 대해 납부할 세액

(1) 특례연부연납기간이 적용되는 연부연납 대상금액

특례 연부연납기간이 적용되는 상속세 납부세액은 다음과 같으며, 이 경우 가업상속 재산가액은 법인의 주식등의 가액에 법인의 총 자산가액 중 사업무관자산을 제외한 가산가액이 차지하는 비율을 곱한 금액을 의미합니다.(상증령 §68 ②)

사업무관자산이 차지하는 비율을 제외한 가액을 가업상속 재산가액으로 하므로 총상속 재산가액 중 가업상속공제를 받은 경우에는 한도초과금액 또는 가업상속공제 미적용금액, 가업상속공제를 받지 않은 경우에는 가업상속 재산가액이 차지하는 비율에

---

1. 상속세의 경우: 다음 각 목의 상속재산별 구분에 따른 기간
   가. 제18조의2에 따라 가업상속공제를 받았거나 대통령령으로 정하는 요건에 따라 중소기업 또는 중견기업을 상속받은 경우의 대통령령으로 정하는 상속재산(「유아교육법」 제7조 제3호에 따른 사립유치원에 직접 사용하는 재산 등 대통령령으로 정하는 재산을 포함한다. 이하 이 조에서 같다): 연부연납 허가일부터 20년 또는 연부연납 허가 후 10년이 되는 날부터 10년

상당하는 상속세 납부세액을 연부연납할 수 있는 것으로, 가업상속공제를 적용받은 경우에는 한도액까지는 가업상속공제를 받고 한도액 초과분에 대해서는 특례 연부연납 기간을 적용받을 수 있게 됩니다.

◎ 특례 연부연납기간이 적용되는 연부연납 대상금액

$$\text{상속세 납부세액} \times \left(\frac{\text{가업상속 재산가액} - \text{가업상속공제 금액}}{\text{총상속 재산가액} - \text{가업상속공제 금액}} \right)$$

- 가업상속공제를 받은 경우
  상속세 납부세액 × (한도 초과액 또는 미적용금액) / 총상속 재산가액
- 가업상속공제를 받지 않은 경우
  상속세 납부세액 × 가업상속 재산가액 / 총상속 재산가액

---

(2) 연부연납 신청 시 납부할 세액

① 10년 거치 10년 분할납부 선택 시

거치기간이 있는 가업상속재산에 해당하는 상속세에 대하여는 연부연납 신청 시 납부할 상속세가 없습니다.(상증령 §68 ①)

② 20년 분할납부 선택 시

$$\text{연부연납 대상금액} \times \frac{1}{(\text{연부연납기간}+1)}$$

(3) 연부연납기간 동안 납부할 세액

$$\text{연부연납 대상금액} \times \frac{1}{(\text{연부연납기간}+1)}$$

* 각 회분의 분할납부 세액이 1천만 원을 초과하는 경우에 한함.

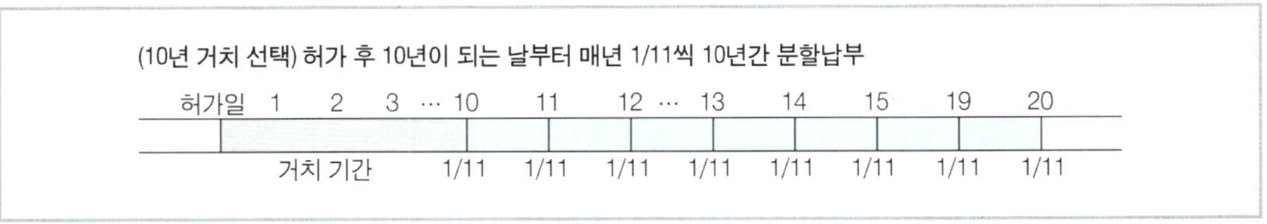

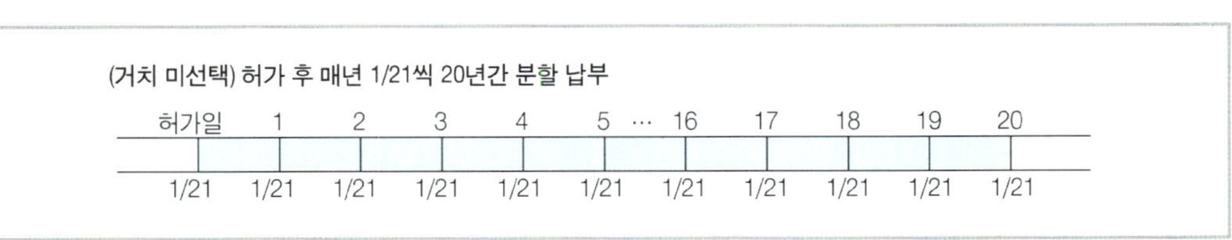

5. 연부연납 가산금

연부연납의 허가를 받아 상속세를 연부연납하는 경우에는 각 회분의 분할납부세액과 분할납부세액에 분할납부세액의 납부일 현재 국세환급금 가산금 이자율(국기령 §43의 3 ②)을 곱한 금액인 연부연납 가산금을 가산하여 납부하여야 합니다. 이 경우 가산금 납부 대상이 되는 기간 중에 가산율이 1회 이상 변경된 경우 변경 전의 기간에 대해서는 변경 전의 가산율을 적용하여 계산한 금액을 각 회분의 분할 납부세액에 가산한다. (상증칙 §69)

◎ 연부연납 가산금 계산

① 첫 회분 납부할 가산금

$$\text{연부연납을 허가한 총 세액} \times \begin{matrix}\text{신고기한 또는 납세고지서의} \\ \text{납부기한의 다음 날부터 첫 회} \\ \text{분납세액의 납부기한까지의 일수}\end{matrix} \times \text{연부연납 가산금 이자율}$$

② 첫 회분 이후 납부할 가산금

$$\left(\text{연부연납을 허가한 총 세액} - \text{직전회까지 납부한 분납세액의 합계액} \right) \times \begin{matrix}\text{직전회의 분납세액} \\ \text{납부기한의 다음} \\ \text{날부터 해당} \\ \text{분납기한까지의 일수}\end{matrix} \times \begin{matrix}\text{연부연납} \\ \text{가산금 이자율}\end{matrix}$$

| 연부연납 가산금 이자율 |

'17.3.15.~ '18.3.18.	'18.3.19.~ '19.3.19.	'19.3.20.~ '20.3.12.	'20.3.13.~ '21.3.15.	'21.3.16.~ '23.3.19.	'23.3.20. 이후	'24.3.22. 이후	'25.3.21. 이후
연 1.6%	연 1.8%	연 2.1%	연 1.8%	연 1.2%	연 2.9%	연 3.5%	연 3.1%

◎ 가업상속기업의 특례 연부연납 대상 상속세 납부세액 및 연부연납기간

- 연부연납 대상금액

$$상속세\ 납부세액 \times \left(\frac{(가업상속\ 재산가액 - 가업상속공제\ 금액)}{(총상속\ 재산가액 - 가업상속공제\ 금액)} \right)$$

  - 가업상속공제를 받은 기업
  상속세 납부세액 × (한도초과액 또는 미적용금액) / 총상속 재산가액
  - 가업상속공제를 받지 않은 기업
  상속세 납부세액 × 가업상속 재산가액 / 총상속 재산가액

- 가업상속기업에 대한 연부연납 특례 기간(2023년 이후 상속분)
  - 연부연납 허가일부터 20년간 분할납부: 첫회 1/21에 해당하는 금액 납부 후 20년간 분할납부
  - 연부연납 허가일부터 10년 거치 10년간 분할납부(10년간 상속세 납부하지 않다가 10년 이후부터 분할납부): 10년 후 1/11에 해당하는 금액 납부 후 10년간 분할납부
- 가업상속 시 상속세 연부연납기간 요약

구분	2018~2022년 상속분		2023년 이후 상속분
가업상속재산 가액 해당 주식	50% 미만	10년 또는 3년 거치 7년 분납	20년 분할납부 10년 거치 10년 분할납부
	50% 이상	20년 또는 5년 거치 15년 분납	
사업무관자산비율 해당 주식	10년간 분할납부		10년간 분할납부
	*2021년까지 상속분: 5년간 분할납부		

- 연부연납 가산금: 분할납부세액 납부일 현재 국세환급가산금의 이자율 적용 (2025. 3. 21.부터 3.1%)

(김대표님 질문)

안세무사님!

저는 가업상속공제 요건은 어느 정도 충족하였지만 저희 법인사업이 사양산업이라 직원 채용이 힘들어 자동화로 대체하는 부분이 많다 보니 고용인원이 계속 감소하고 있는 상태입니다.

그렇다고 가업상속공제를 받지 않는 경우에는 상속세 납부가 너무 부담스러울 것 같은데 이러한 경우는 어떻게 하는 것이 좋을까요?

(안세무사 답변)

김대표님!

가업을 상속받고 가업상속재산 가액에 상당하는 상속세에 대해 연부연납 특례적용을 허가받은 후 가업용 자산을 일정비율 이상 처분하는 경우, 상속인이 가업에 미종사하는 경우, 상속인이 최대주주등에 해당하지 않는 경우에는 연부연납이 취소되거나 변경되지만 고용인원이 감소하거나 총급여가 감소한 경우는 연부연납 취소 또는 변경사유에 해당하지 않습니다.

따라서 가업상속공제 요건은 충족하였지만 고용유지에 대한 사후관리를 충족하기 어려운 경우에는 연부연납 특례를 적용받는 것이 유리합니다.

1. 연부연납 취소 또는 변경 사유

가업을 상속받고 연부연납을 허가받아 상속세를 분할납부하는 경우로서 다음에 해당하는 경우에는 연부연납이 취소되거나 변경되어 연부연납에 관계되는 세액의 전액 또는 일부를 납부하여야 합니다.(상증법 §71 ④)

가. 일반적인 연부연납 취소 또는 변경사유에 해당하는 경우

① 연부연납 세액을 지정된 납부기한까지 납부하지 아니한 경우

② 담보의 변경 또는 그 밖에 담보 보전에 필요한 관할 세무서장의 명령에 따르지 아니한 경우

③ 「국세징수법」 제9조 제1항 각 호의 어느 하나에 해당되어 그 연부연납기한까지

그 연부연납과 관계되는 세액의 전액을 징수할 수 없다고 인정되는 경우

나. 가업상속을 받은 경우 연부연납 취소 또는 변경사유(상증령 §68 ⑥)

상속받은 사업을 폐업하거나 상속인이 그 사업에 종사하지 아니하게 된 경우 등 아래에 해당하는 경우

① 가업상속공제 적용받은 재산을 100분의 50 이상을 처분하는 경우(상증령 §15 ⑧의 정당한 사유 있는 경우 제외)

※ 연부연납을 적용받은 경우에는 가업상속공제 받은 재산의 50% 미만을 처분하는 경우에도 연부연납 계속 적용됨.

② 상속인(또는 상속인의 배우자)이 대표이사등으로 종사하지 않거나 1년 이상 휴업 또는 폐업(무실적 포함)하는 경우(정당한 사유 있는 경우 제외)

③ 상속인이 최대주주등에 해당하지 않는 경우(정당한 사유 있는 경우 제외)

다. 사립유치원에 직접 사용하는 교지, 실습지, 교사 등의 상속재산을 해당 사업에 직접 사용하지 않거나 사립유치원이 폐쇄되는 경우

2. 연부연납의 취소 또는 변경 방법(상증령 §68 ⑧)

가. 연부연납 허가일부터 10년 이내 취소 또는 변경사유 해당

연부연납기간(10년 초과 시 10년)에서 허가일부터 주식처분 및 대표이사직 미종사 등 사유발생일까지 기간의 범위 내에서 연부연납 변경허가

나. 공동으로 연부연납 허가받은 경우로서 납세의무자 중 일부가 연납세액을 납부하지 않은 경우

① 연부연납 세액을 납부하지 않은 납세의무자: 연부연납 허가 취소

② 나머지 납세의무자: 연부연납기간에서 허가일부터 미납일까지의 기간을 뺀 범위에서 연부연납 변경허가 미납자 연부연납세액 일시 징수

다. 위 "가, 나"에 해당하지 않는 경우

연부연납 허가를 취소하고 연부연납에 관계된 세액 일시에 추징

◎ 가업상속재산 가액에 상당하는 상속세 연부연납 취소 또는 변경사유

- 취소 또는 변경사유(※고용유지는 아님)
  상속받은 사업을 폐업하거나 상속인이 그 사업에 종사하지 아니하게 된 경우 등 아래에 해당하는 경우
  ① 가업상속공제 적용받은 재산을 100분의 50 이상을 처분하는 경우
     (※ 가업상속공제 받은 재산의 50% 미만 처분 시에는 연부연납 적용)
  ② 상속인(또는 상속인의 배우자)이 대표이사등으로 미종사 또는 1년 이상 휴업 또는 폐업(무실적 포함)하는 경우
  ③ 상속인이 최대주주등에 해당하지 않는 경우
     ※ 추징되지 않는 정당한 사유 있는 경우 제외
     ※ 고용유지 요건은 없음.

Ⅱ 가업을 상속받으면서 가업상속공제를 받지 않은 경우에는 상속인이 양도·상속·증여하는 시점까지 상속세 납부를 유예할 수 있습니다.

(김대표님 질문)

안세무사님!

2023년 상속분부터 가업을 상속받은 경우로서 가업상속공제를 받지 않은 경우에는 상속받은 주식을 양도하거나 상속·증여하는 시점까지 상속세 납부가 유예된다고 하는데, 납부유예를 적용받을 수 있는 요건과 납부유예된 상속세를 납부하여야 하는 시점 그리고 납부유예허가가 취소되거나 변경되는 것은 어떤 경우인가요?

그리고 가업을 상속받는 경우에는 가업상속공제를 받거나 연부연납을 허가받아 특례 연부연납기간 동안 분할납부 또는 납부유예 중 하나를 선택해야 할 것 같은데 이 중 납부유예의 경우 그야말로 납부만 유예하는 것인데 납부유예를 신청하여 적용받는 것이 유리한 것인가요?

 중소기업을 상속받은 경우로서 가업상속공제를 받지 않은 경우에는 납부유예를 신청할 수 있으며 대를 이어 가업상속공제 요건을 충족하는 경우에는 계속하여 납부유예 적용이 가능합니다.

1. 납부유예 신청 가능 기업과 납부유예기간

가업, 즉 피상속인이 10년 이상 계속 경영한 가업상속공제 요건을 갖춘 중소기업을 물려받는 경우로서 가업상속공제를 받지 않은 경우에는 2023년 이후 상속분부터 일반적인 상속세 계산방식으로 계산한 상속세의 납부유예를 신청할 수 있으며, 납부유예 신청 시에는 담보를 제공하여야 합니다.[31] (상증법 §72의2 ①, ②)

상속인이 납부유예를 신청하고 납세지 관할 세무서장이 상속세 납부유예를 허가하는 경우에는 상속인 사망 시점, 가업상속공제 받은 자산 양도 시점까지 가업상속 재산가액에 상당하는 상속세를 납부하지 않을 수 있습니다.

이 경우 상속인이 상속인의 자녀에게 주식을 증여한 경우로서 가업승계 증여세 과세특례를 적용받거나 가업승계 증여세 과세특례 요건을 충족하여 납부유예를 허가받은 경우 또는 상속인이 사망하는 경우로서 다시 상속을 받은 상속인이 가업상속공제를 받거나 납부유예를 허가받은 경우에는 계속 납부유예 적용이 가능합니다. (상증법 §72의2 ⑥)

즉, 가업상속공제 요건을 충족하면서 대를 이어 계속하여 가업을 되물려받는 경우에는 대를 이어 가업을 물려받은 상속인들이 가업상속공제 대상 재산가액에 대한 상속세를 납부하지 않으면서 가업을 영위할 수 있는 것이라 할 수 있습니다.

2. 납부유예 가능세액 및 납부유예 효과

납부유예 가능세액은 피상속인 전체 상속세 납부세액이 아닌 상속세 납부세액 중 총상속 재산가액에서 가업상속 재산가액이 차지하는 비율에 상당하는 가액에 대해서만 가능합니다. (상증령 §69의3 ①)

---

31) 상속세 및 증여세법 제72조의2 【가업상속에 대한 상속세의 납부유예】
　　① 납세지 관할 세무서장은 납세의무자가 다음 각 호의 요건을 모두 갖추어 상속세의 납부유예를 신청하는 경우에는 대통령령으로 정하는 금액에 대하여 납부유예를 허가할 수 있다.
　　　1. 상속인이 제18조의2 제1항에 따른 가업(중소기업으로 한정한다)을 상속받았을 것
　　　2. 가업상속공제를 받지 아니하였을 것. 이 경우 제18조의4에 따라 가업상속공제 대신 영농상속공제를 받은 경우에는 가업상속공제를 받은 것으로 본다.
　　② 제1항에 따른 납부유예 허가를 받으려는 납세의무자는 담보를 제공하여야 한다.

이 경우 가업상속공제 대상 주식등의 가액이 가업상속공제 한도 내에 있는 경우에는 가업상속공제를 받아 상속세를 납부하지 않아도 되는 금액을 납부유예하는 결과가 되므로 납부유예의 실효성이 크지 않지만 가업상속공제 대상 주식등의 가액이 가업상속공제 한도를 초과하는 경우에는 한도초과액에 대해 납부하여야 할 상속세의 납부가 유예되는 효과가 있습니다.

즉 가업상속공제 대상 주식등의 가액이 가업상속공제 한도를 초과하는 경우에 납부유예에 대한 효과가 극대화된다고 할 수 있습니다.

> 납부유예 가능세액 = 상속세 납부세액 × 가업상속 재산가액 / 총상속 재산가액

Tip! Ⅱ 납부유예 허가받은 기업이 사후관리 요건을 위반한 경우에는 납부유예가 취소되고 상속세와 이자상당액을 납부하여야 합니다.

1. 납부유예 허가 취소 또는 변경사유 · 취소 또는 변경세액

납부유예를 허가받은 기업이 고용유지 요건을 포함한 다음의 사후관리 위반사항이 발생한 경우에는 다음의 금액에 대해 납부유예가 취소되거나 변경되어 해당 상속세와 이자상당액이 추징됩니다.[32] (상증법 §72의2 ③)

납부유예를 허가받은 경우에는 연부연납 취소사유와 달리 고용유지 요건을 준수하여야 하는 까다로운 사후관리를 준수하여야 하나 동일업종 유지 요건은 없으며 법인기업의 경우 가업용 자산 처분제한 요건이 적용되지 않는 특이점이 있습니다. (상증법 §72의2 ④)

---

[32] 상속세 및 증여세법 제72조의2 【가업상속에 대한 상속세의 납부유예】

　③ 납세지 관할 세무서장은 상속인이 대통령령으로 정하는 정당한 사유 없이 다음 각 호의 어느 하나에 해당하는 경우 제1항에 따른 허가를 취소하거나 변경하고, 해당 호에 따른 세액과 대통령령으로 정하는 바에 따라 계산한 이자상당액을 징수한다.

　　1. 「소득세법」을 적용받는 가업을 상속받은 경우로서 가업용 자산의 100분의 40 이상을 처분한 경우: 납부유예된 세액 중 처분 비율을 고려하여 대통령령으로 정하는 바에 따라 계산한 세액

　　2. 해당 상속인이 가업에 종사하지 아니하게 된 경우: 납부유예된 세액의 전부

　　3. 주식등을 상속받은 상속인의 지분이 감소한 경우: 다음 각 목의 구분에 따른 세액

　　　가. 상속개시일부터 5년 이내에 감소한 경우: 납부유예된 세액의 전부

　　　나. 상속개시일부터 5년 후에 감소한 경우: 납부유예된 세액 중 지분 감소 비율을 고려하여 대통령령으로 정하는 바에 따라 계산한 세액

　　4. 제18조의2 제5항 제4호 각 목에 모두 해당하는 경우(이 경우 같은 호 가목 및 나목 중 "100분의 90"은 각각 "100분의 70"으로 본다): 납부유예된 세액의 전부

　　5. 해당 상속인이 사망하여 상속이 개시되는 경우: 납부유예된 세액의 전부

가. 개인가업을 상속받은 경우로서 가업용 자산의 40% 이상을 처분한 경우: 납부유예된 세액 × 가업용 자산처분비율(법인기업을 상속받은 경우, 상증령 §15 ⑧ 1호 가목의 정당한 사유 있는 경우 제외)

나. 상속인이 가업에 종사하지 아니하게 된 경우[33]: 납부유예된 세액의 전부 (상증령 §15 ⑧ 2호 가목 정당한 사유 있는 경우 제외)

다. 주식등을 상속받은 상속인의 지분이 감소한 경우(상증령 §15 ⑫)

① 상속개시일부터 5년 이내에 감소: 납부유예된 세액의 전부

② 상속개시일부터 5년 후에 감소: 납부유예된 세액 × 감소한 지분율 / 상속개시일 현재 지분율(상속개시 후 5년 이상의 기간 동안 사후관리하는 효과 있음)

(예외) • 수증자가 가업승계 증여세 과세특례를 적용받거나 가업승계 증여세 과세특례 요건을 충족한 상태에서 납부유예 허가받은 경우
　　　　• 상증령 §15 ⑧ 3호 가목 정당한 사유 있는 경우 제외

라. 상속개시 후 5년간 전체 평균 정규직 근로자수 또는 총급여액이 기준고용인원 또는 기준총급여액의 70%에 미달하는 경우: 납부유예된 세액 전부

마. 상속받은 상속인이 사망한 경우: 납부유예된 세액 전부
(예외) 당초 상속인의 상속인이 상속받은 기업에 대해 가업상속공제 받거나 납부유예 허가받은 경우

2. 납부유예가 취소 또는 변경되는 경우 납부세액

납부유예가 취소 또는 변경되는 사유가 발생한 경우에는 해당 사유발생일이 속하는 달의 말일부터 6개월 이내 해당 상속세와 이자상당액을 납부(이미 상속세와 이자상당액 추징된 경우 제외)하여야 합니다.(상증법 §72의2 ④)

납부유예가 취소 또는 변경되는 경우에는 납부하여야 하는 이자상당액은 다음과 같습니다.(상증령 §69의3 ⑨)

---

33) 상속세 및 증여세법 시행령 제69조의3【납부유예 금액의 계산 등】
　　④ 법 제72조의2 제3항 제2호를 적용할 때 다음 각 호의 경우는 해당 상속인이 가업에 종사하지 않게 된 것으로 본다.
　　　　1. 상속인(제15조 제3항 제2호 후단에 해당하는 경우에는 상속인의 배우자)이 대표이사등으로 종사하지 않는 경우(상속개시일부터 5년 이내의 기간 중으로 한정한다)
　　　　2. 해당 가업을 1년 이상 휴업(실적이 없는 경우를 포함한다)하거나 폐업하는 경우

> ◎ 납부유예가 취소 또는 변경되는 경우 납부하여야 하는 이자상당액
>
> 납부유예 취소된 상속세 × 상속세 과세표준 신고기한의 다음 날부터 취소 또는 변경 사유 발생일까지의 기간 × 국세환급금 가산금 이자율(2025. 3. 21.부터 3.1%)

Tip! Ⅲ 납부유예 허가신청은 유불리를 비교하여 진행하여야 합니다.

1. 가업상속공제 한도 이내인 경우와 초과하는 경우 유불리 비교

가. 가업상속공제액이 공제 한도 이내인 경우

가업상속공제 요건을 충족하고 공제금액이 한도액 이내인 경우로서 5년간 사후관리 요건을 충족한 경우에는 가업상속 재산가액에 상당하는 상속세 납부의무가 면제되는 것과 동일한 효과가 있습니다.

동일한 경우에 가업상속공제를 적용받지 않고 납부유예를 허가받은 경우로서 대를 이어 가업상속공제 요건을 충족하는 경우에는 대대손손 가업상속공제 대상 가업재산 상당액에 대한 상속세의 납부가 유예되는 장점이 있지만 영구히 유예되는 것이 아닌 상속인이 해당 주식등을 양도하는 경우, 상속받은 상속인의 상속이 발생한 경우로서 상속인이 가업을 물려받지 않은 경우 등에 해당하는 경우에는 유예된 상속세를 납부하여야 합니다.

즉, 상속세 납부채무를 계속 안고 가는 것과 동일한 효과가 있다고 할 수 있습니다.

나. 가업상속공제액이 공제 한도를 초과하는 경우

가업상속공제 요건을 충족하지만 공제금액이 한도액을 초과하는 경우로서 5년간 사후관리 요건을 충족한 경우에는 가업상속공제 한도 내 금액에 대해서는 가업상속 재산가액에 상당하는 상속세 납부의무가 면제되는 것과 동일한 효과가 있지만 공제 한도를 초과하는 금액에 대해서는 일반 상속세를 납부하여야 하므로 가업승계 시 상당한 부담이 될 수 있습니다.

동일한 경우에 가업상속공제를 적용받지 않고 납부유예를 허가받은 경우에는 가업상속공제 대상 주식등의 가액에 대한 전체 상속세 납부의무가 유예되는 것으로서 한도를 초과하는 금액에 대해서도 납부유예 적용이 가능하므로 가업의 승계 시 부담되는 상속세 납부의무를 유예할 수 있게 됩니다. 즉, 가업상속공제액이 한도를 초과하는 경

우로서 상속세 납부세액이 큰 경우에 활용도가 높은 제도이지만 문제는 가업상속공제 한도를 초과할 정도인 경우에는 대개 중견기업에 해당하므로 납부유예를 활용할 수 없는 문제가 있습니다.

또한 가업상속공제를 적용받은 경우에는 한도초과액에 대한 상속세 상당액에 대해 특례 연부연납기간이 적용 가능하므로 가업상속공제 한도를 초과하는 경우에는 가업상속공제를 적용받고 한도초과액에 대해 특례 연부연납기간을 적용받는 경우와 가업재산가액에 대한 상속세 전체를 납부유예하는 경우와의 실익을 비교한 후 진행하여야 합니다.

2. 사후관리 준수의 용이성 측면에서 유불리 비교

특례 연부연납 적용과 달리 납부유예를 적용받는 경우에는 사후관리 요건 중 가장 까다로운 고용유지 요건(준수비율 70%)을 준수하여야 합니다. 다만, 가업상속공제를 받은 경우에는 업종유지 요건, 법인기업의 경우 가업용 자산 처분 요건에 대한 사후관리를 준수하여야 하지만 납부유예의 경우 해당 사후관리가 적용되지 않는 점에서는 차이가 있습니다.

즉, 다른 사후관리 요건 준수는 가능하지만 업종유지에 대한 사후관리 요건과 가업용 자산 처분에 대한 사후관리 요건을 준수할 수 없는 경우에 유용하게 활용될 수 있습니다.

3. 양도소득세 이월과세 적용여부

가업상속공제를 받은 경우에는 가업상속공제 받은 주식등을 양도 시 양도소득세 이월과세가 적용되지만 납부유예를 적용받은 경우에는 양도소득세 이월과세가 적용되지 않습니다. 다만, 이 경우 가업상속공제를 받은 후 양도소득세 이월과세가 적용되는 경우와 그렇지 않은 경우에 대해 구체적으로 세액계산을 해보면 전자의 경우가 절세효과가 크므로 양도소득세 이월과세 적용여부를 납부유예 신청 여부에 대한 판단기준으로 삼는 것은 적절하지 않을 것으로 생각됩니다.

◎ 가업상속공제 요건을 충족한 경우 납부유예 핵심요약

- 납부유예 신청 가능 기업
  ① 피상속인이 10년 이상 계속 경영한 기업인 가업을 상속받은 중소기업(중견기업
     은 불가능)
  ② 가업상속공제를 받지 않은 기업
  ③ 납세담보 제공
     * 적용 시점: 2023년 이후 상속분부터
- 납부유예 가능세액
  납부유예 가능세액 = 상속세 납부세액 × 가업상속 재산가액 / 총상속 재산가액
- 납부유예 취소사유 및 취소 시 납부할 금액

취소사유	취소금액(이자상당액 추가납부)	
개인가업 사업용 자산의 40% 이상 처분	납부유예세액 × 처분비율	
상속인 가업 미종사	납부유예된 세액 전부	
상속인 지분감소	5년 이내	납부유예된 세액 전부
	5년 이후	납부유예된 세액 × 일정비율
	(예외) 수증자가 가업승계 증여세 과세특례 적용받거나 납부유예 허가받은 경우	
5년간 정규직 근로자수 또는 총급여액 평균 〈 기준고용인원 또는 기준총급여액의 70%	납부유예된 세액 전부	
상속인 사망하여 재상속	납부유예된 세액 전부 (예외) 상속인의 상속인이 가업상속공제 받거나 납부유예 받는 경우	

※ 법인기업의 가업용 자산처분, 주된 업종변경은 납부유예 취소 또는 변경사유 아님.

- 납부유예 신청이 유리한 경우
  ① 가업상속공제 받은 가업용 자산을 양도할 계획이 있는 경우
  ② 연부연납 신청 시 분할납부세액 납부 때문에 상속받은 자산을 양도하여야 하는
     경우
  ③ 다른 사후관리 요건 준수는 가능하지만 업종유지 요건 또는 법인기업의 가업용
     자산처분제한 요건을 준수할 수 없는 경우
  ④ 가업상속공제액이 가업상속공제 한도를 초과하는 경우
     (※ 한도초과하는 상속세 상당액에 대해 연부연납하는 경우와의 실익을 비교
     후 진행)

Chapter 10

가업상속공제 받은 자산의 양도 시 양도소득세 과세문제 편

Ⅰ **가업상속공제 받은 자산을 양도 시 양도가액에서 차감하는 취득가액은 상속개시 당시 평가액이 아닌 피상속인의 취득가액이 됩니다.**

(김대표님 질문)

안세무사님!

저희 법인은 가업상속공제 적용을 신청할 예정인데 가업을 물려받을 딸이 언제든지 좋은 가격에 회사를 매각할 수 있으면 매각할 계획을 갖고 있는 것 같습니다.

딸이 가업상속공제를 적용받은 후 해당 주식을 양도하는 경우 양도세 계산 시 양도가액에서 공제되는 취득가액은 제가 취득한 가액인 액면가액이 취득가액이 된다고 하는데, 딸이 가업상속공제를 받은 후 주식을 양도하는 경우 양도소득세는 어떻게 계산되는 것인가요?

가업상속공제 받은 주식을 양도하는 경우 양도소득금액 계산 시 공제되는 취득가액은 피상속인의 취득가액이 됩니다.

1. 가업상속공제 받은 주식(법인기업) 또는 사업용 자산(개인기업) 양도 시 취득가액: 피상속인 취득가액

상속받은 자산을 양도하는 경우 양도소득금액 계산 시 양도가액에서 공제되는 필요경비는 원칙적으로 상속개시 당시 평가액이 되므로 상속개시 당시 평가액을 기준으로 상속세를 부담하였지만 양도소득세는 낮아지는 효과가 있습니다.(소령 §163 ⑨)

하지만 가업상속공제를 받은 주식을 양도하는 경우에는 사후관리 요건을 충족하였는지 여부와 관계없이 무조건 피상속인의 당초 취득가액과 취득시기가 적용되어 양도소득금액이 계산됩니다.[34] (소법 §97조의2 ④, §95 ④)

이 경우 피상속인의 당초 취득가액 등은 통상 액면가액 수준이거나 상속 당시 평가액대비 훨씬 낮은 경우가 많으므로 가업상속 받은 주식을 양도하는 경우에는 양도소득금액이 굉장히 높게 계상되어 양도소득세 부담이 커지게 됩니다.

구체적으로 가업상속공제 받은 주식을 양도하는 경우 취득가액은 가업상속공제 적용받은 가액과 적용받지 않은 가액으로 구분되어 아래 "가. 나."의 금액을 합한 금액으로 계산합니다.

가. 가업상속공제 적용금액

피상속인의 취득가액 × 해당 자산가액 중 가업상속공제 적용률

(가업상속공제 적용률: 가업상속공제 금액/가업상속 재산가액의 합계액)

나. 가업상속공제 미적용금액

---

34) 소득세법 제97조의2 【양도소득의 필요경비 계산 특례】
　④ 「상속세 및 증여세법」 제18조의2 제1항에 따른 공제(이하 이 항에서 "가업상속공제"라 한다)가 적용된 자산의 양도차익을 계산할 때 양도가액에서 공제할 필요경비는 제97조 제2항에 따른다. 다만, 취득가액은 다음 각 호의 금액을 합한 금액으로 한다.
　　1. 피상속인의 취득가액(제97조 제1항 제1호에 따른 금액) × 해당 자산가액 중 가업상속공제가 적용된 비율(이하 이 조에서 "가업상속공제적용률"이라 한다)
　　2. 상속개시일 현재 해당 자산가액 × (1 - 가업상속공제적용률)
　소득세법 시행령 제163조의2 【양도소득의 필요경비 계산 특례】
　③ 법 제97조의2 제4항을 적용할 때 가업상속공제적용률은 「상속세 및 증여세법」 제18조 제2항 제1호에 따라 상속세 과세가액에서 공제한 금액을 같은 항 제1호에 따른 가업상속 재산가액으로 나눈 비율로 하고, 가업상속공제가 적용된 자산별 가업상속공제 금액은 가업상속공제 금액을 상속개시 당시의 해당 자산별 평가액을 기준으로 안분하여 계산한다.
　소득세법 제95조 【양도소득금액】
　④ 제2항에서 규정하는 자산의 보유기간은 그 자산의 취득일부터 양도일까지로 한다. 다만, 제97조의2 제1항의 경우에는 증여한 배우자 또는 직계존비속이 해당 자산을 취득한 날부터 기산(起算)하고, 같은 조 제4항 제1호에 따른 가업상속공제가 적용된 비율에 해당하는 자산의 경우에는 피상속인이 해당 자산을 취득한 날부터 기산한다.
　소득세법 시행령 제163조 【양도자산의 필요경비】
　⑨ 상속 또는 증여(법 제88조 제1호 각 목 외의 부분 후단에 따른 부담부증여의 채무액에 해당하는 부분도 포함하되, 「상속세 및 증여세법」 제34조부터 제39조까지, 제39조의2, 제39조의3, 제40조, 제41조의2부터 제41조의5까지, 제42조, 제42조의2 및 제42조의3에 따른 증여는 제외한다)받은 자산에 대하여 법 제97조 제1항 제1호 가목을 적용할 때에는 상속개시일 또는 증여일 현재 「상속세 및 증여세법」 제60조부터 제66조까지의 규정에 따라 평가한 가액(같은 법 제76조에 따라 세무서장 등이 결정·경정한 가액이 있는 경우 그 결정·경정한 가액으로 한다)을 취득 당시의 실지거래가액으로 본다. 다만, 다음 각 호의 어느 하나에 해당하는 경우에는 각 호의 구분에 따라 계산한 금액으로 한다.

상속개시일 현재 해당 자산가액 × (1 − 가업상속공제 적용률)

(가업상속공제 적용률: 가업상속공제 금액 / 가업상속 재산가액의 합계액)

◎ 가업상속 받은 주식 양도 시 적용되는 취득가액(① + ②)

  ① 피상속인의 취득가액 × 해당 자산가액 중 가업상속공제 적용률

  ② 상속개시일 현재 해당 자산가액 × (1 − 가업상속공제 적용률)

    * 가업상속공제 적용률: 가업상속공제 금액 / 가업상속 재산가액의 합계액

※ 적용사례(가업상속공제 적용률 100%인 경우를 가정)

2000년 취득 (10억 원)	2023년 상속 (110억 원)	2025년 양도 (150억 원)
← 피상속인분 양도차익 ① 100억 원(110−10) →	← 상속인분 양도차익 ② 40억 원(150−110) →	

◎ 가업상속공제 적용한 경우 양도소득세

- 상속인 취득시기: 2000년

  (개인기업의 경우 장기보유특별공제 적용 가능)

- 상속인 취득가액: 10억 원(피상속인 취득가액)

- 가업상속공제 적용 시 상속인 양도차익 = ① + ②(100억 원 + 40억 원)

$$= 150억\ 원 - 10억\ 원$$
$$= 140억\ 원$$

VS

◎ 가업상속공제를 적용하지 않은 경우 양도소득세

- 상속인 취득시기: 2023년

  (개인기업의 경우 장기보유특별공제 불가능)

- 상속인 취득가액: 110억 원

- 가업상속공제 미적용 시 상속인 양도차익 = ②(40억 원)

$$= 150억\ 원 - 110억\ 원$$
$$= 40억\ 원$$

2. 가업상속공제 받은 주식(법인기업) 또는 가업용 자산(개인기업) 양도 후 사후관리 요건 위반하여 상속세 추징되는 경우: 추징세액에서 과다 납부한 양도소득세 정산

가업을 상속받으면서 가업상속공제를 받은 후 사후관리 위반 또는 상속인의 탈세나 회계부정으로 벌금형 또는 징역형을 선고받아 상속세가 추징되는 경우에는 양도소득세 이월과세가 적용되지 않아야 하지만, 가업상속공제 받은 주식등을 양도하는 경우에는 무조건 피상속인의 취득가액과 취득시기를 기준으로 양도소득세가 과세되므로 기신고납부한 양도소득세가 과다한 결과가 됩니다.

따라서 이미 가업상속공제 받은 주식(법인기업) 또는 가업용 자산(개인기업)을 양도하면서 양도소득세 이월과세를 적용받아 양도소득세를 납부하였거나 납부할 양도소득세가 있는 상태에서 사후관리 위반으로 상속세가 추징되는 경우에는 상속세 추징세액에서 양도소득세 이월과세가 적용되어 납부하였거나 납부할 양도소득세와 양도소득세 이월과세를 적용하지 않은 경우 양도소득세와의 차액을 차감하여 추징합니다.[35] (상증법 §18의2 ⑩)

◎ 상속세 추징세액에서 공제되는 양도소득세 상당액

(① - ②) × 기간별 추징률
① 이월과세를 적용하여 계산한 양도소득세 상당액
② 이월과세를 적용하지 않고 계산한 양도소득세 상당액

---

3. 사후관리 위반으로 상속세 추징된 상태에서 가업상속공제 받은 주식(법인기업) 또는 사업용 자산(개인기업) 양도 시 취득가액(상속 당시 평가액): 상속 당시 평가액

가업상속공제를 받고 사후관리 위반으로 이미 가업상속공제액에 상당하는 상속세가

---

35) 상속세 및 증여세법 제18조의2 【가업상속공제】
　　⑩ 제5항 또는 제8항 제2호에 따라 상속세를 부과할 때 「소득세법」 제97조의2 제4항에 따라 납부하였거나 납부할 양도소득세가 있는 경우에는 대통령령으로 정하는 바에 따라 계산한 양도소득세 상당액을 상속세 산출세액에서 공제한다. 다만, 공제한 해당 금액이 음수(陰數)인 경우에는 영으로 본다.

추징된 상태에서 가업상속공제 받은 주식(법인기업) 또는 사업용 자산(개인기업)을 양도하는 경우 취득가액과 취득시기는 피상속인의 취득가액과 취득시기가 아닌 상속개시 당시 평가액이 취득가액이 되며 상속개시일이 취득시기가 됩니다.

　따라서 상속세가 추징된 상태에서 양도하는 경우에는 취득가액이 커짐으로써 양도소득금액이 낮아져서 가업상속공제 받은 경우보다 낮은 양도소득세를 부담하게 되므로 상속세가 추징된 경우에는 상속받은 주식 또는 가업용 자산의 양도계획을 수립하는 것도 좋은 전략이 될 수 있습니다.

서면 – 법규재산 – 6738, 2022. 12. 5.

가업상속공제 적용 후 사후관리 요건을 위반하여 상속세를 부과받은 경우 향후 해당 주식 양도 시 취득가액을 계산할 때 양도소득세 이월과세가 적용되지 아니함.

서면 – 상속증여 – 2259, 2020. 9. 1.

양도소득세 이월과세 규정은 가업상속공제 사후관리 위반에 따라 상속세를 부과할 때 납부하였거나 납부할 양도소득세가 있는 경우 적용되는 것임.

☞ 저자 주
　사후관리 위반 시점이 사업용 고정자산 양도 시점보다 이전일 경우 양도소득세 이월과세 규정이 적용되지 않으므로 상속세 추징 세액 부과 시 이월과세 적용되어 납부한 양도소득세 상당액을 상속세 산출세액에서 차감하지 않는다는 의미

| 가업상속공제 추징과 양도소득세 이월과세 적용 |

* 양도소득세 과세대상 자산: 개인기업(사업용 고정자산), 법인기업(주식등)

〈Case Ⅰ〉 가업상속공제 → 사후관리 준수 → 가업상속공제 받은 자산 양도

* 양도소득세 이월과세 적용
　취득가액 및 취득시기 – 피상속인의 취득가액 및 피상속인의 취득시기 적용

〈Case Ⅱ〉 가업상속공제 적용 → 양도세 과세대상 자산 양도 → 추징사유 발생

* 상속세 추징세액에서 양도소득세 상당액 차감
※ 양도소득세 상당액
　[이월과세를 적용한 양도소득세 – 이월과세를 적용하지 않은 양도소득세] × 기간별 추징률

☞ 이월과세를 적용하지 않은 양도소득세: 취득가액을 상속개시일 현재의 시가로 계산한 양도소득세를 말함.

〈Case Ⅲ〉 가업상속공제 적용 → 사후관리 위반으로 추징 → 양도세 과세대상 자산 양도

* 양도소득세 이월과세 적용받지 않음.
　취득가액과 취득시기 – 상속개시 당시 평가액, 상속개시일

Ⅱ 가업상속공제 받은 주식을 양도하는 경우 가업상속공제를 받고 양도하는 경우와 그렇지 않은 경우 세부담 차이를 비교하여 진행할 필요가 있습니다.

Ⅱ -1. 법인기업의 경우

상속세 최고세율이 적용되는 경우에는 가업상속공제를 받고 상속받은 주식을 양도하는 경우와 가업상속공제를 받지 않고 상속받은 주식을 양도하는 경우의 전체 세부담을 비교 시 가업상속공제를 받는 것이 유리합니다.

> **(김대표님 질문)**
>
> 안세무사님!
> 자녀가 회사를 매각할 계획이 있는 경우에 가업상속공제를 받아 상속세를 절세하고 양도 시 양도소득세를 크게 부담하는 것과 가업상속공제를 받지 않고 양도 시 낮은 양도소득세를 부담하는 것 중 어느 것이 유리한가요?

1. 법인기업 가업상속공제를 받은 후 상속받은 주식 양도 시 (사업무관자산비율 20%인 경우)

<case Ⅰ> 사업무관자산비율이 20%인 경우
- ㈜현인(대표이사 안경영이 21년 계속 경영한 법인)
- 대표이사 안경영(2023년 5월 사망): 지분율 80%, 상속 당시 주식 평가액 250억 원(주식취득가액: 10억 원)
- 5년간 가업상속공제 사후관리 요건 충족 후 2029년 400억 원에 상속받은 주식양도
- 가정: 배우자 없음, 일괄공제 5억 원만 적용됨.

가. 상속세

(단위: 원)

구분	가업상속공제 미적용	가업상속공제 적용
상속 재산가액	25,000,000,000	25,000,000,000
기초공제	500,000,000	500,000,000
가업상속공제	0	20,000,000,000[주1]
상속세 과세표준	24,500,000,000	4,500,000,000
세율	50%	50%
상속세 산출세액	11,790,000,000	1,790,000,000
신고세액공제	353,700,000	53,700,000
차가감납부세액	11,436,300,000	1,736,300,000

〈주1〉 Min(①, ②)
　　　① 200억 원 = 250억 원 × (1 − 사업무관자산비율 20%)
　　　② 가업상속공제 한도: 400억 원

* 상속세 세율

과세표준	세율
1억 원 이하	과세표준의 10%
1억 원 초과~5억 원 이하	1천만 원 + 1억 원 초과액의 20%
5억 원 초과~10억 원 이하	9천만 원 + 5억 원 초과액의 30%
10억 원 초과~30억 원 이하	2억 4천만 원 + 10억 원 초과액의 40%
30억 원 초과	10억 4천만 원 + 30억 원 초과액의 50%

나. 양도소득세

(1) 일반법인

(단위: 원)

구분	가업상속공제 미적용	가업상속공제 적용
양도가액	40,000,000,000	40,000,000,000
취득가액	25,000,000,000	5,800,000,000[주1]
기타필요경비	0	0
양도차익	15,000,000,000	34,200,000,000
양도소득기본공제	2,500,000	2,500,000
양도소득과세표준	14,997,500,000	34,197,500,000
세율	25%	25%
산출세액(지소세포함)	4,107,812,500	9,387,812,500

〈주1〉 가업상속공제 받은 주식 취득가액: (10억 원 × 80%)
　　　가업상속공제 받지 않은 주식 취득가액: 250억 원 × (1 − 80%)

* 주식 양도세 세율

구분		대상자산	세율
국내주식	대주주 양도분	1년 미만 보유한 주식 등으로서 중소기업 외의 법인의 주식	30%
		그 외의 주식	20% (과세표준 3억 원 초과분 25%)
	대주주가 아닌 자의 양도분	중소기업 주식	10%
		그 외의 경우	20%
국외주식		중소기업의 주식	10%
		그 밖의 주식	20%

(2) 부동산 과다보유법인

(단위: 원)

구분	가업상속공제 미적용	가업상속공제 적용
양도가액	40,000,000,000	40,000,000,000
취득가액	25,000,000,000	5,800,000,000[주1]
기타필요경비	0	0
양도차익	15,000,000,000	34,200,000,000
양도소득기본공제	2,500,000	2,500,000
양도소득과세표준	14,997,500,000	34,197,500,000
세율	45%	45%
산출세액(지소세 포함)	7,351,228,500	16,855,228,500

(주1) 피상속인의 취득가액 적용

* 부동산 과다보유법인 주식양도 시 세율

(단위: 원, %)

종합소득과세표준	적용 세율	누진공제
1,400만 원 이하	6%	–
1,400만 원 초과 5,000만 원 이하	15%	1,260,000
5,000만 원 초과 8,800만 원 이하	24%	5,760,000
8,800만 원 초과 1억 5,000만 원 이하	35%	15,440,000
1억 5,000만 원 초과 3억 원 이하	38%	19,940,000
3억 원 초과 5억 원 이하	40%	25,940,000
5억 원 초과 10억 원 이하	42%	35,940,000
10억 원 초과	45%	65,940,000

* 세부담액 비교

(단위: 원)

구분		가업상속공제 받지 않는 경우	가업상속공제 받는 경우
일반법인	상속세	11,436,300,000	1,736,300,000
	양도소득세	4,107,812,500	9,387,812,500
	총세부담액	15,544,112,500	11,124,112,500
부동산 과다보유법인	상속세	11,436,300,000	1,736,300,000
	양도소득세	7,351,228,500	16,855,228,500
	총세부담액	18,787,528,500	18,591,528,500

☞ 평가
- 세부담 측면

법인기업의 경우 일반법인은 가업상속공제를 받고 양도소득세가 이월과세 적용되는 경우에도 약 44억 2천만 원의 절세효과를 보였으며, 부동산 과다보유법인의 경우에는 상속세와 양도소득세의 세율이 유사하므로 큰 절세효과가 없습니다.

따라서 부동산 과다보유법인으로서 과점주주에 해당하는 자가 주식을 양도하는 경우가 아닌 한 양도소득세 이월과세가 적용되는 경우에도 가업상속공제를 받는 것이 유리합니다.

- 세금 납부 측면

절세효과 외에 추가적인 장점은 가업상속공제를 받지 않는 경우에는 가업주식을 상속받는 시점에 해당 주식가액에 대해 상속세 납부능력이 없는 경우가 대부분이므로 상속세 납부부담 문제가 되지만, 가업상속공제를 받고 양도소득세 이월과세가 적용되는 경우에는 가업주식을 양도하여 양도소득세 납부능력이 있는 시점에 양도소득세를 납부하게 되므로 양도소득세 납부부담이 없는 장점이 있습니다. 따라서 부동산 과다보유법인이 아닌 일반법인인 경우에는 향후 주식을 양도할 계획이 있는 경우에도 가업상속공제를 적용받는 것이 유리합니다.

2. 법인기업 가업상속공제를 받은 후 상속받은 주식 양도 시 (사업무관자산비율 0%)

<case 2> 사업무관자산비율이 0%인 경우
- ㈜현인(대표이사 안경영이 21년 계속 경영한 법인)
- 대표이사 안경영(2023년 5월 사망): 지분율 80%, 상속 당시 주식 평가액 250억 원(주식취득가액: 10억 원)
- ㈜현인의 업무무관자산비율: 0%
- 5년간 가업상속공제 사후관리 요건 충족 후 2029년 400억 원에 상속받은 주식 양도
- 가정: 배우자 없음, 일괄공제 5억 원만 적용됨.

가. 상속세

(단위: 원)

구분	가업상속공제 미적용	가업상속공제 적용
상속 재산가액	25,000,000,000	25,000,000,000
기초공제	500,000,000	500,000,000
가업상속공제	0	25,000,000,000[주1]
상속세 과세표준	24,500,000,000	0
세율	50%	
상속세 산출세액	11,790,000,000	
신고세액공제	353,700,000	
차가감납부세액	11,436,300,000	

〈주1〉 Min(①, ②)
    ① 250억 원 = 250억 원 × (1 − 사업무관자산비율 0%)
    ② 가업상속공제 한도: 400억 원

나. 양도소득세

(1) 일반법인

(단위: 원)

구분	가업상속공제 미적용	가업상속공제 적용
양도가액	40,000,000,000	40,000,000,000
취득가액	25,000,000,000	1,000,000,000[주1]
기타필요경비	0	0
양도차익	15,000,000,000	39,000,000,000
양도소득기본공제	2,500,000	2,500,000
양도소득과세표준	14,997,500,000	38,997,500,000
세율	25%	25%
산출세액(지소세 포함)	4,107,812,500	10,707,812,500

〈주1〉 가업상속공제 받은 주식 취득가액: (10억 원 × 100%)

(2) 부동산 과다보유법인

(단위: 원)

구분	가업상속공제 미적용	가업상속공제 적용
양도가액	40,000,000,000	40,000,000,000
취득가액	25,000,000,000	1,000,000,000[주1]
기타필요경비	0	0
양도차익	15,000,000,000	39,000,000,000
양도소득기본공제	2,500,000	2,500,000
양도소득과세표준	14,997,500,000	38,997,500,000
세율	45%	45%
산출세액(지소세 포함)	7,351,228,500	19,231,228,500

(주1) 피상속인의 취득가액 적용

* 세부담액 비교

(단위: 원)

구분		가업상속공제 받지 않는 경우	가업상속공제 받는 경우
일반법인	상속세	11,436,300,000	0
	양도소득세	4,107,812,500	10,707,812,500
	총세부담액	15,544,112,500	10,707,812,500
부동산 과다보유법인	상속세	11,436,300,000	0
	양도소득세	7,351,228,500	19,231,228,500
	총세부담액	18,787,528,500	19,231,228,500

☞ 평가

일반법인의 경우 가업상속공제를 받는 경우 약 48억 원의 절세효과를 보였으며, 부동산 과다보유법인의 경우에는 4.4억 원의 추가납부 효과를 보였습니다.

따라서 부동산 과다보유법인이 아닌 한 양도소득세 이월과세가 적용되더라도 가업상속공제를 받는 것이 유리합니다.

Ⅱ-2. 개인기업의 경우

개인기업의 경우도 상속세 최고세율이 적용되는 경우에는 가업상속공제를 받고 상속받은 자산을 양도하는 경우와 가업상속공제를 받지 않고 상속받은 자산을 양도하는 경우의 세부담을 비교 시 가업상속공제를 받는 것이 유리합니다.

> (김대표님 질문)
>
> 안세무사님!
> 개인기업의 부동산을 가업상속재산으로 상속받고 양도하는 경우에는 양도소득금액 계
> 산 시 피상속인의 취득가액이 양도소득금액 계산 시 차감된다고 하셨는데 개인의 경우
> 양도소득금액이 10억 원을 초과하는 경우 최고세율이 적용되어 지방소득세 포함 49.5%
> 의 세율이 적용되므로 상속세 최고세율인 50%와 큰 차이가 없는데 상속받은 후 상속받
> 은 부동산을 매각할 계획이 있는 경우에도 가업상속공제를 받는 것이 유리할까요?

<case>
- 개인사업자 현인(대표자 안경영이 2002년 1월부터 계속 경영한 법인) :
  가업상속 재산가액 – 토지, 건물 100억 원(상속개시 당시 시가)
- 대표자 안경영(2023년 5월 사망), 안경영의 토지, 건물 취득가액: 10억 원
- 5년간 가업상속공제 사후관리 요건 충족한 후 2029년 12월 250억 원에 상속받
  은 사업용 부동산 양도
- 가정: 배우자 없음, 일괄공제 5억 원만 적용됨.

1. 가업상속공제를 받은 후 상속받은 부동산 양도

가. 상속세

(단위: 원)

구분	가업상속공제 미적용	가업상속공제 적용
상속 재산가액	10,000,000,000	10,000,000,000
기초공제	500,000,000	500,000,000
가업상속공제	0	10,000,000,000[주1]
상속세 과세표준	9,500,000,000	0
세율	50%	
상속세 산출세액	4,290,000,000	
신고세액공제	128,700,000	
차가감납부세액	4,161,300,000	

〈주1〉 Min(가업상속 재산가액 100억 원, 가업상속공제 한도 300억 원)

나. 양도소득세

(단위: 원)

구분	가업상속공제 미적용	가업상속공제 적용
양도가액	25,000,000,000	25,000,000,000
취득가액	10,000,000,000	1,000,000,000
기타필요경비	0	0
양도차익	15,000,000,000	24,000,000,000
장기보유특별공제	1,800,000,000[주1]	7,200,000,000[주2]
양도소득기본공제	2,500,000	2,500,000
양도소득과세표준	13,197,500,000	16,797,500,000
세율	45%	45%
산출세액(지소세 포함)	6,460,228,500	8,242,228,500

〈주1〉 150억 원 × 12%
　　　 (보유기간: 상속개시 시점부터 기산 6년 이상 7년 미만에 해당)
〈주2〉 240억 원 × 30%
　　　 (보유기간[36]: 피상속인 취득시점부터 기산 27년 이상이므로 15년 이상에 해당)

2. 최종 세부담 비교

(단위: 원)

구분	가업상속공제 받지 않는 경우	가업상속공제 받는 경우
상속세	4,161,300,000	
양도소득세	6,460,228,500	8,242,228,500
총부담세액	10,621,528,500	8,242,228,500

☞ 평가
- 절세효과 측면
  개인기업의 경우도 가업상속공제 받은 부동산을 양도하는 경우 양도소득금액 계산 시 피상속인의 취득가액이 적용되어 가업상속공제를 받지 않은 경우보다 양도차익이 높아지지만, 취득가액뿐만 아니라 취득시기도 피상속인의 취득시기가 적용되므로 장기보유특별공제율은 높아져서 가업상속공제를 받지 않은 경우보다 더 큰 장기보유특별공제 적용이 가능합니다.
  따라서 개인기업의 경우에도 전체적인 세부담을 비교 시 가업상속공제를 받은 경우가 약 23.6억 원의 절세효과가 있는바 가업상속공제를 적용받을 수 있도록 하여야 합니다.

---

36) 소득세법 제95조【양도소득금액】
　　④ 제2항에서 규정하는 자산의 보유기간은 그 자산의 취득일부터 양도일까지로 한다. 다만, 제97조의2 제1항의 경우에는 증여한 배우자 또는 직계존비속이 해당 자산을 취득한 날부터 기산(起算)하고, 같은 조 제4항 제1호에 따른 가업상속공제가 적용된 비율에 해당하는 자산의 경우에는 피상속인이 해당 자산을 취득한 날부터 기산한다.

- 세금 납부 측면

가업상속공제 받지 않고 상속세를 납부하는 경우에는 상속세 납부능력이 없는 경우가 대부분이므로 상속세 납부부담이 문제가 되지만 가업상속공제를 받고 상속세를 부담하지 않다가 부동산을 양도하여 양도대금 수령 시에 양도소득세를 납부하는 경우에는 양도소득세 납부에 대한 부담이 없는 장점이 있습니다.

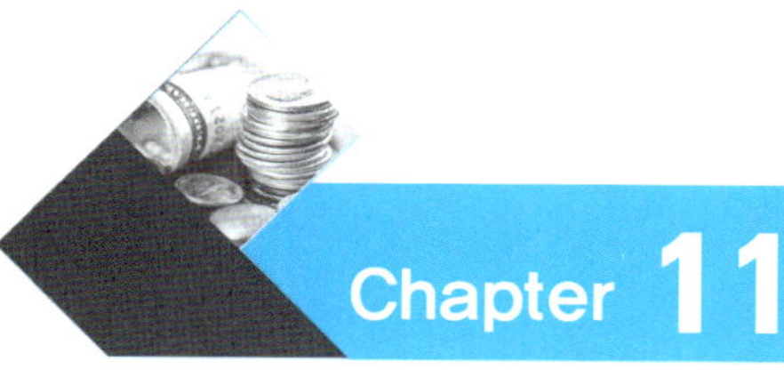

Chapter 11

성공적인 가업상속공제를 위해 지켜야 할 7가지 사항

Ⅰ 매년 결산 시 사업무관자산비율 체크한 후 사업무관자산 최소화 전략을 실행하여야 합니다.

최근 5년간 상속세 신고 시 가업상속공제를 적용받은 경우 평균 공제액은 20억 원 내외로 한도액 대비 턱없이 낮은 금액입니다.

평균 공제액이 낮은 주요 이유 중 하나는 사업무관자산비율이 높은 것 때문이라고 할 수 있으며, 사업무관자산비율의 경우 단기간 내에는 조정이 불가능하므로 장기적인 계획하에 사업무관자산 종류별로 준비시기를 달리하여 꼼꼼하게 준비하여야 합니다.

따라서 현실적으로는 매년 결산 확정 시 사업무관자산비율을 체크하여 해마다 사업무관자산 종류별 사업무관자산 최소화 전략을 단계별로 실행할 필요가 있습니다.

Ⅱ 전문경영인을 두는 경우에는 계속 가업영위기간이 중단될 수 있으므로 주의하여야 합니다.

최근 자녀가 당장 가업을 물려받기 어려운 경우로서 대표이사가 대표이사직을 유지하면서 가업을 경영하기 어려운 경우에 전문경영인을 영입하면서 대표이사직에서 사임하는 사례를 종종 볼 수 있습니다.

이러한 경우에는 전문경영인 경영기간 동안 계속 경영이 중단된 것으로 본 후 다시 대표이사로 재임한 시점부터 계속 경영기간을 판단할 수 있으므로 전문경영인을 두는 경우에도 반드시 공동대표이사 또는 각자 대표이사로 재임하여야 합니다.

물론 대표이사가 아니더라도 가업의 경영이 가능하지만 경영의 의미는 단순히 지분을 소유하는 것을 넘어 가업의 효과적이고 효율적인 관리 및 운영을 위하여 실제 가업 운영에 참여한 경우를 의미하는 것(서면-2015-법령해석재산-2596, 2016. 12. 9.)이므로 대표 이사에서 사임한 경우에는 이에 대한 입증이 어려울 수 있습니다.

따라서 전문경영인을 두는 경우에는 반드시 피상속인이 공동대표이사 또는 각자 대 표이사로 재임하여야 하는 점을 주의하여야 합니다.

Ⅲ 상속개시 전 10년 이내 매년 최대주주등 지분율이 40%(상장 법인 20%) 이상이 되도록 유지하여야 합니다.

상장법인의 평균 최대주주등 지분율은 30% 내외로서 2022년 상속분까지는 10년간 최대주주등 지분율 유지 요건이 30% 이상이어서 의외로 해당 요건을 갖추지 못하는 사례가 많이 있었습니다.

이 경우 최대주주가 100% 지분을 20년간 보유하고 있었던 경우라 하더라도 상속개시 전 10년 이내 지분율 유지 요건을 충족하지 못하는 경우에는 가업상속공제가 배제됩니다.

따라서 매년 말 최대주주등 지분율을 체크한 후 요건에 미달할 것으로 예상되는 경 우에는 자기주식 취득을 통해 지분율을 높일 필요가 있습니다.

Ⅳ 상속개시 전 10년 이내 대분류가 다른 업종으로 변경되지 않도 록 주된 매출액 관리하여야 합니다.

가업상속공제 대상 가업은 상속개시일 전 피상속인이 10년 이상 계속 경영한 기업만 을 의미하는 것입니다.

이 경우 둘 이상의 사업을 영위하는 경우에 매출액이 큰 사업이 변경되거나 주된 업 종을 다른 업종으로 변경하여 주된 업종이 변경된 경우로서 대분류가 다른 업종으로 변경된 경우에는 다른 업종으로 변경된 후 재화나 용역을 공급한 날부터 피상속인이 10년 이상 계속 경영을 하여야 가업상속공제 대상 가업 요건을 충족하게 됩니다.

최근에는 경제사이클의 변화와 불황, 호황사업의 변화가 빠르게 진전되어 의외로 업종변경이 이루어지는 경우가 많습니다.

따라서 상속개시 10년 전에는 매출액 규모가 유사한 예컨대 도매업 매출과 제조업 매출이 있는 경우 어느 한쪽의 매출액이 지속적으로 크게 관리하여야 하며, 업종이 변경되거나 새로운 업종을 추가하는 경우에는 대분류가 다른 업종으로 업종을 변경하지 않도록 주의하여야 합니다.

 **피상속인의 배우자가 주식을 보유하고 있는 경우에는 배우자로부터 수증받은 후 가업상속공제 받는 것이 유리합니다.**

대부분의 법인기업을 보면 배우자가 일정지분을 보유하고 있는 경우가 대부분입니다.
가업상속공제의 경우 최대출자자 중 1인에 한하여 적용되므로 배우자의 지분에 대해서는 가업상속공제가 불가능합니다.
2022. 1. 4.까지 상속세 결정분에 대해서는 피상속인이 10년 미만 보유한 주식에 대해서는 가업상속공제가 불가능했지만 2022. 1. 5. 이후 상속세 결정분부터는 피상속인이 10년 미만 보유한 주식에 대해서도 가업상속공제가 가능합니다.

따라서 피상속인 주식평가액이 가업상속공제 한도 내이고 배우자가 일정 금액 이상의 상속세를 납부할 것으로 예상되는 경우에는 가업상속공제를 적용받을 수 없는 배우자의 지분을 피상속인이 증여받은 후 수증받은 주식에 대해서도 가업상속공제를 적용받아 배우자의 상속세를 절세하는 것이 유리합니다.

피상속인의 건강이 좋지 않은 경우에는 근로자수를 늘리는 것보다 외주인력 비중을 높이는 것이 유리합니다.

가업상속공제 사후관리 요건 중 가장 충족하기 어려운 요건은 고용유지 요건으로, 고용유지 요건 판단 시 기준이 되는 근로자수와 총급여액은 상속개시 전 2년간 평균을 기준으로 판단합니다.

　따라서 상속개시 전 2년 이내 근로자수 또는 총급여액 평균이 높은 경우에는 고용유지 사후관리 요건을 충족하기 어려우므로 피상속인의 건강이 좋지 않은 경우에는 신규채용보다 외주용역 의뢰 비율을 높인 후 상속개시 후에 신규채용을 하는 것이 유리합니다.

Ⅶ 유류분 청구를 대비하여 미리 사전증여 및 상속재산 협의분할 계획을 세워야 합니다.

　가업상속공제 한도액 600억 원까지 가업상속공제를 받은 경우에도 유류분 청구로 상속받은 주식이 가업을 승계하지 않은 자녀에게 반환되는 경우 반환된 주식에 대해서는 가업상속공제가 배제되므로 유류분 청구를 대비하지 않은 가업상속공제는 의미가 없습니다.

　따라서 피상속인이 가업주식 외 재산이 상당액 있는 경우에는 가업을 승계하지 않은 자녀에게 가업주식 외 재산을 유류분청구액만큼 사전증여하거나 상속하여야 하며 피상속인 재산이 가업주식으로만 되어 있는 경우에는 유류분만큼 가업을 승계하지 않은 자녀가 상속받은 후 시가감자를 통해 법인에서 감자대가를 수령하여 상속세를 납부하게 하는 두 가지 측면에서의 전략을 미리 꼼꼼하게 세울 필요가 있습니다.

Ⅷ 매년 개정세법을 체크하여 새롭게 전략을 수립할 필요가 있습니다.

　가업상속공제 제도가 처음 시행되었을 때 공제 한도는 1억 원이었지만 2023년 이후 상속분부터는 최고 600억 원의 한도가 적용되므로 한도가 600배나 증액되었는바 세법 개정사항 중 가장 파격적으로 많은 개정이 되었다고 할 수 있습니다.

　세제혜택 중 이렇게 요건이 완화되면서 혜택이 커진 부분은 가업승계 관련 세제가 유일하다고 할 수 있지만 일부 사후관리 등에서는 요건이 강화되는 경우도 있습니다.

　가업상속 관련 컨설팅을 하다 보면 까다로운 요건과 사후관리 때문에 가업상속공제 요건을 갖추고 있음에도 불구하고 가업상속공제 적용을 아예 포기하거나 아니면 이미

공제 요건을 충족하여 최고 한도를 적용받을 수 있는 것으로 보아 매년 개정세법을 체크하지 않고 안이하게 대응하는 경우를 볼 수 있습니다.

따라서 매년 많은 사항이 원활한 가업승계를 지원하는 방향으로 개정되지만 일부 요건의 경우 강화되는 경우도 있으므로 매년 세법개정 사항을 확인 후 개정된 사항에 맞추어 새롭게 전략을 세울 필요가 있습니다.

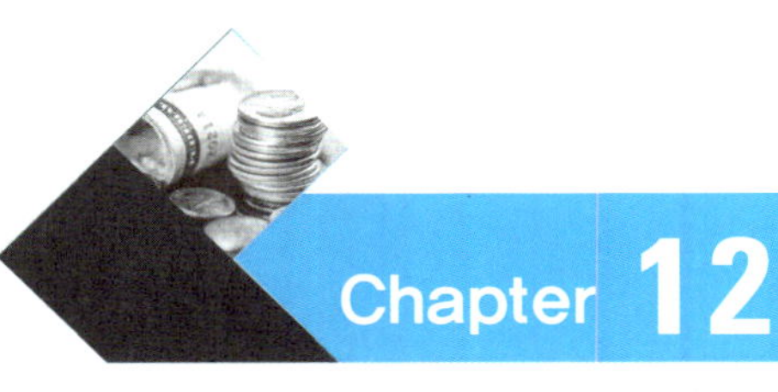

Chapter 12

가업상속공제 및 납부유예 신청 시 제출서류

[별지 제1호 서식] (2023. 3. 20. 개정)

가업상속공제신고서

가. 가업현황

상 호 (법 인 명)		사 업 자 등 록 번 호	
성 명 (대 표 자)		주 민 등 록 번 호	
개 업 연 월 일		업 종	
기 준 총 급 여 액		기 준 고 용 인 원	

나. 중소기업 또는 중견기업 여부(해당되는 곳에 √표 기재)

중 소 기 업 여 부	[ ] 해 당 [ ] 해 당 안 됨	상장여부 (상장일)	[ ]상장(. .) [ ]비상장
중 견 기 업 여 부	[ ] 해 당 [ ] 해 당 안 됨	직전 3개 사업연도 평 균 매 출 액	

다. 피상속인

성 명		주 민 등 록 번 호	
가 업 영 위 기 간		대 표 이 사 (대 표 자) 재 직 기 간	
최 대 주 주 등 여 부		특수관계인포함 보유주식 등 지 분 율	

라. 가업상속인

성 명		주 민 등 록 번 호	
가 업 종 사 기 간		임원/대표이사 취임일	
주 소		(☎)	

마. 가업상속 재산가액

종 류	수 량 (면 적)	단 가	가 액	비 고

바. 가업상속공제 신고액: 원

「상속세 및 증여세법」 제18조의2제3항 및 같은 법 시행령 제15조 제22항에 따라 가업상속공제신고서를 제출합니다.

년   월   일

신고인

(서명 또는 인)

세무서장   귀하

신고인 제출서류	1. 중소기업 등 기준검토표(「법인세법 시행규칙」 별지 제51호서식을 말합니다) 2. 가업상속재산이 주식 또는 출자지분인 경우에는 해당 주식 또는 출자지분을 발행한 법인의 상속개시일 현재와 직전 10년간의 사업연도의 주주현황 각 1부 3. 그 밖에 상속인이 해당 가업에 직접 종사한 사실을 입증할 수 있는 서류 1부	수수료 없음

작성방법

1. "가. 가업현황"에서 '업종'은 「상속세 및 증여세법 시행령」 별표에 따른 업종 중에서 해당 업종을 적습니다.
2. "가. 가업현황"에서 '기준총급여액'은 상속이 개시된 소득세 과세기간 또는 법인세 사업연도의 직전 2개 소득세 과세기간 또는 법인세 사업연도의 총급여액의 평균을 적습니다(최대주주 및 친족 등에게 지급한 임금은 제외하되, 가업상속공제 당시 기준고용인원에 최대주주 및 친족 등에 해당하는 인원만 있는 경우 이를 포함합니다).
3. "가. 가업현황"에서 '기준고용인원'은 상속이 개시된 소득세 과세기간 또는 법인세 사업연도의 직전 2개 소득세 과세기간 또는 법인세 사업연도의 정규직 근로자수의 평균을 적습니다.
4. "나. 중소기업 또는 중견기업 여부"에서 '중소기업'은 「조세특례제한법 시행령」 제2조 제1항 제1호 및 제3호의 요건을 모두 충족하고 자산총액이 5천억 원 미만인 기업을 말합니다.
5. "나. 중소기업 또는 중견기업 여부"에서 '중견기업'은 「조세특례제한법 시행령」 제9조 제4항 제1호 및 제3호의 요건을 모두 충족하고 상속개시일의 직전 3개 소득세 과세기간 또는 법인세 사업연도의 매출액 평균금액이 5천억 원 미만인 기업을 말합니다.
6. "마. 가업상속 재산가액"과 "바. 가업상속공제 신고액"은 별지 제1호서식 부표 1(가업상속재산명세서) 및 별지 제1호서식 부표2(가업용 자산 명세)를 작성한 후 해당 금액 등을 적습니다.

210mm×297mm[백상지 80g/㎡]

가업상속 납부유예 신청서

가. 가업상속인(신청인)

성 명		주 민 등 록 번 호	
가 업 종 사 기 간		임원/대표이사 취임일	
주 소		(☎)	
세 무 대 리 인	성 명	사업자등록번호	생년월일	연락처

나. 가업현황

상 호 (법 인 명)		사업자등록번호	
성 명 (대 표 자)		생 년 월 일	
개 업 연 월 일		업 종	
기 준 총 급 여 액		기 준 고 용 인 원	

다. 중소기업 여부(해당되는 곳에 √표 기재)

중 소 기 업 여 부	[ ] 해당 [ ] 해당안됨	상장여부 (상장일)	[ ]상장(. .) [ ]비상장

라. 피상속인

성 명		주 민 등 록 번 호	
가 업 영 위 기 간		대표이사(대표자) 재 직 기 간	
최 대 주 주 등 여 부		특수관계인포함 보유 주 식 등 지 분 율	

마. 가업상속 재산가액

종 류	수 량 (면 적)	단 가	가 액	비 고

바. 가업상속 납부유예를 신청하는 상속세: 원

「상속세 및 증여세법」 제72조의2 제1항 및 같은 법 시행령 제69조의2 제1항에 따라 가업상속 납부유예를 신청합니다.

년   월   일

신청인   (서명 또는 인)

세무대리인   (서명 또는 인)

세무서장   귀하

등 기 승 낙 서

　　　년   월   일 납세담보제공서에 표시된 부동산에 대하여 납세담보의 목적으로 저당권을 설정할 것을 승낙합니다.

년   월   일

신청인   (서명 또는 인)

세무서장   귀하

신청인 제출서류	1. 중소기업 등 기준검토표(「법인세법 시행규칙」 별지 제51호서식을 말합니다) 2. 가업상속재산이 주식 또는 출자지분인 경우에는 해당 주식 또는 출자지분을 발행한 법인의 상속개시일 현재와 직전 10년간의 사업연도의 주주현황 각 1부 3. 그 밖에 상속인이 해당 가업에 직접 종사한 사실을 입증할 수 있는 서류 1부	수수료 없음
담당공무원 확인사항	1. 토지 등기사항증명서 2. 건물 등기사항증명서	

작성방법

1. "나. 가업현황"에서 '업종'은 「상속세 및 증여세법 시행령」 별표에 따른 업종 중에서 해당 업종을 적습니다.
2. "나. 가업현황"에서 '기준총급여액'은 상속이 개시된 소득세 과세기간 또는 법인세 사업연도의 직전 2개 소득세 과세기간 또는 법인세 사업연도의 총급여액의 평균을 적습니다(최대주주 및 친족 등에게 지급한 임금은 제외하되, 가업상속공제 당시 기준고용인원에 최대주주 및 친족 등에 해당하는 인원만 있는 경우 이를 포함합니다).
3. "나. 가업현황"에서 '기준고용인원'은 상속이 개시된 소득세 과세기간 또는 법인세 사업연도의 직전 2개 소득세 과세기간 또는 법인세 사업연도의 정규직 근로자수의 평균을 적습니다.
4. "다. 중소기업 여부"에서 '중소기업'은 「조세특례제한법 시행령」 제2조 제1항 제1호 및 제3호의 요건을 모두 충족하고 자산총액이 5천억 원 미만인 기업을 말합니다.
6. "마. 가업상속 재산가액"과 "바. 가업상속 납부유예를 신청하는 상속세"는 별지 제12호의 2 서식 부표 1(가업상속재산명세서) 및 같은 서식 부표 2(가업용 자산 명세)를 작성한 후 해당 금액 등을 적습니다.

210mm×297mm[백상지 80g/㎡]

[별지 제1호서식 부표 1] 〈개정 2025. 3. 21.〉

가업상속재산명세서

※ 뒤쪽의 작성방법을 읽고 작성하시기 바랍니다. (앞쪽)

가. 「소득세법」을 적용받는 가업

구 분	자 산 종 류	㉮ 금 액	㉯ 담보채무액	가업상속공제 대상금액(㉮-㉯)
가업상속 재산가액	토지			
	건축물			
	기계장치			
	기타			
	① 계			

나. 「법인세법」을 적용받는 가업

② 상속개시일 현재 주식 등의 가액			
사업관련 자산가액 비율	③ 총자산가액		
	사업무관자산 가액	㉮ 「법인서법」 제55조의2 해당자산	
		㉯ 「법인세법 시행령」 제49조 해당 자산 및 임대용부동산	
		㉰ 「법인서법 시행령」 제61조 제1항 제2호 해당 자산	
		㉱ 과다보유현금	
		㉲ 영업활동과 직접 관련없이 보유 하는 즈식·채권 및 금융상품	
		④ 사업무관자산 가액 계	
	⑤ 사업관련 자산가액 (③ - ④)		
	⑥ 사업관련 자산가액 비율 (⑤ ÷ ③)		
⑦ 가업상속공제 대상금액 (② × ⑥)			

다. 한도액 계산

⑧ 가업영위기간	⑨ 가업상속공제 대상금액 (① 또는 ⑦)	⑩ 한도액	⑪ 가업상속공제액 (⑨와 ⑩ 중 적은 금액)
10년 이상 20년 미만		300억 원	
20년 이상 30년 미만		400억 원	
30년 이상		600억 원	

라. 중견기업 적용 요건

구 분	금 액
㉮ 가업상속인의 가업상속재산 외의 상속재산의 가액(사전증여재산 포함)	
㉯ 가업상속인이 상속세로 납부할 금액(가업상속공제를 받지 않았을 경우를 가정하여 산정한 산출세액 중 가업상속인의 부담분) × 200%	
㉮ - ㉯ (해당 가액이 양수인 경우 가업상속공제 적용 배제)	

신고인 제출서류	1. 「소득세법」을 적용받는 가업의 경우: 가업에 직접 사용되는 사업용 자산 입증서류 2. 「법인세법」을 적용받는 가업의 경우: 주식평가내역 및 사업무관자산 가액을 확인할 수 있는 입증서류(재무상태표 등)	수수료 없 음

210mm×297mm[백상지 80g/㎡(재활용품)]

Part 3

CEO가 꼭 알아야 할 가업승계에 대한 증여세 과세특례

Chapter 1

가업승계에 대한 증여세 과세특례 제도의 이해

 I 가업승계에 대한 증여세 과세특례 개요

(김대표님 질문)

안세무사님!

가업상속공제의 경우 가업을 경영하는 자가 사망하는 경우 가업상속공제를 해줌으로써 가업이 원활하게 승계되도록 하는 제도라는 것은 알겠는데, 가업승계에 대한 증여세 과세특례는 어떤 제도이며 가업상속공제와 차이점은 무엇인가요?

(안세무사 답변)

김대표님!

우선 가업상속공제가 가업을 경영하는 자가 사망하는 경우에 원활한 가업승계를 위한 지원제도라면 가업승계에 대한 증여세 과세특례는 가업을 경영하는 자가 생존한 상태에서 미리 가업을 물려주는 경우에 대한 지원제도라고 할 수 있습니다.

통상 증여세 세율은 과세표준이 30억 원을 초과하는 경우 50%(누진공제 4.6억 원)가 적용되지만 요건을 갖추어 증여세 신고기한 내에 가업승계에 대한 증여세 과세특례 적용신청서를 제출하는 경우에는 2023년 수증받는 분부터 10억 원까지는 증여세가 없고 2024년 수증분부터 증여세 과세표준 120억 원(증여주식가액 기준 130억 원)까지는 10%의 증여세율이 적용되며 과세표준 120(증여주식가액 기준 130억 원)억 원 초과분부터 한도액까지는 20%의 낮은 증여세율이 적용되는 특례제도라 할 수 있습니다.(조특법 §30조의6)

예컨대 130억 원의 가업주식(사업무관자산비율 0%)을 증여하는 경우를 가정 시 일반증여의 경우(증여재산 공제 0.5억 원 가정)에는 60.15억 원의 증여세를 부담하지만 가업승계에 대한 증여세 과세특례를 적용받는 경우에는 12억 원의 증여세만 부담하면 되므로 5배 정도 세부담이 줄어드는 효과가 있습니다.

가업승계에 대한 증여세 과세특례가 적용될 수 있는 한도는 2023년 이후 증여받는 분부터 가업상속공제 한도와 동일하게 증여자가 10년 이상 20년 미만 계속 경영 시 300억 원, 20년 이상 30년 미만 계속 경영 시 400억 원, 30년 이상 계속 경영 시 600억 원을 한도로 하므로 최대 600억 원까지 특례를 적용받을 수 있습니다.

특이점은 가업상속공제 받은 주식을 양도하는 경우 양도소득금액 계산 시 적용되는 취득가액은 피상속인의 취득가액으로 상속세는 절세되는 대신 양도소득세 부담이 높아지는 구조이지만, 가업승계에 대한 증여세 과세특례는 승계받은 주식을 양도하는 경우에도 증여 당시 평가액이 취득가액이 되어 양도소득세도 절세되는 측면이 있습니다.
또한 주식등의 상장에 따른 이익의 증여, 합병에 따른 상장등 이익의 증여로 과세 시 가업승계 증여세 과세특례를 적용받은 경우로서 100억 원 범위 내에서 잔여한도액이 있는 경우에는 해당 이익에 대해 가업승계 증여세 과세특례를 적용받을 수 있습니다.

다만, 가업승계에 대한 증여세 과세특례를 적용받은 주식은 무조건 상속재산에 합산되어 상속세가 과세되므로, 가업상속공제를 받는 경우와 유불리를 비교하여 실행하여야 합니다.
또한 가업승계에 대한 증여세 과세특례는 증여세 신고기한까지 특례 적용신청서를 제출하지 않는 경우에는 적용이 불가능하므로 반드시 증여세 신고기한까지 특례 적용신청을 하여야 하고 창업자금에 대한 증여세 과세특례와 중복적용되지 않는 점을 주의하여야 합니다.
가업승계에 대한 증여세 과세특례도 5년간 사후관리가 되지만 준수가 까다로운 고용유지, 가업용 자산처분에 대해서는 사후관리가 되지 않는 특이점이 있습니다.
최근에는 가업을 경영하는 부모의 기대여명이 늘어나서 100세 시대가 현실로 다가옴에 따라 100세에 사망하면서 가업을 물려주는 경우 70세인 자녀가 가업을 물려받게 되는 가업상속공제 제도의 실효성에 대한 문제가 제기되어 가업승계 증여세 과세특례를 활용한 가업승계가 활발하게 진행되고 있는 편입니다.

| 가업승계에 대한 증여세 과세특례제도 개요 |

<case> 증여자 10년 이상 20년 미만 계속 경영
- 가업승계 재산가액: 70억 원(한도: 300억 원 / 업무무관자산비율: 0%)
- 증여자 취득가액: 10억 원

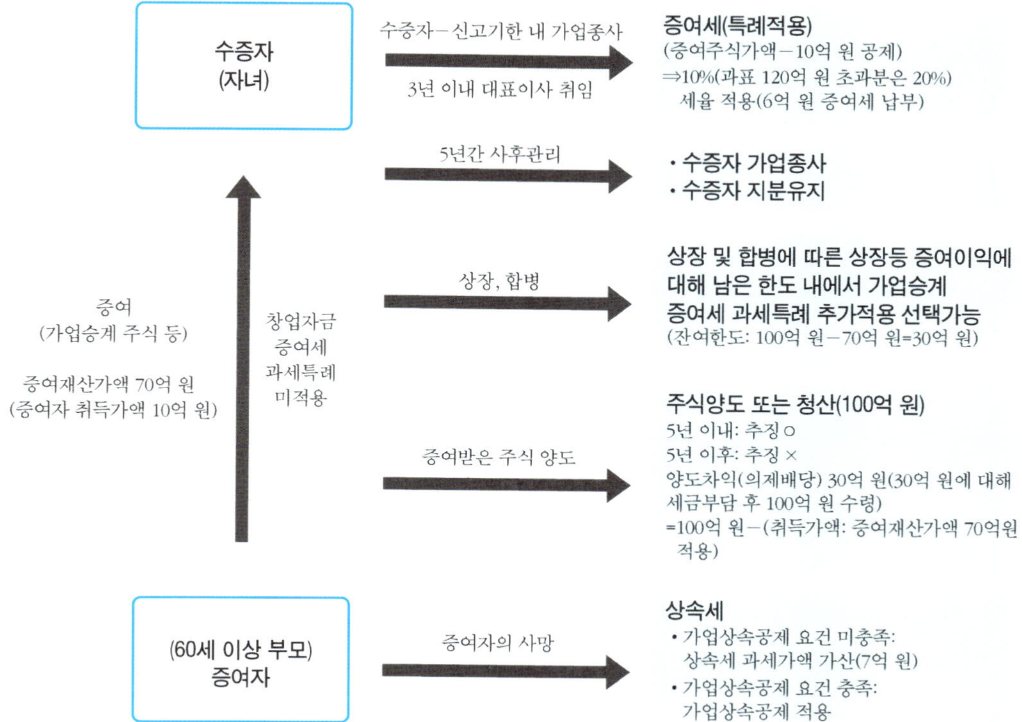

Ⅱ 가업승계에 대한 증여세 계산 및 한도

1. 2023년 이전 수증분

① 증여세 과세가액이 35억 원 이하인 경우

증여세 산출세액 ＝ (증여세 과세가액－5억 원) × 10%

② 증여세 과세가액이 35억 원을 초과하는 경우

증여세 산출세액

＝ [(증여세 과세가액* －35억 원) × 20%] ＋ [(35억 원－5억 원) × 10%]

* 100억 원을 한도로 함.

2. 2023년 수증분

① 증여세 과세가액이 70억 원 이하인 경우

증여세 산출세액 = (증여세 과세가액 − 10억 원) × 10%

② 증여세 과세가액이 70억 원을 초과하는 경우

증여세 산출세액

= [(증여세 과세가액* − 70억 원) × 20%)] + [(70억 원 − 10억 원) × 10%]

* 증여자 계속 경영기간에 따라 300억 원, 400억 원, 600억 원을 한도로 함.

3. 2024년 이후 수증분

① 증여세 과세가액이 130억 원 이하인 경우

증여세 산출세액 = (증여세 과세가액 − 10억 원) × 10%

② 증여세 과세가액이 130억 원을 초과하는 경우

증여세 산출세액

= [(증여세 과세가액* − 130억 원) × 20%)] + [(130억 원 − 10억 원) × 10%]

* 증여자 계속 경영기간에 따라 300억 원, 400억 원, 600억 원을 한도로 함.

일반적인 증여세율		과세특례 적용 시 증여세율	
과세표준	증여세율	과세표준	증여세율
		10억 원 이하	0
1억 원 이하	10%	120억 원 이하	10%
1억 원 초과 5억 원 이하	20% (누진공제 0.1억 원)	120억 원 초과 min(① 가업승계 증여세 특례적용 주식가액, ② 한도액)	20%
5억 원 초과 10억 원 이하	30% (누진공제 0.6억 원)		
10억 원 초과 30억 원 이하	40% (누진공제 1.6억 원)		
30억 원 초과	50% (누진공제 4.6억 원)		

4. 가업승계 증여세 특례세율 적용한도

가업승계 증여세 과세특례 한도액			
2015년부터 2022년까지 증여분		2023년 이후 증여분	
증여자 계속 가업영위기간	공제한도	증여자 계속 가업영위기간	공제한도
10년 이상	100억 원	계속하여 10년 이상	300억 원
		계속하여 20년 이상	400억 원
		계속하여 30년 이상	600억 원

Ⅲ 가업승계에 대한 증여세 과세특례 절세효과(2024년 이후)

가업승계주식가액 70억 원일 경우		
일반 증여	구분	가업승계주식 특례 적용
70억 원	① 증여세 과세가액	70억 원
(0.5억 원)	② 증여공제	(10억 원)
69.5억 원	③ 증여세 과세표준	60억 원
50% (누진공제 4.6억 원)	④ 세율	10% (120억 원 초과분은 20%)
30억 1,500만 원	⑤ 산출세액	6억 원
9,045만 원	⑥ 신고세액공제	–
29억 2,455만 원	⑦ 자진납부 세액	6억 원

가업승계주식가액 100억 원일 경우		
일반 증여	구분	가업승계주식 특례 적용
100억 원	① 증여세 과세가액	100억 원
(0.5억 원)	② 증여공제	(10억 원)
99.5억 원	③ 증여세 과세표준	90억 원
50%(누진공제 4.6억 원)	④ 세율	10%
45억 1,500만 원	⑤ 산출세액	9억 원
1억 3,545만 원	⑥ 신고세액공제	–
43억 7,955만 원	⑦ 자진납부 세액	9억 원

<table>
<tr><th colspan="3">가업승계주식가액 300억 원일 경우</th></tr>
<tr><th>일반 증여</th><th>구분</th><th>가업승계주식 특례 적용</th></tr>
<tr><td>300억 원</td><td>① 증여세 과세가액</td><td>300억 원</td></tr>
<tr><td>(0.5억 원)</td><td>② 증여공제</td><td>(10억 원)</td></tr>
<tr><td>299억 5,000만 원</td><td>③ 증여세 과세표준</td><td>290억 원</td></tr>
<tr><td>50%
(누진공제 4.6억 원)</td><td>④ 세율</td><td>10%
(120억 원 초과분은 20%)</td></tr>
<tr><td>145억 1,500만 원</td><td>⑤ 산출세액</td><td>46억 원</td></tr>
<tr><td>4억 3,545만 원</td><td>⑥ 신고세액공제</td><td>–</td></tr>
<tr><td>140억 7,955만 원</td><td>⑦ 자진납부 세액</td><td>46억 원</td></tr>
</table>

<table>
<tr><th colspan="3">가업승계주식가액 400억 원일 경우</th></tr>
<tr><th>일반 증여</th><th>구분</th><th>가업승계주식 특례 적용</th></tr>
<tr><td>400억 원</td><td>① 증여세 과세가액</td><td>400억 원</td></tr>
<tr><td>(0.5억 원)</td><td>② 증여공제</td><td>(10억 원)</td></tr>
<tr><td>399억 5,000만 원</td><td>③ 증여세 과세표준</td><td>390억 원</td></tr>
<tr><td>50%
(누진공제 4.6억 원)</td><td>④ 세율</td><td>10%
(120억 원 초과분은 20%)</td></tr>
<tr><td>195억 1,500만 원</td><td>⑤ 산출세액</td><td>66억 원</td></tr>
<tr><td>5억 8,545만 원</td><td>⑥ 신고세액공제</td><td>–</td></tr>
<tr><td>189억 2,955만 원</td><td>⑦ 자진납부 세액</td><td>66억 원</td></tr>
</table>

<table>
<tr><th colspan="3">가업승계주식가액 600억 원일 경우</th></tr>
<tr><th>일반 증여</th><th>구분</th><th>가업승계주식 특례 적용</th></tr>
<tr><td>600억 원</td><td>① 증여세 과세가액</td><td>600억 원</td></tr>
<tr><td>(0.5억 원)</td><td>② 증여공제</td><td>(10억 원)</td></tr>
<tr><td>599억 5,000만 원</td><td>③ 증여세 과세표준</td><td>590억 원</td></tr>
<tr><td>50%
(누진공제 4.6억 원)</td><td>④ 세율</td><td>10%
(120억 원 초과분은 20%)</td></tr>
<tr><td>295억 1,500만 원</td><td>⑤ 산출세액</td><td>106억 원</td></tr>
<tr><td>8억 8,545만 원</td><td>⑥ 신고세액공제</td><td>–</td></tr>
<tr><td>286억 2,955만 원</td><td>⑦ 자진납부 세액</td><td>106억 원</td></tr>
</table>

Ⅳ 가업승계에 대한 증여세 과세특례 실제 적용현황

최근 5년간 가업승계에 대한 증여세 과세특례를 신청하여 적용받은 건수와 연도별 평균금액을 보면 2018년 총 140건·평균 특례적용금액 20.8억 원, 2019년 총 113건·평균 특례적용금액 19.6억 원, 2020년 총 157건·평균 특례적용금액 19억 원, 2021년 총 195건·평균 특례적용금액 19억 원, 2022년 총 297건·평균 특례적용금액 23.94억 원, 2024년 총 177건·평균 특례적용금액 20.48억 원으로 실제 특례적용 건수와 특례적용금액은 매우 낮은 것을 알 수 있습니다.

또한 특례신청 법인들은 대부분 서울, 인천, 경기, 부산, 경남 지역에 몰려있는 것을 알 수 있습니다.

(단위: 백만 원)

구분	2023년		2022년		2021년		2020년		2019년		2018년	
	건수	특례 적용금액	건수	특례 적용금액	건수	특례 적용금액	건수	특례 적용금액	건수	특례 적용금액	건수	특례 적용금액
서울	50	107,606	99	293,069	69	143,420	57	132,095	49	102,059	56	124,899
인천	11	27,257	13	24,092	7	16,859	3	3,408	3	3,632	11	30,151
경기	48	83,970	94	194,499	47	90,025	44	86,603	32	57,345	24	40,794
강원	2	4,851	2	5,327	0	0	0	0	1	1,895	1	8,272
대전	2	11,739	2	2,099	3	11,082	2	1,099	1	1,156	3	6,767
충북	2	1,625	5	7,517	3	4,258	1	2,739	1	1,675	1	426
충남	4	2,826	4	7,822	4	2,355	0	0	1	1,304	1	2,683
세종	0	0	3	6,126	0	0	1	553	0	0	2	2,769
광주	4	10,211	2	5,376	5	7,781	5	6,444	1	3,968	2	1,419
전북	2	1,727	1	2,928	5	7,924	3	2,183	3	3,321	0	0
전남	1	169	4	11,108	5	10,745	0	0	1	1,140	1	626
대구	14	26,908	16	38,296	8	16,214	9	12,279	3	8,620	5	9,551
경북	3	4,390	3	4,634	5	5,880	2	1,732	0	0	4	2,974
부산	24	56,668	31	69,443	27	52,789	16	33,005	10	17,074	20	38,168
울산	0	0	3	10,034	0	0	5	6,723	2	6,495	2	1,731
경남	7	15,310	15	28,589	6	9,211	8	9,231	4	9,860	7	20,312
제주	3	7,384	0	0	1	2,094	1	945	1	2,015	0	−352
합계	177	362,638	297	710,958	195	380,638	157	299,039	113	221,559	140	291,191
평균		2,048		2,394		1,952		1,905		1,961		2,080

(출처: 국가통계포털 https://kosis.kr/index/index.do)

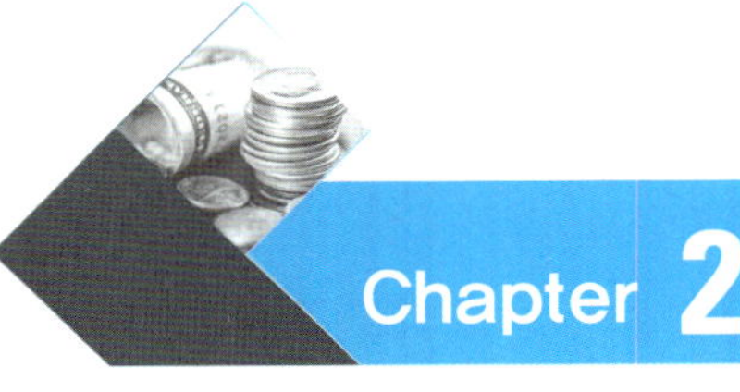

Chapter 2

가업승계에 대한 증여세 과세특례 요건 편

 **가업승계에 대한 증여세 과세특례 요건 개요**

(김대표님 질문)

가업승계에 대한 증여세 과세특례제도에 대해서는 어느 정도 이해했습니다.
그러면 가업승계에 대한 증여세 과세특례를 적용받기 위해서는 어떠한 요건을 갖추어야
하나요?

(안세무사 답변)

김대표님!

가업승계에 대한 증여세 과세특례를 적용받기 위해서는 증여세 과세특례 적용 가능한
가업 요건, 가업재산 요건, 증여자 요건, 수증자 요건 네 가지를 충족하여야 합니다. 가업
상속공제와 달리 가업재산 요건이 있는 특이점이 있습니다.

가업승계에서 "가업"이란 피상속인이 10년 이상 계속 경영한 기업만을 의미하는 것
으로, 10년 미만 경영한 기업은 가업승계 증여세 과세특례 적용 시 가업에 해당하지
않습니다.

가업승계에 대한 증여세 과세특례를 적용받기 위해서는 다음의 다섯 가지 요건을 충
족하여야 합니다.

첫째, 증여자가 10년 이상 계속 경영한 가업승계 증여세 과세특례대상 중소기업 또는
직전 3개 사업연도 평균매출액 5천억 원 미만의 중견기업으로서 증여일 현재 가업승계
증여세 과세특례 적용 가능업종을 10년 이상 계속 유지하여야 하는 세 가지 가업 요건을
충족하여야 합니다.

둘째, 가업재산은 주식 및 출자지분만 가능하므로 개인기업은 가업승계에 대한 증여세 과세특례 적용이 불가능하고 주식 및 출자지분 가액 중 사업관련 자산비율에 상당하는 금액만큼만 가업승계에 대한 증여세 과세특례 적용이 가능합니다.

셋째, 60세 이상의 부모가 10년 이상 계속하여 가업을 경영한 경우로서 10년 이상 최대주주등으로서 특수관계인 포함하여 40%(상장법인 20%) 이상을 보유하여야 하며 최대주주등이 2인 이상인 경우에는 최초로 가업승계 증여세 과세특례를 적용하는 자에 해당하여야 합니다. 또한 2024년 이후 증여분부터 증여자가 증여세 과세표준 결정 전 조세포탈 또는 회계부정으로 징역형 또는 벌금형이 확정되지 않아야 합니다.

2025. 2. 28. 이후 증여분부터는 증여시점부터 소급하여 10년 중 5년의 기간 동안 또는 전체 가업영위기간 중 50% 이상 동안 대표이사 재직요건을 충족해야 하는 것으로 대표이사 재직요건이 신설되었습니다.

넷째, 수증자가 만 18세 이상 거주자인 자녀로서 부모등으로부터 주식등을 증여받고 증여세 과세표준 신고기한까지 가업에 종사하면서 가업승계에 대한 증여세 과세특례를 신청하여야 하며 증여일부터 3년 이내에 대표이사에 취임하여야 합니다. 또한 2024년 이후 증여분부터 수증자가 증여세 과세표준 결정 전 조세포탈 또는 회계부정으로 징역형 또는 벌금형이 확정되지 않아야 합니다.

다섯째, 창업자금에 대한 증여세 과세특례를 적용받은 경우는 가업승계에 대한 증여세 과세특례 적용이 불가능하므로 창업자금에 대한 증여세 과세특례를 적용받지 않았어야 합니다.

◎ 가업승계에 대한 증여세 과세특례 다섯 가지 적용 요건
  Ⅰ. 네 가지 가업 요건
    ① 10년 이상 계속 경영한 기업 해당
    ② 가업상속공제 대상 중소기업 또는 중견기업 해당
      (중견기업: 직전 3개 사업연도 평균매출액 5천억 원 미만)
    ③ 가업상속공제 가능업종을 주된 사업으로 영위
    ④ 가업상속공제 가능업종을 증여일 전 10년 이상 계속 유지

  Ⅱ. 두 가지 가업재산 요건

① 주식 및 출자지분에 해당할 것(개인기업은 특례적용 불가능)
② 주식 및 출자지분 중 사업관련 자산가액에 상당하는 가액일 것

Ⅲ. 네 가지 증여자 요건
   ① 60세 이상의 부모에 해당할 것
   ② 10년 이상 최대주주로서 40%(상장법인 20%) 이상 지분율 유지하면서 계속 경영할 것
   ③ 전체 가업영위기간 중 50% 이상 또는 증여시점부터 소급하여 10년 중 5년 이상 기간 동안 대표이사로 재직할 것(2025. 2. 28. 이후 증여분부터)
   ④ 최대주주등이 2인 이상인 경우 최초로 가업승계 증여세 과세특례 적용받는 자에 해당할 것
   ⑤ 증여세 과세표준 결정 전 조세포탈 또는 회계부정으로 징역형 또는 벌금형을 확정받지 않을 것(2024년 이후 증여분부터)

Ⅳ. 네 가지 수증자 요건
   ① 증여일 현재 만 18세 이상인 거주자일 것
   ② 증여세 신고기한까지 가업에 종사 & 증여일부터 3년 이내 대표이사 취임
   ③ 증여세 신고기한까지 가업승계 증여세 과세특례 신청할 것
   ④ 증여세 과세표준 결정 전 조세포탈 또는 회계부정으로 징역형 또는 벌금형을 확정받지 않을 것(2024년 이후 증여분부터)

Ⅴ. 창업자금에 대한 증여세 과세특례 미적용 요건
   창업자금에 대한 증여세 과세특례를 적용받지 않았을 것

Ⅱ 가업 요건 편

> **(김대표님 질문)**
>
> 안세무사님!
> 가업승계에 대한 증여세 과세특례 요건 중 첫 번째 요건인 가업 요건을 충족하려면 어떤 요건을 충족하여야 하나요?
>
> ------
>
> **(안세무사 답변)**
>
> 김대표님!
> 가업 요건을 충족하기 위해서는 우선 증여자가 10년 이상 계속 경영한 중소기업 또는 직전 3개 사업연도 평균 매출액 5,000억 원 미만의 중견기업으로서 특례적용 가능업종을 주된 사업으로 영위하고 특례적용 가능한 동일업종을 증여일 전 10년 이상 계속 영위하여야 합니다.

가업 요건 Ⅰ — 증여자가 증여자 요건을 갖추고 10년 이상 계속 경영한 기업인 가업에 해당하여야 합니다.

Tip! Ⅰ 증여자가 증여일 전 소급하여 10년간 계속 경영한 기업에 해당하여야 합니다.

가업승계 증여세 과세특례 적용대상 가업은 증여자가 10년간 계속하여 경영한 기업만을 의미하는 것입니다.

여기서 증여자가 10년간 계속하여 경영한 기업인지 여부는 증여일부터 소급하여 10년간으로 판단하며, 중간에 증여자의 경영이 중단된 경우에는 중단된 시점부터 다시 기산하여야 합니다.

여기서 경영이란 단순히 지분을 소유하는 것을 넘어 가업의 효과적이고 효율적인 관리 및 운영을 위하여 실제 가업운영에 참여한 경우를 의미하는 것입니다.

> **서면 – 상속증여 – 2249, 2019. 10. 7.**
>
> 가업승계에 대한 증여세 과세특례는 증여자인 60세 이상의 부 또는 모가 각각 10년 이상 계속하여 기업을 경영한 경우에 적용되는 것으로, 여기서 경영이란 단순히 지분을 소유하는 것을 넘어 가업의 효과적이고 효율적인 관리 및 운영을 위하여 실제 가업운영에 참여한 경우를 의미하는 것임.

Tip! Ⅱ 개인사업자가 동일한 업종을 유지하면서 법인전환한 후에 동일업종을 유지하는 경우에는 개인사업자로서 가업영위 기간을 합산하여 10년 이상 경영한 기업 여부를 판단합니다.

개인사업자가 동일업종을 유지하면서 법인전환 후에 동일업종을 유지하는 경우에는 일부 사업용 자산을 제외하고 법인전환하는 경우에도 개인사업자로서 가업 영위기간을 합산하여 판단합니다.

> **서면 – 상속증여 – 2578, 2021. 7. 30.**
>
> 법인전환 후에 동일한 업종을 영위하는 등 가업의 영속성이 유지되는 경우에는 증여자가 개인사업자로서 가업을 영위한 기간을 포함하여 가업 경영기간을 계산하는 것이며, 이에 해당하는지는 사실판단할 사항임.
>
> **기획재정부 재산세제과 – 724, 2019. 10. 24.**
>
> 일부 사업용 자산을 제외하고 법인전환한 경우에도 법인전환 후에 동일한 업종을 영위하는 등 가업의 영속성이 유지되는 경우에는 개인사업자로서 가업 영위기간을 포함하여 가업 영위기간을 계산함(개인사업용 자산의 일부를 제외하고 법인전환한 경우에는 개인사업자의 가업 영위기간은 포함하지 않는 것으로 해석하였으나 2019. 10. 24. 기획재정부에서 해석을 변경함).

Tip! Ⅲ 법인이 인적분할한 경우 분할 신설법인의 가업 영위기간은 분할 전 분할법인의 사업개시일부터 기산합니다.

법인이 인적분할한 경우 분할신설법인의 사업영위기간은 분할 전 분할법인의 사업개시일로 판단합니다.

> **서면 – 상속증여 – 5261, 2022.4.29.**
> 중소기업에 해당하는 법인이 인적분할한 경우 해당 분할신설법인의 사업영위기간은 분할 전 분할법인의 가업영위기간 기산일부터 계산하여 가업의 승계에 대한 증여세 과세특례 및 가업상속공제를 적용하는 것임

가업 요건 Ⅱ 중소기업 또는 직전 3개 사업연도 평균 매출액이 5,000억 원 미만인 중견기업인 경우로서 가업승계 증여세 과세특례 대상 중소기업 또는 중견기업 요건을 갖추어야 합니다.

Tip! Ⅰ 가업승계 증여세 과세특례 대상 중소기업은 네 가지 요건을 갖추어야 합니다.

중소기업이 가업승계에 대한 증여세 과세특례를 받기 위해서는 ① 직전 사업연도 매출액이 중소기업 규모기준(400억 원~1,500억 원) 이하이고, ② 공시대상기업집단에 해당하지 않으며, ③ 실질적인 독립성을 갖춘 경우로서, ④ 직전 사업연도 말 자산총액이 5천억 원 미만인 경우에 해당하여야 합니다.(조특법 §30의6 ①, 상증법 §18의2 ①, 상증령 §15 ①)

1. 증여일 직전 사업연도 개별기업 매출액이 중소기업 규모 기준 매출액 이하여야 합니다.

증여일 직전 개별기업 매출액이 아래의 중소기업 규모 기준 이하여야 합니다. 이 경우 둘 이상의 업종을 영위하는 경우에는 매출액이 큰 업종의 매출액으로 판단하면 됩니다.

| 가업승계 증여세 과세특례 적용대상 중소기업 판단 매출액 규모 기준 |

해당 기업의 주된 업종	규모 기준
제조업(의복, 의복액세서리 및 모피제품 / 가죽, 가방 및 신발 / 펄프, 종이 및 종이제품 / 1차 금속 / 전기장비 / 가구)	직전 사업연도 매출액 1,500억 원 이하
농업, 임업 및 어업, 광업, 전기, 가스, 증기 및 수도사업, **건설업, 도매 및 소매업, 제조업**(담배 / 섬유제품 / 목재 및 나무제품 / 코크스, 연탄 및 석유정제품 / 화학물질 및 화학제품 / 고무제품 및 플라스틱제품 / 금속가공제품 / 전자부품, 컴퓨터, 영상, 음향 및 통신장비 / 그 밖의 기계 및 장비 / 자동차 및 트레일러 / 그 밖의 운송장비)	직전 사업연도 매출액 1,000억 원 이하
제조업(음료 / 의료용 물질 및 의약품 / 비금속 광물제품 / 의료, 정밀, 광학기기 및 시계 / 그 밖의 제품), 인쇄 및 기록매체 복제업, 하수 · 폐기물 처리, 원료재생 및 환경복원업, **운수업, 출판, 영상, 방송통신 및 정보서비스업**	직전 사업연도 매출액 800억 원 이하
서비스업(전문, 과학 및 기술 / 사업시설관리 및 사업지원 / 보건업 및 사회복지 / 예술, 스포츠 및 여가 관련 / 수리 및 기타 개인 서비스업)	직전 사업연도 매출액 600억 원 이하
숙박 및 음식점업, 교육 서비스업	직전 사업연도 매출액 400억 원 이하

2. 공시대상기업집단에 해당하지 않아야 합니다.

공시대상기업집단은 기업집단에 속하는 국내 회사들의 공시대상기업집단 지정 직전 연도 말 자산총액의 합계가 5조 원 이상인 법인을 의미합니다.[37] (독점규제 및 공정거래에 관한 법률 §31 ①, 독점규제 및 공정거래에 관한 법률 시행령 §38 ①)

---

37) 독점규제 및 공정거래에 관한 법률 제31조 【상호출자제한기업집단 등의 지정 등】
　① 공정거래위원회는 대통령령으로 정하는 바에 따라 산정한 자산총액이 5조 원 이상인 기업집단을 대통령령으로 정하는 바에 따라 공시대상기업집단으로 지정하고, 지정된 공시대상기업집단 중 자산총액이 국내 총생산액의 1천분의 5에 해당하는 금액 이상인 기업집단을 대통령령으로 정하는 바에 따라 상호출자제한기업집단으로 지정한다. 이 경우 공정거래위원회는 지정된 기업집단에 속하는 국내 회사와 그 회사를 지배하는 동일인의 특수관계인인 공익법인에 지정 사실을 대통령령으로 정하는 바에 따라 통지하여야 한다.
　독점규제 및 공정거래에 관한 법률 시행령 제38조 【공시대상기업집단 및 상호출자제한기업집단의 지정 등】
　① 법 제31조 제1항 전단에 따른 공시대상기업집단(이하 "공시대상기업집단"이라 한다)은 해당 기업집단에 속하는 국내 회사들의 공시대상기업집단 지정 직전 사업연도의 대차대조표상 자산총액(금융업 또는 보험업을 영위하는 회사의 경우에는 자본총액 또는 자본금 중 큰 금액으로 하며, 새로 설립된 회사로서 직전 사업연도의 대차대조표가 없는 경우에는 지정일 현재의 납입자본금으로 한다. 이하 이 조에서 같다)의 합계액이 5조 원 이상인 기업집단으로 한다.

3. 실질적 독립성 요건을 충족하여야 합니다.

중소기업이 소유와 경영의 실질적 독립성을 충족하기 위해서는,

첫째, 자산총액 5천억 원 이상인 법인(외국법인 포함, 비영리법인 및 창투사등 제외)이 법인주식의 30% 이상을 직접·간접적으로 소유한 경우로서 최대출자자(법인의 경우 임원, 개인의 경우 친족 지분율 합산)에 해당하지 않아야 하며,

둘째, 관계기업(외부감사 대상기업이 30% 이상 출자하면서 최대출자자에 해당)에 속하는 경우에는 관계기업의 매출액을 합산[지분율 50% 이상인 경우: 단순합산(투자회사 매출액 + 피투자회사 매출액), 50% 미만인 경우: 투자지분율에 대한 매출액(투자회사 매출액 + 투자지분율×피투자회사 매출액)만 합산]한 매출액이 중소기업 규모기준을 초과하지 않아야 합니다.(중소기업기본법 시행령 §3 ① 2)

4. 중소기업 유예기간 중인 법인은 가업승계 증여세 과세특례 적용 시 중소기업으로 보지 않습니다.

가업승계에 대한 증여세 과세특례 적용 시 매출액이 중소기업 규모기준을 초과하는 경우에는 중소기업 유예기간이 적용되지 않고 바로 중견기업에 해당하는 것으로 봅니다.

> **Tip!** **Ⅱ** 가업승계 증여세 과세특례 적용대상 중견기업 요건은 다음 세 가지 요건을 갖추어야 합니다.

중견기업인 경우에는 ① 중소기업이 아닌 경우로서, ② 직전 3개 사업연도 개별기업 평균매출액이 5천억 원 미만이고, ③ 소유와 경영의 실질적 독립성 요건을 충족하여야 합니다.(상증법 §18의2 ①, 상증령 §15 ②)

1. 증여일 직전 3개 사업연도 평균매출액이 5천억 원 미만이어야 합니다.

중견기업의 경우 모두 외부회계감사 대상에 해당한다고 보아야 하는데 회계감사를 받은 직전 3개 연도 재무제표상 매출액의 평균액으로 5천억 원 미만(법인세 과세기간이 1년 미만인 경우 1년으로 환산) 여부를 판단합니다.

중소기업이 증여일 직전 사업연도 매출액으로 판단하는 것과 달리 중견기업의 경우 직전 3년 매출액의 평균액으로 판단하는 차이가 있습니다.

2. **연결재무제표상 매출액이 아닌 개별기업 매출액으로 매출액 5천억 원 미만인지 여부를 판단합니다.**

가업승계에 대한 증여세 과세특례 적용 시 매출액 판단은 개별기업의 매출액을 기준으로만 5천억 원 미만 여부를 판단합니다.

3. 소유와 경영의 실질적 독립성 요건을 충족하여야 합니다.

중견기업이 가업승계 증여세 과세특례를 적용받기 위해 충족하여야 하는 소유와 경영의 실질적 독립성 요건은,

첫째, 상호출자제한집단에 속하지 않아야 합니다.(중견기업 성장촉진 및 경쟁력 강화에 관한 특별법 시행령 §2 ② 1 가목) 여기서 상호출자제한집단은 공시대상기업집단 중 자산총액이 국내 총생산액의 5/1,000 이상(약 10조 원 정도)인 기업집단을 의미합니다.

둘째, 자산총액이 상호출자제한집단 지정기준 이상인 기업이 해당 기업의 주식을 30% 이상 직접·간접 출자(법인의 경우 임원, 개인의 경우 친족 지분율 합산)하면서 최다출자자에 해당하지 않아야 합니다.

가업승계 증여세 과세특례 대상 업종을 주된 사업으로 영위하여야 합니다.

가업승계에 대한 증여세 과세특례는 특례적용 가능업종(가업상속공제 대상 업종과 동일)을 주된 사업으로 영위한 경우에만 가능하며 공제대상 업종은 한국표준산업분류에 따른 업종과 개별법률의 규정에 따른 업종으로 구분할 수 있습니다.

☞ 공제가능 업종과 업종별 가업승계에 대한 증여세 과세특례 적용여부는 가업상속공제와 동일하며, 구체적인 사항은 "Part 2. Chapter 3. Ⅱ. 가업 요건 편, 가업 요건 Ⅲ"을 참고하기 바랍니다.

1. 한국표준산업분류에 따른 가업승계 증여세 과세특례 적용대상 업종

표준산업분류상 구분	가업 해당 업종
농업, 임업 및 어업	작물재배업 중 종자 및 묘목생산업을 영위하는 기업으로서 가업용 자산 가액 중 토지 및 건물 가액이 해당하는 비율이 50% 미만인 경우
광업	광업 전체
제조업	제조업 전체. 이 경우 자기가 제품을 직접 제조하지 않고 제조업체(사업장이 국내 또는 개성공업지구에 소재하는 업체에 한정)에 의뢰하여 제조하는 사업으로서 그 사업이 다음의 요건을 모두 충족하는 경우를 포함한다. 1) 생산할 제품을 직접 기획(고안·디자인 및 견본제작 등을 말한다)할 것 2) 해당 제품을 자기명의로 제조할 것 3) 해당 제품을 인수하여 자기책임하에 직접 판매할 것
하수 및 폐기물 처리, 원료재생, 환경정화 및 복원업	하수·폐기물 처리(재활용을 포함한다), 원료 재생, 환경정화 및 복원업 전체
건설업	건설업 전체
도매 및 소매업	도매 및 소매업 전체
운수업	여객운송업[육상운송 및 파이프라인 운송업, 수상 운송업, 항공 운송업 중 여객을 운송하는 경우]
숙박 및 음식점업	음식점 및 주점업 중 음식점업
정보통신업	출판업
	영상·오디오 기록물제작 및 배급업. 다만, 비디오물 감상실 운영업은 제외한다.
	방송업
	우편 및 통신업 중 전기통신업

표준산업분류상 구분	가업 해당 업종
	컴퓨터 프로그래밍, 시스템 통합 및 관리업
	정보서비스업
전문, 과학 및 기술서비스업	연구개발업
	전문서비스업 중 광고업, 시장조사 및 여론조사업
	건축기술, 엔지니어링 및 기타 과학기술 서비스업 중 기타 과학기술 서비스업
	기타 전문, 과학 및 기술 서비스업 중 전문디자인업
사업시설관리 및 사업지원 서비스업	사업시설 관리 및 조경 서비스업 중 건물 및 산업설비 청소업
	사업지원 서비스업 중 고용알선 및 인력 공급업, 경비 및 경호 서비스업, 보안시스템 서비스업, 콜센터 및 텔레마케팅 서비스업, 전시, 컨벤션 및 행사 대행업, 포장 및 충전업, 소독 및 구충방제 서비스업
임대업(부동산 제외)	무형재산권 임대업(지식재산을 임대하는 경우로 한정)
교육서비스업	교육 서비스업 중 유아 교육기관, 사회교육시설, 직원훈련기관, 기타 기술 및 직업훈련학원

	• 한국산업분류상 교육서비스 업 중 유아 교육기관, 사회교육시설, 직원훈련기관, 기타 기술 및 직업훈련학원만 가업상속공제 대상 업종에 해당됨.
	→ 입시학원, 일반교과 보습학원 등은 한국산업분류상 일반 교과학원으로 분류되므로 가업상속공제 대상 업종에 해당되지 않음.
	
	※ 업종 예시(한국산업분류)
	  1. **유아 교육기관**: 유치원(보육원 및 탁아기관 제외)
	  2. **사회교육시설**: 사회교육시설, 학교 부설 사회교육원, 시민단체 부설 사회교육원
	  3. **직원훈련기관**: 공무원 훈련원, 기업 직원훈련시설
	  4. **기타 기술 및 직업훈련학원**
	    통신 기술학원, 자동차 정비학원, 양재학원, 미술학원, 미용학원, 직업 훈련원, 모형 제작학원, 체육 전문강사 교육, 비서학원

사회복지 서비스업	사회복지서비스업 전체
예술, 스포츠 및 여가관련 서비스업	창작, 예술 및 여가관련 서비스업 중 창작 및 예술관련 서비스업, 도서관, 사적지 및 유사 여가관련 서비스업. 다만, 독서실 운영업은 제외한다.
협회 및 단체, 수리 및 기타 개인 서비스업	기타 개인 서비스업 중 개인 간병인 및 유사 서비스업

2. 개별법률의 규정에 따른 가업승계에 대한 증여세 과세특례 대상 업종

가업 해당 업종
직업기술 분야를 교습하는 학원을 운영하는 사업 또는 직업능력개발훈련시설을 운영하는 사업(직업능력개발훈련을 주된 사업으로 하는 경우에 한정)
엔지니어링활동을 제공하는 사업("엔지니어링활동"이란 과학기술의 지식을 응용하여 수행하는 사업이나 시설물에 관한 연구, 기획, 조사, 설계 등의 활동을 말한다.)
물류산업(육상·수상·항공 운송업, 화물 취급업, 보관 및 창고업, 육상·수상·항공 운송지원 서비스업, 화물운송 중개·대리 및 관련 서비스업, 화물포장·검수 및 계량 서비스업, 예선업, 도선업, 기타 산업용 기계·장비 임대업 중 팔레트 임대업)
수탁생산업(위탁자로부터 주문자상표부착방식에 따른 제품생산을 위탁받아 이를 재위탁하여 제품을 생산·공급하는 사업)
자동차정비공장을 운영하는 사업(제조장 또는 자동차정비공장으로서 제조 또는 사업단위로 독립된 것)
선박관리업(국내외의 해상운송인, 선박대여업을 경영하는자, 관공선 운항자, 조선소, 해상구조물 운영자 등을 말한다)
의료기관을 운영하는 사업 • "의료기관"이란 의료인이 공중 또는 특정 다수인을 위하여 의료·조산의 업을 하는 곳을 말함. 1. 의원급 의료기관: 의사, 치과의사 또는 한의사가 주로 외래환자를 대상으로 각각 의료행위를 하는 의료기관 　가. 의원 　나. 치과의원 　다. 한의원 2. 조산원: 조산사가 조산과 임산부 및 신생아를 대상으로 보건활동과 교육·상담을 하는 의료기관 3. 병원급 의료기관: 의사, 치과의사 또는 한의사가 주로 입원환자를 대상으로 의료행위를 하는 의료기관 　가. 병원 　나. 치과병원 　다. 한방병원 　라. 요양병원 　마. 정신병원 　바. 종합병원
관광사업(카지노업, 관광유흥음식점업 및 외국인전용 유흥음식점업은 제외) • "관광사업"이란 관광객을 위하여 운송·숙박·음식·운동·오락·휴양 또는 용역을 제공하거나 그 밖에 관광에 딸린 시설을 갖추어 이를 이용하게 하는 업을 말함.

[서면 – 2016 – 상속증여 – 4002, 2018. 2. 6.]
관광진흥법에 따른 관광사업(카지노, 관광유흥업 및 외국인전용 유흥음식점업은 제외)
가업상속공제 대상 업종에 해당하는 것이며, 골프장이 관광진흥법에 따른 관광사업 해당 여
부에 대한 판단과 답변은 주무부처인 문화체육관광부의 담당임.
→ 관광진흥법에서 관광객 이용시설업을 관광사업으로 규정하고 있고 관광객 이용시설업에
는 "관광객을 위하여 음식·운동·오락·휴양·문화·예술 또는 레저 등에 적합한 시설
을 갖추어 이를 관광객에게 이용하게 하는 업"이 포함됨.
골프장이 이에 해당된다면 가업상속공제 대상 업종이 될 수 있으므로 관광진흥법에 따른
관광사업에 해당하도록 하는 것이 가장 중요한 사항임.

노인복지시설을 운영하는 사업

• **노인복지시설의 종류**
1. 노인주거복지시설
2. 노인의료복지시설
3. 노인여가복지시설
4. 재가노인복지시설
5. 노인보호전문기관
6. 노인일자리지원기관
7. 학대피해노인 전용쉼터

구분	노인복지법에 따른 분류
노인의료복지시설	요양원, 노인요양공동생활가정
재가노인복지시설	방문요양, 방문목욕, 방문간호, 주야간보호, 단기보호, 재가노인지원서비스
노인주거복지시설	양로원
노인여가복지시설	경로당, 노인복지관

재가장기요양기관을 운영하는 사업

• **재가급여의 종류**
1. 방문요양
2. 방문목욕
3. 방문간호
4. 주야간보호
5. 단기보호
6. 재가노인지원서비스

※ **재가노인복지시설과 재가장기요양기관의 차이점**
1. **재가노인복지시설**: 노인복지법에 따라 설치신고된 시설로 추가적으로 장기요양기관
으로 지정을 받으면 자익요양급여수급자에게 재가급여를 제공할 수 있음.
2. **재가장기요양기관**: 노인장기요양보험법이 도입됨에 따라 신규로 설치되는 시설로 별

가업 해당 업종

도로 지정을 받지 않아도 장기요양급여수급자에게 재가급여를 제공할 수 있음.
→ 재가노인복지시설은 동시에 장기요양기관이 될 수 있지만 재가장기요양기관은 재가노인복지시설이 아님.

전시산업

에너지절약전문기업이 하는 사업

직업능력개발훈련시설을 운영하는 사업

일반도시가스사업

연구개발 기획, 연구개발의 관리 및 사업화 지원, 연구개발 관련 기술정보의 조사·제공 등 연구개발 활동을 지원하는 산업

주택임대관리업

신·재생에너지 발전사업

「소상공인 보호 및 지원에 관한 법률」 제16조 제1항 제2호부터 제4호까지의 규정에 따른 요건을 갖추어 같은 법 제16조의2 제2항에 따라 백년소상공인으로 지정된 소상공인이 운영하는 사업 (2025. 2. 28. 이후 증여분부터)

가업 요건 Ⅳ 10년 이상 가업승계 증여세 과세특례 적용대상 업종을 주된 사업으로 영위한 경우에도 증여일 10년 전에 주된 업종이 변경된 경우에는 가업승계 증여세 과세특례 적용이 불가능합니다.

10년 이상 계속 경영한 기업인 가업판단은 가업승계 증여세 과세특례 취지를 고려하여 증여일 10년 전 가업승계 증여세 과세특례 적용이 가능한 대분류가 동일한 업종을 10년 이상 유지하면서 경영하였는지로 판단합니다.

따라서 증여일 10년 전에 대분류가 다른 업종으로 변경한 경우에는 재화나 용역을 최초로 공급한 날부터 10년 이상이 되어야 특례적용 요건을 충족할 수 있으며 증여일 10년 전에 대분류가 다른 업종으로 변경한 경우에는 가업승계에 대한 증여세 과세특례 적용이 불가능합니다.

◎ 가업승계에 대한 증여세 과세특례 요건 중 가업 요건 핵심요약
  (VS 가업상속공제의 가업 요건과 동일함)

Ⅰ. 증여자가 10년 이상 계속 경영한 가업 해당 요건
  • 증여일부터 소급하여 10년간 증여자가 계속 경영
  • 개인사업자가 동일업종으로 법인전환: 개인사업자 영위기간 합산
  • 분할: 분할 전 법인 사업연도 개시일부터 기산

Ⅱ. 가업승계 증여세 과세특례 대상 중소기업 또는 중견기업 요건
  • 중소기업 요건
    ① 직전 사업연도 개별 매출액이 중소기업 규모기준(400억 원~1,500억 원) 이하일 것
    ② 공시대상기업집단에 해당하지 않을 것
    ③ 실질적 독립성을 갖춘 경우일 것
       - 자산총액 5천억 원 이상 법인이 30% 이상 직·간접 출자하면서 최대출자자 아닐 것
       - 관계기업과의 합산 매출액이 중소기업 규모기준 이하일 것
    ④ 자산총액이 5천억 원 미만일 것
  • 중견기업 요건
    ① 직전 3개 사업연도 개별 매출액의 평균액이 5천억 원 미만일 것
    ② 소유와 경영의 독립성을 갖춘 경우일 것
       - 상호출자제한기업집단에 속하지 않을 것
       - 상호출자제한기업집단 지정기준 이상 자산 보유기업이 30% 이상 직·간접 출자하면서 최대출자자 아닐 것

Ⅲ. 가업승계 증여세 과세특례 대상 업종 영위 요건
  상속세 및 증여세법 시행령 별표에서 규정하고 있는 업종을 영위할 것

Ⅳ. 가업승계 증여세 과세특례 적용대상 동일업종의 10년 이상 유지 요건
  증여일 전 10년 이상 대분류 내에서 특례적용대상 동일업종 유지할 것

 **가업재산 요건 편 – 가업승계에 대한 증여세 과세특례를 적용받기 위해서는 두 가지 가업재산 요건을 충족하여야 합니다.**

가업승계에 대한 증여세 과세특례를 적용받기 위해서는 두 가지의 가업재산 요건을 충족하여야 합니다.

(김대표님 질문)

안세무사님!

가업상속공제의 경우 가업재산 요건은 없었던 것 같은데 가업승계에 대한 증여세 과세특례 적용 시 가업재산 요건을 충족하려면 어떤 요건을 충족하여야 하나요?

(안세무사 답변)

김대표님!

가업승계 증여세 과세특례를 적용받기 위해서는,

첫째, 가업재산이 주식 및 출자지분이어야 하므로 개인기업의 경우 가업승계에 대한 증여세 과세특례가 적용되지 않으며,

둘째, 가업에 해당하는 법인의 주식등의 가액 중 증여일 현재 사업무관자산비율이 차지하는 비율을 차감한 가액에 해당하여야 합니다.

가업재산 요건 Ⅰ   **법인기업의 주식 및 출자지분에 해당하여야 합니다.**

Tip! **Ⅰ** **개인기업은 가업승계 증여세 과세특례 적용이 불가능합니다.**

가업승계에 대한 증여세 과세특례 적용은 가업의 승계를 목적으로 해당 가업의 주식 및 출자지분을 증여받는 경우에만 적용 가능하므로 주식, 출자지분이 없는 개인기업은 가업승계에 대한 증여세 과세특례가 불가능합니다.(조특법 §30의6 ①)

따라서 개인기업이 부모 생전에 가업승계를 고려하는 경우에는 부동산 보유 여부, 가업승계 목적, 향후 회사 성장추이 등을 고려하여 가장 유리한 방식으로의 법인전환을 검토하여 법인으로 전환한 상태에서 가업승계에 대한 증여세 과세특례를 적용받아야 합니다.

다만, 법인전환 시 포괄양수도 방식이 아닌 경우에는 개인기업의 경영기간이 포함되지 않을 수 있으므로 이러한 점을 주의하여야 합니다.

Tip! Ⅱ 증여자가 10년 미만 보유한 주식도 가업승계에 대한 증여세 과세특례 적용이 가능합니다.

가업상속공제의 경우 2022. 1. 5. 상속세 결정분부터 피상속인의 주식 보유기간이 10년 미만인 경우에도 가업상속공제가 가능하지만 가업승계에 대한 증여세 과세특례의 경우 2020. 5. 28. 대법원 판결에 의해 증여자의 주식 보유기간이 10년 미만인 주식에 대해서도 가업승계 증여세 과세특례가 가능합니다.

가업재산 요건 Ⅱ 가업법인의 주식 중 사업관련자산이 차지하는 비율에 해당하는 가액에 대해서만 특례적용이 가능합니다.

가업승계에 대한 증여세 과세특례를 적용받는 주식은 증여받은 주식등의 가액에서 주식등의 가액 중 사업무관자산이 차지하는 비율을 곱하여 계산한 금액을 차감한 가액이 가업자산 상당액에 해당합니다.[38] (조특령 §27의6 ⑩. 상증령 §15 ⑤)

---

38) 조세특례제한법 시행령 제27조의6 【가업의 승계에 대한 증여세 과세특례】
　　⑩ 법 제30조의6 제1항 각 호 외의 부분 본문에서 "대통령령으로 정하는 가업자산상당액"이란 「상속세 및 증여세법 시행령」 제15조 제5항 제2호를 준용하여 계산한 금액을 말한다. 이 경우 "상속개시일"은 "증여일"로 본다.
　　상속세 및 증여세법 시행령 제15조 【가업상속】
　　⑤ 법 제18조의2 제1항 각 호 외의 부분 전단에서 "가업상속 재산가액"이란 다음 각 호의 구분에 따라

이 경우 사업무관자산은 가업상속공제의 가업상속 재산가액 판단 시의 사업무관자산과 동일하며 사업무관자산 해당 여부는 증여일 현재를 기준으로 판단합니다.

서면 - 상속증여 - 3934, 2019. 2. 19.

가업승계 증여세 과세특례 적용 시 가업자산상당액이란 해당 주식등의 가액에 그 법인의 총자산가액 중 증여일 현재 사업무관자산을 제외한 자산가액이 차지하는 비율을 곱하여 계산한 금액에 해당하는 것임.

제3항 제2호의 요건을 모두 갖춘 상속인(이하 이 조에서 "가업상속인"이라 한다)이 받거나 받을 상속재산의 가액을 말한다. (2023. 2. 28. 개정)

1. 「소득세법」을 적용받는 가업: 가업에 직접 사용되는 토지(「소득세법」 제104조의3에 따른 비사업용 토지는 제외한다. 이하 이 조 및 제68조에서 같다), 건축물, 기계장치 등 사업용 자산의 가액에서 해당 자산에 담보된 채무액을 뺀 가액 (2025. 2. 28. 개정)

2. 「법인세법」을 적용받는 가업: 가업에 해당하는 법인의 주식등의 가액[해당 주식등의 가액에 그 법인의 총자산가액(상속개시일 현재 법 제4장에 따라 평가한 가액을 말한다) 중 상속개시일 현재 다음 각 목의 어느 하나에 해당하는 자산(상속개시일 현재를 기준으로 법 제4장에 따라 평가한 가액을 말한다. 이 조 및 제68조에서 "사업무관자산"이라 한다)을 제외한 자산가액이 차지하는 비율을 곱하여 계산한 금액에 해당하는 것을 말한다] (2020. 2. 11. 개정)

   가. 「법인세법」 제55조의2에 해당하는 자산 (2012. 2. 2. 개정)
   나. 「법인세법 시행령」 제49조에 해당하는 자산 및 타인에게 임대하고 있는 부동산(지상권 및 부동산임차권 등 부동산에 관한 권리를 포함한다). 다만, 해당 법인이 소유한 주택(「주택법」 제2조 제6호에 따른 국민주택규모 이하인 주택 또는 상속개시일 현재 「소득세법」 제99조 제1항에 따른 기준시가가 6억 원 이하인 주택으로 한정한다)으로서 해당 법인의 임원 및 직원(다음의 어느 하나에 해당하는 자는 제외하며, 이하 이 조에서 "임직원"이라 한다)에게 5년 이상 계속하여 무상으로 임대하고 있는 주택은 제외한다. (2025. 2. 28. 개정)
      1) 해당 법인의 발행주식총수 또는 출자총액의 100분의 1 이상의 주식등을 소유한 주주등 (2025. 2. 28. 개정)
      2) 해당 법인의 법 제63조 제3항 전단에 따른 최대주주 또는 최대출자자와 제2조의2 제1항 제1호의 관계에 있는 자 (2025. 2. 28. 개정)
   다. 「법인세법 시행령」 제61조 제1항 제2호에 해당하는 자산. 다만, 임직원에게 대여한 다음의 어느 하나에 해당하는 자산은 제외한다. (2025. 2. 28. 개정)
      1) 임직원 본인 또는 자녀의 학자금 (2025. 2. 28. 개정)
      2) 주택(대여일 당시 「소득세법」 제99조 제1항에 따른 기준시가가 6억 원 이하인 주택으로 한정한다)에 대한 전세금(주택의 등기를 하지 않은 전세계약에 따른 임대차보증금을 포함한다) (2025. 2. 28. 개정)
   라. 과다보유현금[상속개시일 직전 5개 사업연도 말 평균 현금(요구불예금 및 취득일부터 만기가 3개월 이내인 금융상품을 포함한다)보유액의 100분의 200을 초과하는 것을 말한다] (2025. 2. 28. 개정)
   마. 법인의 영업활동과 직접 관련이 없이 보유하고 있는 주식등, 채권 및 금융상품(라목에 해당하는 것은 제외한다) (2018. 2. 13. 개정)

<table>
<tr><th colspan="1" align="center">사업무관자산</th></tr>
</table>

사업무관자산

① 「법인세법」 제55조의2 해당 자산
　　☞ 비사업용 토지, 주택, 분양권, 조합권 입주권, 별장 등

② 「법인세법 시행령」 제49조 해당자산 및 임대용부동산
　　☞ 업무무관부동산, 동산, 법인이 임대하고 있는 부동산
　　　(법인소유 국민주택규모 이하 또는 소득세법상 기준시가 6억 원 이하 주택으로서 임직원에게
　　　5년 이상 무상임대하는 주택 제외: 2025. 2. 28. 이후 증여분부터)

③ 「법인세법 시행령」 제61조 제1항 제2호 해당 자산: 대여금
　　☞ 특수관계 여부와 관계 없이 법인의 모든 대여금
　　　(임직원 학자금 또는 소득세법상 기준시가 6억 원 이상 주택전세금 대여액 제외: 2025. 2. 28.
　　　이후 증여분부터)

④ 과다보유현금(취득일로부터 만기가 3개월 이내인 금융상품 포함)

⑤ 영업활동과 직접 관련없이 보유하는 주식·채권 및 금융상품

◎ 가업승계에 대한 증여세 과세특례 요건 중 가업재산 요건 핵심요약

　Ⅰ. 법인의 주식 또는 출자지분에 해당하여야 함.
　　• 개인기업은 가업승계 증여세 과세특례 적용 불가
　　• 증여자의 주식보유기간이 10년 미만인 주식도 해당

　Ⅱ. 주식등 가액 중 사업관련 자산비율에 해당하는 가액에 해당하여야 함.
　　주식등 가액 × (1 – 사업무관자산비율)

Ⅳ 증여자 요건 편 – 가업승계에 대한 증여세 과세특례를 적용받기 위해서는 다섯 가지 증여자 요건을 충족하여야 합니다.

증여자 요건 Ⅰ　증여자는 증여일 현재 만 60세 이상의 부모에 해당하는 자이어야 합니다.

Tip! Ⅰ　증여일 현재 증여자의 연령이 만 60세 이상이어야 합니다.

　가업승계에 대한 증여세 과세특례를 적용받기 위해서는 증여일 현재 증여자의 연령이 반드시 만 60세 이상이어야 하며 예외를 인정해주는 경우가 없습니다.(조특법 §30의6 ①) 가업상속공제의 경우 피상속인의 연령 요건이 없는 것과 차이가 있습니다.

증여자는 반드시 부모에 해당하는 자이어야 하며, 부모가 사망한 경우에는 조부모도 가능합니다.(조특법 §30의6 ①)

가업상속공제의 경우 수증자가 민법상 상속인에 해당하기만 하면 피상속인은 자녀, 형제·자매, 조부모도 가능하지만 가업승계에 대한 증여세 과세특례 적용대상이 되는 증여자는 반드시 부모에 해당하여야 합니다.

일정기간 동안 대표이사로 재직하여야 하는 대표이사 재직요건을 충족하여야 합니다.

가업상속공제의 경우 대표이사 재직요건이 있는 것과 달리 가업승계 증여세 과세특례의 경우 대표이사 재직요건이 없어 2025. 2. 27.까지 증여분의 경우 증여자가 대표이사 재직요건을 충족하지 않은 경우라도 10년 이상 계속 경영사실이 입증되는 경우에는 가업승계 증여세 과세특례 적용이 가능했습니다.

하지만 2025. 2. 28. 이후 증여분부터는 대표이사 재직요건이 신설되어 전체 가업영위기간 중 50% 이상 또는 증여일부터 소급하여 10년 중 5년 이상의 기간 동안 대표이사로 재직하여야 하는 대표이사 재직요건을 충족하여야 합니다.[39]

---

39) 조세특례제한법 시행령 제27조의6 【가업의 승계에 대한 증여세 과세특례】
　① 법 제30조의6 제1항 각 호 외의 부분 본문에서 "대통령령으로 정하는 바에 따라 가업을 승계한 경우"란 다음 각 호의 요건을 모두 갖춘 경우를 말한다. (2025. 2. 28. 개정)
　1. 부모가 다음 각 목의 요건을 모두 갖춘 경우 (2025. 2. 28. 개정)
　　가. 「상속세 및 증여세법 시행령」 제15조 제3항 제1호 가목의 요건을 갖출 것. 이 경우 "피상속인"은 "부모"로 본다. (2025. 2. 28. 개정)
　　나. 법 제30조의6 제1항 각 호 외의 부분 본문에 따른 가업(이하 이 조에서 "가업"이라 한다)의 영위기간(「상속세 및 증여세법 시행령」 별표에 따른 업종으로서 한국표준산업분류상 동일한 대분류 내의 다른 업종으로 주된 사업을 변경하여 영위한 기간을 합산한다) 중 다음의 어느 하나에 해당하는 기간을 대표이사로 재직할 것 (2025. 2. 28. 개정)
　　　1) 100분의 50 이상의 기간 (2025. 2. 28. 개정)
　　　2) 증여일부터 소급하여 10년 중 5년 이상의 기간 (2025. 2. 28. 개정)

※ 가업승계 증여세 과세특례 대표이사 재직요건 (①, ② 중 하나 충족) ※
① 전체 가업영위기간 중 50% 이상 기간 동안 대표이사 재직
② 증여일부터 소급하여 10년 중 5년 이상의 기간 동안 대표이사 재직

Tip! I 명의신탁주식이 있는 경우에는 명의신탁주식을 포함하여 지분율을 계산합니다.

최대주주등 보유지분율 판단 시 명의신탁주식이 있는 경우로서 명의신탁 사실이 명확하게 입증되는 경우에는 명의신탁주식을 포함하여 지분율 유지 요건을 판단합니다.

서면 – 법령해석재산 – 1789, 2020. 9. 4.
「조세특례제한법」 제30조의6에 따른 '가업의 승계에 대한 증여세 과세특례' 규정을 적용할 때, 최대주주등 주식보유비율에 명의신탁 사실이 명백히 확인되는 차명주식을 포함하는 것이며, 가업자산상당액 계산 시 제외하는 업무무관자산의 판단은 증여일 현재를 기준으로 함.

Tip! II 법인이 자기주식을 취득하는 경우에는 자기주식을 제외하여 최대주주등 지분율을 판단합니다.

법인이 자기주식이 있는 경우에 최대주주등 지분율 판단은 자기주식을 제외하고 판단하므로 최대주주등 지분율 유지 요건에 조금 미달하는 경우에는 자기주식을 취득하는 방법을 통해 최대주주등 지분율 유지 요건을 충족할 수 있습니다.

증여자 요건 III 최대주주등이 2인 이상인 경우에는 최초로 가업승계 증여세 과세특례를 적용하여 주식을 증여하는 자에 해당하여야 합니다.

Tip! I 가업승계에 대한 증여세 과세특례는 최대주주등 중 1인 만이 적용 가능합니다.

가업승계 증여세 과세특례는 최대주주등 중 1인만 적용 가능한 것으로 최대주주등 1인이 자녀에게 최초로 가업을 승계한 경우에는 가업의 승계 당시 가업을 승계하지 아

니한 다른 최대주주등은 자녀에게 가업을 승계할 수 없습니다.

다만, 최초로 가업을 승계하면서 가업승계에 대한 증여세 과세특례를 적용받은 증여자는 한도 내에서 추가로 가업승계 증여세 과세특례를 적용하여 증여할 수 있습니다. (조특법 §30의6 ①)

> **서면 - 상속증여 - 0694, 2020. 6. 3.**
>
> 가업승계에 대한 증여세 과세특례는 가업을 승계한 후 가업의 승계 당시 「상속세 및 증여세법」 제22조 제2항에 따른 최대주주 또는 최대출자자에 해당하는 자(가업의 승계 당시 해당 주식등의 증여자 및 해당 주식등을 증여받은 자는 제외)로부터 증여받는 경우에는 적용되지 않는 것임.

Tip! Ⅱ 부와 모가 동일한 법인의 최대주주등인 경우에는 부와 모 중 1인만 가업승계에 대한 증여세 과세특례 적용이 가능합니다.

부모가 동시에 동일한 법인의 최대주주에 해당하는 경우에는 부와 모 중 1인만 가업승계 증여세 과세특례가 적용되므로 부의 지분에 대해 가업승계 증여세 과세특례를 적용받은 경우에는 모의 지분에 대해서는 가업승계 증여세 과세특례 적용이 불가능합니다.

따라서 부모가 동일한 법인의 최대주주에 해당하는 경우로서 가업승계에 대한 증여세 과세특례 신청 시에는 향후 상속 시까지의 과세문제를 고려하여 둘 중 유리한 지분에 대해 특례 적용신청을 하여야 합니다.

> **서면 - 법규재산 - 4361, 2022. 6. 29.**
>
> 공동사업을 경영하던 부와 모의 지분 중 모 지분증여로 가업승계 증여세 특례을 받은 후 부의 지분을 재차 증여받는 경우에는 가업승계 증여세 특례를 적용할 수 없는 것임.

<case> 부모가 동시에 동일 법인의 최대주주인 경우

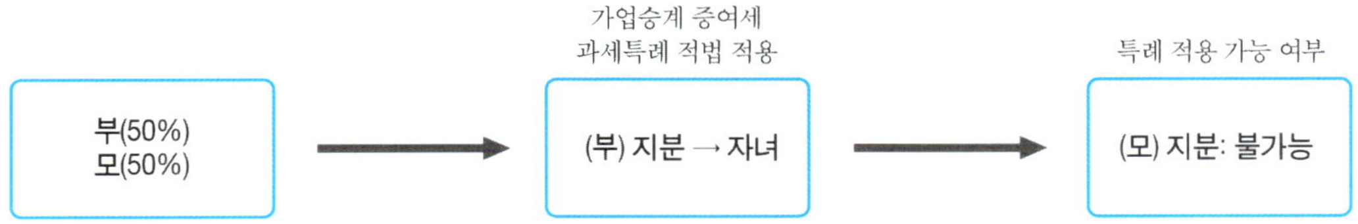

부와 모가 각각 다른 법인을 경영하고 있는 경우로서 부와 모가 각각의 법인에 대해 가업승계 증여세 과세특례 요건을 충족하는 경우에는 부와 모가 경영하는 각 법인에 대해 가업승계 증여세 과세특례 적용이 가능합니다.

다만, 이 경우 특례세율이 적용되는 한도와 가업승계 증여세 과세특례 증여세 계산은 수증자 1인이 전체 법인의 주식을 수증받은 것으로 보아 적용되는 점을 주의하여야 합니다.

서면 – 법규재산 – 5942, 2022. 3. 31.

부(父)와 모(母)가 각각 영위하는 가업의 주식 또는 출자지분을 장남, 차남에게 각각 증여하여 가업을 승계하는 경우로서, 「조세특례제한법」 제30조의6 제1항 및 같은 법 시행령 제27조의6 제1항에 따른 요건을 모두 갖춘 경우에는, 같은 법 제30조의6 제2항에 따라 거주자 1인이 모두 증여받은 것으로 보아 증여세를 계산하는 것임.

<case> 부와 모가 각각 다른 법인 경영

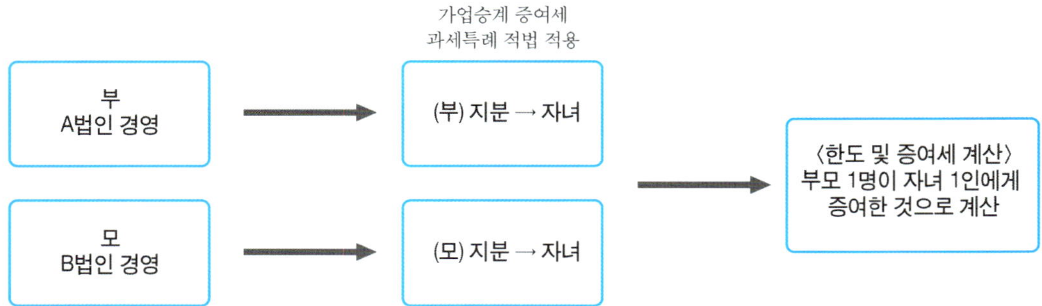

부모 중 1인이 단독으로 여러 개의 가업을 경영하는 경우에도 가업승계 증여세 과세특례 요건을 갖춘 경우에는 2인 이상의 수증자가 기업별로 증여받는 형식 또는 1개 기

업을 공동으로 증여받는 형식으로 가업승계 증여세 과세특례 적용이 가능합니다. 다만, 자녀 1인이 여러 개의 가업을 증여받는 경우에는 각 기업에 실제 종사하는지 여부가 입증되어야 할 것으로 생각됩니다.

이 경우 특례세율이 적용되는 한도와 가업승계 증여세 과세특례 증여세 계산은 수증자 1인이 전체 법인의 주식을 수증받은 것으로 보아 적용되는 점을 주의하여야 합니다.

> **서면 – 상속증여 – 5330, 2021. 4. 30.**
>
> 2020. 1. 1. 이후 증여받는 분부터 2인 이상의 수증자가 기업별로 주식을 증여받거나 1개 기업을 공동으로 증여받은 경우 해당 가업의 주식 등을 증여받은 수증자 또는 그 배우자가 「상속세 및 증여세법」 제68조에 따른 증여세 과세표준 신고기한까지 가업에 종사하고 증여일부터 5년 이내에 대표이사에 취임하여 「조세특례제한법」 제30조의6 제1항 및 같은 법 시행령 제27조의6 제1항에 따른 요건을 모두 갖춘 경우에는 해당 수증자의 승계지분에 대하여 증여세 과세특례를 적용할 수 있는 것이며, 이 경우 각 수증자가 납부할 증여세액은 같은 법 시행령 제27조의6 제2항에 따라 계산함.

<case> 부모가 여러 개의 가업을 단독으로 경영하는 경우

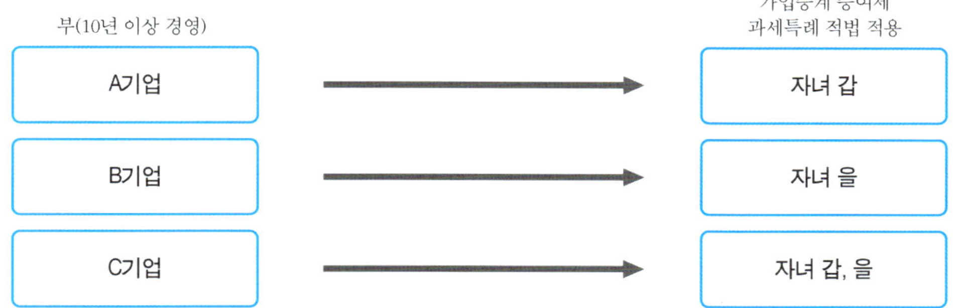

〈한도〉 부모 1명이 자녀 1인에게 증여한 것으로 계산

Tip! V 가업을 경영하던 부친 사망 시 가업상속공제 적용 후 모친의 가업주식을 자녀에게 증여하는 경우에는 가업승계 증여세 과세특례 적용이 불가능합니다.

부모가 법인의 주주로서 지분을 가지고 있는 상태에서 부친이 먼저 사망하여 자녀가 가업을 승계하면서 가업상속공제를 적용받은 후 모친이 모친 지분을 자녀에게 증여하는 경우에는 가업승계 증여세 과세특례 적용이 배제됩니다.

<case> 부친 지분에 대해 가업상속공제 적용받은 경우 모친 지분 증여 시 가업승계 증여세 과세
특례 적용 가능한지 여부

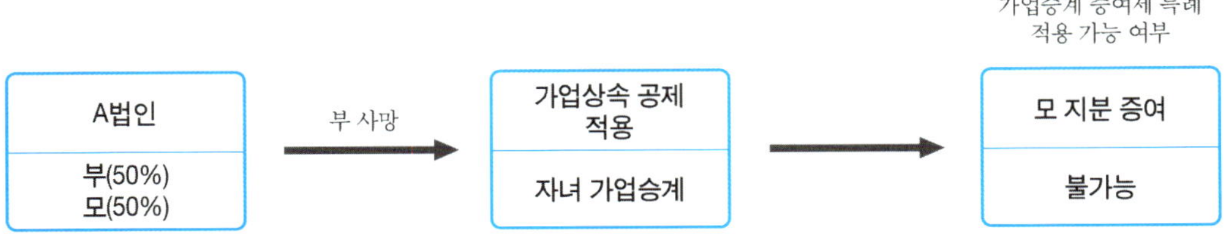

Tip! Ⅵ 부모 지분을 동시에 증여받는 경우에는 실질 경영자의 지분에 대해서만 가업승계 증여세 과세특례 적용이 가능합니다.

부모 지분을 동시에 증여받는 경우에는 실질 경영자의 지분에 대해서만 가업승계 증여세 과세특례 적용이 가능하므로, 지분가액이 큰 부모가 실질 경영자로 인정받을 수 있도록 하는 것이 유리합니다.

> **서면 – 2021 – 상속증여 – 7540, 2022. 12. 22.**
> 대표이사 아버지와 감사 어머니 지분을 동시에 증여받는 경우 실질 경영자로부터의 승계 지분에 대하여 과세특례 적용함.

Tip! Ⅶ 증여자가 증여일 현재 가업에 종사하지 않은 경우에도 가업승계 증여세 과세특례 적용이 가능합니다.

증여자가 증여일 현재 가업에 종사하고 있지 않은 경우에도 경영에 관여하고 있는 경우에는 가업승계 증여세 과세특례 적용이 가능합니다. 다만 대표이사 재직요건이 신설되어 새로운 해석이 나올 수 있으므로 추후 해석추이는 지켜볼 필요가 있습니다.

> **서면 – 상속증여 – 2304, 2022. 7. 4.**
> 조세특례제한법 제30조의6에 따라 가업의 승계에 대한 증여세 과세특례 적용 시 증여자인 부모가 반드시 증여일 현재 가업에 종사하여야 하는 것은 아님.

증여일 전 10년 이내 조세포탈 또는 회계부정으로 징역형 또는 벌금형이 확정되지 않아야 합니다.

2024년 이후 증여분부터 증여자가 증여일 전 10년 이내 조세포탈 또는 회계부정 행위를 하여 증여세 과세표준과 세율 결정 전 징역형 또는 벌금형이 확정된 경우에는 가업승계 증여세 과세특례 적용이 배제됩니다.[40] (조특법 §30조의6 ④)

◎ 가업승계에 대한 증여세 과세특례 증여자 요건 핵심요약

　Ⅰ. 연령 및 관계 요건

　　증여일 현재 만 60세 이상인 자로서 부모에 해당할 것

　　(부모가 사망한 경우에는 조부모도 가능함)

　Ⅱ. 지분율 유지와 경영 요건

　　10년 이상 계속하여 최대주주 해당 & 40%(상장 20%) 이상 보유하면서 경영

　Ⅲ. 최대주주등 중 최초 적용 요건

　　최대주주등이 2인 이상인 경우 최초로 특례신청한 1인에 한하여 가능

　　(다만, 특례신청한 1인이 추가 신청하는 것은 가능함)

　　　※ 부모가 동시에 동일 기업의 최대주주에 해당: 1인의 지분에 대해서만 적용 가능
　　　※ 부모가 각각 다른 가업경영: 각 가업에 대해 특례 적용 가능
　　　　(수증자 1인이 증여받은 것으로 보아 한도 적용)
　　　※ 부모가 단독으로 여러 개의 가업경영: 여러 개의 가업에 대해 특례 적용 가능
　　　　(수증자 1인이 증여받은 것으로 보아 한도 적용)

　Ⅳ. 대표이사 재직 요건 (①, ② 중 하나 충족)

　　① 전체 가업영위기간 중 50% 이상

　　② 증여일부터 소급하여 10년 중 5년 이상

---

40) 조세특례제한법 제30조의6【가업의 승계에 대한 증여세 과세특례】

　④ 거주자 또는 부모가 가업의 경영과 관련하여 조세포탈 또는 회계부정 행위(「조세범 처벌법」 제3조 제1항 또는 「주식회사 등의 외부감사에 관한 법률」 제39조 제1항에 따른 죄를 범하는 것을 말하며, 증여일 전 10년 이내 또는 증여일부터 5년 이내의 기간 중의 행위로 한정한다. 이하 제71조에서 같다)로 징역형 또는 대통령령으로 정하는 벌금형을 선고받고 그 형이 확정된 경우에는 다음 각 호의 구분에 따른다. (2023. 12. 31. 신설)

　1.「상속세 및 증여세법」제76조에 따른 과세표준과 세율의 결정이 있기 전에 거주자 또는 부모에 대한 형이 확정된 경우: 제1항을 적용하지 아니한다. (2023. 12. 31. 신설)

　2. 제1항을 적용받은 후에 거주자 또는 부모에 대한 형이 확정된 경우: 증여받은 주식등의 가액에 대하여 「상속세 및 증여세법」에 따라 증여세를 부과한다. 이 경우 대통령령으로 정하는 바에 따라 계산한 이자상당액을 증여세에 가산하여 부과한다.

Ⅴ. 증여일 현재 가업종사 요건

증여일 현재 가업에 종사하지 않은 경우에도 가능함.

Ⅵ. 증여일 전 10년 이내 조세포탈 또는 회계부정으로 징역형 또는 벌금형 미확정

2024년 이후 증여분부터 적용

| 가업상속공제 VS 가업승계에 대한 증여세 과세특례 |

- 피상속인 요건 VS 증여자 요건 -

구분	가업상속공제	가업승계에 대한 증여세 과세특례
요건 대상자	피상속인	증여자
연령 요건	없음.	증여일 현재 만 60세 이상
수증자와 관계	상속받는 자가 민법상 상속인에 해당하는 자	반드시 부모만이 가능함. (부모 사망 시에만 조부모 가능)
지분율 유지 요건	10년 이상 계속하여 최대주주 해당 & 40%(상장 20%) 이상 보유하면서 경영	
횟수	최대주주등 중 최초로 공제·신청하는 1인만 적용 가능함. (가업승계 증여세 과세특례의 경우 최초 과세특례 적용신청한 자가 추가로 특례적용 받는 것은 가능)	
대표이사 재직	① 직전 10년 중 5년 ② 10년 이상 　(상속인 대표이사 재직) ③ 가업영위기간 중 50% 이상	① 직전 10년 중 5년 ② 가업영위기간 중 50% 이상
부부공동 기업	• 부 지분→모 상속→모 지분 자녀 상속: 가능 • 부 지분→자녀 상속→모 지분 자녀 상속: 불가능	부(모) 지분 증여 특례적용 → 모(부) 지분 증여 특례적용 불가
부부 각각 경영기업	• 부(모) 상속 → 모(부) 상속: 둘다 공제 가능	• 각각 기업에 대해 특례적용 가능(1명이 수증받은 것으로 간주 한도 적용)
1인이 여러 기업 경영	여러 개의 기업에 대해 가업상속공제, 증여세 과세특례 적용 가능	
탈세·회계부정 시 배제	상속개시 10년 전 탈세·회계부정으로 벌금·징역형 확정: 공제배제	증여일 10년 전 탈세·회계부정으로 벌금·징역형 확정: 공제배제(2024년 이후 증여분부터)

 **수증자 요건 편 – 가업승계에 대한 증여세 과세특례를 적용받기 위해서는 여섯 가지 수증자 요건을 충족하여야 합니다.**

수증자 요건 Ⅰ 증여일 현재 만 18세 이상이고 거주자인 자녀에 해당하여야 합니다.

수증자는 증여일 현재 만 18세 이상으로 거주자인 자녀에 해당하여야 합니다.

이 경우 부모가 사망하여 조부모로부터 수증받는 경우에는 만 18세 이상으로 거주자인 손자, 손녀에 해당하면 됩니다.

수증자 요건 Ⅱ 증여세 과세표준 신고기한까지 가업에 종사하고 증여일부터 3년 이내 대표이사에 취임하여야 합니다.

Tip! Ⅰ 며느리나 사위가 가업에 종사하고 대표이사로 취임하는 경우에도 가능합니다.

가업승계에 대한 증여세 과세특례는 증여세 과세표준 신고기한까지 가업에 종사하고 증여일부터 3년 이내 대표이사에 취임한 경우에 한하여 적용 가능합니다.(조특령 §27조의6 ①)

이 경우 자녀가 가업을 물려받기를 원하지 않거나 전문직 등에 종사하는 경우로서 가업을 물려받을 수 없는 경우에는 2015. 2. 3.부터 며느리나 사위가 가업에 종사하고 대표이사로 취임하는 경우에도 수증자 요건을 충족한 것으로 봅니다.(조특령 §27의6 ①)

즉, 주식은 자녀가 증여받고 며느리나 사위가 가업에 종사하면서 대표이사에 취임하여 수증자 요건을 충족하는 것으로, 며느리나 사위가 주식을 증여받고 가업종사와 대표이사 취임 요건을 충족하는 경우에는 적용이 배제됩니다.

> **서울행정법원 2018구합88159, 2019. 6. 21.**
> 조특법 가업승계 특례규정에 의하면 가업승계의 주체는 '자녀' 외에 '자녀의 배우자'도 될 수 있으나 주식의 수증자는 '자녀'여야 함이 문언상 분명하고, 원고가 국세상담센터의 착오 답변에 의해 주식의 수증자가 자녀의 배우자인 경우에도 조세특례제한법 제30조의6 제1항이 적용된다고 믿은 것에 데해서 정당한 사유가 있다고 보기도 어려움.

Tip! Ⅱ 주식을 수증받기 전에 대표이사로 취임한 경우에도 가능합니다.

주식을 수증받기 전 가업승계를 목적으로 대표이사에 취임한 상태에서 주식을 증여받는 경우에도 가업승계에 대한 증여세 과세특례 적용이 가능합니다.

> **서면 – 상속증여 – 3733, 2021. 6. 28.**
> 가업승계에 대한 증여세 과세특례는 수증자가 가업의 승계를 목적으로 주식 등을 증여받기 전에 해당 기업의 대표이사로 취임한 경우에도 증여일 전 10년 이상 계속하여 부 또는 모가 가업을 실제 경영한 경우에 적용되는 것임.

Tip! Ⅲ 법인 등기부등본에 대표이사 취임이 등재되지 않는 경우에는 수증자 요건을 충족한 것으로 보지 않습니다.

대표이사 취임은 법인등기부등본에 대표이사로 등재하는 것을 의미하는 것으로 실제로 대표이사로 취임하여 회사 내에서 대표권, 업무집행권을 가지고 대표이사로서 활동하는 경우에도 증여일부터 3년 이내 법인등기부등본에 대표이사로 등재되지 않는 경우에는 대표이사에 취임한 것으로 인정되지 않습니다.

실무에서 보면 가업승계 증여세 과세특례를 적용받은 수증자의 나이가 많지 않은 경우에 자녀의 대표이사 취임을 조심스러워하는 경우를 볼 수 있는데 수증자가 반드시 단독으로 대표이사로 취임할 필요는 없고 공동대표이사로 취임한 경우에도 적용 가능하므로 증여세 신고기한까지 가업에 종사하면서 부모와 공동대표이사로 등재하는 형식으로 처리할 필요가 있습니다.

> **조심2017부3614, 2017. 12. 11.**
> 대표이사는 이사·감사와는 달리 선임 결의 및 수락만으로는 취임하였다고 보기는 어려우므로 등기 전에는 직무를 완전히 수행할 수 없다고 할 것인 점 등에 비추어 청구인이 쟁점주식의 증여일부터 5년 이내에 대표이사에 취임하지 않은 것으로 보아 증여세를 과세한 이 건 처분은 잘못이 없음.
>
> **서면 – 상속증여 – 5733, 2016. 12. 21.**

가업승계에 대한 증여세 과세특례는 수증자가 증여세 과세표준 신고기한까지 가업에 종사하고 증여일부터 5년 이내에 공동대표이사에 취임하는 경우에도 적용되는 것임.

Tip! Ⅳ 자녀가 다른 기업의 대표이사를 겸직하는 경우에도 실제 가업종사 사실이 확인되는 경우에는 가업승계 증여세 과세특례가 가능합니다.

자녀가 다른 기업의 대표이사를 겸직하면서 가업법인에 종사하고 있는 경우라 하더라도 증여세 신고기한까지 실제 가업에 종사하고 대표이사로 취임한 사실이 입증되는 경우에는 가업승계 증여세 과세특례 적용이 가능합니다.

서면 – 상속증여 – 3200, 2020. 9. 29.

「조세특례제한법」 제30조의6 제1항에 따른 증여세 과세특례는 가업의 주식 또는 출자지분을 증여받은 수증자 또는 그 배우자가 「상속세 및 증여세법」 제68조에 따른 증여세 과세표준 신고기한까지 가업에 종사하고 증여일부터 5년 이내에 대표이사에 취임하는 경우에 적용되는 것으로, 귀 질의와 같이 수증자가 다른 기업의 대표이사를 겸직하는 경우에도 적용되는 것이나, 수증자가 실제 해당 가업에 종사하고 대표이사로 취임하였는지 여부는 사실판단할 사항임.

Tip! Ⅴ 병역의무 이행, 질병요양, 취학상 형편으로 가업종사, 대표이사 취임 요건을 충족하지 못한 경우에도 적용 가능합니다.

가업승계 증여세 과세특례는 수증자가 반드시 증여세 신고기한까지 가업에 종사하고 증여일부터 3년 이내 대표이사에 취임하는 경우에 한하여 적용되지만 병역의무 이행, 질병요양, 취학상 형편으로 해당 요건을 충족하지 못한 경우에는 정당한 사유가 있는 것으로 보아 가업승계 증여세 과세특례 적용이 가능합니다.(조특법 §30조의6 ③, 조특령 §27조의6 ④, 조특규칙 §14조의5)

다만, 병역의무 이행 등의 부득이한 사유 발생 전 이미 증여받은 주식을 처분하였거나 부득이한 사유가 종료된 후 가업에 종사하지 않는 경우에는 가업승계 증여세 과세특례 적용이 불가능합니다.

Tip!　Ⅰ　둘 이상의 자녀가 공동으로 가업을 승계하는 것도 가능합니다.

2020년 전에는 수증자 중 1인이 가업을 승계받는 경우에 한하여 가업승계에 대한 증여세 과세특례가 가능했지만 2020년 이후 수증분부터는 2명 이상의 수증자가 요건을 갖추어 공동으로 증여받는 경우에도 가업승계에 대한 증여세 과세특례가 가능합니다.

이 경우 둘 이상의 자녀가 공동으로 가업을 승계한 경우 증여세 계산은 자녀 1인이 수증받은 것으로 보아 계산합니다.[41] (조특법 §30의6 ②)

서면 – 상속증여 – 5330, 2021. 4. 30.

2인 이상의 수증자가 가업을 승계하는 경우 대표이사로 취임하는 등 가업승계 요건을 모두 충족한 수증자의 승계지분에 대해 가업승계에 대한 증여세 과세특례를 적용하는 것임.

서면 – 5330, 2021. 4. 30.

2020. 1. 1. 이후 증여받는 분부터 2인 이상의 수증자가 기업별로 주식을 증여받거나 1개 기업을 공동으로 증여받은 경우 해당 가업의 주식등을 증여받은 수증자 또는 그 배우자가 「상속세 및 증여세법」 제68조에 따른 증여세 과세표준 신고기한까지 가업에 종사하고 증여일부터 5년 이내에 대표이사에 취임하여 「조세특례제한법」 제30조의6 제1항 및 같은 법 시행령 제27조의6 제1항에 따른 요건을 모두 갖춘 경우에는 해당 수증자의 승계지분에 대하여 증여세 과세특례를 적용할 수 있는 것이며, 이 경우 각 수증자가 납부할 증여세액은 같은 법 시행령 제27조의6 제2항에 따라 계산함.

Tip!　Ⅱ　최초로 가업의 승계를 받은 자녀가 요건을 갖춘 경우에는 다시 한도 내에서 가업승계에 대한 증여세 과세특례 적용이 가능합니다.

최대주주등이 2명 이상인 경우 가업승계에 대한 증여세 과세특례는 최초로 특례 적용을 신청한 1인에 한하여 적용되는 것이지만 최초로 가업을 승계받은 수증인의 경우 한도 내에서 추가로 가업승계 증여세 과세특례를 적용받을 수 있습니다.

---

41) 조세특례제한법 제30조의6 【가업의 승계에 대한 증여세 과세특례】

　② 제1항을 적용할 때 주식등을 증여받고 가업을 승계한 거주자가 2인 이상인 경우에는 각 거주자가 증여받은 주식등을 1인이 모두 증여받은 것으로 보아 증여세를 부과한다. 이 경우 각 거주자가 납부하여야 하는 증여세액은 대통령령으로 정하는 방법에 따라 계산한 금액으로 한다.

다만, 이 경우 증여세 계산은 수증자 1인이 주식을 증여받는 것으로 보아 계산하게 됩니다.

「조세특례제한법」 제30조의6에 따라 가업의 승계가 이루어진 후에 최초로 가업의 승계를 받은 자녀는 과세특례 한도 내에서 증여자 및 수증자의 요건을 갖추어 재차 승계를 받을 수 있는 것임.

<case> 최초 특례 적용받은 자녀가 다시 증여받는 경우

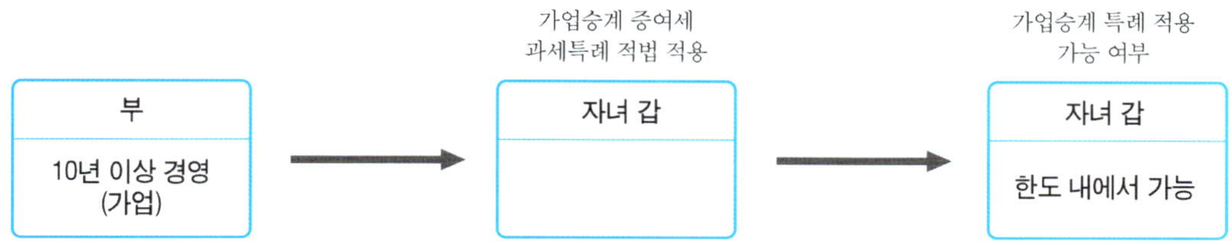

Tip! Ⅲ 최초로 가업의 승계를 받은 자녀가 아닌 다른 자녀가 수증자 요건을 갖추는 경우에도 가업승계 증여세 과세특례 한도 내에서 특례 적용이 가능합니다.

최초로 가업승계 증여세 과세특례 적용 시에는 아들이 특례를 적용받고 이후 딸이 수증자 요건을 갖추는 경우에는 한도 내에서 가업승계 과세특례 적용이 가능합니다.

다만, 이 경우 한도와 증여세 계산은 수증자 1인이 주식을 증여받는 것으로 보아 계산하게 됩니다.

종전에 조세특례제한법 제30조의6 및 동법 시행령 제27조의6에 따라 주식을 증여받아 가업의 승계에 대한 증여세 과세특례를 적용받은 경우, 이후 해당 수증인을 포함한 2인 이상이 동 법령에 따라 해당 증여세 과세특례를 적용받을 수 있는 것임.

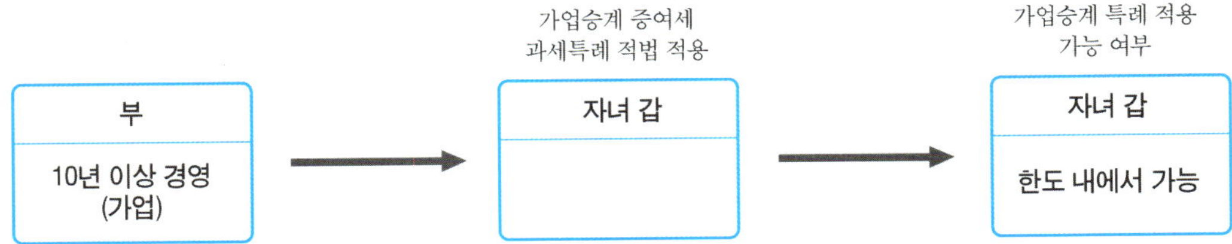

수증자 요건 Ⅳ 증여세 과세표준 신고기한 내에 가업승계 증여세 과세특례 적용을 신청하여야 합니다.

가업승계에 대한 증여세 과세특례는 가업승계 목적으로 주식을 증여받고 증여세 과세표준 신고기한까지 특례 적용을 신청한 경우에 한하여 적용되는 것으로 증여세 신고기한 내에 특례 적용을 신청하지 않는 경우에는 적용이 배제되는 점을 주의하여야 합니다.[42] (조특법 §30조의6 ④)

따라서 증여일 확정 전 사업무관자산 정리와 예상 증여세를 미리 산출하여 세부담의 적정성 여부를 확인한 후 여유있게 증여일자를 정하여 증여세 신고와 특례 적용신청을 하여야 하는 점을 주의하여야 합니다.

☞ 주의점
가업승계에 대한 증여세 과세특례를 신청하는 경우에는 신청서 작성 및 신고서 작성 시 사업무관자산 비율을 확인하여야 하는 등 일반 증여세 신고보다 더 많은 시간이 소요될 수 있으며 사업무관자산비율에 해당하는 가액만큼에 대해서는 일반증여세를 부담하여야 합니다.
또한 증여일자는 매월 1일로 하여 월말 재무제표를 기준으로 주식평가와 사업무관자산비율을 구하는 것이 월 중의 특정일을 증여일자로 하는 것보다 더 실무상 편리합니다.

---

42) 조세특례제한법 제30조의6【가업의 승계에 대한 증여세 과세특례】
⑤ 제1항에 따른 주식등의 증여에 관하여는 제30조의5 제8항부터 제13항까지의 규정을 준용한다. 이 경우 "창업자금"은 "주식등"으로 본다.
조세특례제한법 제30조의5【창업자금에 대한 증여세 과세특례】
⑫ 제1항을 적용받으려는 자는 증여세 과세표준 신고기한까지 대통령령으로 정하는 바에 따라 특례 신청을 하여야 한다. 이 경우 그 신고기한까지 특례 신청을 하지 아니한 경우에는 이 특례규정을 적용하지 아니한다.

수증자 요건 Ⅴ　　**수증자가 창업자금에 대한 증여세 과세특례를 적용받지 않았어야 합니다.**

가업승계에 대한 증여세 과세특례 적용은 창업자금에 대한 증여세 과세특례와 중복 적용되지 않는 것으로 창업자금에 대한 증여세 과세특례를 적용받은 수증자는 가업승계에 대한 증여세 과세특례 적용이 불가능합니다.[43] (조특법 §30의6 ⑥)

따라서 부모가 법인기업을 운영하는 경우로서 생전에 가업을 승계할 계획이 있는 경우에는 자녀에게 창업자금을 증여하여 특례를 적용받지 않아야 하는 점을 주의하여야 합니다.

다만, 자녀가 2 이상인 경우에 자녀 1인에게는 가업승계에 대한 증여세 과세특례를 적용하여 가업법인 주식을 증여하고 다른 자녀에게는 창업자금에 대한 증여세 과세특례를 적용하여 창업자금을 증여하는 것은 가능하니 향후 가업을 승계할 자녀가 명확하게 정해진 경우에는 유류분 청구 등을 감안하여 가업을 승계하지 않는 자녀에게는 창업자금을 증여하면서 창업자금 등에 대한 증여세 과세특례를 적용받는 전략을 준비할 필요가 있습니다.

---

43) 조세특례제한법 제30조의6 【가업의 승계에 대한 증여세 과세특례】
　⑦ 제1항을 적용받는 거주자는 제30조의5를 적용하지 아니한다.

<case> 자녀가 창업자금 증여세 과세특례 적용받고 다른 자녀가 가업승계 증여세 과세특례 적용받는 경우

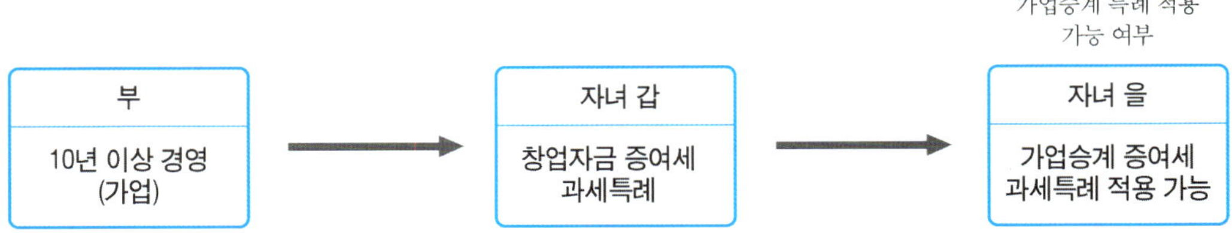

수증자 요건 Ⅵ 증여일 전 10년 이내 조세포탈 또는 회계부정으로 벌금형 또는 징역형이 확정되지 않아야 합니다.

2024년 이후 증여분부터 수증자가 증여일 전 10년 이내 조세포탈 또는 회계부정 행위를 하여 증여세 과세표준과 세율 결정 전 징역형 또는 벌금형이 확정된 경우에는 가업승계 증여세 과세특례 적용이 배제됩니다.(조특법 §30조의6 ④)

◎ 가업승계에 대한 증여세 과세특례 수증자 요건 핵심요약

Ⅰ. 연령, 관계, 거주자 요건
증여일 현재 만 18세 이상 거주자로서 자녀(부모가 사망 시 손자, 손녀)에 해당할 것

Ⅱ. 증여세 신고기한까지 가업에 종사하고 증여일부터 3년 이내 대표이사로 취임할 것
※ 자녀가 수증받고 수증자의 배우자가 요건 충족하는 것도 가능
※ 2인 이상의 수증인이 공동으로 수증받는 것도 가능
※ 최대주주가 2인 이상인 경우 최초로 적용신청한 최대주주의 수증인에 해당할 것
※ 특례 적용받은 자녀 ⇒ 한도 내에서 다시 특례 적용 가능
※ 자녀(갑) 특례 적용 ⇒ 한도 내에서 다른 자녀(을) 특례 적용 가능
※ 수증자가 다른 법인의 대표이사 겸직하고 있는 경우도 가능
※ 병역의무 이행, 취학, 질병요양으로 인한 예외 인정

Ⅲ. 가업승계 증여세 특례 적용신청 요건

증여세 신고기한까지 가업승계에 대한 증여세 특례 적용신청을 할 것

Ⅳ. 창업자금에 대한 증여세 과세특례를 적용받지 않을 것

창업자금에 대한 증여세 과세특례를 적용받은 경우에는 특례 적용 배제됨.

※ 자녀(갑) 창업자금 특례 적용 ⇒ 자녀(을) 가업승계 특례 적용 가능

Ⅵ. 증여일 전 10년 이내 한 조세포탈 또는 회계부정 행위로 징역형 또는 벌금형 미확정

(2024년 이후 증여분부터 적용)

| 가업상속공제 VS 가업승계에 대한 증여세 과세특례 |

-상속인 요건 VS 수증자 요건-

구분	가업상속공제	가업승계에 대한 증여세 과세특례
요건 대상자	상속인	수증자
연령 요건	상속개시일 현재 만 18세 이상	증여일 현재 만 18세 이상
거주자 요건	피상속인이 거주자인 경우 비거주자도 가능	거주자만이 가능
가업종사 대표취임	• 가업종사: 상속개시 전 2년 이상 • 임원취임: 상속세 신고기한 • 대표이사 취임: 상속세 신고기한부터 2년 내	• 가업종사: 증여세 신고기한 • 대표이사 취임: 증여일부터 3년 이내
	상속인, 수증인의 배우자가 요건 충족 시 인정	
공동 상속·수증	적용 가능	
신청 요건	상속세 신고기한 내 신고하지 않는 경우에도 적용 가능	증여세 신고기한 내 특례적용 미신청 시 적용 불가능
탈세·회계부정	상속개시 10년 전 탈세·회계부정으로 벌금·징역형 확정: 공제배제	증여일 10년 전 탈세·회계부정으로 벌금·징역형 확정: 공제배제 (2024년 이후 증여분부터)
적용배제	영농상속 공제 적용 시 적용배제	창업자금에 대한 증여세 과세특례 적용받은 경우 적용배제

Chapter 3

가업자산 상당액과 한도액 편

Ⅰ **가업자산 상당액은 증여주식 가액 중 사업무관자산이 차지하는 비율을 차감한 가액을 의미합니다.**

1. 가업자산 상당액 계산방법

가업승계에 대한 증여세 과세특례는 가업자산 상당액에 대해서만 적용되는 것으로 가업자산 상당액은 증여한 주식등의 가액에 법인의 총자산가액 중 사업무관자산이 차지하는 비율에 상당하는 가액을 차감한 가액을 의미하는 것입니다.[44] (조특령 §27의6 ⑩)

이 경우 주식등의 가액 중 사업무관자산비율이 차지하는 비율을 곱한 금액에 대해서는 일반 증여세를 신고·납부하여야 하는 것으로 반드시 일반 증여세 부담액을 계산한 후 주식증여 여부 및 주식수 결정에 대한 의사결정을 하여야 하며 가업승계에 대한 증여세 과세특례 적용신청 시 핵심은 사업무관자산을 줄이는 것이라 할 수 있습니다.

◎ 가업승계에 대한 증여세 과세특례 적용대상인 가업자산 상당액

= 증여한 주식등의 가액 × (1 - 법인의 총자산가액 중 사업무관자산 차지 비율)

◎ 일반 증여세 세율 적용대상 가액

= 증여한 주식등의 가액 × 법인의 총자산가액 중 사업무관자산 차지 비율

---

44) 조세특례제한법 시행령 제27조의6 【가업의 승계에 대한 증여세 과세특례】
⑩ 법 제30조의6 제1항 각 호 외의 부분 본문에서 "대통령령으로 정하는 가업자산 상당액"이란 「상속세 및 증여세법 시행령」 제15조 제5항 제2호를 준용하여 계산한 금액을 말한다. 이 경우 "상속개시일"은 "증여일"로 본다.

2. 증여자가 10년 미만 보유한 주식에 대해서도 특례 적용이 가능합니다.

가업승계에 대한 증여세 과세특례 대상 주식은 증여자가 10년 이상 보유하지 않은 주식도 특례 대상에 해당합니다.

> **대법원 2019두44095, 2020. 5. 28.**
>
> '증여자가 해당 주식을 10년 이상 보유할 것'은 구 조세특례제한법 제30조의6 제1항에서 정한 가업의 승계에 대한 증여세 과세특례를 적용하기 위한 요건이라 할 수 없음.

3. 사업무관자산 범위

사업무관자산은 증여일 현재 기준으로 다음에 해당하는 자산을 의미하며 가업상속 재산가액 계산 시의 사업무관자산과 그 범위가 동일합니다.[45)]

---

45) 상속세 및 증여세법 시행령 제15조【가업상속】
⑤ 법 제18조의2 제1항 각 호 외의 부분 전단에서 "가업상속 재산가액"이란 다음 각 호의 구분에 따라 제3항 제2호의 요건을 모두 갖춘 상속인(이하 이 조에서 "가업상속인"이라 한다)이 받거나 받을 상속 재산의 가액을 말한다.
2. 「법인세법」을 적용받는 가업: 가업에 해당하는 법인의 주식등의 가액[해당 주식등의 가액에 그 법인의 총자산가액(상속개시일 현재 법 제4장에 따라 평가한 가액을 말한다) 중 상속개시일 현재 다음 각 목의 어느 하나에 해당하는 자산(상속개시일 현재를 기준으로 법 제4장에 따라 평가한 가액을 말한다. 이 조 및 제68조에서 "사업무관자산"이라 한다)을 제외한 자산가액이 차지하는 비율을 곱하여 계산한 금액에 해당하는 것을 말한다] (2020. 2. 11. 개정)
가. 「법인세법」 제55조의2에 해당하는 자산 (2012. 2. 2. 개정)
나. 「법인세법 시행령」 제49조에 해당하는 자산 및 타인에게 임대하고 있는 부동산(지상권 및 부동산임차권 등 부동산에 관한 권리를 포함한다). 다만, 해당 법인이 소유한 주택(「주택법」 제2조 제6호에 따른 국민주택규모 이하인 주택 또는 상속개시일 현재 「소득세법」 제99조 제1항에 따른 기준시가가 6억 원 이하인 주택으로 한정한다)으로서 해당 법인의 임원 및 직원(다음의 어느 하나에 해당하는 자는 제외하며, 이하 이 조에서 "임직원"이라 한다)에게 5년 이상 계속하여 무상으로 임대하고 있는 주택은 제외한다. (2025. 2. 28. 개정)
　1) 해당 법인의 발행주식총수 또는 출자총액의 100분의 1 이상의 주식등을 소유한 주주등 (2025. 2. 28. 개정)
　2) 해당 법인의 법 제63조 제3항 전단에 따른 최대주주 또는 최대출자자와 제2조의2 제1항 제1호의 관계에 있는 자 (2025. 2. 28. 개정)
다. 「법인세법 시행령」 제61조 제1항 제2호에 해당하는 자산. 다만, 임직원에게 대여한 다음의 어느 하나에 해당하는 자산은 제외한다. (2025. 2. 28. 개정)
　1) 임직원 본인 또는 자녀의 학자금 (2025. 2. 28. 개정)
　2) 주택(대여일 당시 「소득세법」 제99조 제1항에 따른 기준시가가 6억 원 이하인 주택으로 한정한다)에 대한 전세금(주택의 등기를 하지 않은 전세계약에 따른 임대차보증금을 포함한다) (2025. 2. 28. 개정)
라. 과다보유현금[상속개시일 직전 5개 사업연도 말 평균 현금(요구불예금 및 취득일부터 만기가 3

☞ 사업무관자산의 범위는 가업상속공제와 동일하며, 구체적인 내용은 "Part 2, Chapter 5, Ⅲ"을 참조하기 바랍니다.

가. 비사업용 토지, 주택, 별장, 조합원 입주권, 분양권 등

(1) 비사업용 토지

구분	사업무관자산
농지	농업법인이 소유하지 않은 농지(일부 예외 있음)
임야	임업을 주업으로 하지 않는 법인이 소유하는 임야(일부 예외 있음)
목장용지	축산업을 주업으로 하지 않는 법인이 소유하는 목장용지(일부 예외 있음)
그 외 나대지	사업과 직접 사용되지 않는 재산세 종합합산 과세대상 토지 (주차장, 휴양업, 하치장 등 또는 토지이용 수입금액이 토지가액의 3% 이상인 경우 등은 사업용 토지에 해당하지만 주차장, 휴양업 등은 가업상속공제 대상 업종에 해당하지 않음)

(2) 주택 및 부수토지

법인세법 시행령 제92조의2 제2항의 임대주택 및 읍·면지역 소재 일정 농어촌 주택 제외

(3) 주택을 취득하기 위한 권리: 조합원 입주권, 분양권

(4) 상시 주거용으로 사용하지 않고 휴양·피서·위락 등 용도로 사용하는 건축물

콘도미니엄, 별장, 휴양용으로 사용하는 빌라 등

개월 이내인 금융상품을 포함한다)보유액의 100분의 200을 초과하는 것을 말한다] (2025. 2. 28. 개정)
　마. 법인의 영업활동과 직접 관련이 없이 보유하고 있는 주식등, 채권 및 금융상품(라목에 해당하는 것은 제외한다) (2018. 2. 13. 개정)

나. 업무무관 부동산, 동산 및 타인에게 임대한 부동산

구분	사업무관자산

업무무관자산	• 업무무관 부동산
	 - 법인의 업무에 직접 사용하지 않는 부동산
	  (유예기간 경과 전에 있는 경우 제외)
	 - 유예기간 중에 법인의 업무에 사용하지 않고 양도한 부동산
	  ※ 나대지에 착공하는 경우: 업무관련 부동산에 해당하지만 비사업용 토
	   지에 해당 여부 검토 필요
	• 업무무관 동산
	 - 서화 및 골동품
	 - 업무에 직접 사용하지 않는 자동차·선박·항공기 등

임대부동산	타인에게 임대한 부동산은 무조건 사업무관자산 해당함.

> **서면 - 상속증여 - 3355, 2020. 2. 6.**
>
> 가업승계 증여세 과세특례를 적용함에 있어 가업에 해당하는 법인이 보유하고 있는 건설 중인 자산이 증여일 현재「상속세 및 증여세법 시행령」제15조 제5항 제2호 각 목에 해당 하지 않는 경우에는 사업무관자산으로 보지 않는 것임.

다. 타인에게 대여한 대여금(비특수관계인에게 대여한 금액도 해당)

라. 과다보유현금

> ◎ 과다보유현금
>
>   증여일 현재 현금
> -) 증여일 직전 5개 사업연도 말 평균 현금보유액의 200%(2025. 2. 27.까지 증여분 의 경우 150%)
> =) 과다보유현금
>   * 현금: 요구불 예금 및 취득일부터 만기가 3개월 이내인 금융상품

마. 영업과 관련 없이 보유하고 있는 주식, 채권, 금융상품 등

구분	보유목적	대상	사업무관자산 해당 여부
단기매매증권 (FVPL금융자산)	매매차익 목적으로 단기투자	20% 미만 상장주식, 채권	무조건 사업무관자산
매도가능증권 (FVOCI금융자산)	장기투자 목적	20% 미만 상장주식, 비상장주식, 채권	무조건 사업무관자산
만기보유증권	만기까지 보유	채권	무조건 사업무관자산
자회사 주식 (지분법적용투자주식)	경영권 확보, 의결권 등 행사목적	20% 이상 보유주식	• 영업활동 관련 입증: 사업관련자산 • 영업활동 관련 미입증: 사업무관자산
종신보험	법인이 계약자, 피상속인 피보험자		사망 시 지급되는 보험금: 사업무관자산

서면 – 법령해석재산 – 1711, 2015. 11. 13.

가업승계에 대한 증여세 과세특례 적용 시 가업에 해당하는 법인이 일시 보유 후 처분할 목적인 자기주식은 사업무관자산에 해당함.

서면 – 법규재산 – 1609, 2022. 9. 15.

조특법 §30의6 가업승계 증여세 특례 적용 시 확정급여형 퇴직연금제도(DB)를 설정한 법인의 퇴직연금운용자산은 상증령 §15 ⑤ (2) 마목에서 규정한 사업무관자산에 해당하지 아니함(근로자퇴직급여보장법 §16 ④에 따라 사용자가 반환을 요구할 수 있는 부분은 제외).

Ⅱ 가업승계에 대한 증여세 과세특례 적용한도는 다음과 같습니다.

> **Tip! Ⅰ** 2023년 이후 증여분부터 증여자의 계속 가업경영기간에 따라 300억 원에서 최고 600억 원의 한도가 적용됩니다.

2015년부터 2022년까지 가업승계에 대한 증여세 과세특례는 증여자 경영기간에 관계없이 무조건 100억 원의 한도가 적용되었습니다.

2023년 이후 증여분부터는 증여자의 가업법인 계속 경영기간에 따라 10년 이상 20년 미만인 경우 300억 원, 20년 이상 30년 미만인 경우 400억 원, 30년 이상인 경우 최고

600억 원의 한도가 적용됩니다.[46]

비상장법인의 경우 한도 때문에 가업승계에 대한 증여세 과세특례제도 활용에 대한 효과가 낮은 경우는 많지 않았습니다.

하지만 상장법인이 자녀의 적극적인 경영참여를 위해 사전에 주식을 증여하는 경우에 있어 100억 원의 한도는 지극히 낮은 편이어서 자녀에게 사전증여하면서 증여세 과세특례를 적용받지 못하여 증여세 납부 때문에 수증받은 주식을 양도하는 사례들을 볼 수 있었습니다.

2023년 이후 증여분부터 가업승계 증여세 과세특례 한도가 상향조정되었으므로 자녀의 적극적인 경영참여를 위해 일정 지분을 사전에 증여하고자 하는 상장법인의 경우 가업승계에 대한 증여세 과세특례를 적극적으로 활용하는 계획을 세울 필요가 있습니다.

---

46) 조세특례제한법 제30조의6 【가업의 승계에 대한 증여세 과세특례】
　　① 18세 이상인 거주자가 60세 이상의 부모로부터 가업[대통령령으로 정하는 중소기업 또는 대통령령으로 정하는 중견기업(증여받은 날이 속하는 법인세 사업연도의 직전 3개 법인세 사업연도의 매출액 평균금액이 5천억 원 이상인 기업은 제외한다)으로서 부모가 10년 이상 계속하여 경영한 기업을 말한다. 이하 이 조 및 제30조의7에서 같다]의 승계를 목적으로 해당 가업의 주식 또는 출자지분(이하 이 조에서 "주식등"이라 한다)을 증여받고 대통령령으로 정하는 바에 따라 가업을 승계한 경우에는 「상속세 및 증여세법」 제53조, 제53조의2 및 제56조에도 불구하고 그 주식등의 가액 중 대통령령으로 정하는 가업자산 상당액에 대한 증여세 과세가액(다음 각 호의 구분에 따른 금액을 한도로 한다)에서 10억 원을 공제하고 세율을 100분의 10(과세표준이 120억 원을 초과하는 경우 그 초과금액에 대해서는 100분의 20)으로 하여 증여세를 부과한다. 다만, 가업의 승계 후 가업의 승계 당시 「상속세 및 증여세법」 제22조 제2항에 따른 최대주주 또는 최대출자자에 해당하는 자(가업의 승계 당시 해당 주식등의 증여자 및 해당 주식등을 증여받은 자는 제외한다)로부터 증여받는 경우에는 그러하지 아니하다. (2024. 12. 31. 개정)
　　1. 부모가 10년 이상 20년 미만 계속하여 경영한 경우: 300억 원 (2022. 12. 31. 신설)
　　2. 부모가 20년 이상 30년 미만 계속하여 경영한 경우: 400억 원 (2022. 12. 31. 신설)
　　3. 부모가 30년 이상 계속하여 경영한 경우: 600억 원 (2022. 12. 31. 신설)

2015년부터 2022년까지 증여분	2023년 이후 증여분

〈다음 각각의 증여방식과 관계없이 1인이 수증받은 것으로 보아 모두 동일 한도 적용〉
① 한 명의 자녀가 1회 과세특례 적용받는 경우
② 한 명의 자녀가 여러 해에 걸쳐 과세특례 적용받는 경우
③ 두 명 이상의 자녀가 과세특례 적용받는 경우
④ 부와 모가 각각 경영하던 가업에 대해 특례 적용받는 경우
※ 부모 중 한 명이 여러 개의 가업을 경영하는 경우: 유권해석 필요

가업영위기간	공제한도	증여자 가업영위기간	공제한도
10년 이상	100억 원	계속하여 10년 이상	300억 원
		계속하여 20년 이상	400억 원
		계속하여 30년 이상	600억 원

Tip! Ⅱ 1명의 자녀가 순차적으로 가업승계에 대한 증여세 과세특례를 적용받은 경우 또는 2인 이상의 자녀가 가업승계에 대한 증여세 과세특례를 동시에 또는 순차적으로 적용받은 경우에는 1인이 수증받은 것으로 보아 전체 한도가 적용됩니다.

가업승계에 대한 증여세 과세특례는 최초 과세특례 적용 시 2인 이상의 자녀가 동시에 증여받는 경우, 최초 과세특례를 적용받은 자녀가 순차적으로 증여받는 경우, 최초로 공제받지 않은 자녀가 순차적으로 증여받는 경우 모두 적용 가능합니다.

다만, 어떠한 방식으로 수증을 받는지와 관계없이 1인의 자녀가 증여받은 것으로 보아 한도와 증여세가 계산되므로 증여방식에 따라 한도와 증여세가 달라지지 않습니다.

서면 – 상속증여 – 0478, 2020. 6. 29.

최초로 가업승계를 받은 자녀의 경우에도 과세특례 한도 내에서 증여자 및 수증자의 요건을 갖추면 재차 증여세 과세특례를 받을 수 있는 것임.

서면 – 법규재산 – 5942, 2022. 3. 31.

부(父)가 차남, 모(母)가 장남에게, 각각 경영하던 가업의 주식 등을 증여하여 가업을 승계함으로서 조특법 §30의6 ① 등에 따른 요건을 충족한 경우에도, 조특법 §30의6 ②에 따라 거주자 1인이 모두 증여받은 것으로 보아 증여세 계산함.

2023년 전에 가업승계에 대한 증여세 과세특례 적용신청 시 한도 100억 원까지에 대해 모두 특례를 적용받은 경우로서 2023년 이후 가업승계 증여세 과세특례 요건을 갖춘 수증자에게 증여하는 경우에는 2023년 증여 시점의 증액된 한도에서 기 특례 적용받은 금액을 차감한 범위 내에서 가업승계 증여세 과세특례를 추가로 적용받을 수 있습니다.

<case> 2023년 전 가업승계 증여세 과세특례 적용받은 경우

- 2021년 가업승계 증여세 과세특례 적용신청: 한도 100억 원까지에 대해 모두 특례 적용
- 2025년 가업승계 증여세 과세특례 요건 갖춘 수증자에게 추가 증여
  * 해당 법인: 증여자가 15년 이상 계속 경영한 법인
  * 2025년 가업승계 증여세 과세특례 적용신청 시 적용 가능 한도
    200억 원 = 300억 원(2025년 증여 시점 한도) − 100억 원(기 적용받은 금액)

서면 – 상속증여 – 2204, 2022. 7. 4.

종전에 조세특례제한법 제30조의6 및 동법 시행령 제27조의6에 따라 주식을 증여받아 가업의 승계에 대한 증여세 과세특례를 적용받은 경우, 이후 해당 수증인을 포함한 2인 이상이 동 법령에 따라 과세가액 100억 원을 한도로 해당 증여세 과세특례를 적용받을 수 있는 것임.

Chapter 4

가업승계에 대한 증여세 과세특례 적용 시 증여세 산출세액 계산 편

(김대표님 질문)

안세무사님!

가업승계를 위해 증여한 주식 중 사업무관자산이 차지하는 비율을 제외한 가액에 대해서만 가업승계 증여세 과세특례 적용이 가능하다고 하셨는데 가업승계에 대한 증여세 과세특례가 적용되는 주식가액과 사업무관자산이 차지하는 비율에 대한 가액에 대해서는 어떻게 과세가 되는 것인가요?

(안세무사 답변)

김대표님!

대부분 법인의 경우 사업무관자산비율이 0%인 경우는 거의 없습니다.

가업승계 증여세 과세특례 적용신청 시에는 우선 증여받은 주식 가액을 사업무관자산이 차지하는 비율과 사업관련자산 비율이 차지하는 가액으로 나누어야 합니다.

이 중 사업관련자산이 차지하는 비율에 대해서는 가업승계에 대한 증여세 과세특례 한도 범위 내에서 최고 20% 세율(과세표준 120억 원까지는 10%, 과세표준 10억 원까지는 세금 없음)로 과세되지만 사업무관자산이 차지하는 비율에 해당하는 가액에 대해서는 일반 증여재산과 동일하게 과세되므로 기 증여재산이 있는 경우에는 기 증여재산과 합산하여 최고 50%의 증여세율이 적용될 수 있습니다.

따라서 가업승계 증여세 과세특례 한도가 높아졌어도 사업무관자산비율에 대한 증여세를 계산해보고 증여 여부를 결정하여야 합니다.

Ⅰ 가업승계 증여세 과세특례 적용대상 증여세

Tip! **Ⅰ** 증여주식 가액 중 사업무관자산비율을 제외한 가액만이 가업승계 증여세 과세특례 적용 증여세 과세가액에 해당합니다.

1. 증여주식 가액 중 증여세 과세특례 적용되는 증여세 과세가액

증여주식 가액 중 가업승계 증여세 과세특례 적용이 가능한 가업자산 상당액은 증여주식 가액 중 사업무관자산이 차지하는 비율을 차감한 가액만이 해당합니다.

◎ 증여세 과세가액이 되는 가업자산 상당액

= 증여주식 가액 × (1 – 사업무관자산비율)

* 사업무관자산비율 = 사업무관자산가액 / 총자산가액

---

2. 증여세 과세가액의 의미

증여세 과세가액이란 원칙적으로는 동일인으로부터 10년 이내 증여받은 1천만 원 이상의 재산을 합산한 가액에서 부담부 증여 시 인수한 채무를 차감한 가액을 의미하는 것입니다.[47] (상증법 §47)

가업승계 증여세 과세특례 적용 시 증여세 과세가액은 10년 이내 가업승계 증여세 과세특례를 적용받으면서 증여받은 주식가액의 합에서 해당 주식에 담보된 대출을 승계하는 경우에는 담보대출 가액을 차감한 가액을 의미하는 것이라 생각됩니다.

☞ 저자 주
상장법인의 경우 주식담보대출을 받은 경우를 볼 수 있는데 주식담보대출 받은 주식을 증여하는 경우에는 해당 담보대출금액을 차감해도 되는지에 대해 정확하게 질의 후 진행하기 바랍니다.

---

47) 상속세 및 증여세법 제47조【증여세 과세가액】

① 증여세 과세가액은 증여일 현재 이 법에 따른 증여재산가액을 합친 금액[제31조 제1항 제3호, 제40조 제1항 제2호·제3호, 제41조의3, 제41조의5, 제42조의3, 제45조 및 제45조의2부터 제45조의4까지의 규정에 따른 증여재산(이하 "합산배제증여재산"이라 한다)의 가액은 제외한다]에서 그 증여재산에 담보된 채무(그 증여재산에 관련된 채무 등 대통령령으로 정하는 채무를 포함한다)로서 수증자가 인수한 금액을 뺀 금액으로 한다.

② 해당 증여일 전 10년 이내에 동일인(증여자가 직계존속인 경우에는 그 직계존속의 배우자를 포함한다)으로부터 받은 증여재산가액을 합친 금액이 1천만 원 이상인 경우에는 그 가액을 증여세 과세가액에 가산한다. 다만, 합산배제증여재산의 경우에는 그러하지 아니하다.

2024년 이후 수증분부터 가업승계 증여세 과세특례 한도액 범위 내에서 증여세 과세가액에서 10억 원을 공제한 금액을 과세표준으로 하여 과세표준 120억 원까지는 10% 세율을 적용하고 과세표준 120억 원을 초과하는 부분에 대해서는 20%의 세율을 적용합니다.

1. 2023년 이전 수증분

① 과세가액이 35억 원 이하인 경우

증여세 산출세액 = (증여세 과세가액 − 5억 원) × 10%

(증여세 과세가액 ⇒ 5억 원인 경우 증여세: 0원, 35억 원인 경우 증여세: 3억 원)

② 과세가액이 35억 원을 초과하는 경우

증여세 산출세액 = [(증여세 과세가액* − 35억 원) × 20%] + [(35억 원 − 5억 원) × 10%]

* 100억 원을 한도로 함.

2. 2023년 수증분

① 과세가액이 70억 원 이하인 경우

증여세 산출세액 = (증여세 과세가액 − 10억 원) × 10%

(증여세 과세가액 ⇒ 10억 원인 경우 증여세: 0원, 70억 원인 경우 증여세: 6억 원)

② 과세가액이 70억 원을 초과하는 경우

증여세 산출세액 = [(증여세 과세가액* − 70억 원) × 20%)] + [(70억 원 − 10억 원) × 10%]

* 한도: 증여자 계속 경영기간 10년 이상 300억 원, 20년 이상 400억 원, 30년 이상 600억 원

3. 2024년 이후 수증분

① 과세가액이 130억 원 이하인 경우

증여세 산출세액 = (증여세 과세가액 − 10억 원) × 10%

(증여세 과세가액⇒10억 원인 경우 증여세: 0원, 130억 원인 경우 증여세: 12억 원)

② 과세가액이 130억 원을 초과하는 경우

증여세 산출세액 = [(증여세 과세가액* − 130억 원) × 20%)] + [(130억 원−10억 원) × 10%]

* 한도: 증여자 계속 경영기간 10년 이상 300억 원, 20년 이상 400억 원, 30년 이상 600억 원

| 가업승계 증여세 과세특례 적용 증여세율 |

2015년부터 2022년까지 증여분		2023년 증여분		2024년 이후 증여분	
과세표준	증여세율	과세표준	증여세율	과세표준	증여세율
5억 원까지	세금 없음.	10억 원까지	세금 없음.	10억 원까지	세금 없음.
30억 원 이하 (증여세 과세가액 5억 원 초과~35억 원 이하)	10%	60억 원 이하 (증여세 과세가액 10억 원 초과~ 70억 원 이하)	10%	120억 원 이하 (증여세 과세가액 10억 원 초과~ 130억 원 이하)	10%
30억 원 초과 (증여세 과세가액 35억 원 초과)	20%	60억 원 초과 (증여세 과세가액 70억 원 초과)	20%	120억 원 초과 (증여세 과세가액 130억 원 초과)	20%

| 2023년 가업승계 증여세 과세특례 증여세 VS 일반 증여세 |

증여세 과세가액	가업승계 증여세	일반 증여세*	절세액	증여세 과세가액	가업승계 증여세	일반 증여세	절세액
10억 원	0원	2.25억 원	2.25억 원	300억 원	52억 원	145.15억 원	93.15억 원
70억 원	6억 원	30.15억 원	24.15억 원	400억 원	72억 원	195.15억 원	123.15억 원
100억 원	12억 원	45.15억 원	33.15억 원	500억 원	92억 원	245.15억 원	153.15억 원
200억 원	32억 원	95.15억 원	63.15억 원	600억 원	112억 원	295.15억 원	183.15억 원

* 가정: 증여재산공제 5천만 원 적용, 신고세액공제 없음.

| 2024년 이후 가업승계 증여세 과세특례 증여세 VS 일반 증여세 |

증여세 과세가액	가업승계 증여세	일반 증여세*	절세액	증여세 과세가액	가업승계 증여세	일반 증여세	절세액
10억 원	0원	2.25억 원	2.25억 원	300억 원	46억 원	145.15억 원	99.15억 원
70억 원	6억 원	30.15억 원	24.15억 원	400억 원	66억 원	195.15억 원	129.15억 원
100억 원	9억 원	45.15억 원	36.15억 원	500억 원	86억 원	245.15억 원	159.15억 원
200억 원	26억 원	95.15억 원	69.15억 원	600억 원	106억 원	295.15억 원	189.15억 원

* 가정: 증여재산공제 5천만 원 적용, 신고세액공제 없음.

Tip! Ⅲ 수증자가 2인 이상인 경우 가업자산 상당액에 대한 증여세 계산은 다음과 같습니다.

가업을 승계한 거주자가 2인 이상인 경우에는 각 수증자가 증여받은 주식등을 1인이 증여받은 것으로 보아 증여세가 과세됩니다.

1. 2인 이상의 거주자가 동시에 주식등을 증여받은 경우

전체 증여세 과세가액에 대한 증여세 산출세액을 각자가 받은 증여주식가액에 따라 안분하여 수증자별로 납부할 증여세를 계산합니다.[48] (조특령 §27의6 ② 1호)

◎ 2인 이상의 거주자가 동시에 증여받는 경우 증여세
　① 증여받는 자의 증여세 과세가액을 모두 합하여 다음에 따라 증여세 계산
　　증여세 = [(증여세 과세가액 − 130억 원) × 20%)] + [(130억 원 − 10억 원) × 10%]
　② 각 수증인별 증여세
　　위 ①에 따른 증여세 × 수증자의 증여세 과세가액 / 전체 증여세 과세가액

---

48) 조세특례제한법 시행령 제27조의6 【가업의 승계에 대한 증여세 과세특례】
　② 법 제30조의6 제2항 후단에서 "대통령령으로 정하는 방법에 따라 계산한 금액"이란 다음 각 호의 구분에 따라 계산한 금액을 말한다.
　　1. 2인 이상의 거주자가 같은 날에 주식등을 증여받은 경우: 1인이 모두 증여받은 것으로 보아 법 제30조의6에 따라 부과되는 증여세액을 각 거주자가 증여받은 주식등의 가액에 비례하여 안분한 금액
　　2. 해당 주식등의 증여일 전에 다른 거주자가 해당 가업의 주식등을 증여받고 법 제30조의6에 따라 증여세를 부과받은 경우: 그 다른 거주자를 해당 주식등의 수증자로 보아 법 제30조의6에 따라 부과되는 증여세액

2. 2인 이상의 거주자가 순차적으로 증여받은 경우

2인 이상의 거주자가 순차적으로 증여받는 경우에는 기 과세특례 적용받은 가업자산 상당액을 증여세 과세가액에 합산하여 증여세를 계산하고 선순위 수증자가 납부한 증여세를 기 납부세액으로 공제하여 계산합니다.(조특령 §27의6 ② 2호)

이 경우 과세표준이 120억 원을 초과하는 경우에는 20% 세율이 적용되므로 예컨대 선순위 수증자가 120억 원의 주식을 증여받은 경우를 가정 시 후순위 수증자는 선순위 수증자와 합산하여 무조건 20% 세율이 적용되므로 후순위 수증자의 납부세액이 더 커지는 결과가 됩니다.

◎ 2인 이상의 거주자가 순차적으로 증여받는 경우 증여세 산출세액

[(선순위 수증자 과세가액 + 증여세 과세가액: 130억 원 초과분 − 70억 원)
× 20%] + [(선순위 수증자 과세가액 + 증여세 과세가액: 130억 원 이하분
−10억 원) × 10%]
− 선순위 수증자 증여세 산출세액

Tip! Ⅳ 2023년 전 가업승계 증여세 과세특례 적용받고 2023년, 2024년 이후 추가 신청하는 경우 가업자산 상당액에 대한 증여세 계산은 다음과 같습니다.

2023년 전에 가업승계 증여세 과세특례를 적용받고 2023년, 2024년 이후 추가로 가업승계 증여세 과세특례를 적용받는 경우에는 2023년 전 동일인 또는 다른 수증인이 이미 특례 적용받은 증여세 과세가액 합계액에 대해서는 2023년 전 종전 특례세율을 적용하고 2023년, 2024년 이후 특례 적용신청하는 주식가액과 2023년 전 증여받은 주식가액에 대해서는 10억 원을 공제(유권해석 필요)한 후 2023년, 2024년 이후 증여분부터 적용되는 한도(10% 세율적용 구간은 2023년 전 준용)를 적용하여 증여세 산출세액을 계산한 후 2023년 전 이미 납부한 세액에 대해 납부세액공제를 적용합니다.

<case> 가업영위기간이 2024년 기준 20년 이상인 가업(최대한도 400억 원)에 대하여 2021년에 증여세 과세가액 100억 원에 대해 가업승계 증여세 과세특례 적용받고 2023년에 증여세 과세가액 30억 원에 대하여 가업승계 증여세 과세특례를 적용받은 후 2024년 이후 100억 원에 대하여 가업승계 증여세 과세특례를 적용받는 경우 계산 방법

1. 2021년 증여세 과세가액 100억 원에 대해 가업승계 증여세 과세특례 적용 시 증여세

   (100억 원 − 35억 원) × 20% + (35억 원 − 5억 원) × 10% = 16억 원

2. 2023년 가업승계 증여세 과세특례 적용 시 증여세
   - 증여세 과세표준: (30억 원 + 100억 원) − 10억 원 = 120억 원
   - 증여세: (30억 원* × 10%) + (90억 원 × 20%) − 기납부세액공제

     2023년 전 이미 35억 원 초과 70억 원 이하에 해당하는 과세가액에 대해 20% 세율 적용받은 경우에는 2023년 10% 특례세율 적용되는 과세가액이 70억 원으로 상향되었어도 소급하여 10% 세율 적용 불가능

3. 2024년 가업승계 증여세 과세특례 적용 시 증여세
   - 증여세 과세표준: (100억 원 + 30억 원 + 100억 원) − 10억 원 = 220억 원
   - 증여세: (30억 원 × 10%) + (190억 원 × 20%) − 기납부세액공제

※ 다만, 해당 사안에 대해서는 유권해석이 없는 상태이므로 실제 진행 시에는 반드시 질의를 통해 명확하게 과세문제를 파악한 후 진행할 필요가 있습니다.

Tip! V 가업승계 증여세 과세특례를 적용받은 주식가액은 다른 일반 증여재산과 합산하여 과세되지 않고 신고세액공제가 배제됩니다.

(김대표님 질문)

안세무사님!

저의 경우 요즘 집값뿐만이 아니라 전세 값도 만만치 않아 3년 전 아들, 딸이 결혼할 때 각각 5억 원을 증여해 주었습니다. 당시 20% 세율이 적용되는 범위에서 전세금을 증여해 주었는데 혹시 이번에 가업승계에 대한 증여세 과세특례 적용신청을 하면 이미 증여한 전세금도 합산되어 적용되는 증여세율이 높아지는 것은 아닌가요?

(안세무사 답변)

김대표님!

원칙적으로 증여세의 경우 동일인(증여자가 직계존속인 경우 직계존속의 배우자 포함)

으로부터 10년 이내에 증여받은 재산가액의 합이 1천만 원 이상인 경우에는 기증여받은 재산가액을 증여세 과세가액에 가산하여 증여세를 계산하여야 합니다.(상증법 §47 ②)

하지만 가업승계에 대한 증여세 과세특례 적용 주식은 일반 증여재산가액과 합산하지 않으므로 김대표님께서 기증여한 전세금 5억 원과 합산하여 과세되지 않으니 걱정하지 않으셔도 됩니다.[49] (조특법 §4)

다만, 순차적으로 자녀 1인 또는 여러 자녀에게 동시·순차적으로 주식을 증여하면서 가업승계에 대한 증여세 과세특례를 적용받는 경우에는 자녀가 가업승계에 대한 증여세 과세특례 적용받은 주식가액을 모두 합산하여 특례세율과 한도를 적용하게 됩니다. 이 경우 가업승계에 대한 증여세 과세특례를 적용받아 증여세를 신고하는 경우에는 3%의 신고세액공제가 적용배제 됩니다.

Tip! Ⅵ 일반증여와 가업승계 증여세 과세특례를 적용받은 경우 증여세 절세액을 비교해 볼 필요가 있습니다.

1. 사업무관자산비율이 0%인 경우

<case 1> 일반적 증여와 가업승계 증여세 과세특례 적용 증여에 따른 납부세액 비교
- 안경영이 10년 이상 경영한 (주)현인(중소기업) 주식 110억 원을 성인자녀에게 증여함.
- (주)현인은 총자산가액 중 사업관련 자산가액 비율이 100%임.

일반증여인 경우	구분	가업승계주식 특례적용대상인 경우
110억 원	증여세 과세가액	110억 원
0.5억 원	증여공제	10억 원
109.5억 원	증여세 과세표준	100억 원

---

49) 조세특례제한법 제30조의6【가업의 승계에 대한 증여세 과세특례】
　　④ 제1항에 따른 주식등의 증여에 관하여는 제30조의5 제8항부터 제13항까지의 규정을 준용한다. 이 경우 "창업자금"은 "주식등"으로 본다.
　　조세특례제한법 제30조의5【창업자금에 대한 증여세 과세특례】
　　⑪ 창업자금에 대하여 증여세를 부과하는 경우에는 「상속세 및 증여세법」 제47조 제2항에도 불구하고 동일인(그 배우자를 포함한다)으로부터 증여받은 창업자금 외의 다른 증여재산의 가액은 창업자금에 대한 증여세 과세가액에 가산하지 아니하며, 창업자금에 대한 증여세 과세표준을 신고하는 경우에도 같은 법 제69조 제2항에 따른 신고세액공제를 적용하지 아니한다.

일반증여인 경우	구분	가업승계주식 특례적용대상인 경우
50%(누진공제 4.6억 원)	세율	10%
50.15억 원	산출세액	10억 원
1.5045억 원	신고세액공제	*
48.6455억 원	자진납부세액	10억 원

* 가업승계 증여세 과세특례 세액 계산 시 신고세액공제 배제

 ☞ 가업승계 증여세 과세특례 적용 시 38.6455억 원의 증여세 절세효과 있음.

2. 사업무관자산비율이 20%인 경우

<case 2> 가업승계주식 특례 적용 증여세 연도별 부담액 비교

- 10년 이상 경영한 (주)현인(중소기업) 주식 50%를 보유한 안경영이 성인자녀에게 주식 110억 원을 증여함.
- (주)현인은 총자산가액 중 사업관련 자산가액 비율이 80%임.

구분	가업승계에 대한 증여세 과세특례 적용 시	
	특례 적용분	특례 미적용분
증여세 과세가액	88억 원	22억 원
증여공제	10억 원	0.5억 원
과세표준	78억 원	21.5억 원
세율	10%	40% (누진공제 1.6억 원)
산출세액	7.8억 원	7억 원
신고세액공제	–	0.21억 원
자진납부세액	7.8억 원	6.79억 원
자진납부세액 계	14.59억 원	

☞ 가업승계 증여세 과세특례 적용 시 34.0555억 원의 증여세 절세효과 있음.

Ⅱ 사업무관자산이 차지하는 비율에 해당하는 가액에 대한 증여세

1. 증여한 부모(배우자 포함)로부터 10년 이내 기증여받은 재산과 합산하여 증여세가 과세됩니다.

증여주식 가액 중 사업무관자산비율이 차지하는 가액에 대해서는 일반 증여세와 동일하게 증여세가 과세됩니다.

따라서 증여한 부모(배우자 포함)로부터 10년 이내 증여받은 재산가액 합계액이 1천만 원 이상인 경우에는 합산하여 과세됩니다.(상증법 §47 ②)

2. 신고세액공제 적용

증여주식 가액 중 사업무관자산이 차지하는 비율에 해당하는 가액에 대한 증여세를 증여세 신고기한 내에 신고하는 경우에는 증여세 산출세액에서 증여세 산출세액의 3%가 신고세액공제로 차감됩니다.(상증법 §69)

◎ 가업승계에 대한 증여세 과세특례 증여세 계산 핵심요약

> • 다음 2개의 신고서 작성하여 두 가지의 증여세 납부
> ① 가업승계 증여세 특례적용 증여세 신고서
> ② 일반 증여세 신고서

Ⅰ. 가업승계 증여세 특례세율 적용대상 증여세
  • 증여세 과세가액 = 가업승계 목적 증여주식 가액 × (1 − 사업무관자산비율)

1. 과세특례 증여세 산출세액 계산방법
   ① 일반적인 경우
      증여세 = [(증여세 과세가액 − 130억 원) × 20%] + [(130억 원 − 10억 원)
          × 10%]
   ② 2인 이상이 동시에 증여받는 경우
      2인 이상의 증여세 과세가액을 합하여 "①"에 따라 계산 후 안분계산

---

③ 2인 이상의 거주자가 순차적으로 증여받는 경우 증여세

[{(선순위 수증자 과세가액 + 증여세 과세가액) 중 130억 원 초과분

－130억 원} × 20%]

＋[{(선순위 수증자 과세가액 + 증여세 과세가액) 중 130억 원 이하분*

－10억 원} × 10%]

－선순위 수증자 증여세 산출세액

* 2023년 전, 2023년 기수증분에 대해서는 당시 특례세율 적용

2. 부모로부터 수증받은 다른 증여재산과 합산과세 여부: 합산배제

3. 신고세액공제 적용여부: 부

4. 상속재산에 합산여부: 증여일자 관계없이 무조건 합산

5. 5년 이내 사후관리 위반 시: 일반 증여재산과 합산 후 일반 증여세율 적용하여 과소신고가산세와 이자상당액 함께 추징

Ⅱ. 일반 증여세율 적용대상 증여세

• 증여세 과세가액 = 가업승계 목적 증여주식 가액 × 사업무관자산비율

1. 증여세 산출세액 계산방법

증여세 = [10년 이내 부모로부터 수증받은 재산가액

＋ (가업승계 목적 증여주식 가액 × 사업무관자산비율)] × 증여세율

2. 부모로부터 수증받은 다른 증여재산과 합산과세 여부: 10년 이내 부모로부터 수증받은 재산(1천만 원 이상)과 합산하여 증여세 과세

3. 신고세액공제 적용여부: 3% 신고세액공제 적용

4. 상속재산 합산여부: 상속개시일 전 10년 이내 분만 합산

☞ 주의점

가업승계 목적으로 주식 증여 전에는 사업무관자산비율을 확인한 후 사업무관자산비율에 대한 증여세를 계산한 후 주식증여 진행여부 또는 증여주식수를 결정하여야 함.

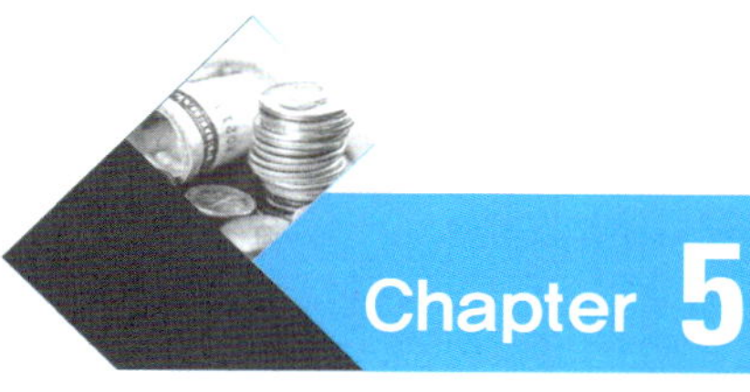

Chapter 5

가업승계에 대한 증여세 과세특례 사후관리 편

(김대표님 질문)

안세무사님!

가업상속공제의 경우 가업상속공제 받은 후 5년간 가업용 자산처분 요건, 상속인 가업종사 요건, 상속인 지분유지 요건, 고용유지 요건, 탈세 또는 회계부정요건 이렇게 다섯 가지 사후관리 사항을 준수해야 한다고 하셨는데 가업승계에 대한 증여세 과세특례도 동일한가요?

(안세무사 답변)

김대표님!

가업승계에 대한 증여세 과세특례도 2020년부터 2022년까지는 7년 동안 사후관리가 되었지만 2023년 이후 증여분부터는 사후관리 기간이 5년으로 단축되었습니다.

사후관리 사항은 가업상속공제와 유사하지만 가업승계에 대한 증여세 과세특례의 경우 가장 준수하기 까다로운 고용유지에 대한 사후관리는 준수하지 않아도 되고 가업용 자산 처분금지에 대한 사후관리가 없는 장점이 있습니다.

◎ 가업승계 증여세 과세특례 사후관리 기간 및 두 가지 사후관리 사항 ♣

• 가업승계 증여세 과세특례 사후관리 기간

적용 시기	사후관리 기간
2014년까지 증여분	10년
2015년부터 2022년까지 증여분	7년
2023년 이후 증여분	5년

• 사후관리(가업상속공제 VS 가업승계 증여세 과세특례)

구분	가업상속공제	가업승계 증여세 과세특례
가업용 자산처분	가업용 자산의 40% 이상을 처분하지 말 것	없음.
상속인 가업종사	상속인, 수증자가 가업에 종사할 것, 1년 이상 휴폐업하지 말 것, 5년까지 대표이사직 유지, 한국산업분류상 대분류 내 동일업종 유지	
상속인 지분유지	상속인, 수증자의 지분이 감소하지 말 것	
고용유지 요건	5년간 근로자수 또는 총급여액 평균 ≥ 상속개시 2년 전 평균의 90%	없음.
탈세, 회계부정	5년 이내 탈세·회계부정하지 말 것	5년 이내 탈세·회계부정하지 말 것(2024년 이후 증여분)
추징 시 적용이자율	국세환급 가산금 이자율 연 3.1%	연 8.03% (일당 2.2/10,000)
과소신고 가산세	미적용	적용

Ⅰ 2023년 이후 증여분부터 5년의 사후관리 기간이 적용됩니다.

2020년부터 2022년까지 가업승계 목적 증여분에 대해서는 7년의 사후관리 기간이 적용되지만 2023년 이후 가업승계 목적 증여에 대해서는 5년의 사후관리 기간이 적용됩니다.[50] (조특법 §30조의6 ③)

다만, 2023년 전에 증여를 받은 경우로서 2023. 1. 1. 이후 증여세 과세표준을 신고하거나 다음 요건을 충족하는 경우에는 2023년 전 증여임에도 불구하고 5년의 사후관리 기간이 적용됩니다.

① 2023년 전 가업승계 증여세 과세특례를 적용받았을 것

② 2023. 1. 1. 당시 주식등을 증여받은 날부터 7년이 경과하지 아니하였을 것

---

50) 조세특례제한법 제30조의6 【기업의 승계에 대한 증여세 과세특례】
　③ 제1항에 따라 주식등을 증여받은 자가 대통령령으로 정하는 바에 따라 가업을 승계하지 아니하거나 가업을 승계한 후 주식등을 증여받은 날부터 5년 이내에 대통령령으로 정하는 정당한 사유 없이 다음 각 호의 어느 하나에 해당하게 된 경우에는 그 주식등의 가액에 대하여 「상속세 및 증여세법」에 따라 증여세를 부과한다. 이 경우 대통령령으로 정하는 바에 따라 계산한 이자상당액을 증여세에 가산하여 부과한다. (2022. 12. 31. 개정)
　1. 가업에 종사하지 아니하거나 가업을 휴업하거나 폐업하는 경우
　2. 증여받은 주식등의 지분이 줄어드는 경우

③ 2023년 전에 사후관리를 위반하여 증여세 및 이자상당액이 부과되지 아니하였을 것

사후관리	2015년부터 2022년까지 증여분	2023년 이후 증여분
사후관리 기간	7년	5년
가업 유지	증여받는 자는 증여일로부터 5년 이내 대표이사 취임하고 7년까지 유지	증여받는 자는 증여일로부터 3년 이내 대표이사 취임하고 5년까지 유지

Ⅱ 가업승계에 대한 증여세 과세특례 적용받은 후 정당한 사유없이 5년간 가업에 미종사하거나 휴업 또는 폐업을 하여서는 안 됩니다.

1. 가업에 종사하지 않는 것으로 보는 경우

다음에 해당하는 경우에는 가업에 종사하지 않는 것으로 봅니다.[51] (조특령 §27의6 ③, ⑥)

가. 수증자(배우자 포함)가 가업승계 목적으로 주식등을 증여받고 증여세 신고기한까지 가업에 종사하지 않은 경우

나. 수증자(배우자 포함)가 가업승계 목적으로 주식등을 증여받고 증여일부터 3년 이내 대표이사에 취임하지 않은 경우

다. 수증자(배우자 포함)가 주식 등을 증여받은 날부터 5년까지 대표이사직을 유지하지 않은 경우

라. 가업의 주된 업종을 변경한 경우

(대분류* 내에서 업종을 변경하는 경우나 평가심의위원회 심의를 거쳐 대분류 외의 업종으로 변경하는 경우 제외)

* 2024. 2. 29. 전에 주된 업종을 변경한 경우에는 중분류 내에서 변경만 허용됨.

마. 가업을 1년 이상 휴업(실적이 없는 경우 포함) 또는 폐업하는 경우

---

51) 조세특례제한법 시행령 제27조의6 【가업의 승계에 대한 증여세 과세특례】
　⑥ 법 제30조의6 제3항 제1호의 경우는 다음 각 호의 어느 하나에 해당하는 경우를 포함한다.
　　1. 수증자(제1항에 따른 수증자의 배우자를 포함한다)가 주식 등을 증여받은 날부터 5년까지 대표이사직을 유지하지 아니하는 경우
　　2. 법 제30조의6 제1항에 따른 가업(이하 이 조에서 "가업"이라 한다)의 주된 업종을 변경하는 경우. 다만, 다음 각 목의 어느 하나에 해당하는 경우는 제외한다.
　　　가. 한국표준산업분류에 따른 중분류 내에서 업종을 변경하는 경우
　　　나. 가목 외의 경우로서 「상속세 및 증여세법 시행령」 제49조의2에 따른 평가심의위원회의 심의를 거쳐 업종의 변경을 승인하는 경우

2. 가업 미종사에 정당한 사유가 있는 것으로 보는 경우

다음에 해당하는 경우에는 가업 미종사에 정당한 사유가 있는 것으로 보아 사후관리를 위반한 것으로 보지 않습니다.[52] (조특령 §27의6 ④)

  가. 수증자가 사망한 경우로서 수증자의 상속인이 상속세 과세표준 신고기한까지 당초 수증자의 지위를 승계하여 가업에 종사하는 경우

  나. 수증자가 증여받은 주식등을 국가 또는 지방자치단체에 증여하는 경우

  다. 수증자가 병역의무 이행, 질병의 요양, 취학상 형편 등으로 가업에 종사할 수 없는 경우

◎ **가업승계에 대한 증여세 과세특례 중 가업 미종사에 대한 사후관리**

1. 가업에 종사하지 않는 것으로 보는 경우
   - 수증자(배우자)가 증여세 신고기한 내 가업 미종사하거나 증여일부터 3년 이내 대표이사 취임하지 않은 경우
   - 수증자(배우자가)가 주식등 증여받은 날부터 5년까지 대표이사직을 유지하지 않은 경우
   - 주된 업종을 변경하는 경우(2024. 2. 29. 이후 업종변경분부터 적용)
     - ※ 대분류 내 업종 변경은 가능
     - ※ 대분류 외 변경 시에는 평가심의위원회의 심의를 거친 경우 가능
   - 1년 이상 휴업 또는 폐업하거나 1년 이상 실적이 없는 경우

2. 가업 미종사에 정당한 사유가 있는 것으로 보는 경우
   - 수증자 사망 & 수증자 상속인이 상속세 신고기한까지 당초 수증자의 지위 승계하여 가업종사
   - 가업상속 받은 재산을 국가 또는 지방자치단체에 증여
   - 상속인이 병역, 질병의 요양, 취학상 형편으로 가업에 종사하지 못하는 경우
     - ※ 취학상 형편: 고등교육법에 따른 학교에의 취학을 의미함.

---

52) 조세특례제한법 시행령 제27조의6 【가업의 승계에 대한 증여세 과세특례】
　④ 법 제30조의6 제3항 각 호 외의 부분 전단에서 "대통령령으로 정하는 정당한 사유"란 다음 각 호의 어느 하나에 해당하는 경우를 말한다.
　　1. 수증자가 사망한 경우로서 수증자의 상속인이 「상속세 및 증여세법」 제67조에 따른 상속세 과세표준 신고기한까지 당초 수증자의 지위를 승계하여 가업에 종사하는 경우
　　2. 수증자가 증여받은 주식 등을 국가 또는 지방자치단체에 증여하는 경우
　　3. 그 밖에 기획재정부령으로 정하는 부득이한 사유에 해당하는 경우

Ⅲ 가업승계에 대한 증여세 과세특례 적용받은 후 5년간 증여받은 주식의 지분이 줄어서는 안됩니다.

1. 수증인의 지분이 감소된 것으로 보는 경우

다음에 해당하는 경우에는 수증인의 지분이 감소된 것으로 봅니다.[53] (조특령 §27의6 ⑦)

가. 수증자가 증여받은 주식등을 처분하는 경우

나. 증여받은 주식 발행법인이 유상증자 시 실권으로 수증자의 지분율이 낮아지는 경우 (유상감자로 지분율이 낮아지는 경우도 해당)

다. 수증자와 특수관계 있는 자의 주식처분 또는 유상증자 시 실권 등으로 지분율이 낮아져서 수증자가 최대주주등에 해당하지 않는 경우

2. 수증인 지분감소에 정당한 사유가 있는 것으로 보는 경우

다음에 해당하는 경우에는 수증인 지분감소에 정당한 사유가 있는 것으로 보아 사후관리를 위반한 것으로 보지 않습니다. (조특령 §27의6 ⑦)

---

53) 조세특례제한법 시행령 제27조의6 【가업의 승계에 대한 증여세 과세특례】

　⑦ 법 제30조의6 제3항 제2호의 경우는 다음 각 호의 어느 하나에 해당하는 경우를 포함한다. (2020. 2. 11. 개정)

　　1. 수증자가 증여받은 주식등을 처분하는 경우. 다만, 다음 각 목의 어느 하나에 해당하는 경우는 제외한다. (2025. 2. 28. 개정)

　　　가. 합병·분할 등 조직변경에 따른 처분으로서 수증자가 「상속세 및 증여세법 시행령」 제15조 제3항에 따른 최대주주등(이하 이 조에서 "최대주주등"이라 한다)에 해당하는 경우 (2015. 2. 3. 신설)

　　　나. 「자본시장과 금융투자업에 관한 법률」 제390조 제1항에 따른 상장규정의 상장요건을 갖추기 위하여 지분을 감소시킨 경우 (2015. 2. 3. 신설)

　　2. 증여받은 주식등을 발행한 법인이 유상증자 등을 하는 과정에서 실권 등으로 수증자의 지분율이 낮아지는 경우. 다만, 다음 각 목의 어느 하나에 해당하는 경우는 제외한다. (2025. 2. 28. 개정)

　　　가. 해당 법인의 시설투자·사업규모의 확장 등에 따른 유상증자로서 수증자의 특수관계인(「상속세 및 증여세법 시행령」 제2조의2 제1항 각 호의 어느 하나에 해당하는 자를 말한다. 이하 이 조에서 같다) 외의 자에게 신주를 배정하기 위하여 실권하는 경우로서 수증자가 최대주주등에 해당하는 경우 (2018. 2. 13. 신설)

　　　나. 해당 법인의 채무가 출자전환됨에 따라 수증자의 지분율이 낮아지는 경우로서 수증자가 최대주주 등에 해당하는 경우 (2018. 2. 13. 신설)

　　3. 수증자와 특수관계에 있는 자의 주식처분 또는 유상증자 시 실권 등으로 지분율이 낮아져 수증자가 최대주주등에 해당되지 아니하는 경우 (2008. 2. 22. 신설)

가. 합병, 분할, 상장과정에서 지분이 감소된 경우

① 합병·분할 등 조직변경에 따른 처분으로서 수증자가 최대주주등에 해당하는 경우
② 상장규정의 상장 요건을 갖추기 위하여 지분을 감소시킨 경우

나. 특정한 유상증자 시 실권으로 지분이 낮아지는 경우

① 해당 법인의 시설투자·사업규모의 확장 등에 따른 유상증자로서 수증자의 특수관계인 외의 자에게 신주를 배정하기 위하여 실권하는 경우로서 수증자가 최대주주등에 해당하는 경우
② 해당 법인의 채무가 출자전환됨에 따라 수증자의 지분율이 낮아지는 경우로서 수증자가 최대주주등에 해당하는 경우

상속증여 – 616, 2013. 12. 10.

「조세특례제한법」 제30조의6 제1항에 따라 주식등을 증여받은 수증자가 가업을 승계한 후 주식등을 증여받은 날부터 10년 이내에 같은 법 시행령 제27조의6 제3항에 따른 정당한 사유 없이 증여받은 주식등의 지분이 줄어드는 경우 같은 법 제30조의6 제2항에 따라 그 주식등의 가액에 대하여 「상속세 및 증여세법」에 따른 증여세를 이자상당액을 가산하여 부과하는 것이며, 이 경우 증여받은 주식등의 지분이 줄어드는 경우에는 균등 유상감자를 포함하는 것임.

서울행정법원 2021구합79490, 2022. 12. 2.

가업의 승계에 대한 증여세 과세특례 규정의 취지에 비추어 보면, 원고의 귀책사유에 기하여 증여받은 주식등의 지분이 줄어드는 경우에만 과세특례 규정의 적용이 배제된다고 해석하거나, 시설투자·사업규모의 확장에 따른 유상증자를 예시적 규정으로 해석할 객관적인 근거는 없음.

서면 – 2022 – 상속증여 – 2059, 2022. 12. 22.

가업을 승계받은 수증자와 특수관계에 있는 자의 지분 유상감자 시에는 추징되지 아니함.

◎ 가업승계에 대한 증여세 과세특례 중 수증인 지분감소에 대한 사후관리

1. 수증인의 지분이 감소된 것으로 보는 경우
   - 수증인
     수증받은 주식처분, 유상증자 시 지분율만큼 신주 미인수, 유상감자 시 지분 감소
   - 수증인의 특수관계인
     수증받은 주식처분, 유상증자 시 지분율만큼 신주 미인수, 유상감자 시 지분감소 & 최대주주등 미해당

2. 수증인의 지분감소에 정당한 사유가 있는 것으로 보는 경우
   - 수증자가 증여받은 주식등을 처분하는 것에 대한 정당한 사유
     ① 합병·분할 등 조직변경에 따른 처분 & 수증자: 최대주주 해당
     ② 상장 요건 충족(자통법 §390 ①)위한 지분감소
   - 유상증자 시 실권으로 수증자의 지분율이 낮아지는 것에 대한 정당한 사유
     ① 특수관계인 외의 자에게 제3자 배정방식 유상증자 시 실권 & 수증자: 최대주주 해당
     ② 채무의 출자전환됨에 따라 수증자의 지분율↓ & 수증자: 최대주주 해당

 **Ⅳ 가업주식을 증여받은 후 5년 이내 조세포탈 또는 회계부정 행위를 하여서는 안됩니다.**

증여자 또는 수증자가 가업의 경영과 관련하여 증여일 후 5년 이내 조세포탈(「조세범처벌법」 제3조 제1항[54]) 또는 회계부정 행위(「주식회사 등의 외부감사에 관한 법률」 제39조 제1항[55])를 범하여 벌금형 또는 징역형이 확정되어서는 안됩니다.

---

54) 조세범처벌법 제3조【조세 포탈 등】
   ① 사기나 그 밖의 부정한 행위로써 조세를 포탈하거나 조세의 환급·공제를 받은 자는 2년 이하의 징역 또는 포탈세액, 환급·공제받은 세액(이하 "포탈세액등"이라 한다)의 2배 이하에 상당하는 벌금에 처한다. 다만, 다음 각 호의 어느 하나에 해당하는 경우에는 3년 이하의 징역 또는 포탈세액등의 3배 이하에 상당하는 벌금에 처한다. (2010. 1. 1. 개정)
   1. 포탈세액등이 3억 원 이상이고, 그 포탈세액등이 신고·납부하여야 할 세액(납세의무자의 신고에 따라 정부가 부과·징수하는 조세의 경우에는 결정·고지하여야 할 세액을 말한다)의 100분의 30 이상인 경우 (2010. 1. 1. 개정)
   2. 포탈세액등이 5억 원 이상인 경우
55) 주식회사 등의 외부감사에 관한 법률 제39조【벌칙】
   ① 「상법」 제401조의2 제1항 및 제635조 제1항에 규정된 자나 그 밖에 회사의 회계업무를 담당하는 자

Ⓥ 사후관리 위반 또는 조세포탈 · 회계부정 시 추징세액

Tip! **Ⅰ** 사후관리 위반한 날 또는 조세포탈 · 회계부정으로 형이 확정된 날이 속하는 달의 말일부터 3개월 내에 일반 증여재산으로 보아 증여세를 신고 · 납부하여야 합니다.

가업승계에 대한 증여세 과세특례를 적용받은 후 5년간 지켜야 할 사후관리 의무를 위반하거나 탈세 · 회계부정으로 벌금형 또는 징역형이 확정된 경우에는 위반사유가 발생한 날 또는 형이 확정된 날이 속하는 달의 말일부터 3개월 내에 가업승계에 대한 증여세 특례세율 적용받은 가업자산 상당액을 일반 증여재산으로 보아 증여세를 신고 · 납부하여야 합니다.[56] (조특법 §30조의6 ⑦) 이 경우에는 가업상속공제 받은 후 추징되는 경우와 달리 과소신고 가산세 대상에 해당합니다.

일반증여재산으로 보아 증여세를 신고 · 납부하여야 하는 것으로 가업주식을 증여한 부모(배우자 포함)로부터 10년 이내 증여받은 1천만 원 이상의 재산이 있는 경우에는 합산한 가액에 대해 일반 증여세율(10~50%)을 적용하여야 합니다.

사후관리 위반으로 증여세 신고 시에는 가업승계 증여세 과세특례 추징사유 신고 및 자진납부계산서를 제출하여야 하고 신고세액공제가 적용되지 않습니다.

Tip! **Ⅱ** 사후관리 위반 또는 조세포탈 · 회계부정으로 증여세 신고 시에는 이자상당액을 가산하여 증여세를 납부하여야 합니다.

사후관리 위반 또는 조세포탈 · 회계부정으로 징역형 · 벌금형이 확정되어 증여세 신고 · 납부 시에는 당초 증여받은 주식등에 대한 증여세 과세표준 신고기한의 다음 날부터 추징사유 발생일까지 기간 동안의 이자상당액을 가산하여 신고 · 납부하여야 합니다.

가 제5조에 따른 회계처리기준을 위반하여 거짓으로 재무제표를 작성 · 공시하거나 감사인 또는 그에 소속된 공인회계사가 감사보고서에 기재하여야 할 사항을 기재하지 아니하거나 거짓으로 기재한 경우에는 10년 이하의 징역 또는 그 위반행위로 얻은 이익 또는 회피한 손실액의 2배 이상 5배 이하의 벌금에 처한다.

56) 조세특례제한법 제30조의6 【가업의 승계에 대한 증여세 과세특례】

⑧ 제3항 또는 제4항 제2호에 해당하는 거주자는 제3항 각 호의 어느 하나 또는 제4항 제2호에 해당하게 되는 날이 속하는 달의 말일부터 3개월 이내에 대통령령으로 정하는 바에 따라 납세지 관할 세무서장에게 신고하고 해당 증여세와 이자상당액을 납세지 관할 세무서, 한국은행 또는 체신관서에 납부하여야 한다. 다만, 제3항 또는 제4항 제2호에 따라 이미 증여세와 이자상당액이 부과되어 납부된 경우에는 그러하지 아니하다.

가업상속공제 사후관리 위반 시 추징되는 이자상당액은 국세환급 가산금 이자율이 적용되므로 비교적 낮은 이자율이 적용되지만, 가업승계 증여세 과세특례 사후관리 위반 시 적용되는 이자율은 납부불성실 가산세율인 연 8.03%의 이자율이 적용되는 차이가 있습니다.[57] (조특령 §27의6 ⑤)

◎ 가업승계 증여세 과세특례 사후관리 위반 또는 조세포탈 · 회계부정 시 추징되는 이자상당액

특례 적용주식을 일반증여 재산으로 보아 결정한 증여세액 × 당초 증여받은 주식등에 대한 증여세 과세표준 신고기한의 다음 날부터 추징사유 발생일까지의 일수 × 2.2/10,000*

* 연 환산 시 8.03%(2022. 2. 14. 이전 기간은 2.5/10,000)

VS 가업상속공제 사후관리 위반 시 추징되는 이자상당액: 국세환급가산금 이자율 (3.1%)

서면 – 법령해석재산 – 1464, 2021. 10. 28.

가업의 승계에 대한 증여세 과세특례를 적용받은 후 사후관리 위반으로 증여세를 부과하는 경우에는 동일인으로부터 증여받은 다른 증여재산가액을 가산하여 과세하며, 신고세액공제는 적용하지 않는 것임.

◎ 가업승계 증여세 과세특례 사후관리 위반 또는 조세포탈 · 회계부정 시 추징금액(1+2)

1. 일반 증여재산으로 보아 결정된 증여세 + 과소신고가산세(10%)

   일반 증여재산으로 보아 결정된 증여세

   = [(가업승계특례 적용주식 가액 + 10년 이내 동일인으로부터 증여받은 1천만원 이상 증여재산 – 증여재산공제) × 일반 증여세율] – (가업승계 증여세 특례 적용 시 증여세 + 기납부 증여세 납부세액 공제)

---

57) 조세특례제한법 시행령 제27조의6 【가업의 승계에 대한 증여세 과세특례】
　⑤ 법 제30조의6 제3항 각 호 외의 부분 후단에 따라 증여세에 가산하여 부과하는 이자상당액은 다음 제1호에 따른 금액에 제2호에 따른 기간과 제3호에 따른 율을 곱하여 계산한 금액으로 한다.
　1. 법 제30조의6 제3항 각 호 외의 부분 전단에 따라 결정한 증여세액
　2. 당초 증여받은 주식 등에 대한 증여세의 과세표준 신고기한의 다음 날부터 추징사유가 발생한 날까지의 기간
　3. 제11조의2 제9항 제2호에 따른 율

2. 이자상당액

특례 적용주식을 일반증여 재산으로 보아 결정한 증여세액 × 당초 증여받은 주식 등에 대한 증여세 과세표준 신고기한의 다음 날부터 추징사유 발생일까지의 일수 × 2.2/10,000*

* 연 환산 시 8.03%(2022. 2. 14. 이전 기간은 2.5/10,000)

3. 신고·납부기한

위반일이 속하는 달의 말일부터 3개월 내 신고·납부 ⇒ 신고세액공제 적용배제

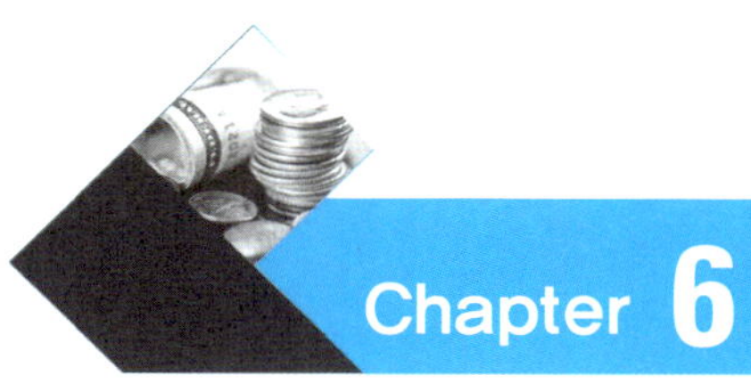

Chapter 6

가업승계에 대한 증여세 과세특례
요건 충족 시 납부특례 편

 ## Ⅰ 연부연납

2014년까지 가업승계 증여세 과세특례를 적용받은 주식등에 대해서는 연부연납이 허용되지 않았지만 2015년 이후 특례적용 분부터는 일반적인 증여세 연부연납 요건을 갖춘 경우에는 5년간 연부연납이 가능한 것으로 허용되었다가 2024년 이후 증여세 과세표준 신고기한 내에 연부연납을 신청하는 경우부터는 연부연납 허가일부터 15년간 연부연납이 가능합니다.[58] (상증법 §71 ② 2호)

즉, 2024년부터는 가업승계 증여세 과세특례를 신청하는 경우에도 가업상속공제와 같이 특례 연부연납기간이 적용되는 것으로 개정되었습니다.

연부연납으로 증여세를 납부하는 경우에는 연부연납세액에 증여세 신고기한(고지서상 납부기한)의 다음 날부터 분할납부세액의 납부기한까지의 일수에 납부일 현재 국세환급 가산금 이자율을 적용한 금액을 연부연납 가산금으로 추가 납부하여야 합니다.

◎ 가업승계 증여세 과세특례 연부연납
- 일반적인 증여세 연부연납 신청 요건
  ① 상속세: 2천만 원 초과
  ② 과세표준신고기한(납부고지서상의 납부기한)까지 연부연납 신청서 제출
  ③ 납세담보 제공할 것

---

58) 상속세 및 증여세법 제71조 【연부연납】
② 제1항에 따른 연부연납의 기간은 다음 각 호의 구분에 따른 기간의 범위에서 해당 납세의무자가 신청한 기간으로 한다. 다만, 각 회분의 분할납부 세액이 1천만 원을 초과하도록 연부연납기간을 정하여야 한다.
2. 증여세의 경우: 다음 각 목의 증여재산별 구분에 따른 기간
가. 「조세특례제한법」 제30조의6에 따른 과세특례를 적용받은 증여재산: 연부연납 허가일부터 15년

- 연부연납기간
  ① 2023년 전 증여세 과세표준 신고기한 내에 연부연납 신청 시 5년(1/6을 증여세 신고 시 납부 후 5/6를 5년간 분할납부)
  ② 2024. 1. 1. 이후 증여세 과세표준 신고기한 내에 연부연납 신청 시 15년(1/16을 증여세 신고 시 납부 후 15/16를 15년간 분할납부)
- 연부연납 가산금
  연부연납 총세액 × 신고기한(고지서상 납부기한) 다음 날부터 분할납부세액의 납부기한 × 국세환급 가산금 이자율(분할납부세액 납부일 현재 기준 적용)

서면 – 상속증여 – 4221, 2021. 1. 29.

가업승계에 대한 증여세 과세특례 주식 증여세의 연부연납은 증여세 납부세액이 2천만 원을 초과하고 같은 법 시행령 제37조에서 정하는 바에 따라 연부연납을 신청하고 납세담보를 제공하는 경우 연부연납 허가일로부터 5년 이내의 범위에서 납세의무자가 신청할 수 있는 것임.

 납부유예

> **Tip! I** 중소기업 주식을 가업승계 목적으로 증여받은 경우로서 가업승계 증여세 과세특례를 적용받지 않은 경우에는 증여받은 주식의 양도 · 상속 · 증여 시점까지 증여세의 납부를 유예할 수 있습니다.

1. 납부유예 적용 요건

18세 이상의 거주자가 가업승계를 목적으로 일정 요건을 갖추어 중소기업 주식을 60세 이상의 부모로부터 증여받은 후 가업승계 증여세 과세특례 특례세율을 적용하지 않고 일반 증여세율을 적용하여 증여세 신고한 경우로서 증여받은 자(배우자)가 증여세 과세표준 신고기한까지 가업에 종사하고 증여일부터 3년 이내 대표이사에 취임하는 경우에는 증여받은 주식에 대한 증여세의 납부를 유예할 수 있습니다.[59] (조특법 §30의7 ①, 조특령 §27의7 ⑤)

---

59) 조세특례제한법 제30조의7 【가업승계 시 증여세의 납부유예】
　　① 납세지 관할 세무서장은 거주자가 다음 각 호의 요건을 모두 갖추어 증여세의 납부유예를 신청하는 경우에는 대통령령으로 정하는 금액에 대하여 납부유예를 허가할 수 있다.

╔══╗

※ 가업승계시 증여세 납부유예 요건 ※

① 10년 이상 최대주주로서 계속 경영요건

　　증여자가 중소기업의 최대주주등인 경우로서 그의 특수관계인의 주식등을 합하여
해당 기업의 발행주식총수등의 100분의 40(상장법인 20%) 이상을 10년 이상 계속하
여 보유할 것

② 대표이사 재직요건

　　동일 대분류 내 가업 영위기간 중 다음 어느 하나 기간 중 대표이사로 재직할 것

　　• 100분의 50 이상의 기간

　　• 증여일부터 소급하여 10년 중 5년 이상의 기간

③ 수증자 가업종사 및 대표이사 재직 요건

　　수증자 또는 배우자가 가업에 종사하고 증여일부터 3년 이내 대표이사 취임할 것

╚══╝

2. 납부유예 신청과 허가

　　증여받은 주식에 대해 납부유예를 적용받고자 하는 경우에는 상속세 또는 증여세 과
세표준 신고(수정신고 또는 기한 후 신고 포함) 시 또는 납세고지서상 납부기한(증여
세 과세표준 및 세액의 결정통지를 받은 경우)까지 납세지 관할 세무서장에게 납부유
예신청서를 제출하여야 합니다.(조특령 §27의7 ①)

---

　　1. 거주자가 대통령령으로 정하는 바에 따라 가업(대통령령으로 정하는 중소기업으로 한정한다)의 승계
를 목적으로 해당 가업의 주식 또는 출자지분(이하 이 조에서 "주식등"이라 한다)을 증여받았을 것
　　2. 제30조의5 또는 제30조의6에 따른 증여세 과세특례를 적용받지 아니하였을 것

조세특례제한법 시행령 제27조의6【가업의 승계에 대한 증여세 과세특례】

① 법 제30조의6 제1항 각 호 외의 부분 본문에서 "대통령령으로 정하는 바에 따라 가업을 승계한 경우"
란 다음 각 호의 요건을 모두 갖춘 경우를 말한다. (2025. 2. 28. 개정)

　　1. 부모가 다음 각 목의 요건을 모두 갖춘 경우 (2025. 2. 28. 개정)

　　　가.「상속세 및 증여세법 시행령」제15조 제3항 제1호 가목의 요건을 갖출 것. 이 경우 "피상속인"
은 "부모"로 본다. (2025. 2. 28. 개정)

　　　나. 법 제30조의6 제1항 각 호 외의 부분 본문에 따른 가업(이하 이 조에서 "가업"이라 한다)의 영
위기간(「상속세 및 증여세법 시행령」별표에 따른 업종으로서 한국표준산업분류상 동일한 대
분류 내의 다른 업종으로 주된 사업을 변경하여 영위한 기간을 합산한다) 중 다음의 어느 하나
에 해당하는 기간을 대표이사로 재직할 것 (2025. 2. 28. 개정)

　　　　1) 100분의 50 이상의 기간 (2025. 2. 28. 개정)

　　　　2) 증여일부터 소급하여 10년 중 5년 이상의 기간 (2025. 2. 28. 개정)

　　2. 해당 가업의 주식 또는 출자지분(이하 이 조에서 "주식등"이라 한다)을 증여받은 자(이하 이 조,
제28조 및 제29조에서 "수증자"라 한다) 또는 그 배우자가 「상속세 및 증여세법」제68조에 따른
증여세 과세표준 신고기한까지 가업에 종사하고 증여일부터 3년 이내에 대표이사에 취임할 것
(2025. 2. 28. 개정)

신청을 받은 납세지 관할 세무서장은 증여세(상속세) 신고기한이 지난날부터 6개월 (9개월), 기한 후 신고한 경우에는 기한 후 신고를 한 날이 속하는 달의 말일부터 6개월, 납부기한 경과일(증여세 결정통지 고지서상 납부기한까지 신고한 경우)부터 14일 내에 허가 여부를 서면으로 통지하여야 합니다.(조특령 §27의7 ②)

◎ **가업승계 시 증여세 납부유예 요건**

- 가업승계를 목적으로 중소기업(상증령 §15 ①) 18세 이상 거주자가 60세 이상 부모로부터 주식을 증여받았을 것
- 창업자금에 대한 증여세 과세특례 또는 가업승계 증여세 과세특례 미적용
- 증여자가 10년 이상 40%(상장 20%) 이상 지분율을 유지하면서 계속 경영할 것
- 증여자가 동일 대분류 내 다음 어느 하나 기간 동안 대표이사로 재직할 것
- 동일 대분류 내 전체 가업영위기간 중 50% 이상
- 증여일부터 소급하여 10년 중 5년 이상
- 증여세 과세표준 신고기한까지 가업종사 & 증여일부터 3년 이내 대표이사에 취임할 것
- 납세담보를 제공할 것
- 일정기한 내에 납세유예를 신청하고 허가받을 것

구분	신청기한	허가기한
증여세 과세표준 신고	신고기한까지 신청	신고기한 경과 후 6개월 내
상속세 과세표준 신고	신고기한까지 신청	신고기한 경과 후 9개월 내
수정신고 또는 기한 후 신고	수정신고 또는 기한 후 신고 시 신청	신고일이 속하는 달의 말일부터 6개월[60] 내
증여세 결정통지	납세고지서상 납부기한까지 신청	납부기한 경과 후 14일 이내

3. 납부유예 가능세액

위 "1."에 해당하는 경우로서 납부유예가 가능한 세액은 일반 증여세율을 적용한 증여세 납부세액에서 총 증여재산가액 중 가업자산상당액이 차지하는 비율에 해당하는 세액입니다.(조특령 §27의7 ④)

즉, 가업승계 증여세 과세특례를 적용하는 경우에는 특례세율을 적용받아 낮은 증여세를 부담하지만 납부유예를 적용하는 경우에는 증여세의 납부는 유예되지만 가업승

---

60) 수증인이 가업상속공제 받거나 가업상속 시 납부유예를 신청하는 경우에는 9개월

계 증여세 과세특례 적용 시보다 훨씬 세부담이 높은 일반 증여세율을 적용하는 것이
므로 10년 이내 동일인으로부터 증여받은 1천만 원 이상의 사전증여재산가액이 있는
경우 사전증여재산가액을 합산하여 증여세 산출세액을 계산합니다.

따라서 가업승계 목적으로 중소기업 주식을 증여받은 후 증여세 납부유예 신청은 가
업승계 주식을 증여받고 증여세 납부 때문에 수증받은 주식을 양도하여야만 하는 경우
또는 가업을 승계받고 가업의 업종유지 요건을 준수할 수 없는 경우에 한하여 신중하
게 선택하여야 합니다.

납부유예 가능세액

= (10년 이내 동일인으로부터 증여받은 증여재산가액 + 증여받은 주식가액)
　　× 일반 증여세율 × 가업자산상당액 / 총증여재산가액

---

4. 납부유예기간

중소기업을 승계목적으로 주식을 수증받으면서 납부유예를 적용받은 경우에는 수증
자가 증여받은 가업주식을 양도·상속·증여하는 시점까지 증여세를 납부유예할 수
있습니다.

5. 창업자금에 대한 증여세 과세특례 적용 가능여부

가업승계에 대한 증여세 과세특례와 마찬가지로 가업승계시 증여세 납부유예의 경
우 창업자금에 대한 증여세 과세특례를 적용받은 경우에는 납부유예 적용이 불가능합
니다.

◎ **가업승계 증여세 납부유예 가능세액·기간 및 납부유예 효과**
- 납부유예 가능세액 = 증여세 납부세액 × 가업주식상당액 / 총증여재산가액
- 납부유예기간
  수증자가 증여받은 가업주식을 양도·상속·증여하는 시점까지 증여세 납부유예
- 상속재산 합산
  증여 시기와 관계없이 무조건 상속재산 합산
- 납부유예 적용이 유리한 경우

－가업승계 특례 적용신청하였으나 해당 증여세 납부가 어려운 경우: 가업승계
주식을 수증받고 증여세 납부 때문에 수증받은 주식을 매각하여야 하는 경우
－고용유지 요건은 충족 가능하지만 업종유지가 어려운 경우

가업승계 목적으로 주식을 증여받고 납부유예를 받은 경우에는 고용유지를 포함한 사후관리 사항을 준수하여야 합니다.

1. 사후관리 요건과 요건 위반 시 납부세액

가업승계 목적으로 주식을 증여받고 납부유예를 적용받은 경우에는 다음의 사후관리 사항을 준수하여야 하며 정당한 사유 없이 위반 시에는 납부유예된 일정세액이 추징됩니다.(조특법 §30의7 ③)

이 경우 수증자가 사망한 경우로서 수증자의 상속인이 가업상속승계를 받거나 수증자가 가업승계 증여세 과세특례 적용을 신청하거나 납부유예를 허가받은 경우에는 추징세액에 대해 납부유예를 신청할 수 있습니다.[61](조특법 §30의7 ⑥)

즉, 가업승계 증여세 과세특례를 적용받거나 수증자의 상속인이 가업상속공제 요건을 충족하여 가업을 물려받은 경우에는 대대손손 계속하여 납부유예가 가능하게 됩니다.

납부유예 적용에 대한 사후관리 특이점은 가업승계 증여세 과세특례 적용 시에는 사후관리 사항이 아닌 고용유지 요건을 준수하여야 하나 동일업종 유지 요건은 적용되지 않는 점입니다.

---

61) 조세특례제한법 제30조의7【가업승계 시 증여세의 납부유예】
　　⑥ 제3항 제2호 또는 제4호(제7항에 따라 준용되는 경우를 포함한다)에 따라 납부유예된 세액과 이자상당액을 납부하여야 하는 자는 다음 각 호의 어느 하나에 해당하는 경우 제3항과 제4항에도 불구하고 납세지 관할 세무서장에게 해당 세액과 이자상당액의 납부유예 허가를 신청할 수 있다.
　　　1. 제3항 제2호에 해당하는 경우로서 수증자가 제30조의6에 따른 과세특례를 적용받거나 제1항에 따른 납부유예 허가를 받은 경우
　　　2. 제3항 제4호에 해당하는 경우로서 상속인이 상속받은 가업에 대하여「상속세 및 증여세법」제18조의2 제1항에 따른 가업상속공제를 받거나 같은 법 제72조의2 제1항에 따른 납부유예 허가를 받은 경우

가. 해당 거주자가 가업에 종사하지 아니하게 된 경우[62] : 납부유예된 세액의 전부

① 수증자 또는 배우자가 증여일부터 5년까지 대표이사로 종사하지 않는 경우

② 해당 사업을 1년 이상 휴업·폐업하는 경우

나. 주식등을 증여받은 거주자의 지분이 감소(조특령 §27조의6 ⑦)한 경우

① 증여일부터 5년 이내에 감소한 경우: 납부유예된 세액의 전부

② 증여일부터 5년 후에 감소한 경우: 납부유예된 세액 × (감소한 지분율/증여일 현재 지분율)

수증자가 가업승계 과세특례 적용받거나 또는 납부유예를 허가받은 경우에는 추징세액에 대해 납부유예 신청 가능

다. 다음의 고용유지 요건을 위반한 경우: 납부유예된 세액의 전부

증여일부터 5년간 정규직 근로자수 또는 총급여액 평균 〈 증여일 직전 2년간 정규직 근로자수 또는 총급여액 평균의 70%

라. 수증받은 거주자가 사망하여 상속이 개시되는 경우: 납부유예된 세액의 전부

수증자가 사망한 경우로서 수증자의 상속인이 수증자의 지위를 승계하여 가업에 종사하거나 납부유예를 적용받는 경우는 추징세액에 대해 납부유예 신청 가능

2. 사후관리 위반 시 납부유예된 세액과 이자상당액 납부

5년간 사후관리 요건을 위반한 경우에는 사유발생일이 속하는 달의 말일부터 3개월 이내에 위 "1."의 사후관리 위반에 따라 납부할 세액과 다음의 이자상당액을 납부하여야 합니다.

◎ 사후관리 위반 시 납부하여야 하는 이자상당액

= 사후관리 위반에 따라 납부할 세액 × 신고기한의 다음 날부터 사후관리 위반일까지 일수 × 납부유예 취소 또는 변경 당시 국세환급가산금 이자율/365

---

[62] 수증자가 사망한 경우로서 수증자의 상속인이 수증자의 지위를 승계하여 가업에 종사하는 경우, 수증자가 증여받은 주식을 국가 또는 지방자치단체에 증여하는 경우, 수증자가 취학·병영·질병으로 가업에 종사할 수 없는 경우 제외

◎ 가업승계 시 증여세 납부유예 취소사유 및 납부할 세액

- 납부유예 취소사유[63] 및 취소금액

납부유예 취소사유	취소금액
가업 미종사	납부유예세액 전부
수증자 지분감소	5년 이내: 납부유예된 세액 전부
	5년 이후: 납부유예세액 × 감소지분율/증여일 지분율
	(예외) 수증자가 가업승계 과세특례 적용 또는 납부유예 허가
5년간 정규직 근로자수 또는 총급여액 평균 〈 기준고용인원 또는 총급여액의 70%	납부유예세액 전부
거주자가 사망하여 상속개시	납부유예세액 전부 (예외) 수증인의 상속인이 가업상속공제 받거나 상속 시 납부유예 허가

- 사후관리 위반 시 납부절차

  사유발생일이 속하는 달의 말일부터 3개월 이내 사후관리 위반으로 납부할 세액과 이자상당액 납부

- 추징세액에 대해 납부유예 신청 가능한 경우

  ① 가업승계에 대한 증여세 과세특례를 적용받거나 납부유예를 허가받은 경우

  ② 수증자가 사망한 경우로서 상속인이 가업상속공제를 받거나 납부유예를 허가받은 경우

---

63) 조특령 §27조의6 ④, ⑦의 정당한 사유있는 경우 제외

중소기업에 해당하는 가업주식을 가업승계 목적으로 승계받으면서 일반 증여세 신고를 하고 납부유예를 허가받아 납부유예하는 경우에는 가업승계 증여세 과세특례 특례세율을 적용하여 증여세를 계산하지 않았음에도 불구하고 증여일자와 관계없이 무조건 상속 재산가액에 합산됩니다.[64] (조특법 §30의7 ⑧)

다만, 상속공제 한도 계산 시 차감하는 사전증여재산으로는 보지 않으므로 상속공제 한도가 감소하지는 않으며 납부유예된 증여세액은 상속세 계산 시 전액 상속세 산출세액에서 공제(환급되는 경우 제외)됩니다.

---

64) 조세특례제한법 제30조의7 【가업승계 시 증여세의 납부유예】
　⑧ 제1항에 따른 주식등의 증여에 관하여는 제30조의5 제7항부터 제10항까지의 규정 및 제12항을 준용한다. 이 경우 "창업자금"은 "주식등"으로 본다.
　조세특례제한법 제30조의5 【창업자금에 대한 증여세 과세특례】
　⑦ 제6항에 해당하는 거주자는 같은 항 각 호의 어느 하나에 해당하는 날이 속하는 달의 말일부터 3개월 이내에 대통령령으로 정하는 바에 따라 납세지 관할 세무서장에게 신고하고 해당 증여세와 이자상당액을 납세지 관할 세무서, 한국은행 또는 체신관서에 납부하여야 한다. 다만, 제6항에 따라 이미 증여세와 이자상당액이 부과되어 이를 납부한 경우에는 그러하지 아니하다.
　⑧ 창업자금은 「상속세 및 증여세법」 제3조의2 제1항을 적용할 때 상속재산에 가산하는 증여재산으로 본다.
　⑨ 창업자금은 「상속세 및 증여세법」 제13조 제1항 제1호를 적용할 때 증여받은 날부터 상속개시일까지의 기간과 관계없이 상속세 과세가액에 가산하되, 같은 법 제24조 제3호를 적용할 때에는 상속세 과세가액에 가산한 증여재산가액으로 보지 아니한다.
　⑩ 창업자금에 대한 증여세액에 대하여 「상속세 및 증여세법」 제28조를 적용하는 경우에는 같은 조 제2항에도 불구하고 상속세 산출세액에서 창업자금에 대한 증여세액을 공제한다. 이 경우 공제할 증여세액이 상속세 산출세액보다 많은 경우 그 차액에 상당하는 증여세액은 환급하지 아니한다.

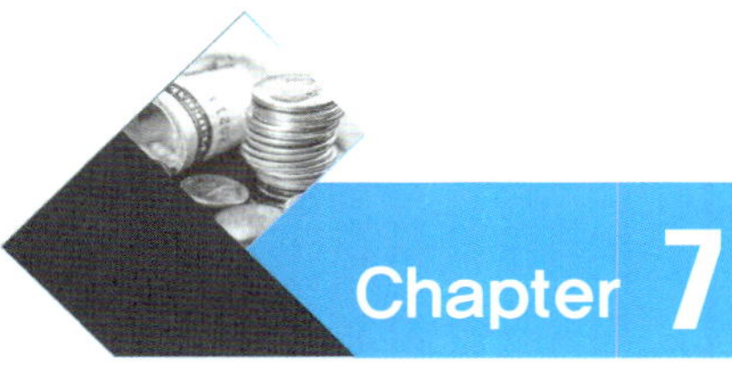

Chapter 7

특례 적용 주식 양도 시 적용 취득가액 및 상장·합병하는 경우 등 특례 편

Ⅰ 가업승계 증여세 과세특례 적용받은 주식을 양도하는 경우 양도소득금액 계산 시 적용되는 취득가액은 증여 당시 평가액이 되므로 양도소득세 부담이 크지 않습니다.

가업상속공제 받은 주식을 양도하는 경우 양도소득금액 계산 시 적용되는 취득가액은 통상 액면가액 등 수준인 피상속인의 취득가액으로 상속세는 절세되지만 양도소득세 부담은 커지게 됩니다.

반면, 가업승계 증여세 과세특례 적용받은 주식을 양도하는 경우 양도소득금액 계산 시 적용되는 취득가액은 증여 당시 평가액이 됩니다.

증여 당시 평가액은 주식의 가치상승분이 어느 정도 반영된 금액이므로 가업승계 증여세 과세특례를 적용하는 경우에는 증여세 부담과 특례 적용받은 주식가액이 상속재산에 합산됨으로써 상속세를 납부하여야 하는 부담이 있지만 특례 적용받은 주식을 양도 시에는 양도소득세 부담이 낮아지는 장점이 있습니다.

따라서 가업주식을 매각할 계획이 있는 경우에는 전략적으로 가업승계 증여세 과세특례를 활용할 필요가 있습니다.

◎ 가업승계 증여세 과세특례 적용받은 주식 양도 시 양도소득세 과세문제
- 양도소득금액 계산 시 적용되는 취득가액
  증여 당시 평가액(〉 증여자의 취득가액)
  ⇒ 가치상승분이 반영된 금액 ⇒ 양도소득금액 ↓ ⇒ 양도소득세 ↓

구분	가업상속공제	가업승계 증여세 과세특례
양도소득금액 계산 시 적용되는 취득가액	피상속인 취득가액	증여 당시 평가액
주식가치 상승분 반영 여부	미반영	반영
양도소득세 부담 결과	양도소득세 부담 ↑	양도소득세 부담 ↓

Ⅱ 가업승계 증여세 과세특례를 적용받고 주식등 상장에 따른 이익의 증여로 과세되는 금액이 있는 경우에는 100억 원 내의 잔여한도 내에서 증여세 과세특례를 적용받을 수 있습니다.

Tip! Ⅰ 주식을 최대주주등으로부터 증여받은 후 5년 이내 상장하는 경우에는 주식등의 상장등에 따른 이익의 증여로 증여세가 과세됩니다.

1. 과세 개요

법인이 유가증권 시장·코스닥 시장에 상장하는 경우에는 투자자로부터 투자금을 유치하여 기업이 성장할 수 있는 원동력을 얻게 되고 언제든지 매매 가능한 주식이 되므로 주식가치가 많이 상승하게 됩니다.

이 경우 기업의 경영 등에 관하여 공개되지 아니한 정보를 이용할 수 있는 지위에 있는 최대주주등 또는 특수관계인 포함 25% 이상 지분율을 가지고 있는 자로부터 주식등을 증여받거나 취득(상장 전 3년 이내 최대주주등으로부터 증여받은 재산으로 주식취득하는 경우 포함)한 후 5년 이내 해당 주식이 유가증권 시장·코스닥 시장에 상장된 경우로서 상장에 따라 수증자 또는 취득자가 일정 금액 이상의 이익을 얻은 경우에는 이익을 얻은 자에게 증여세가 과세됩니다.[65] (상증법 §41의3)

---

65) 상속세 및 증여세법 제41조의3 【주식등의 상장 등에 따른 이익의 증여】
　　① 기업의 경영 등에 관하여 공개되지 아니한 정보를 이용할 수 있는 지위에 있다고 인정되는 다음 각 호의 어느 하나에 해당하는 자(이하 이 조 및 제41조의5에서 "최대주주등"이라 한다)의 특수관계인이 제2항에 따라 해당 법인의 주식등을 증여받거나 취득한 경우 그 주식등을 증여받거나 취득한 날부터 5년 이내에 그 주식등이 「자본시장과 금융투자업에 관한 법률」 제8조의2 제4항 제1호에 따른 증권시장으로서 대통령령으로 정하는 증권시장(이하 이 조에서 "증권시장"이라 한다)에 상장됨에 따라 그 가액이 증가한 경우로서 그 주식등을 증여받거나 취득한 자가 당초 증여세 과세가액(제2항 제2호에

따라서 상장하기 5년 전에는 지분증여 또는 지분 양수도에 따른 조정이 마무리되어야 하며, 상장을 앞두고 가업승계 증여세 과세특례를 적용하는 경우에는 상장에 따른 이익의 증여 과세문제가 있으므로 반드시 이러한 과세문제를 검토한 후 진행하여야 합니다.

2. 과세 요건

가. 증여자 요건

증여자는 최대주주등에 해당하거나 특수관계인 지분율 포함 25% 이상 대주주인 자에 해당하여야 합니다.(상증법 §41의3 ①)

나. 수증자 요건

주식을 취득하거나 수증받은 자는 다음 중 어느 하나에 해당하는 자이어야 합니다.
(상증법 §41의3 ②)
① 최대주주등의 특수관계인이 최대주주등으로부터 주식을 증여받을 것
② 최대주주등의 특수관계인이 최대주주등으로부터 주식을 취득할 것
③ 소급하여 3년 내에 최대주주등으로부터 증여받은 재산으로 최대주주가 아닌 자로 부터 주식을 취득할 것

다. 상장 시기 요건

수증자 요건을 갖춘 자의 증여일 또는 취득일부터 5년 이내에 유가증권에 상장하여야 합니다.(상증법 §41조의3 ①)

라. 증여이익 요건

증여재산가액이 다음 금액 요건을 충족하여야 합니다.(상증령 §31의3 ③)

따라 증여받은 재산으로 주식등을 취득한 경우는 제외한다) 또는 취득가액을 초과하여 이익을 얻은 경우에는 그 이익에 상당하는 금액을 그 이익을 얻은 자의 증여재산가액으로 한다. 다만, 그 이익에 상당하는 금액이 대통령령으로 정하는 기준금액 미만인 경우는 제외한다.
1. 제22조 제2항에 따른 최대주주 또는 최대출자자
2. 내국법인의 발행주식총수 또는 출자총액의 100분의 25 이상을 소유한 자로서 대통령령으로 정하는 자

◎ 주식등의 상장에 따른 이익의 증여이익 요건

증여재산가액 ≥
Min[① (주식 등을 증여받은 날 현재의 1주당 증여세 과세가액 + 1주당 기업가치의
실질적인 증가로 인한 이익) × 증여받거나 유상으로 취득한 주식등의 수 × 30%, ② 3
억 원]

3. 과세하는 증여재산가액

주식등 상장에 따른 증여재산가액은 다음과 같이 계산합니다.(상증령 §31의3 ①)

◎ 증여재산가액

= (정산기준일* 현재 1주당 평가가액** − 주식등의 증여세 과세가액・취득가액
   −1주당 기업가치의 실질적인 증가로 인한 이익) × 수증받은 주식수・취득한 주식수

 * 상장일부터 3개월이 되는 날
** 평가기준일 전후 2개월간 종가평균액

◎ 주식등의 상장등에 따른 이익의 증여 과세 개요

〈증여자 요건〉
• 최대주주등에 해당할 것 또는 특수관계인 지분율 포함 25% 이상 대주주일 것

〈수증자 요건〉
• 최대주주등의 특수관계인이 최대주주등으로부터 주식을 증여받을 것
• 최대주주등의 특수관계인이 최대주주등으로부터 주식을 취득할 것
• 소급하여 3년 내에 최대주주등으로부터 증여받은 재산으로 최대주주가 아닌 자로
  부터 주식을 취득할 것

〈상장 요건〉
증여일 등으로부터 5년 이내에 유가증권 시장 또는 코스닥 시장에 상장될 것

〈증여이익 요건〉
• 정산기준일 현재 주식등의 상장에 따른 이익
  ≥ (증여가액・취득가액 + 기업가치의 실질가치 증가분)의 30% 또는 3억 원

〈증여재산가액〉
(정산기준일* 현재 1주당 평가가액 − 주식등의 증여세 과세가액·취득가액
 −1주당 기업가치의 실질적인 증가로 인한 이익) × 수증받은 주식수·취득한 주식수

* 상장일부터 3개월이 되는 날

Tip! II 가업승계에 대한 증여세 과세특례를 적용받은 경우로서 100억 원 내에서 잔여한도액이 있는 경우에는 잔여한도액 범위 내에서 주식등의 상장에 따른 이익의 증여이익에 대해 가업승계에 대한 증여세 과세특례를 적용받을 수 있습니다.

증여자가 20년 이상 계속 경영한 기업에 해당하여 400억 원의 가업승계에 대한 증여세 과세특례 한도가 적용되는 경우에 50억 원에 대해서만 가업승계에 대한 증여세 과세특례를 적용받은 경우로서 주식등을 증여받은 후 5년 이내 상장이 되어 주식등의 상장에 따른 이익의 증여로 70억 원이 과세되는 경우에는 가업승계 증여세 과세특례를 적용받은 주식가액과 합하여 100억 원까지의 금액에 대해서는 납세자의 선택에 따라 주식등의 상장에 따른 이익의 증여에 대해 가업승계에 대한 증여세 과세특례를 적용받을 수 있습니다.[66] (조특령 §27의6 ⑧)

다만, 가업승계에 대한 증여세 과세특례를 적용받은 이익은 시기에 관계없이 무조건 상속 재산가액에 합산되어 과세됩니다.

이 경우 주식등의 상장에 따른 이익의 증여로 과세되는 증여이익에 대해 가업승계 증여세 과세특례를 적용받는 경우 상속 재산가액에 합산되는 금액은 주식이 아닌 증여이익으로 가업상속공제 요건을 충족하는 경우 해당 증여이익에 대해 가업상속공제가 가능한지 여부에 대해 불분명한 점이 있습니다.

---

66) 조세특례제한법 시행령 제27조의6 【가업의 승계에 대한 증여세 과세특례】
⑧ 법 제30조의6 제1항에 따른 증여세 과세특례 적용대상 주식등을 증여받은 후 해당 주식등의 증여에 대한 「상속세 및 증여세법」 제41조의3 또는 제41조의5에 따른 증여이익(이하 이 항에서 "증여이익"이라 한다)은 증여세 과세특례 대상 주식등의 과세가액과 증여이익을 합하여 100억 원까지 납세자의 선택에 따라 법 제30조의6 제1항에 따른 증여세 과세특례를 적용받을 수 있다. 이 경우 증여세 과세특례 적용을 받은 증여이익은 「상속세 및 증여세법」 제13조 제3항에 불구하고 법 제30조의5 제8항·제9항 및 법 제30조의6 제5항에 따라 상속세 과세가액에 가산한다. (2025. 2. 28. 개정)

Tip! Ⅰ 주식을 최대주주등으로부터 증여받은 후 5년 이내 주권상장법인과 합병하는 경우에는 합병에 따른 상장등 이익의 증여로 증여세가 과세됩니다.

1. 과세 개요

법인이 상장법인과 합병하는 경우에는 언제든지 매매하여 현금화 가능한 주식이 되며, 주식가치가 많이 상승하게 됩니다.

이 경우 최대주주등으로부터 특수관계인이 주식등을 증여받거나 취득한 후 5년 이내 해당 주식이 유가증권 시장·코스닥 시장에 상장된 법인과 합병하는 경우로서 상장에 따라 수증자 또는 취득자가 일정 금액 이상 이익을 얻은 경우에는 이익을 얻은 자에게 증여세가 과세됩니다.[67](상증법 §41의5)

따라서 상장법인과 합병 5년 전에는 지분증여 또는 지분 재조정이 마무리되어야 하며 통상적으로 코스닥 상장 시에 이러한 과세문제가 많이 발생하는 것을 볼 수 있습니다.

2. 과세 요건

가. 증여자 요건

증여자는 최대주주등에 해당할 것 또는 특수관계인 지분율 포함 25% 이상 대주주인

---

67) 상속세 및 증여세법 제41조의5【합병에 따른 상장 등 이익의 증여】
　① 최대주주등의 특수관계인이 다음 각 호의 어느 하나에 해당하는 경우로서 그 주식등을 증여받거나 취득한 날부터 5년 이내에 그 주식등을 발행한 법인이 대통령령으로 정하는 특수관계에 있는 주권상장법인과 합병되어 그 주식등의 가액이 증가함으로써 그 주식등을 증여받거나 취득한 자가 당초 증여세 과세가액(증여받은 재산으로 주식등을 취득한 경우는 제외한다) 또는 취득가액을 초과하여 이익을 얻은 경우에는 그 이익에 상당하는 금액을 그 이익을 얻은 자의 증여재산가액으로 한다. 다만, 그 이익에 상당하는 금액이 대통령령으로 정하는 기준금액 미만인 경우는 제외한다.
　1. 최대주주등으로부터 해당 법인의 주식등을 증여받거나 유상으로 취득한 경우
　2. 증여받은 재산으로 최대주주등이 아닌 자로부터 해당 법인의 주식등을 취득한 경우
　3. 증여받은 재산으로 최대주주등이 주식등을 보유하고 있는 다른 법인의 주식등을 최대주주등이 아닌 자로부터 취득함으로써 최대주주등과 그의 특수관계인이 보유한 주식등을 합하여 그 다른 법인의 최대주주등에 해당하게 되는 경우

자에 해당하여야 합니다.(상증법 §41의3 ①, 상증법 §41의5 ②)

나. 수증자 요건

최대주주등의 특수관계인이 다음 중 어느 하나에 해당하는 자이어야 합니다.(상증법 §41의5 ②)

① 최대주주등의 특수관계인이 최대주주등으로부터 주식을 증여받을 것
② 최대주주등의 특수관계인이 최대주주등으로부터 주식을 취득할 것
③ 증여받은 재산으로 최대주주등이 아닌 자로부터 해당 주식을 취득할 것
④ 증여받은 재산으로 최대주주등이 주식 등을 보유하고 있는 다른 법인의 주식 등을 최대주주등이 아닌 자로부터 취득함으로써 그의 특수관계인이 보유한 주식등을 합하여 다른 법인의 최대주주등에 해당할 것

다. 합병 요건

수증자 요건을 갖춘 자의 증여일 또는 취득일부터 5년 이내에 특수관계에 있는 주권상장법인과 합병하여야 합니다.(상증법 §41의5 ①)

라. 증여이익 요건

증여재산가액이 다음 금액 요건을 충족하여야 합니다.(상증령 §31의3 ③)

◎ 합병에 따른 상장등 이익의 증여 요건

증여재산가액 ≥
Min[① (주식 등을 증여받은 날 현재의 1주당 증여세 과세가액 + 1주당 기업가치의 실질적인 증가로 인한 이익) × 증여받거나 유상으로 취득한 주식등의 수 × 30%, ② 3억 원]

---

3. 과세하는 증여재산가액

합병에 따른 상장 등 이익에 증여재산가액은 다음과 같이 계산합니다.(상증령 §31의3 ①)

◎ 증여재산가액

 = (정산기준일* 현재 1주당 평가가액** − 주식등의 증여세 과세가액 · 취득가액
   − 1주당 기업가치의 실질적인 증가로 인한 이익) × 수증받은 주식수 · 취득한 주
   식수

 * 상장일부터 3개월이 되는 날
 ** 평가기준일 전후 2개월간 종가평균액

◎ 합병에 따른 상장등 이익의 증여 과세 개요

〈증여자 요건〉

• 최대주주등에 해당할 것 또는 특수관계인 지분율 포함 25% 이상 대주주일 것

〈수증자 요건〉

• 최대주주등의 특수관계인이 최대주주등으로부터 주식을 증여받을 것
• 최대주주등의 특수관계인이 최대주주등으로부터 주식을 취득할 것
• 증여받은 재산으로 최대주주가 아닌 자로부터 주식을 취득할 것
• 증여받은 재산으로 최대주주등이 주식 등을 보유하고 있는 다른 법인의 주식 등을
  최대주주등이 아닌 자로부터 취득함으로써 그의 특수관계인이 보유한 주식등을
  합하여 다른 법인의 최대주주등에 해당할 것

〈합병 요건〉

증여일 등으로부터 5년 이내에 특수관계 있는 상장법인과 합병할 것

〈증여이익 요건〉

• 정산기준일 현재 합병에 따른 상장등에 따른 이익
  ≥ (증여가액 · 취득가액 + 기업가치의 실질가치 증가분)의 30% 또는 3억 원

〈증여재산가액〉

(정산기준일* 현재 1주당 평가가액 − 주식등의 증여세 과세가액 · 취득가액 − 1주당
  기업가치의 실질적인 증가로 인한 이익) × 수증받은 주식수 · 취득한 주식수

* 상장일부터 3개월이 되는 날

가업승계에 대한 증여세 과세특례를 적용받은 경우로서 100억 원 내에서 잔여한도액이 있는 상태에서 특수관계 있는 상장법인과 합병하여 합병에 따른 상장등 이익의 증여로 과세되는 금액이 있는 경우에는 가업승계 증여세 과세특례 적용받은 주식가액과 해당 증여이익을 합하여 100억 원까지에 대해 가업승계 증여세 과세특례의 특례세율을 적용받을 수 있습니다.

 Ⅳ 법인전환 등에 따른 양도소득세 이월과세 적용 후 5년 이내 가업승계한 경우

양도소득세 이월과세를 적용받는 중소기업 간 통합, 사업양수도 방법에 따른 법인전환을 한 경우로서 5년 이내 주식등의 50% 이상을 처분한 경우에는 이월과세된 양도소득세가 추징됩니다.[68] (조특법 §31, 32)

---

68) 조세특례제한법 제31조【중소기업 간의 통합에 대한 양도소득세의 이월과세 등】
　① 대통령령으로 정하는 업종을 경영하는 중소기업 간의 통합으로 인하여 소멸되는 중소기업이 대통령령으로 정하는 사업용고정자산(이하 "사업용고정자산"이라 한다)을 통합에 의하여 설립된 법인 또는 통합 후 존속하는 법인(이하 이 조에서 "통합법인"이라 한다)에 양도하는 경우 그 사업용고정자산에 대해서는 이월과세를 적용받을 수 있다.
　⑦ 제1항을 적용받은 내국인이 사업용고정자산을 양도한 날부터 5년 이내에 다음 각 호의 어느 하나에 해당하는 사유가 발생하는 경우에는 해당 내국인은 사유발생일이 속하는 달의 말일부터 2개월 이내에 제1항에 따른 이월과세액(통합법인이 이미 납부한 세액을 제외한 금액을 말한다)을 양도소득세로 납부하여야 한다. 이 경우 사업 폐지의 판단기준 등에 관하여 필요한 사항은 대통령령으로 정한다.
　　1. 통합법인이 소멸되는 중소기업으로부터 승계받은 사업을 폐지하는 경우
　　2. 제1항을 적용받은 내국인이 통합으로 취득한 통합법인의 주식 또는 출자지분의 100분의 50 이상을 처분하는 경우
조세특례제한법 제32조【법인전환에 대한 양도소득세의 이월과세】
　① 거주자가 사업용고정자산을 현물출자하거나 대통령령으로 정하는 사업 양도·양수의 방법에 따라 법인(대통령령으로 정하는 소비성서비스업을 경영하는 법인은 제외한다)으로 전환하는 경우 그 사업용고정자산에 대해서는 이월과세를 적용받을 수 있다. 다만, 해당 사업용고정자산이 주택 또는 주택을 취득할 수 있는 권리인 경우는 제외한다.
　⑤ 제1항에 따라 설립된 법인의 설립등기일부터 5년 이내에 다음 각 호의 어느 하나에 해당하는 사유가 발생하는 경우에는 제1항을 적용받은 거주자가 사유발생일이 속하는 달의 말일부터 2개월 이내에 제1항에 따른 이월과세액(해당 법인이 이미 납부한 세액을 제외한 금액을 말한다)을 양도소득세로 납부하여야 한다. 이 경우 사업 폐지의 판단기준 등에 관하여 필요한 사항은 대통령령으로 정한다.

다만, 중소기업 간 통합, 사업양수도 방법에 따른 법인전환을 한 경우라도 5년 이내 가업승계 증여세 과세특례를 적용하여 주식을 증여함으로써 지분이 감소하는 경우에는 양도소득세 사후관리 위반에 해당하지 않아 증여세가 추징되지 않습니다.[69] (조특령 §28 ⑩ 6, 조특령 §29 ⑦ 6)

---

1. 제1항에 따라 설립된 법인이 제1항을 적용받은 거주자로부터 승계받은 사업을 폐지하는 경우
2. 제1항을 적용받은 거주자가 법인전환으로 취득한 주식 또는 출자지분의 100분의 50 이상을 처분하는 경우

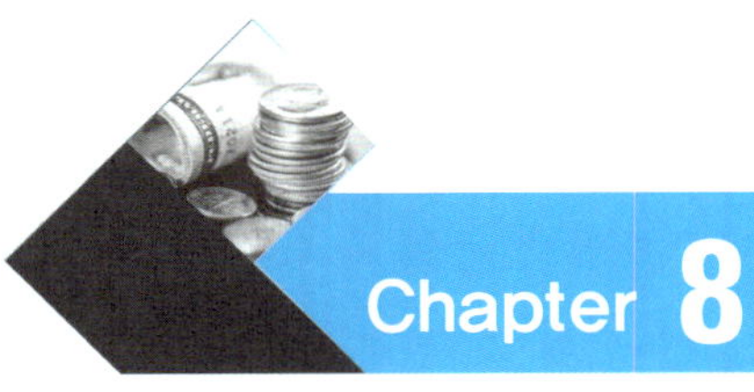

Chapter 8

가업승계에 대한 증여세 과세특례 적용한 경우 상속세 편

Ⅰ 가업승계에 대한 증여세 과세특례를 적용받은 가액의 상속세 계산특칙

Tip! Ⅰ 가업승계에 대한 증여세 과세특례를 적용받은 가업자산 상당액은 증여일자와 관계없이 무조건 상속 재산가액에 합산하여 과세됩니다.

1. 일반적인 증여의 경우 상속세 과세가액 합산

일반적인 증여의 경우 피상속인이 상속개시일 10년 전에 상속인에게 증여한 재산가액, 5년 전에 상속인이 아닌 자에게 증여한 재산가액만이 상속재산에 합산되어 상속세가 과세됩니다.(상증법 §13 ①)

2. 가업승계에 대한 증여세 과세특례 적용받은 경우 상속세 과세가액 합산

가업승계에 대한 증여세 과세특례를 적용받은 가업자산 상당액은 증여일자와 관계없이 무조건 상속 재산가액에 합산되어 상속세가 과세됩니다.[70] (조특법 §30의5 ⑨)

3. 상속세 과세가액에 합산되는 증여재산가액의 실질가치

많은 CEO분들과 가업승계 증여세 과세특례 적용에 대한 상담을 해보면, 가업승계 증여세 과세특례 적용 시 일정 증여세를 납부했음에도 불구하고 특례 적용받은 주식가

---

[70] 조세특례제한법 제30조의6 【가업의 승계에 대한 증여세 과세특례】
　⑤ 제1항에 따른 주식등의 증여에 관하여는 제30조의5 제8항부터 제13항까지의 규정을 준용한다. 이 경우 "창업자금"은 "주식등"으로 본다.
　조세특례제한법 제30조의5 【창업자금에 대한 증여세 과세특례】
　⑧ 창업자금은 「상속세 및 증여세법」 제3조의2 제1항을 적용할 때 상속재산에 가산하는 증여재산으로 본다.

액이 사전증여 시기와 관계없이 무조건 상속재산에 합산되는 것 때문에 가업승계 증여세 과세특례 적용받는 것을 망설이는 경우를 볼 수 있습니다.

하지만 기대여명의 증가로 100세 시대가 현실화되고 있는 상황에서 증여자가 70세에 가업승계 증여세 과세특례를 적용하면서 주식을 증여하고 30년 후 유고가 발생하는 경우 물가상승률을 감안 시 상속 재산가액에 합산되는 주식의 실질가치는 매우 낮아지므로 가업승계 증여세 과세특례를 적용할 필요가 있는 경우에는 가업승계 증여세 과세특례를 적용받는 것이 유리할 수 있습니다.

또한 가업상속공제 요건을 충족하는 경우에는 가업상속공제를 적용받을 수도 있으므로 상속세 과세가액에 가산되는 문제 때문에 가업승계 증여세 과세특례 적용을 주저할 필요는 없습니다.

| Case Ⅰ 물가상승률 4% 가정 시 상속재산에 가산되는 증여주식 가치 |

(단위: 억 원)

주식가액(현재)	10년 후	20년 후	30년 후
50원 원	33.7억 원	22.8억 원	15.4억 원
100억 원	67.5억 원	45.6억 원	30.8억 원
150억 원	101.3억 원	68.5억 원	46.2억 원
200억 원	135.1억 원	91.3억 원	61.7억 원

| Case Ⅱ 물가상승률 5% 가정 시 상속재산에 가산되는 증여주식 가치 |

(단위: 억 원)

주식가액(현재)	10년 후	20년 후	30년 후
50원 원	30.7억 원	18.8억 원	11.6억 원
100억 원	61.4억 원	37.7억 원	23.1억 원
150억 원	92.1억 원	56.5억 원	34.7억 원
200억 원	122.8억 원	75.4억 원	46.3억 원

4. 가업상속공제 적용 시 승계특례 적용받은 주식에 대한 사업무관자산비율 적용문제

가업승계 증여세 과세특례 적용 시 사업무관자산비율에 해당하는 주식가액에 대해서는 일반 증여세를 납부한 후 증여자 사망 시점에 가업상속공제 요건을 충족하는 경우로서 사업무관자산이 있는 경우 승계특례 적용받은 주식가액에 대한 가업상속공제 금액 계산 시 ① 증여받은 전체주식가액에 대해 사망 시점의 사업무관자산비율을 적용하여 가업상속공제를 배제하는지 아니면 ② 특례세율 적용받은 사업무관자산비율을 제외한 주식가액에 대해 사망 시점의 사업무관자산비율을 적용하여 가업상속공제를 배제하는 지에 대한 부분은 승계특례 적용받은 주식에 대해 가업상속공제 적용 시 가장 중요한 사항이라 할 수 있습니다.

이에 대해서는 국세청 해석(서면－2021－상속증여－7549)에서 특례세율 적용받은 사업무관자산비율을 제외한 주식가액에 사망 시점의 사업무관자산비율을 다시 적용하여 가업상속공제 금액을 계산하는 것으로 해석한 바 있습니다.

하지만 이는 가업승계 증여세 과세특례 적용여부에 따라 가업상속공제 금액이 달라지며 생전에 원활한 가업승계를 지원하고자 하는 취지와 맞지 않는 심각한 문제점이 있으므로 법률개정이 필요한 사항이라 생각합니다.

<case>

1. **가업승계 증여세 과세특례 적용**
   - 증여주식가액 100억 원
   - 사업무관자산비율: 40%
   - 가업승계 증여세 과세특례 적용 주식가액: 60억 원

2. **증여자 사망**
   - 사업무관자산비율: 40%

3. **가업승계 증여세 과세특례 적용금액에 대한 가업상속공제 적용금액**

   60억 원(가업승계 증여세 과세특례 적용금액) × 60%(1－사업무관자산비율)
   = 36억 원

서면－2021－상속증여－7549, 2022. 8. 17.

거주자가 「조세특례제한법」 제30조의6에 따른 가업승계에 대한 증여세 과세특례 적용대상인 주식을 증여받은 후, 상속이 개시된 경우로서 같은 법 시행령 제27조의6 제8항에 따른 요건을 모두 갖추어 「상속세 및 증여세법」 제18조에 따른 가업상속공제를 적용하는 경우 같은 법 제18조 제2항 제1호 가목에 따른 가업상속 재산가액은 같은 법 시행령 제15조 제5항 제2호에 따라 증여받은 주식의 가액에 상속개시일 현재 그 법인의 총자산가액 중 사업무관자산을 제외한 자산가액이 그 법인의 총자산가액에 차지하는 비율을 곱하여 계산한 금액으로 하는 것임.

1. 일반적인 상속공제 한도 계산방법

거주자가 사망하는 경우에는 상속세 과세가액에서 기초공제, 배우자 공제, 그 밖의 인적공제, 일괄공제, 금융재산 상속공제, 재해손실세액공제, 동거주택 상속공제 등의 상속공제를 받을 수 있습니다.

이러한 상속공제는 다음과 같이 계산한 상속공제 한도액의 범위 내에서 적용되며 상속세 과세가액에 가산된 사전증여재산이 있는 경우에는 상속공제 한도 계산 시 차감되므로 사전증여재산이 있는 경우에는 상속세 과세가액에서 공제되는 상속공제 한도가 줄어들어 상속세 부담이 증가하게 됩니다.[71](상증법 §24)

◎ 일반적인 경우 상속공제 한도 계산방법

       상속세 과세가액
-) 선순위 상속인이 아닌 자에게 유증 등을 한 재산의 가액
-) 선순위 상속인의 상속 포기로 그 다음 순위 상속인이 상속받은 재산 가액
-) 상속세 과세가액에 합산하는 증여재산가액(증여재산공제 후 금액)
=) 상속공제 한도

---

2. 가업승계 증여세 과세특례 적용한 경우 상속공제 한도 계산방법

상속공제 한도 계산 시 상속 재산가액에 합산되는 사전증여재산은 차감하는 것이 원칙이지만 가업승계에 대한 증여세 과세특례를 적용받은 가업자산 상당액은 상속공제 한도 계산 시 차감하지 않으므로 가업승계 증여세 과세특례 적용으로 인해 상속공제 한도가 줄어들지 않습니다.[72](조특법 §30의6 ④, 조특법 §30의6 ⑨)

---

71) 상속세 및 증여세법 제24조【공제 적용의 한도】
제18조, 제18조의2, 제18조의3, 제19조부터 제23조까지 및 제23조의2에 따라 공제할 금액은 제13조에 따른 상속세 과세가액에서 다음 각 호의 어느 하나에 해당하는 가액을 뺀 금액을 한도로 한다. 다만, 제3호는 상속세 과세가액이 5억 원을 초과하는 경우에만 적용한다.
1. 선순위인 상속인이 아닌 자에게 유증등을 한 재산의 가액
2. 선순위인 상속인의 상속 포기로 그 다음 순위의 상속인이 상속받은 재산의 가액
3. 제13조에 따라 상속세 과세가액에 가산한 증여재산가액(제53조 또는 제54조에 따라 공제받은 금액이 있으면 그 증여재산가액에서 그 공제받은 금액을 뺀 가액을 말한다)
72) 조세특례제한법 제30조의6【가업의 승계에 대한 증여세 과세특례】

Tip! **Ⅲ** 가업승계에 대한 증여세 과세특례 적용받은 주식가액을 상속세 과세가액에 가산하는 경우에는 가업승계에 대한 증여세 과세특례 증여세 산출세액을 전액 공제합니다.

1. 일반적인 상속세 과세가액에 합산된 사전증여재산가액에 대한 증여세액공제

상속재산에 가산한 사전증여재산에 대한 증여세 산출세액이 있는 경우에는 상속세 산출세액에서 공제합니다. 이 경우 공제할 증여세액은 상속세 산출세액에서 상속재산의 과세표준 중 가산한 증여재산의 과세표준이 차지하는 비율을 한도로 하므로 증여세 산출세액이 전액 공제되지 않게 됩니다.[73] (상증법 §28 ②)

가. 증여재산의 수증자가 상속인 외의 자인 경우 공제 한도

$$\text{한도액} = \text{상속세 산출세액} \times \frac{\text{증여재산에 대한 증여세 과세표준}}{\text{상속세 과세표준}}$$

나. 증여재산의 수증자가 상속인인 경우 공제 한도

$$\text{한도액} = \begin{array}{c}\text{상속인 등 각자가}\\\text{납부할 상속세}\\\text{산출세액}\end{array} \times \frac{\text{상속인 등 각자의 증여재산에 대한 증여세 과세표준}}{\begin{array}{c}\text{상속인 등 각자가 받았거나 받을 상속재산}\\\text{(증여 재산 포함)에 대한 상속세 과세표준 상당액}\end{array}}$$

---

⑤ 제1항에 따른 주식등의 증여에 관하여는 제30조의5 제8항부터 제13항까지의 규정을 준용한다. 이 경우 "창업자금"은 "주식등"으로 본다.

조세특례제한법 제30조의5 【창업자금에 대한 증여세 과세특례】

⑨ 창업자금은 「상속세 및 증여세법」 제13조 제1항 제1호를 적용할 때 증여받은 날부터 상속개시일까지의 기간과 관계없이 상속세 과세가액에 가산하되, 같은 법 제24조 제3호를 적용할 때에는 상속세 과세가액에 가산한 증여재산가액으로 보지 아니한다.

73) 상속세 및 증여세법 제28조 【증여세액 공제】

① 제13조에 따라 상속재산에 가산한 증여재산에 대한 증여세액(증여 당시의 그 증여재산에 대한 증여세 산출세액을 말한다)은 상속세산출세액에서 공제한다. 다만, 상속세 과세가액에 가산하는 증여재산에 대하여 「국세기본법」 제26조의2 제4항 또는 제5항에 따른 기간의 만료로 인하여 증여세가 부과되지 아니하는 경우와 상속세 과세가액이 5억 원 이하인 경우에는 그러하지 아니하다.

② 제1항에 따라 공제할 증여세액은 상속세산출세액에 상속재산(제13조에 따라 상속재산에 가산하는 증여재산을 포함한다. 이하 이 항에서 같다)의 과세표준에 대하여 가산한 증여재산의 과세표준이 차지하는 비율을 곱하여 계산한 금액을 한도로 한다. 이 경우 그 증여재산의 수증자가 상속인이거나 수유자이면 그 상속인이나 수유자 각자가 납부할 상속세액에 그 상속인 또는 수유자가 받았거나 받을 상속재산에 대하여 대통령령으로 정하는 바에 따라 계산한 과세표준에 대하여 가산한 증여재산의 과세표준이 차지하는 비율을 곱하여 계산한 금액을 한도로 각자가 납부할 상속세액에서 공제한다.

2. 가업승계 증여세 과세특례 적용한 경우 증여세액공제

가업승계에 대한 증여세 과세특례를 적용받은 증여세액은 한도를 계산하지 않고 전액 상속세 산출세액에서 공제합니다. 다만, 상속세 산출세액을 초과하는 경우 초과하는 금액은 공제되지 않습니다.[74] (조특법 §30의6 ④, 조특법 §30의6 ⑩)

Ⅱ 가업승계에 대한 증여세 과세특례를 적용받은 주식의 가업상속공제

> **Tip!** **Ⅰ** 가업승계 증여세 과세특례를 적용받은 주식에 대해 가업상속공제 요건을 충족한 경우에는 가업승계 증여세 과세특례를 적용받은 가업자산 상당액에 대해 가업상속공제를 적용받을 수 있습니다.

1. 가업상속공제 요건 충족 시 가업상속공제 가능

가업승계 증여세 과세특례를 적용받고 증여자가 사망하여 상속이 개시된 경우로서 가업상속공제 요건을 충족한 경우에는 가업승계에 대한 증여세 과세특례를 적용받은 가액에 대해 가업상속공제를 적용받을 수 있습니다.

따라서 가업승계에 대한 증여세 과세특례를 적용의 절세효과를 극대화하기 위해서는 가업상속공제 요건을 갖추어 최종적으로 가업상속공제까지 받을 수 있도록 준비하여야 합니다.

2. 가업승계 증여세 과세특례 적용 주식에 대해 적용되는 가업상속공제 요건(가, 나)

가. 가업상속공제에 준하는 요건을 충족할 것

가업승계에 대한 증여세 과세특례를 적용받은 주식에 적용되는 가업상속공제 요건

---

74) 조세특례제한법 제30조의6【가업의 승계에 대한 증여세 과세특례】
　④ 제1항에 따른 주식등의 증여에 관하여는 제30조의5 제8항부터 제13항까지의 규정을 준용한다. 이 경우 "창업자금"은 "주식등"으로 본다.
　조세특례제한법 제30조의5【창업자금에 대한 증여세 과세특례】
　⑩ 창업자금에 대한 증여세액에 대하여「상속세 및 증여세법」제28조를 적용하는 경우에는 같은 조 제2항에도 불구하고 상속세 산출세액에서 창업자금에 대한 증여세액을 공제한다. 이 경우 공제할 증여세액이 상속세 산출세액보다 많은 경우 그 차액에 상당하는 증여세액은 환급하지 아니한다.

은 가업상속공제 요건과 동일하나 대표이사 재직 요건이 적용되지 않으며 피상속인인 보유지분을 전부 증여하여 최대주주등에 해당하지 않는 경우에도 상속인이 최대주주등에 해당하는 경우로서 10년 이상 최대주주등에 해당하는 요건을 충족하는 경우에는 요건을 충족하는 것으로 보는 점에서 차이가 있습니다.[75] (조특령 §27의6 ⑨)

또한 가업상속공제 대상 중견기업 판단은 상속개시일 기준이 아닌 증여받은 날이 속하는 사업연도의 직전 3개 사업연도 매출액 평균금액으로 판단하는 차이가 있습니다.

따라서 현재는 가업승계 증여세 과세특례 대상 중견기업 규모를 충족하지만 향후에는 중견기업 규모를 초과할 것으로 예상되는 경우에는 가업승계 증여세 과세특례를 적용받고 향후 가업상속공제에 준하는 요건을 충족한 후 가업상속공제를 받는 것이 유리할 수 있습니다.

나. 수증자의 지분유지 및 가업종사 요건

가업승계 증여세 과세특례를 적용받은 후 가업상속공제를 적용받기 위해서는 수증자의 지분을 한 주라도 처분하거나 증자 시 실권 등으로 지분율이 낮아져서는 안되며 수증자가 계속하여 가업에 종사하거나 대표이사로 재직하여야 합니다.

따라서 가업승계 증여세 과세특례를 적용받은 후 증여자 생존 시까지 계속 가업을 영위할 것으로 계획하고 있는 경우에는 어떠한 경우에도 주식의 처분, 증여, 유상증자 시 실권으로 지분율이 감소되어서는 안되며, 계속 가업에 종사하거나 대표이사직에서 사임하면 안되는 점을 주의하여야 합니다.

---

75) 조세특례제한법 시행령 제27조의6【가업의 승계에 대한 증여세 과세특례】
　⑨ 법 제30조의6 제1항에 따른 증여세 특례대상인 주식등을 증여받은 후 상속이 개시되는 경우 상속개시일 현재 다음 각 호의 요건을 모두 갖춘 경우에는 「상속세 및 증여세법」 제18조의2 제1항에 따른 가업상속으로 보아 관련 규정을 적용한다. (2025. 2. 28. 개정)
　　1.「상속세 및 증여세법」 제18조의2 제1항 각 호 외의 부분 전단에 따른 가업상속에 해당할 것(해당 요건 중 매출액 평균금액은 법 제30조의6 제1항에 따라 주식등을 증여받은 날이 속하는 사업연도의 직전 3개 사업연도의 매출액 평균금액을 기준으로 판단하며, 법 제30조의6에 따라 피상속인이 보유한 가업의 주식등의 전부를 증여하여 「상속세 및 증여세법 시행령」 제15조 제3항 제1호 가목의 요건을 충족하지 못하는 경우에는 상속인이 증여받은 주식등을 상속개시일 현재까지 피상속인이 보유한 것으로 보아 같은 목의 요건을 적용한다). 다만, 「상속세 및 증여세법 시행령」 제15조 제3항 제1호 나목은 적용하지 아니한다. (2025. 2. 28. 개정)
　　2. (삭제, 2011. 6. 3.)
　　3. 수증자가 증여받은 주식등을 처분하거나 지분율이 낮아지지 아니한 경우로서 가업에 종사하거나 대표이사로 재직하고 있을 것 (2025. 2. 28. 개정)

3. 가업상속공제 요건 충족하지 못하는 경우 사후관리 의무 준수여부

가업승계 증여세 과세특례를 적용받은 후 5년 이내 상속이 발생한 경우로서 가업상
속공제 요건을 충족하지 못하여 일반 상속세가 과세되는 경우에는 5년간 가업승계 증
여세 과세특례 사후관리 사항을 준수하여야 합니다.

서면 – 법령해석재산 – 4455, 2021. 6. 30.

가업상속공제를 적용받지 못한 경우에도 가업승계 증여세 과세특례 사후관리의무를 준수
해야 하는 것임.

◎ 가업승계 증여세 과세특례 적용받은 후 가업상속공제 적용 요건 (①, ②, ③ 모두 충족
필요)

① 10년 이상 최대주주로서 40%(상장법인 20%) 이상 지분율 유지
※ 주식 전부 증여 시 가업승계 주식 증여받은 상속인이 충족하는 것도 가능
※ 대표이사 재직 요건 미적용
② 수증자가 증여받은 주식등을 처분하거나 지분율이 낮아지지 않을 것
③ 수증자가 가업에 종사하거나 대표이사로 재직하고 있을 것
※ 가업승계 증여세 과세특례 적용 후 1주라도 처분하면 안됨.
※ 가업승계 증여세 과세특례 적용 후 1%라도 지분율이 낮아지면 안됨.

서면 – 상속증여 – 2995, 2020. 9. 1.

가업승계 주식 증여 후 인적분할하는 경우 수증자는 분할 및 신설법인에 모두 대표이사로
취임하여야 하며, 가업승계 증여세 과세특례 대상 주식 증여 후 사망한 경우 가업상속공제
를 적용할 때 피상속인의 대표이사 재직 요건은 적용하지 아니하나, 이는 증여세 과세특례
를 받은 해당 주식 등에 한정함.

조심2021서4871, 2021. 11. 15.

가업에 해당하는 중소기업의 영속성을 유지하고 경제 활력을 도모할 수 있도록 일정한 가
업의 상속에 대하여 세제 지원을 하기 위하여 가업상속공제 제도가 도입되었다는 점을 고
려하여 「조세특례제한법」 제30조의6 제4항 및 쟁점조항을 합목적적으로 해석하여야 할 것
인바, 피상속인이 가업 주식을 전부 증여한 경우가 오히려 보다 온전한 가업승계의 모습을
갖추었다고 볼 수 있는 점, 피상속인이 가업 주식 전부를 증여한 경우와 1주를 제외한 나머
지 주식을 전부 증여한 경우를 특별히 구분지어 가업상속공제 규정의 적용을 달리할 합리

적인 사유를 찾기 어려운 점, 쟁점개정조항은 이러한 점을 반영하여 이 건과 같이 피상속인
이 가업주식의 전부를 증여한 경우에도 「상속세 및 증여세법 시행령」 제15조 제3항 제1호
가목의 요건을 갖춘 것으로 보도록 규정하고 있는 점, 쟁점개정조항을 확인적 규정으로 해
석한다고 하더라도 법적 안정성 및 예측가능성이 과도하게 훼손된다고 볼 수 없는 점 등에
비추어 처분청이 이 사건 증여주식에 대하여 가업상속공제 규정의 적용을 배제하고 상속세
를 과세한 이 사건 처분은 잘못이 있다고 판단됨.

Tip! Ⅱ 가업승계 증여세 과세특례 적용을 신청하지 않은 주식가액에 대하여도
상속개시일 현재 가업상속공제 요건을 충족한 경우에는 가업상속공제
를 적용받을 수 있습니다.

가업승계에 대한 증여세 과세특례 적용 시 특례 적용을 신청하지 않은 주식, 즉 수증
자에게 사전증여하지 않은 주식이 일반적인 가업상속공제 요건을 충족한 경우에는 가
업상속공제 적용이 가능합니다.

가업승계에 대한 증여세 과세특례를 적용받지 않은 주식가액에 대해 가업상속공제
를 받기 위해서는 피상속인의 대표이사 재직 요건, 피상속인이 10년 이상 계속 최대주
주등에 해당하는 경우로서 40%(상장법인 20%) 이상 지분율 유지 요건도 충족해야 합
니다.

◎ 가업승계에 대한 증여세 과세특례 적용 후 상속세 적용 특칙 핵심요약

I. 상속세 계산 특례

  1. 상속 재산가액 합산여부

일반적인 증여	가업승계에 대한 증여세 과세특례
• 상속인 　상속개시 10년 이내 증여재산가액 합산 • 상속인이 아닌 자 　상속개시 전 5년 이내 증여재산가액 합산	기간 제한 없이 합산

  2. 상속공제 한도 시 차감 여부

일반적인 사전증여	가업승계에 대한 증여세 과세특례
상속공제 한도 계산 시 차감 ⇒ 상속공제 한도 ↓	상속공제 한도 계산 시 미차감 ⇒ 상속공제 한도 동일

  3. 증여세액공제 한도 적용여부

일반적인 사전증여	가업승계에 대한 증여세 과세특례
공제한도: 상속세 산출세액 × 증여재산 과세표준 / 상속세 과세표준	전액 공제 (다만, 상속세 산출세액 초과하는 분만 미공제)

II. 가업상속공제

가업승계 증여세 과세특례 적용 주식가액	가업승계 증여세 과세특례 미적용 주식가액
가업상속공제 준하는 요건 충족 시 가업상속공제 가능(대표이사 재직 요건, 주식을 전부 증여한 경우 피상속인 최대주주등 해당 요건 미적용)	가업상속공제 요건 충족 시 가업상속공제 (대표이사 재직 요건, 피상속인 최대주주 & 지분율 유지 요건 적용)

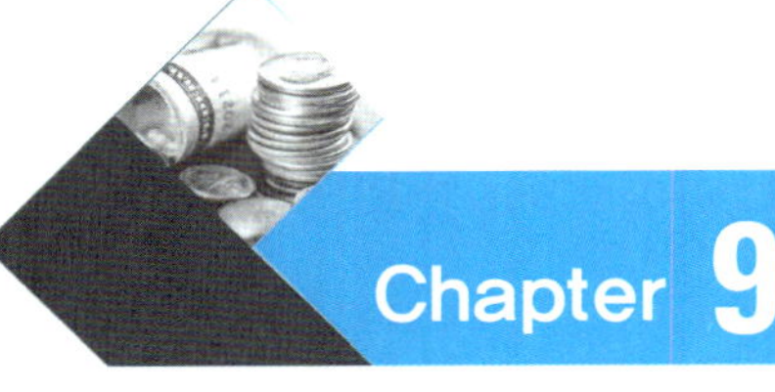

Chapter 9

전략적인 가업승계 증여세 과세특례 활용전략 편

(김대표님 질문)

안세무사님!

저는 제조업 법인을 경영한지 20년 이상 되었습니다.

현재 해당 법인의 저의 보유지분 주식평가액은 170억 원 정도 됩니다.

주변에서 제가 사망하는 경우 현재 기준으로도 400억 원의 가업상속공제 한도가 적용되어 상속세가 없으니 가업승계 증여세 과세특례를 적용받지 말고 가업상속공제를 받는 것이 유리하다고 하는데 주식평가액이 가업상속공제 한도 내인 경우에는 가업승계에 대한 증여세 과세특례를 적용하는 것이 불리한가요?

(안세무사 답변)

김대표님!

주식을 물려 줄 대표이사 주식평가액이 가업상속공제 한도액보다 낮다고 해서 무조건 가업승계 증여세 과세특례가 불리한 것은 아닙니다.

가업승계에 대한 증여세 과세특례 적용여부에 대한 의사결정은,

1. 향후 회사 전망과 주가추이 2. 향후 법인의 배당여력 및 배당계획 3. 대표이사의 건강 상태 4. 회사 매각계획 등을 모두 고려하여야 하며 각 케이스별로 유불리가 달라진다고 할 수 있습니다.

Ⅰ 다음에 해당하는 경우에는 가업승계 증여세 과세특례를 적용받는 것이 불리합니다.

Tip! Ⅰ 자녀가 가업을 물려받는 경우로서 주식평가액이 하락하는 상태이고 가업을 물려줄 최대주주 주식평가액이 가업상속공제 범위 내인 경우에는 가업승계 증여세 과세특례를 적용받는 것이 불리합니다.

　자녀가 가업을 승계할 계획이 있는 경우로서 법인 주식평가액이 하락하는 추세이고 최대주주 주식평가액이 가업상속공제 한도보다 낮으며 향후 배당금 지급 여부가 불투명한 경우에는 가업승계 증여세 과세특례를 적용받는 것보다 상속 시까지 사업무관자산비율을 최소화하여 가업상속공제를 받는 것이 유리할 수 있습니다.

　다만, 가업을 경영하는 부모가 건강한 경우로서 해당 산업이 사양산업에 해당하여 일정 시점에 청산하는 것이 유리한 경우라면 주식평가액이 하락하는 경우라도 가업승계 증여세 과세특례를 적용받아 주식취득가액을 올린 후 청산 시 낮은 세부담을 하면서 법인자산을 수증자에게 귀속시키는 것이 유리할 수 있으니 부모가 건강하여 상속 시까지 기대여명이 긴 경우에는 이러한 점을 고려할 필요가 있습니다.

<case> • ㈜현인: 안경영이 10년 이상 경영한 비상장법인, 손익이 계속 하락하는 추세임.
• 현재 안경영의 주식평가액: 150억 원
• 15년 후 안경영 사망, 사망 당시 안경영 주식 평가 예상액: 100억 원
　가업상속공제 요건 충족
• ㈜현인의 사업무관자산비율: 0%

구분	가업승계 증여세 과세특례 적용 시	사망 시 가업상속공제 적용 시
증여세	12억 원	
상속세	0원* (기납부한 12억 원은 환급이 안됨)	0원**
총 세부담액	12억 원	0원

* 상속재산에 합산된 후 가업상속공제 적용

◎ 가업승계 증여세 과세특례 적용이 불리한 경우

<case Ⅰ> 주식평가액이 가업상속공제 한도 내인 경우로서 주식평가액이 하락하는 경우

〈증여자 요건〉

10년 이상 계속 법인경영

최대주주 주식평가액 〈 가업상속공제 한도액

〈주식평가액 요건〉

하락할 것으로 예상

〈법인 요건〉

배당금 지급 여부 불투명, 사업무관자산비율 낮음.

〈수증자 요건〉

상속 시 가업상속공제 요건 충족 후 가업을 물려받을 계획

Tip! Ⅱ 가업주식 평가액이 매우 낮고 부모가 법인주식 외 다른 재산을 많이 보유하고 있는 경우로서 자녀가 가업을 물려받지 않는 경우에는 가업승계 증여세 과세특례를 적용받는 것이 불리합니다.

법인 주식평가액이 매우 낮고 부모가 법인주식 외 부동산등 보유재산이 많아 상속 시 최고세율 적용이 예상되는 경우로서 자녀가 가업을 물려받지 않는 경우에는 상속개시 10년 전에 일반증여를 받아 법인주식가액이 상속재산에 합산되지 않도록 하는 것이 유리합니다.

<case> • ㈜현인: 안경영이 10년 이상 경영한 비상장 법인

• 현재 안경영의 주식평가액: 10억 원

• 안경영의 부동산, 금융재산: 100억 원(상속 시 50% 상속세율 적용)

• 15년 후 안경영 사망, 사망 당시 안경영 주식 평가액: 30억 원
가업상속공제 요건 미충족

• ㈜현인의 사업무관자산비율: 0%

구분	15년 전 자녀 2명에게 일반증여	가업승계 증여세 과세특례
증여재산가액	10억 원	10억 원
증여재산공제	1억 원(자녀 2명)	
증여세	1.6억 원(자녀 1인당 0.8억 원)	0
주식에 대한 상속세 (15년 후 사망)	0원	5억 원(50% 세율 적용)
최종 세부담	1.6억 원	5억 원

◎ 가업승계 증여세 과세특례 적용이 불리한 경우

<case Ⅱ> 주식평가액이 매우 낮고 부모가 가업주식 외 부동산등 재산이 많은 경우

〈증여자 요건〉

가업주식 외 부동산, 금융재산 가액 높아 상속 시 50% 세율 적용

〈주식평가액 요건〉

일반증여 시 20~30% 증여세율 적용

〈법인 요건〉

배당금 지급 여부 불투명

〈수증자 요건〉

가업을 물려받을 계획 없음.

Ⅱ 다음에 해당하는 경우에는 가업승계 증여세 과세특례를 적용받는 것이 유리합니다.

Tip! Ⅰ 증여자가 건강하고 주식평가액이 낮은 경우로서 지속적으로 배당이 가능한 경우에는 가업승계 증여세 과세특례를 전략적으로 활용할 필요가 있습니다.

가업을 물려줄 증여자가 건강한 경우로서 법인이 계속 이익이 실현되어 매년 배당을 실시하는 경우에는 가업승계 증여세 과세특례를 활용하여 많은 지분을 자녀에게 증여한 후 자녀가 많은 배당금을 수령하게 하여 자녀의 현금성 자산을 늘려주는 것이 유리합니다.

2020년부터 최대주주의 자녀가 초과배당을 받는 경우에는 초과배당금액에서 소득세 상당액을 차감한 가액이 증여재산가액에 해당하여 증여세를 부담하여야 하고 상속개시 10년 이내 초과배당을 통해 증여로 보는 가액은 상속재산에도 합산됩니다.

따라서 법인이 지속적으로 이익이 실현되고 유동성이 풍부하여 매년 일정액 이상의 배당을 실시하는 경우에는 가업승계 증여세 과세특례를 활용하여 자녀가 충분한 배당금을 수령할 수 있는 지분을 증여한 후 적극적인 배당을 통해 자녀의 배당금 수령액을 높이는 것이 유리합니다.

특히 증여자가 건강하여 상속 시까지 오랜 시간이 걸리는 경우로서 상속 시까지 수령할 세후 배당금액이 가업승계 증여세 과세특례 적용받은 주식가액에 대한 증여세와 상속세 부담보다 훨씬 클 것으로 예상되는 경우에는 가업승계 증여세 과세특례를 적용하는 것이 유리합니다.

이 경우에는 부모가 지속적으로 배당금을 수령하여 증가하는 금융재산에 대한 상속세를 낮추는 추가 절세효과가 있으며 가업상속공제 요건을 충족하여 가업상속공제까지 받는 경우에는 절세효과를 극대화할 수 있을 뿐 아니라 가업승계 증여세 과세특례 적용 시 자녀가 대표이사에 취임하는 경우 대표이사로서 높은 급여와 퇴직금을 수령할 수 있는 장점도 있습니다.

<case Ⅰ>
- ㈜현인: 대표이사 안경영이 10년 이상 경영한 법인, 매년 5억 원씩 배당금 지급
  사업무관자산비율: 0%
- ㈜현인의 주주: 대표이사 안경영 100% 소유, 안경영의 주식평가액 50억 원
- 안경영의 주식 100%를 자녀가 수증받아 가업승계 증여세 과세특례 적용 후 25년간 배당금 수령한 상태에서 안경영 사망
- 사망 당시 주식평가액 100억 원, 상속공제는 5억 원 일괄공제만 적용

1. 가업승계 증여세 과세특례 증여세

(단위: 원)

구분	금액
증여세 과세가액(안경영 전체 지분)	5,000,000,000
증여공제	1,000,000,000
과세표준	4,000,000,000
세율	10%
산출세액	400,000,000
신고세액공제	–
자진납부세액	400,000,000

2. 안경영의 자녀가 25년간 수령하는 (세후)배당금 수령액

> [가정] 세부담율: 소득세 부담율 40%(지방소득세 포함), 건강보험료율: 8%

☞ $[500,000,000 \times (1 - 48\%)] \times 25년 = 6,500,000,000$

☞ 안경영이 수령할 배당금을 자녀가 수령함에 따라 안경영의 금융재산 65억 원 ↓ ⇒ 65억 원에 대한 상속세 절세

3. 안경영 사망 시 상속 재산가액에 가산된 가업승계주식에 대한 상속세

① 가업상속공제 요건 충족 시

구분	가업상속공제 한도
피상속인이 10년 이상 20년 미만 계속하여 경영한 경우	300억 원
피상속인이 20년 이상 30년 미만 계속하여 경영한 경우	400억 원
피상속인이 30년 이상 계속하여 경영한 경우	600억 원

☞ 상속개시일 당시 주식평가액이 피상속인이 경영한 기간에 따른 가업상속공제 한도액보다 낮은 경우 상속세 없음.

② 가업상속공제 요건 미충족 시 가업승계주식에 대한 상속세

(단위: 원)

구분	금액
상속세 과세가액	5,000,000,000*
상속공제	500,000,000
과세표준	4,500,000,000
세율	50%
산출세액	1,790,000,000
증여세액공제	400,000,000
신고세액공제	53,700,000
자진납부세액	1,336,300,000

* 30년 이후 사망 & 3.5% 물가상승률 가정 시 사망 시점 현재가치: 1,781,392,053원
가업승계 증여세 과세특례 적용받은 주식가액이 증여자 사망 시 상속재산에 합산되는 경우에도 물가상승률을 반영하지 않은 금액이 합산되므로 3.5% 물가상승률하에 30년 이후 사망하는 것을 가정 시 상속재산에 합산되는 주식의 실질가치는 50억 원이 아닌 17.8억 원 정도임.

4. 안경영의 자녀 수령 세후 배당금 VS 안경영의 자녀 부담 세금

(단위: 원)

안경영의 자녀 수령 세후 배당금	안경영의 자녀 부담 세금
6,500,000,000	1,736,300,000*

* 가업승계 증여세 과세특례 증여세 400,000,000 + 상속세 1,336,300,000

5. 가업승계 증여세 과세특례를 받지 않고 전액 상속하는 경우

① 가업상속공제 요건 충족 시

주식에 대한 상속세 없지만 부모수령 배당금 누적액에 대한 상속세 발생, 자녀수령 배당금 없음.

② 가업상속공제 요건 미충족 시

상속세 41억 원, 자녀수령 배당금 없음.

(단위: 원)

구분	금액
상속세 과세가액	10,000,000,000
상속공제	500,000,000
과세표준	9,500,000,000
세율	50%
산출세액	4,290,000,000
증여세액공제	0
신고세액공제	128,700,000
자진납부세액	4,161,300,000

6. 가업승계 증여세 과세특례 적용여부에 따른 상속세 및 증여세 부담액 비교

(단위: 원)

구분	가업승계 과세특례 적용 시		가업승계 증여세 과세특례 미적용 시	
	가업상속공제 요건 충족	가업상속공제 요건 충족 ×	가업상속공제 요건 충족	가업상속공제 요건 충족 ×
증여세 부담액	400,000,000	400,000,000		
상속세 부담액	0	1,336,300,000	2,463,800,000*	7,313,800,000**
증여세 및 상속세 부담 총액	400,000,000	1,736,300,000	2,463,800,000	7,313,800,000
자녀배당금 수령액	65억 원	65억 원	0원	0원
주식 외 자녀에게 이전된 현금	61억 원	4,763,700,000	4,036,200,000***	-813,800,000****

* 안경영이 25년간 수령한 세후 배당금 65억 원에 대한 상속세
  (65억 원 - 일괄공제 5억 원) × 50% - 4.6억 원 - 신고세액공제 = 2,463,800,000
** (주식 100억 원 + 배당금 누적액 65억 원)에 대한 상속세 = 7,313,800,000
*** 누적된 배당금 수령액에 대해 상속받은 현금(65억 원) - 65억 원에 대한 상속세(24.638억 원)
**** 누적된 배당금 수령액에 대해 상속받은 현금(65억 원) - 65억 원 및 주식에 대한 상속세(73.138억 원)

7. 전략적인 가업승계 증여세 과세특례 적용을 통한 효과

가업승계에 대한 증여세 과세특례 신청 시 증여세를 부담하여야 하고 가업상속공제 요건을 충족하지 못하는 경우를 가정 시 특례 적용받은 재산가액에 대해 13.36억 원에 대한 상속세를 부담하여야 합니다.

하지만 25년간 부모가 수령할 세후 배당금 65억 원을 자녀가 수령함에 따라 부모의 상속재산이 65억 원이 감소하고 현금 65억 원이 자녀에게 이전되었으며 증여세 과세특례 적용받은 재산이 상속 재산가액에 합산되는 경우 증여 시점의 평가액으로 합산되기 때문에 증여주식가액이 상속재산에 합산되는 경우에도 증가하는 상속세가 크지 않습니다. 또한 물가상승률을 감안 시 상속 재산가액이 합산되는 실제 가액은 현재보다 훨씬 더 낮은 금액입니다.

다만, 해당 사례는 사업무관자산비율을 0%로 가정한 것으로 실무에서 적용 시에는 사업무관자산비율에 해당하는 가액에 대해 부담하여야 하는 일반증여세 부담도 정확하게 고려하여야 합니다.

◎ **가업승계 증여세 과세특례 적용이 유리한 경우**

<case Ⅰ> 부모가 건강한 경우로서 지속적인 배당계획이 있는 경우

〈증여자 요건〉
① 건강 양호하여 증여 시점부터 상속예상시점까지 기간이 긴 경우
② 10년 이상 법인 계속 경영

〈주식평가액 요건〉
과도하게 높지 않은 상태

〈법인 요건〉
① 지속적으로 이익실현 & 배당가능이익·재원 풍부
② 주주가 특수관계인으로 구성되어 배당금은 모두 특수관계인이 수령

〈수증자 요건〉
증여자 사망 시까지 세후 배당금 수령액 〉 가업승계 증여세 과세특례 적용 증여세 부담액 + 상속세 부담액

(김대표님 질문)

안세무사님!

저희 법인은 자동차 부품 제조업으로 20년 이상 제가 계속하여 경영하여 왔습니다. 자녀는 딸만 하나 있고 현재 저희 법인 재무팀에서 근무 중인데 5년 정도만 근무하고 퇴직을 원하고 있는 상태이며, 회사를 물려받는 대신 매수희망자가 있는 경우 법인을 매각하여 현금을 물려주기를 원하고 있는 상태입니다.

법인매각을 하려고 하면 매각은 가능할 것 같은데 이런 경우에 가업승계에 대한 증여세 과세특례를 활용할 수 있을까요?

최근 법인 CEO들의 가장 큰 고민 중의 하나는 자녀들이 가업을 물려받기를 원하지 않거나 물려받을 자녀가 없다는 것입니다.

비상장법인으로서 자녀에게 가업을 승계할 수 없는 경우에는 비상장주식을 상속하는 것보다 상속 전 법인주식을 현금화하여 법인주식을 상속받는 것이 아닌 주식매각자금이 자녀에게 이전되도록 하는 것이 자녀의 재산형성 측면에서 훨씬 더 유리한 전략일 수 있습니다.

이렇게 자녀가 가업승계를 원하지 않거나 가업을 승계받을 수 없는 경우로서 법인매각 계획이 있는 경우에는 가업승계 증여세 과세특례를 전략적으로 활용할 수 있습니다.

<case Ⅱ>
- ㈜현인: 대표이사 안경영(지분 100% 소유)이 20년 이상 경영한 중소기업
- 주식평가액: 현재 100억 원(안경영의 취득가액 1억 원), 상속 시 200억 원
- 5년 후에 200억 원에 매각 가능
- ㈜현인의 사업무관자산비율: 0%

1. 안경영이 해당 주식을 200억 원에 양도하여 매각자금을 증여하는 경우

① 안경영의 주식을 200억 원에 양도하는 경우 양도소득세 계산

(단위: 원)

구분	금액
양도가액	20,000,000,000
취득가액	100,000,000
양도차익	19,900,000,000
기본공제	2,500,000
과세표준	19,897,500,000
세율	20%(3억 원 초과분 25%)
산출세액(지방소득세 포함)	5,455,312,500

② 주식 매각대금 중 양도소득세 부담 후 금액을 증여하는 경우 증여세 계산

(단위: 원)

구분	금액
증여세 과세가액 (양도가액 – 양도소득세)	14,544,687,500
증여공제	50,000,000
과세표준	14,494,687,500
세율	50%
산출세액	6,787,343,750
신고세액공제	203,620,313
자진납부세액	6,583,723,437

③ 자녀의 최종 현금 수령액

(단위: 원)

구분	금액
주식양도금액	20,000,000,000
(–) 양도소득세	5,455,312,500
(–) 증여세	6,583,723,437
딸의 순수한 현금 수령액	7,960,964,063

2. 가업승계 증여세 과세특례를 적용받고 사후관리 충족한 후 자녀가 매각하는 경우

① 가업승계 증여세 과세특례

(단위: 원)

구분	금액
증여세 과세가액	10,000,000,000
증여공제	1,000,000,000
과세표준	9,000,000,000
세율	10%
산출세액	900,000,000
신고세액공제	–
자진납부세액	900,000,000

② 자녀의 양도소득세

(단위: 원)

구분	금액
양도가액	20,000,000,000
취득가액	10,000,000,000*
양도차익	10,000,000,000
기본공제	2,500,000
과세표준	9,997,500,000
세율	20%(3억 원 초과분 25%)
산출세액(지방소득세 포함)	2,732,812,500

* 가업승계 증여세 과세특례 사후관리 충족 후 해당 주식을 양도하는 경우 적용되는 취득가액: 증여 당시 평가액

③ 상속세(해당 주식 외 다른 상속재산은 없다고 가정)

(단위: 원)

구분	금액
총상속 재산가액	10,000,000,000
상속공제	500,000,000
과세표준	9,500,000,000
세율	50%
산출세액	4,290,000,000
증여세액공제	900,000,000

구분	금액
신고세액공제	128,700,000
자진납부세액	3,261,300,000

④ 자녀의 최종 현금 수령액

(단위: 원)

구분	금액
주식양도금액	20,000,000,000
（－）양도소득세	2,732,812,500
（－）증여세	900,000,000
（－）상속세	3,261,300,000
딸의 순수한 현금 수령액	13,105,887,500

3. 가업승계 증여세 과세특례를 적용받지 않고 딸이 가업에 종사하지 않아 가업상속공제 요건을 충족하지 못한 상태에서 상속받는 경우(상속받은 후 양도)

① 상속세

(단위: 원)

구분	금액
총상속 재산가액	20,000,000,000
상속공제	500,000,000
과세표준	19,500,000,000
세율	50%
산출세액	9,290,000,000
신고세액공제	278,700,000
자진납부세액	9,011,300,000*

② 양도소득세

(단위: 원)

구분	금액
양도가액	20,000,000,000
취득가액	20,000,000,000
양도차익	0

③ 자녀의 최종 현금 수령액

(단위: 원)

주식양도금액	20,000,000,000
(-) 상속세	9,011,300,000
딸의 순수한 현금 수령액	10,988,700,000

4. 전략적인 가업승계 증여세 과세특례 적용을 통한 효과

자녀가 가업을 물려받길 원하지 않는 경우로서 법인매각이 가능한 경우에 주식의 취득가액이 낮은 부모가 주식을 양도하고 매각대금을 증여하는 경우에는 주식매각대금의 40% 정도만 자녀가 현금으로 수령하게 됩니다.

또한 자녀가 가업상속공제 요건을 충족하지 못한 상태에서 사망하는 경우에는 최종매각대금의 55% 정도를 자녀가 수령하게 됩니다. 또한 이 경우에는 부모 사망 전 자녀에게 이전된 현금자산이 없어 자녀가 부동산등 구입을 통한 재산형성이 어려운 단점이 있습니다.

반면, 가업승계 증여세 과세특례 요건을 갖춘 상태에서 매각하는 경우에는 증여 당시 평가액이 취득가액이 되어 양도소득세가 낮아져서 양도소득세, 상속세, 증여세 부담을 하는 경우에도 양도대금의 65% 정도가 자녀에게 귀속될 뿐만 아니라 자녀에게 현금자산 이전시기가 빨라져서 부동산등 구입을 통한 자녀의 재산형성이 유리해지는 추가적인 장점이 있습니다.

| 200억 원에 법인을 매각하는 경우에 대한 세부담 및 현금 수령액 |

(단위: 원)

구분	가업승계 증여세 과세특례 적용받지 않고 증여 시	가업승계 증여세 과세특례 적용받고 양도 시	가업승계 증여세 과세특례 적용받지 않고 상속 시
주식양도가액	20,000,000,000	20,000,000,000	20,000,000,000
가업승계 증여세 과세특례	–	900,000,000	–
양도소득세	5,455,312,500	2,732,812,500	–
상속세	–	3,261,300,000	9,011,300,000
증여세	6,583,723,437	–	–
세부담 계	12,039,035,937	6,894,112,500	9,011,300,000
자녀의 현금 수령액	7,960,964,063	13,105,887,500	10,988,700,000

◎ 가업승계 증여세 과세특례 적용이 유리한 경우

<case Ⅱ> 자녀가 가업기업을 물려받지 않고 가업주식을 매각할 계획이 있는 경우
〈수증자 요건〉
장기적으로 가업을 물려받을 계획은 없지만 가업승계 증여세 과세특례 요건은 충족할 수 있는 경우

〈법인 요건〉
① 지속적으로 이익실현 & 주식평가액 일정금액 이상
② 법인 주식 매수할 매수자 존재

Tip! **Ⅲ** 상속 시 예상 주식평가액이 가업상속공제 한도를 초과하는 경우로서 주식가치가 상승할 것으로 예상되는 경우에는 가업승계 증여세 과세특례를 전략적으로 활용할 필요가 있습니다.

(김대표님 질문)

안세무사님!
저는 코스닥 상장법인의 CEO입니다.
현재 34% 정도의 지분을 가지고 있고 주식평가액은 대략 400억 원 정도 되지만 회사 성장추이와 주가추이를 봤을 때 20년 후에는 대략 700억 원 정도 될 것으로 예상됩니다.
현재 아들이 미국에 지사장으로 나가 있는데 국내 본사로 복귀시켜서 본격적으로 경영에 참여하게 한 후 가업을 물려줄 계획입니다.
아들이 좀 더 적극적으로 경영에 참여할 수 있는 동기를 부여하고자 제 주식 중 일부를 사전증여하려고 하는데 가업승계 증여세 과세특례를 활용하는 경우 절세효과가 있을까요?

비상장법인의 경우 가업을 물려줄 최대주주 주식평가액이 가업상속공제 한도(300억 원, 400억 원, 600억 원)를 초과하는 경우가 거의 없지만 상장법인인 경우에는 거의 대부분 상속 시 최대주주 예상 주식평가액이 가업상속공제 한도를 초과하게 됩니다.

주식평가액이 상승할 것으로 예상되는 상장법인으로서 최대주주 주식평가액이 가업상속공제 한도를 초과할 것으로 예상되는 경우에는 가업승계 증여세 과세특례를 통해 지분의 일정부분을 낮은 세율을 적용받아 증여하고 자녀가 보다 적극적으로 경영에 참여하게 하는 것이 유리합니다.

2023년 전에는 가업승계 증여세 과세특례 한도가 100억 원이었으므로 상장법인이 사전에 많은 지분을 증여하기에는 턱없이 낮은 액수였지만 2023년 이후 증여분부터 최고 600억 원까지 가업승계 증여세 과세특례가 적용 가능하므로 주식평가액이 높은 상장법인의 경우 가업승계 증여세 과세특례를 전략적으로 활용할 필요가 있습니다.

<case Ⅲ>
- 코스닥 상장법인 ㈜현인(사업무관자산비율 0%)
- 최대주주 안경영 주식평가액 400억 원, 사망 시 예상주식평가액 700억 원
  (주가 상승비율: 175%)
- 자녀에게 안경영 보유 주식 120억 원을 가업승계 증여세 과세특례 적용하여 증여
- 안경영 사망 시 가업상속공제 요건 충족(30년 이상 경영)

1. 가업승계 증여세 과세특례 적용받은 경우

가. 증여세

(단위: 원)

구분	금액
증여세 과세가액	12,000,000,000
증여공제	1,000,000,000
과세표준	11,000,000,000
세율	10%
산출세액	1,100,000,000
신고세액공제	–
자진납부세액	1,100,000,000

* 증여 후 잔여주식 가액: 280억 원(사망 시 주가 490억 원: 175% 상승)

나. 상속세

(단위: 원)

구분	가업승계 증여세 특례 적용받은 경우
총상속 재산가액	49,000,000,000*
가업승계 증여세 과세특례 주식가액	12,000,000,000
상속세 과세가액	61,000,000,000
일괄공제	500,000,000
가업상속공제	60,000,000,000

구분	가업승계 증여세 특례 적용받은 경우
과세표준	500,000,000
세율	
산출세액	90,000,000
증여세액공제	90,000,000
신고세액공제	
차가감납부세액	0

* 가업승계 증여세 과세특례를 적용받은 경우 상속 시 주식평가액: (400억 원 − 120억 원) × 175%

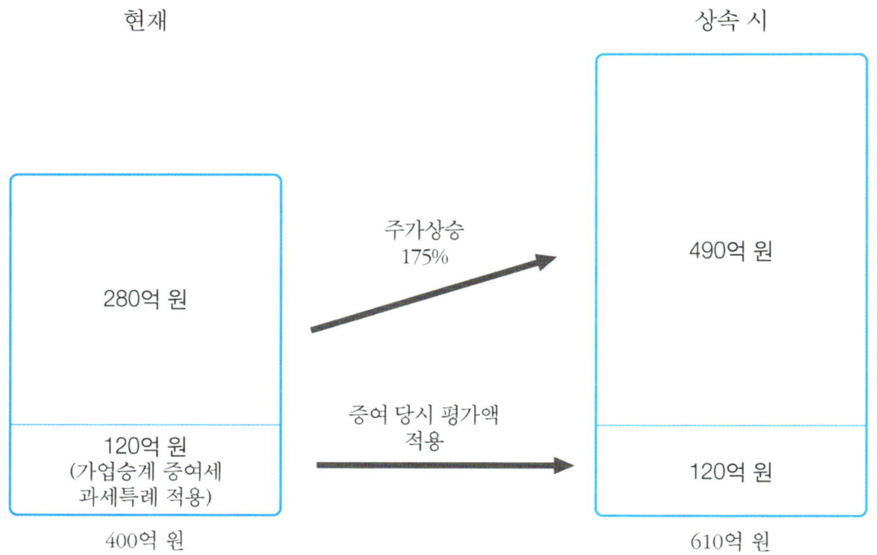

2. 가업승계 증여세 과세특례를 적용받지 않은 경우 상속세

구분	가업승계 증여세 과세특례 적용받지 않은 경우
총상속 재산가액	70,000,000,000**
상속개시 전 증여재산가액	−
상속세 과세가액	70,000,000,000
일괄공제	500,000,000
가업상속공제	60,000,000,000
과세표준	9,500,000,000
세율	

구분	가업승계 증여세 과세특례 적용받지 않은 경우
산출세액	4,290,000,000
증여세액공제	
신고세액공제	128,700,000
차가감납부세액	4,161,300,000

* 가업승계 증여세 과세특례를 적용받지 않은 경우 상속 시 주식평가액: 400억 원 × 175%

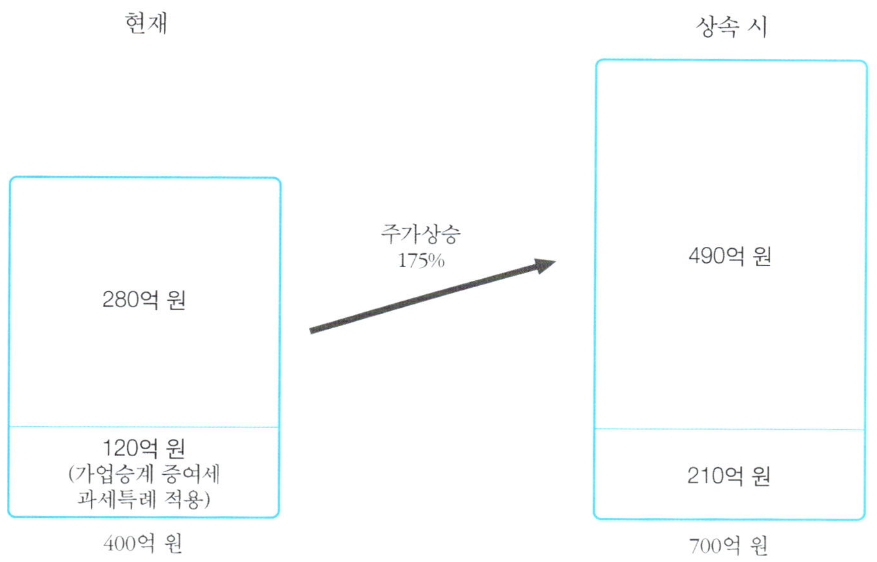

3. 전략적인 가업승계 증여세 과세특례 적용을 통한 효과

가업승계 증여세 과세특례 적용 시 사전에 11억 원의 증여세를 납부하여야 하는 부담이 있지만 상속 시 주식평가액이 가업상속공제 한도와 유사하여 상속세 부담이 낮은 절세효과와 자녀가 사전에 상당지분을 증여받아 경영에 더 적극적으로 참여하고 배당금을 수령할 수 있는 추가효과를 누릴 수 있습니다.

이 경우 가업승계 증여세 과세특례 적용 시 납부한 증여세는 상속세 계산 시 증여세액공제로 공제되므로 해당 사례에서 가업승계 증여세 과세특례 적용 주식가액을 증여세액공제액을 고려한 가액만큼 낮추어 증여세를 부담하고 상속세 신고 시 기납부한 증여세를 증여세액공제로 공제받는 경우에는 절세효과를 더 극대화할 수 있습니다.

(단위: 원)

구분	가업승계 증여세 특례 적용받은 경우	가업승계 증여세 특례 적용받지 않은 경우
가업승계 증여세	1,100,000,000	–
상속세	–	4,161,300,000

◎ 가업승계 증여세 과세특례 적용이 유리한 경우

<case Ⅲ> 주식가치가 상승하는 경우로서 상속 시 주식평가액이 가업상속공제 한도를 초과하는 경우

〈증여자 요건〉
상속 시 증여자 보유주식 예상주식평가액 〉 가업상속공제 한도

〈수증자 요건〉
가업승계 예정

Tip! Ⅳ 향후 5년 이내 상장 또는 주권상장법인과 합병계획이 있는 경우에는 가업승계 증여세 과세특례 적용을 적극적으로 활용할 필요가 있습니다.

기업이 성장하여 상장 또는 주권상장법인과의 합병을 계획하고 있는 경우에는 향후 주식가치가 상승할 것이 확실하게 예측되는 상태이므로 상장 또는 주권상장법인과 합병 전 자녀에게 주식을 증여하거나 자녀에게 자금을 증여하여 해당 기업 주식을 취득하게 하는 경우를 많이 볼 수 있습니다.

이렇게 법인이 상장 전 또는 특수관계 있는 주권상장법인과 합병 전 5년 이내 최대주주등의 지분을 자녀에게 증여하거나 자녀가 취득하게 하는 경우 또는 자녀에게 주식취득자금을 증여하고 자녀가 3년 이내 증여받은 자금으로 해당 기업주식을 취득한 경우로서 5년 이내 법인이 상장되거나 주권상장법인과 합병한 경우에는 합병 또는 주권상장법인과 합병함으로써 발생한 주식가치 상승에 따른 일정 이익에 대해 일반 증여세율이 적용되어 증여세가 과세됩니다.

코스닥 상장법인의 경우 최초 상장 시 이에 해당하여 증여세가 과세되는 사례를 많이 볼 수 있습니다.

이 경우 가업승계 증여세 과세특례를 적용받은 경우에는 상장등에 따른 이익의 증여,

합병에 따른 상장등에 대한 이익의 증여로 과세되는 경우에도 가업승계 증여세 과세특례 적용받은 주식가액이 100억 원 미만 경우에는 가업승계 증여세 과세특례 적용받은 주식가액과 합하여 100억 원까지에 대해서는 상장등에 따른 이익의 증여, 합병에 따른 상장등에 대한 이익의 증여로 과세되는 금액에 대해 특례 증여세율 적용이 가능합니다.

따라서 향후 5년 이내 상장 또는 주권상장법인과 합병계획이 있는 경우에는 전략적으로 가업승계 증여세 과세특례를 활용할 필요가 있습니다.

◎ 주식등 상장에 따른 이익의 증여 과세 시 가업승계에 대한 증여세 과세특례 한도 활용 사례

1. 가업승계 증여세 과세특례
   - 가업자산 상당액에 대해 특례세율 적용가액: 50억 원
   - 적용한도: 400억 원

2. 주식등의 상장에 따른 이익의 증여
   - 증여재산가액: 50억 원

3. 가업승계에 대한 증여세 과세특례 적용받지 않은 경우
   - 주식등의 상장에 따른 이익의 증여 증여세
     = (50억 원 − 3천만 원) × 50% 증여세율(누진공제 4.6억 원)
     = 20.25억 원

4. 가업승계에 대한 증여세 과세특례 적용 & 100억 원 내 잔여한도 있는 경우(위 사례 50억 원)
   - 가업승계에 대한 증여세 과세특례 적용* 증여세(5억 원)
     = 50억 원** × 10%

     * 상속세 신고 시 50억 원은 무조건 상속 재산가액에 합산
     ** 적용여부는 납세자 선택 사항임.

◎ 가업승계 증여세 과세특례 적용이 유리한 경우

<case Ⅳ> 5년 이내 상장 또는 특수관계 있는 주권상장법인과 합병계획이 있는 경우

〈증여자 요건〉

최대주주 또는 특수관계인 지분율 포함 25% 이상 출자자

〈수증자 요건〉

① 최대주주로부터 주식 증여받거나 최대주주 주식 취득

② 소급하여 3년 이내 최대주주로부터 자금수증 & 최대주주 아닌 자로부터 주식 취득

③ 가업승계 증여세 과세특례 적용 주식가액이 100억 원 미만
   (가업승계 증여세 과세특례 적용받은 주식가액이 낮을수록 유리)

〈상장 또는 합병 요건〉

자녀가 주식 수증 또는 취득한 날부터 5년 이내 상장 또는 특수관계 있는 주권상장법인과 합병

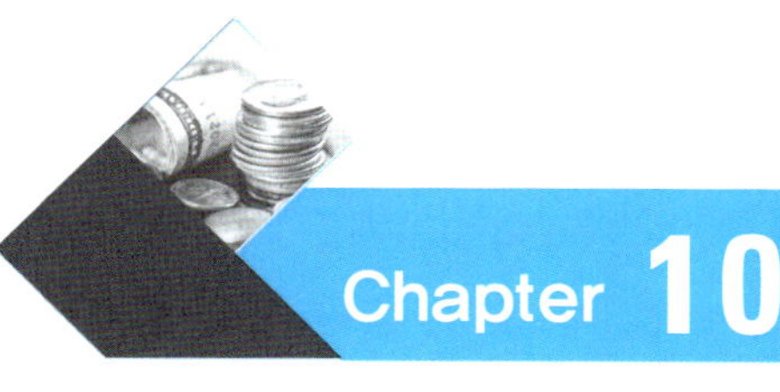

가업상속공제와 가업승계 증여세 과세특례 비교정리 편

Ⅰ 적용방식, 가업영위기간, 공제금액, 한도

구분	가업상속공제	가업승계 증여세 과세특례
적용방식	〈과세표준 조정〉 과세표준 계산 시 상속공제로 차감하여 과세표준 낮추는 방식	〈과세표준과 세율조정〉 과세표준 계산 시 10억 원 차감 후 10%, 20% 특례 증여세율 적용
가업영위기간	10년 이상 계속 경영	
공제금액	가업상속 재산가액 상당액	10억 원
한도	10년 이상 300억 원, 20년 이상 400억 원, 30년 이상 600억 원	

Ⅱ 피상속인, 증여자 요건

구분	가업상속공제	가업승계에 대한 증여세 과세특례
요건 대상자	피상속인	증여자
연령 요건	없음.	증여일 현재 만 60세 이상
수증자와 관계	상속받는 자가 민법상 상속인에 해당하는 관계에 있는 자	반드시 부모만이 가능함. (부모 사망 시에만 조부모 가능)
지분율 요건	10년 이상 계속하여 최대주주 해당 & 40%(상장 20%) 이상 보유하면서 경영	
횟수	최대주주등 중 최초로 공제받거나, 신청하는 1인만 적용 가능함.	
대표이사 재직	① 직전 10년 중 5년 ② 10년 이상 ③ 가업영위기간 중 50% 이상	① 직전 10년 중 5년 ② 가업영위기간 중 50% 이상 　(2025. 2. 28. 이후 증여분부터)

구분	가업상속공제	가업승계에 대한 증여세 과세특례
부부 공동기업	• 부 지분→모 상속→모 지분 자녀 상속 가능 • 부 지분→자녀 상속→모 지분 자녀 상속 불가능	부(모) 지분 증여 특례적용 →모(부) 지분 증여 특례적용 불가
부부 각각 경영기업	• 부(모) 상속 → 모(부) 상속: 둘 다 공제 가능	• 각각 기업에 대해 특례적용 가능 (1명이 수증받은 것으로 간주 한도 적용)
1인이 여러 기업 경영	여러 개의 기업에 대해 가업상속공제, 증여세 과세특례 적용 가능	
탈세·회계부정 시 배제	상속개시 10년 전 벌금·징역형 확정: 공제배제	상속개시 10년 전 벌금·징역형 확정: 특례세율 적용배제

Ⅲ 상속인, 수증자 요건

구분	가업상속공제	가업승계에 대한 증여세 과세특례
요건 대상자	상속인	수증자
연령 요건	상속개시일 현재 만 18세 이상	증여일 현재 만 18세 이상
거주자 요건	피상속인이 거주자인 경우 비거주자도 가능	거주자만이 가능
가업종사 대표취임	• 임원 취임: 상속세 신고기한 • 대표이사 취임: 상속세 신고기한부터 2년 내	• 가업종사: 증여세 신고기한 • 대표이사 취임: 증여일부터 3년 이내
	상속인, 수증인의 배우자가 요건 충족 시 인정	
공동 상속·수증	적용 가능	
신청 요건	상속세 신고기한 내 신고하지 않는 경우에도 적용 가능	증여세 신고기한 내 특례적용 미신청 시 적용 불가능
탈세·회계부정	벌금형 또는 징역형 확정 시 적용배제	벌금형 또는 징역형 확정 시 특례세율 적용배제
적용배제	영농상속공제 적용	창업자금 증여세 과세특례 적용

 사후관리

구분	가업상속공제	가업승계 증여세 과세특례
가업용 자산처분	가업용 자산의 40% 이상을 처분하지 말 것	없음.
상속인 가업종사	상속인이 5년간 가업에 종사할 것, 1년 이상 휴폐업하지 말 것, 대분류 외 업종으로 변경하지 말 것(평가심의위원회 거치는 경우 제외), 5년까지 대표이사직 유지	
상속인 지분유지	상속인의 지분이 감소하지 말 것	상속인의 지분이 감소하지 말 것
고용유지 요건	5년간 근로자수 또는 총급여액 평균 ≥ 상속개시 2년 전 평균의 90%	없음.
탈세, 회계부정	5년 이내 탈세 또는 회계부정 시 추징	5년 이내 탈세 또는 회계부정 시 추징
추징 시 적용이자율	국세환급 가산금 이자율 연 3.5%	납부불성실 가산세율 연 8.03%
추징 시 과소신고 가산세	없음.	과소신고 가산세 적용

 연부연납

구분	가업상속공제	가업승계 증여세 과세특례
특례 연부연납기간	일반적인 상속세 연부연납기간 아닌 특례 연부연납기간 적용	일반적인 증여세 연부연납기간 아닌 특례 연부연납기간 적용
요건	가업 요건, 피상속인 요건, 상속인 요건 적용(가업상속공제보다 완화된 요건)	가업승계 증여세 과세특례 요건 적용
연부연납기간	20년간 분할납부 또는 10년 거치 10년간 분할납부	15년간 분할납부

※ 납부유예는 유사하게 적용

 ## 공제 또는 특례 적용받은 자산 양도 시 양도소득세

구분	가업상속공제	가업승계 증여세 과세특례
양도소득금액 계산 시 적용되는 취득가액	피상속인 취득가액	증여 당시 평가액
주식가치 상승분 반영 여부	미반영	반영
양도소득세 부담 결과	양도소득세 부담 ↑	양도소득세 부담 ↓

 ## 기회발전특구 소재 기업 특혜 부여 여부

구분	가업상속공제	가업승계 증여세 과세특례
적용특혜	상속인 대표이사 취임 미적용 가업종사 요건 미적용 대분류 외 업종변경 허용	없음.

 ## 적용배제

구분	가업상속공제	가업승계 증여세 과세특례
적용배제되는 경우	영농상속공제 적용한 경우	창업자금에 대한 증여세 과세특례 적용한 경우

 ## 신청 요건

구분	가업상속공제	가업승계 증여세 과세특례
특례신청한 경우만 특례적용 가능한지 여부	수정신고, 경정청구 시 신청해도 공제 가능	증여세 신고 시 미신청 시 적용배제

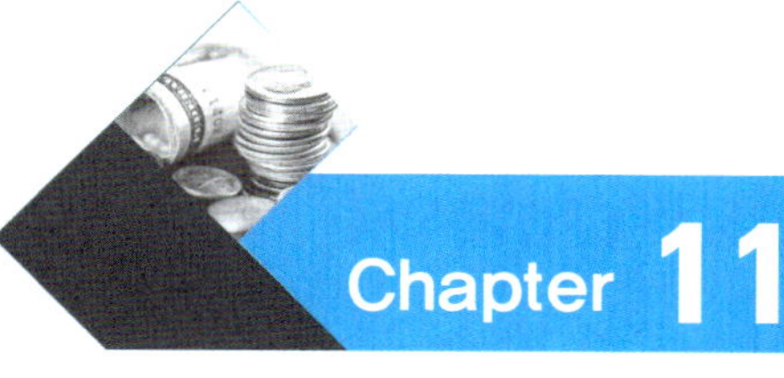

Chapter 11

가업승계 증여세 과세특례 신청 및 납부유예 신청 시 제출서류

[별지 제11호의8 서식] (2024. 3. 22. 개정)

가업승계 주식 등 증여세 과세특례 적용신청서

가. 가업현황

상 호 (법 인 명)		사업자등록번호	
성 명 (대 표 이 사)		생 년 월 일	
개 업 연 월 일		업 종	

나. 중소기업 또는 중견기업 여부(해당되는 곳에 √표 기재)

중 소 기 업 여 부	[ ]해 당 [ ]해 당 안 됨	상장여부 (상장일)	[ ]상장(. .) [ ]비상장
중 견 기 업 여 부	[ ]해 당 [ ]해 당 안 됨	직전 3개 사업연도 평 균 매 출 액	

다. 증여자

성 명		주 민 등 록 번 호	
가 업 영 위 기 간		대 표 이 사 재 직 기 간	
최 대 주 주 등 여 부		특수관계인포함 보유 주 식 등 지 분 율	

라. 수증자

성 명		주 민 등 록 번 호	
증 여 자 와 의 관 계		임원/대표이사 취임일	
주 소		(☎)	

마. 가업법인 주식등 증여세 과세가액

수증일	㉮ 수량	지분율	㉯ 단가	① 주식 등 가액 (㉮×㉯)	② 과세특례 적용대상 증여세 과세가액

「조세특례제한법」 제30조의6 제5항에 따라 위와 같이 가업승계 주식등에 대한 증여세 과세특례를 신청합니다.

년 월 일

신청인 (서명 또는 인)

세무서장 귀하

신청인 제출서류	1. 가업법인의 중소기업기준검토표(「법인세법 시행규칙」 별지 제51호서식을 말합니다) 2. 가업법인의 증여일 현재와 직전 10년간의 사업연도의 주주현황 각 1부 3. 그 밖에 가업승계 사실을 입증할 수 있는 서류	수수료 없음

작성방법

1. "가. 가업현황"에서 '업종'은 「상속세 및 증여세법 시행령」 별표에 따른 업종 중에서 해당 업종을 적습니다.
2. "나. 중소기업 또는 중견기업 여부"에서 '중소기업'은 「조세특례제한법 시행령」 제2조 제1항 제1호 및 제3호의 요건을 모두 충족하고 자산 총액이 5천억 원 미만인 기업을 말합니다.
3. "나. 중소기업 또는 중견기업 여부"에서 '중견기업'은 「조세특례제한법 시행령」 제9조 제4항 제1호 및 제3호의 요건을 모두 충족하고 증여 일이 속하는 법인세 사업연도의 직전 3개 사업연도의 매출액 평균금액이 5천억 원 미만인 기업을 말합니다.
4. "마. 가업법인 주식등 증여세 과세가액"에는 「조세특례제한법」 제30조의6제2항에 따라 주식등을 증여받고 가업을 승계한 거주자가 2인 이상인 경우에는 각 거주자가 증여받은 주식등을 1인이 모두 증여받은 것으로 보아 전체 가업법인 주식등 증여세 과세가액을 적습니다.
5. "마. 가업법인 주식등 증여세 과세가액 ① 주식 등 가액"란은 증여일 현재 「상속세 및 증여세법」에 따라 평가한 가액을 적습니다.
6. "마. 가업법인 주식등 증여세 과세가액 ② 과세특례 적용대상 증여세 과세가액"란은 "가업증여 과세특례 증여재산평가 및 과세가액 계산명 세서(「상속세 및 증여세법 시행규칙」 별지 제10호의 2 서식 부표 2)"의 ⑫의 금액을 적습니다.

210mm×297mm[백상지 80g/㎡]

[별지 제10호의2 서식] (2024. 3. 22. 개정)

증여세과세표준신고 및 자진납부계산서
(창업자금 및 가업승계주식 등 특례세율 적용 증여재산 신고용)

[ ]기한 내 신고 [ ]수정신고 [ ]기한 후 신고

관리번호 [-   ]

※ 뒤쪽의 작성방법을 읽고 작성하시기 바랍니다.

(앞쪽)

수증자	① 성 명		② 주 민 등 록 번 호		③ 거 주 구 분	[ ] 거주자 [ ]비거주자
	④ 주 소				⑤ 전자우편주소	
	⑥ 전 화 번 호	(자 택)	(휴대전화)		⑦ 증여자와의 관계	증여자의 ( )
증여자	⑧ 성 명		⑨ 주 민 등 록 번 호		⑩ 증 여 일 자	
	⑪ 주 소				⑫ 전 화 번 호	(자 택) (휴대전화)
세무대리인	⑬ 성 명		⑭ 사 업 자 등 록 번 호		⑮ 관 리 번 호	
	⑯ 전화번호	(사무실)			(휴대전화)	

구 분			금 액	구 분		금 액
증여세 과세가액	창업자금 (「조세특례제한법」 제30조의5)	⑰ 해당 증여재산 (부표 1 ⑯가액)		㉛ 신고불성실가산세		
		⑱ 가산 증여재산 (부표 1 ⑪가액)		㉜ 납부지연가산세		
	가업승계주식등 (「조세특례제한법」 제30조의6)	⑲ 해당 증여재산 (부표 2 ⑫가액)		㉝ 자진납부할 세액 (㉗ - ㉘ + ㉛ + ㉜)		
		⑳ 가산 증여재산 (부표 2 ⑦가액)		납부방법	납부 및 신청일	
	㉑ 합계[(⑰ + ⑱) 또는 (⑲ + ⑳)]			㉞ 연부연납		
㉒ 증여재산공제				현금 ㉟ 분납		
㉓ 재해손실공제 (「상속세 및 증여세법」 제54조)				㊱ 신고납부		

「상속세 및 증여세법」 제68조 및 같은 법 시행령 제65조제1항에 따라 증여세의 과세가액 및 과세표준을 신고하며, 위 내용을 충분히 검토하였고 신고인이 알고 있는 사실을 그대로 적었음을 확인합니다.

구 분		금 액
㉔ 감정평가수수료		
㉕ 과세표준 (㉑ - ㉒ - ㉓ - ㉔)		
㉖ 세율 (10%, 20%)		
㉗ 산출세액		
세액공제	㉘ 세액공제 합계(㉙ + ㉚)	
	㉙ 납부세액공제 (「상속세 및 증여세법」 제58조)	
	㉚ 외국납부세액공제 (「상속세 및 증여세법」 제59조)	

년   월   일

신고인   (서명 또는 인)

세무대리인은 조세전문자격자로서 위 신고서를 성실하고 공정하게 작성하였음을 확인합니다.

세무대리인   (서명 또는 인)

세무서장 귀하

신고인 제출서류	1. 증여재산평가 및 과세가액계산명세서(부표 1) 1부 2. 채무사실 등 그 밖의 입증서류 1부 3. 창업자금 특례신청서 또는 주식 등 특례신청서 1부	수수료 없음
담당공무원 확인사항	1. 주민등록표등본 2. 증여자 및 수증자의 관계를 알 수 있는 가족관계등록부	

행정정보 공동이용 동의서

본인은 이 건 업무처리와 관련하여 담당 공무원이 「전자정부법」 제36조 제1항에 따른 행정정보의 공동이용을 통하여 위의 담당 공무원 확인사항을 확인하는 것에 동의합니다. * 동의하지 않는 경우에는 신고인이 직접 관련 서류를 제출해야 합니다.

신고인   (서명 또는 인)

210mm×297mm[백상지 80g/ ㎡]

가업승계 주식 등 증여재산평가 및 과세가액 계산명세서

관리번호	－

① 증여일 현재 주식 등의 가액			
사업관련 자산가액 비율	② 총자산가액		
	사업무관 자산가액	㉮ 「법인세법」 제55조의2 해당자산	
		㉯ 「법인세법 시행령」 제49조 해당자산 및 임대용부동산	
		㉰ 「법인세법 시행령」 제61조제1항제2호 해당자산	
		㉱ 과다보유현금	
		㉲ 영업활동과 직접 관련없이 보유하는 주식·채권 및 금융상품	
		③ 사업무관자산 가액 계	
	④ 사업관련 자산가액 (② － ③)		
	⑤ 사업관련 자산가액 비율 (④ ÷ ②)		
과세특례 적용 전 증여세 과세가액 계산	⑥ 가업자산상당액 (① × ⑤)		
	⑦ 기 과세특례적용분 증여세 과세가액		
	⑧ 합　계　액　(　⑥　+　⑦　)		
과세특례 적용 한도금액 계산	⑨ 총한도액 (※)		
	⑩ 기 과세특례적용분 증여세과세가액 (= ⑦)		
	⑪ 계　(　⑨　－　⑩　)		
과세특례 적용대상 증여세 과세가액	⑫ ⑧과 ⑪ 중 적은금액 [다만, ⑧ < ⑨이면, (⑧ － ⑦)의 금액]		
기본세율 적용대상 가액	⑬ 증여재산가액 (① － ⑫)		

※ 총한도액

가업영위기간	한도액
10년 이상 20년 미만	300억 원
20년 이상 30년 미만	400억 원
30년 이상	600억 원

작성방법

1. "① 증여일 현재 주식 등의 가액"란은 증여재산 중 가업에 해당하는 법인의 주식 등의 가액을 적습니다.

2. "② 총자산가액"은 증여일 현재 해당 법인의 전체 자산을 「상속세 및 증여세법」 제4장에 따라 평가한 가액을 적습니다.

3. 사업무관자산 가액의 ㉮~㉲란은 「상속세 및 증여세법 시행령」 제15조 제5항 제2호 가목부터 마목까지에 해당하는 가액을 각각 적습니다.

4. "④ 사업관련 자산가액"란은 ② 총자산가액에서 ③ 사업무관자산 가액의 합계액을 뺀 가액을 적습니다.

5. "⑥ 가업자산상당액"란은 "① 증여일 현재 주식 등의 가액"에 "⑤사업관련 자산가액 비율"을 곱한 가액을 적습니다.

6. "⑦ 기 과세특례적용분 증여세 과세가액"란에는 해당 증여일 전에 동일 과세특례를 적용받은 증여재산에 대한 과세가액(「조세특례제한법」 제30조의6 제2항에 따라 주식등을 증여받고 가업을 승계한 거주자가 2인 이상인 경우에는 종전 거주자가 수증한 주식등의 가액을 포함)을 적습니다.

7. "⑬ 증여재산가액"의 금액은 증여세과세표준신고 및 자진납부계산서(「상속세 및 증여세법 시행규칙」 별지 제10호 서식) "⑰ 증여재산가액"에 적어 증여세 과세표준 및 세액을 작성해야 합니다.

210mm×297mm[백상지 80g/㎡]

상속세(증여세) 연부연납허가(변경, 철회) 신청서

(앞쪽)

관리번호	—		
신 청 인	① 성 명		② 주민등록번호
	③ 주 소 (☎ :)		④ 전자우편주소
재산별 구분	⑤ [ ]「상속세 및 증여세법」제71조제2항제1호가목의 상속재산 [ ] 그 밖의 상속재산 [ ]「조세특례제한법」제30조의6을 적용받은 증여재산 [ ] 그 밖의 증여재산		
피상속인(증여자)	⑥ 성 명		⑦ 주민등록번호

세무대리인	성 명	사업자등록번호	생년월일	연락처

⑧ 신고(고지납부)기한		⑨ 총 납부세액		⑩ 최초 납부세액		⑪ 연부연납 대상금액(⑨ - ⑩)			
구 분	1 회	2 회	3 회	4 회	5 회	6 회	7 회	8 회	9 회	10회
납부예정일										
납부예정 세액										
구 분	11회	12회	13회	14회	15회	16회	17회	18회	19회	20회
납부예정일										
납부예정 세액										

「상속세 및 증여세법」제71조 및 같은 법 시행령 제67조·제68조에 따라 위와 같이 연부연납 허가를 신청([ ]최초,[ ]변경,[ ]철회)합니다.

년 월 일

신청인 (서명 또는 인)
신청인 (서명 또는 인)
신청인 (서명 또는 인)
신청인 (서명 또는 인)
세무대리인 (서명 또는 인)

등 기 승 낙 서

년 월 일 납세담보제공서에 표시된 부동산에 대하여 납세담보의 목적으로 저당권을 설정할 것을 승낙합니다.

년 월 일

신청인 (서명 또는 인)

세무서장 귀하

신청인 제출서류	1. 유가증권인 경우 공탁영수증 1부 2. 은행의 지급보증서 1부 3. 납세담보제공서 1부	수수료 없음
담당공무원 확인사항	1. 토지 등기사항증명서 2. 건물 등기사항증명서	

행정정보 공동이용 동의서

본인은 이 건 업무처리와 관련하여 담당 공무원이 「전자정부법」제36조제1항에 따른 행정정보의 공동이용을 통하여 위의 담당 공무원 확인사항을 확인하는 것에 동의합니다. * 동의하지 않는 경우에는 신청인이 직접 관련 서류를 제출해야 합니다.

신청인 (서명 또는 인)

210mm×297mm[백상지 80g/㎡]

가업승계 증여세 납부유예신청서

가. 가업현황

상　　호 (법 인 명)		사업자등록번호	
성　　명 (대 표 자)		생 년 월 일	
개 업 연 월 일		업　　　종	
기 준 총 급 여 액		기준고용인원	
세 무 대 리 인	성　명　　　사업자등록번호　　생년월일		연락처

나. 중소기업 여부(해당되는 곳에 √표 기재)

중 소 기 업　여 부	[　]해 당　[　]해 당 안 됨	상 장 여 부 (상 장 일)	[　]상장(　.　.　)　[　]비상장

다. 증여자

성　　　　　　　명		주민등록번호	
가 업 영 위 기 간		대 표 이 사 재 직 기 간	
최 대 주 주 등　여 부		특수관계인포함 주식 등 지분율	

라. 수증자(신청인)

성　　　　　　　명		주민등록번호	
가 업 종 사 기 간		임원/대표이사 취 임 일	
주　　　　　　　소		(☎　　　　　　　　　)	

마. 가업법인 주식등 증여 현황

수 증 일	수　　　　　량	수증 주식등 지 분 율	단　　　가	주식 등 가 액	비　　　고

바. 가업승계 증여세 납부유예 신청 세액 :　　　　　　　　　　　　　　원

「조세특례제한법」 제30조의7 및 같은 법 시행령 제27조의7제1항에 따라 가업승계 증여세 납부유예를 신청합니다.

년　　　월　　　일

신청인

(서명 또는 인)

세무서장 귀하

등 기 승 낙 서

　　년　　월　　일 납세담보제공서에 표시된 부동산에 대하여 납세담보의 목적으로 저당권을 설정할 것을 승낙합니다.

년　　　월　　　일

신청인

(서명 또는 인)

세무서장 귀하

신청인 제출서류	1. 중소기업 등 기준검토표(「법인세법 시행규칙」 별지 제51호서식을 말합니다) 2. 가업승계 법인의 증여일 현재와 직전 10년간의 사업연도의 주주현황 각 1부 3. 그 밖에 가업승계 사실을 입증할 수 있는 서류	수수료 없음
담당공무원 확인사항	1. 토지 등기사항증명서 2. 건물 등기사항증명서	

작성방법

1. "가. 가업현황"에서 '업종' 은 「상속세 및 증여세법 시행령」 별표에 따른 업종 중에서 해당 업종을 적습니다.
2. "가. 가업현황"에서 '기준총급여액' 은 증여일이 속하는 사업연도의 직전 2개 사업연도의 총급여액의 평균을 적습니다(최대주주 및 친족 등에게 지급한 임금은 제외하되, 기준고용인원에 최대주주 및 친족 등에 해당하는 인원만 있는 경우 이를 포함합니다).
3. "가. 가업현황"에서 '기준고용인원' 은 증여일이 속하는 사업연도의 직전 2개 사업연도의 정규직 근로자수의 평균을 적습니다.
4. "나. 중소기업 여부"에서 '중소기업' 은 「조세특례제한법 시행령」 제2조 제1항 제1호 및 제3호의 요건을 모두 충족하고 자산총액이 5천억 원 미만인 기업을 말합니다.
6. "마. 가업법인 주식등 증여 현황"과 "바. 가업승계 증여세 납부유예 신청 세액"은 "가업승계 증여세 납부유예 증여재산평가 및 납부유예 세액 계산명세서 (「상속세 및 증여세법 시행규칙」 별지 제10호의 2 서식 부표 3)"의 ⑨의 금액을 적습니다.

210mm×297mm[백상지 80g/ ㎡]

[별지 제10호의2 서식 부표 3] (2023. 3. 20. 신설)

가업승계 증여세 납부유예 증여재산평가
및 납부유예 세액 계산명세서

관리번호	－

① 증여일 현재 주식 등의 가액			
사업관련 자산가액 비율	② 총자산가액		
	사업무관 자산가액	㉮ 「법인세법」 제55조의2 해당자산	
		㉯ 「법인세법 시행령」 제49조 해당자산 및 임대용부동산	
		㉰ 「법인세법 시행령」 제61조 제1항 제2호 해당자산	
		㉱ 과 다 보 유 현 금	
		㉲ 영업활동과 직접 관련없이 보유하는 주식·채권 및 금융상품	
		③ 사 업 무 관 자 산 가 액 계	
	④ 사업관련 자산가액 (② － ③)		
	⑤ 사업관련 자산가액 비율 (④ ÷ ②)		
가업승계 증여세 납부유예 세액	⑥ 가업자산상당액 (① × ⑤)		
	⑦ 총 증여재산가액		
	⑧ 증여세 납부세액		
	⑨ 세액 (⑧ × ⑥ ÷ ⑦)		

신청인 제출서류	주식평가내역 및 사업무관자산 가액을 확인할 수 있는 입증서류(재무상태표 등)	수수료 없 음

작성방법

1. "① 증여일 현재 주식 등의 가액"란은 증여재산 중 가업에 해당하는 법인의 주식 등의 가액을 적습니다.

2. "② 총자산가액"은 증여일 현재 해당 법인의 전체 자산을 「상속세 및 증여세법」 제4장에 따라 평가한 가액을 적습니다.

3. 사업무관자산 가액의 ㉮~㉲란은 「상속세 및 증여세법 시행령」 제15조 제5항 제2호 가목부터 마목까지에 해당하는 가액을 각각 적습니다.

4. "④ 사업관련 자산가액"란은 ② 총자산가액에서 ③ 사업무관자산 가액의 합계액을 뺀 가액을 적습니다.

5. "⑥ 가업자산상당액"란은 "① 증여일 현재 주식 등의 가액"에 "⑤ 사업관련 자산가액 비율"을 곱한 가액을 적습니다.

210mm×297mm[백상지 80g/㎡]

Part 4

CEO가 꼭 알아야 할 창업자금에 대한 증여세 과세특례

Chapter 1

창업자금에 대한 증여세 과세특례제도의 이해

 ## I 창업자금에 대한 증여세 과세특례 개요

(김대표님 질문)

안세무사님!

자녀가 창업하는 경우 창업자금을 증여하는 경우에는 일반 증여세보다 낮은 증여세가 과세된다고 하던데 창업자금에 대해 증여세가 낮게 과세되는 것은 어떤 제도인가요?

(안세무사 답변)

김대표님!

창업자금에 대한 증여세 과세특례는 부모로부터 창업자금을 증여받은 후 2년 이내 세법에서 정한 업종을 영위하는 중소기업을 창업하고 4년 이내 증여받은 창업자금으로 창업기업의 사업용 자산 취득 또는 임차보증금과 임차료 지급에 사용하는 경우에 50억 원(고용증가 기업 100억 원)을 한도로 5억 원까지는 증여세를 과세하지 않고 5억 원을 초과하는 가액에 대해서는 10% 세율만 적용하는 특례를 부여하는 것을 말합니다.

창업자금에 대한 증여세 과세특례를 적용받은 경우에는 반드시 2년 이내 창업할 것, 창업자금으로 세법에서 정한 업종 외의 업종을 영위하지 말 것, 창업자금을 4년 이내 창업기업의 사업용 자산 취득·임차보증금·임차료 지급 등에 사용할 것, 10년 이내 창업자금을 창업업종 외 목적으로 사용하지 않을 것, 10년 이내 폐업하지 않을 것, 50억 원을 초과하여 창업자금을 받은 경우에는 고용인원이 감소하지 않을 것의 사후관리 요건을 준수하여야 하며 사후관리 위반 시에는 일반 증여세율을 적용한 증여세와 이자상당액이 추징됩니다.

창업자금에 대한 증여에 과세특례를 받은 자금은 일반 증여재산과 합산하여 증여세가 과세되지 않지만 증여일자와 관계없이 무조건 상속재산에 합산되어 과세되므로 창업자금을 수증받은 자녀가 창업을 통해 확실하게 수익창출이 예상되거나 창업자금으로 취득한 부동산 등의 가액 상승이 예상되는 경우에 특례적용을 신청하여야 하는 점을 주의하여야 합니다.

또한 창업자금에 대한 증여세 과세특례를 적용받는 경우에는 가업승계에 대한 증여세 과세특례 적용이 배제되므로 부모가 가업을 경영하는 경우로서 생전에 가업을 승계할 계획이 있는 경우에는 절대 실행해서는 안 되는 점을 주의하여야 합니다.

| 창업자금에 대한 증여세 과세특례 개요 |

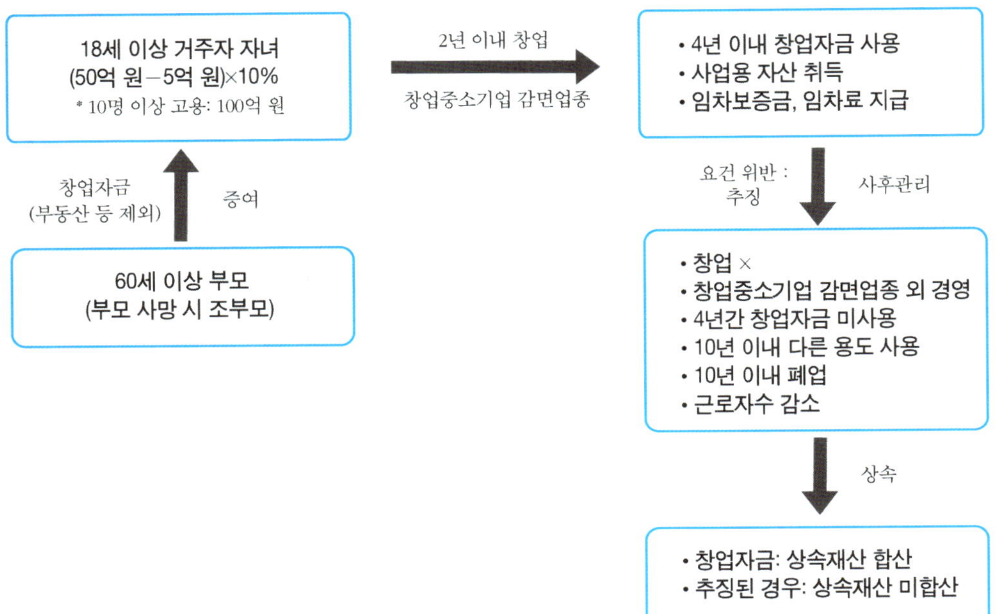

Ⅱ 창업자금에 대한 증여세 특례세율 적용 및 절세효과

1. 창업자금에 대한 증여세 특례세율

2016년부터 2022년까지 창업자금 증여분	2023년 이후 창업자금 증여분

증여세 산출세액
= (증여세 과세가액*−5억 원) × 10%
* 한도: 30억 원
  (10명 이상 신규고용 시 50억 원)
	증여세 산출세액
	= (증여세 과세가액*−5억 원) × 10%
	* 한도: 50억 원
	  (10명 이상 신규고용 시 100억 원)

2. 절세효과

(단위: 억 원)

증여세 과세가액	일반증여*	창업자금 특례	절세액
5억 원	0.776억 원	0원	0.776억 원
10억 원	2.1825억 원	0.5억 원	1.6825억 원
20억 원	6.014억 원	1.5억 원	4.514억 원
30억 원	9.894억 원	2.5억 원	7.394억 원
40억 원	14.6955억 원	3.5억 원	11.1955억 원
50억 원	19.5455억 원	4.5억 원	15.0455억 원
60억 원	24.3955억 원	5.5억 원	18.8955억 원
70억 원	29.2455억 원	6.5억 원	22.7455억 원
80억 원	34.0955억 원	7.5억 원	26.5955억 원
90억 원	38.9455억 원	8.5억 원	30.4455억 원
100억 원	43.7955억 원	9.5억 원	34.2955억 원

* 증여재산공제 0.5억 원, 신고세액공제 3% 적용

Ⅲ 창업자금에 대한 증여세 과세특례 실제 적용현황

최근 5년간 창업자금에 대한 증여세 과세특례를 적용하여 증여세 신고한 현황을 보면 2019년 19건·평균금액 5.23억 원, 2020년 18건·평균금액 4.21억 원, 2021년 15건·평균금액 14.02억 원, 2022년 19건·평균금액 8.07억 원, 2023년 23건·평균금액 9.59억 원으로 창업자금을 증여하여 특례세율을 적용받은 경우는 연간 20건 내에 머물고 있으며, 평균 금액도 10억 원 내외에 불과한 것을 알 수 있습니다.

이렇게 실제 적용사례가 많지 않은 것은 자녀가 창업에 성공할까 하는 두려움, 창업자금을 증여받은 자녀가 창업에 실패하는 경우에도 무조건 상속재산에 합산되는 점 때문인 것으로 생각됩니다.

(단위: 백만 원)

구분	2023년		2022년		2021년		2020년		2019년	
	건수	적용금액	건수	적용금액	건수	공제금액	건수	공제금액	건수	공제금액
서울	7	4,306	2	3,590	5	8,208	2	−492	7	4,806
인천	1	600			1	1,516	1	2	1	1,180
경기	4	8,667	7	4,263	2	5,350	5	2,525	7	−8
강원	0	0	1	2,300	1	700	0	0	0	0
대전	0	0			0	0	2	912	0	0
충북	0	0			1	500	3	1,511	0	0
충남	3	151			0	0	1	10	0	0
세종	1	400	1	650	0	0	0	0	0	0
광주	0	0			0	0	1	1,187	0	0
전북	0	0			0	0	1	14	0	0
전남	0	0			1	350	0	0	1	123
대구	1	2,000			0	0	0	0	1	2,334
경북	2	650	2	700	1	600	1	5	0	0
부산	3	3,300	4	1,700	2	800	1	1,900	1	800
울산	0	0			0	0	0	0	1	704
경남	0	0	1	130	1	3,000	0	0	0	0
제주	1	2,000	1	2,000	0	0	0	0	0	0
합계	23	22,073	19	15,333	15	21,024	18	7,573	19	9,938
평균		959		807		1,402		421		523

(출처: 국가통계포털 https://kosis.kr/search/search.do)

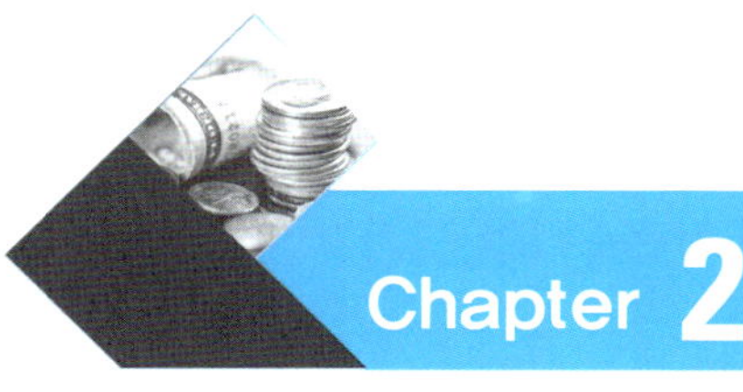

Chapter 2

창업자금에 대한 증여세 과세특례 요건 편
– 증여자 요건, 수증자 요건, 창업 요건, 창업자금 요건

I 창업자금에 대한 증여세 과세특례를 적용받기 위해서는 증여자 요건, 수증자 요건, 창업 요건, 창업자금 요건 네 가지를 충족하여야 합니다.

(김대표님 질문)

안세무사님!

창업자금에 대한 증여세 과세특례를 적용받기 위해서는 어떠한 요건을 갖추어야 하나요?

(안세무사 답변)

김대표님!

창업자금에 대한 증여세 과세특례를 적용받기 위해서는 증여자 요건, 수증자 요건, 창업자금에 대한 증여세 과세특례 대상 업종을 일정기한 내에 창업하여야 하는 창업 요건, 창업자금에 대한 증여세 과세특례 적용 가능한 재산을 증여하고 증여받은 재산으로 일정 기한 내에 창업업종의 목적을 위해 사용하여야 하는 창업자금 요건 네 가지를 충족하여야 합니다.

창업자금에 대한 증여세 과세특례를 적용받기 위해서는 다음 네 가지 요건을 충족하여야 합니다.

첫째, 증여자는 증여 당시 만 60세 이상의 부모이어야 합니다. 다만, 부모 사망 시에는 부모의 부모, 즉 할머니, 할아버지, 외할머니, 외할아버지도 가능합니다.

둘째, 수증자는 증여 당시 만 18세 이상의 거주자이고 가업승계 증여세 과세특례를 적용받지 않은 자로서 증여세 신고기한 내에 창업자금에 대한 증여세 과세특례 적용을 신청한 자에 해당하여야 합니다.

셋째, 수증자가 창업자금을 증여받고 2년 이내에 창업중소기업 세액감면대상 업종을 영위하는 중소기업을 창업해야 합니다.

넷째, 토지, 부동산 등 양도소득세 과세대상이 아닌 재산을 증여받고 증여받은 날로부터 4년 이내 증여받은 창업자금을 창업기업의 사업용 고정자산, 임차보증금 및 월세 지급에 모두 사용하여야 합니다.

◎ 창업자금에 대한 증여세 과세특례 네 가지 적용 요건

Ⅰ. 증여자 요건
증여 당시 만 60세 이상인 부모일 것(부모 사망 시 조부모 가능)

Ⅱ. 수증자 요건
① 증여 당시 만 18세 이상의 거주자일 것
② 가업승계 증여세 과세특례를 적용받지 않은 자일 것
③ 증여세 과세표준 신고기한 내에 창업자금 증여세 과세특례를 신청할 것

Ⅲ. 창업 요건
① 창업자금을 증여받고 2년 이내 창업할 것
② 창업중소기업 세액감면 대상 업종을 창업할 것

Ⅳ. 창업자금 요건
① 증여하는 창업자금 요건
양도소득세 과세대상 자산이 아닌 자산을 증여할 것
② 창업자금 사용 요건
증여받은 날부터 4년 이내 창업자금을 해당 업종의 사업용 고정자산, 임차보증금, 월세지급에 사용할 것

 ## 증여자 요건

증여자는 증여일 현재 만 60세 이상인 부모이어야 하며 부모가 사망한 경우에는 부모의 부모인 할아버지, 할머니, 외할아버지, 외할머니로부터 증여받는 경우에도 가능합니다.(조특법 §30의5 ①)

Ⅲ 수증자 요건

증여일 당시 만 18에 이상인 자로서 거주자에 해당하여야 합니다.

수증자는 증여일 당시 만 18세 이상인 자로서 거주자에 해당하여야 합니다.(조특법 §30의5 ①)

여기서 거주자는 183일 이상 국내에서 거주하거나 주소를 국내에 두고 있는 경우를 말합니다.(소법 §1의2 ①)

2인 이상의 자녀가 수증받는 경우에도 수증자별로 각각 창업자금에 대한 증여세 과세특례 적용이 가능합니다.

2인 이상의 자녀가 부모로부터 수증받는 것도 가능합니다.

2인 이상의 자녀가 부모로부터 수증받는 경우에는 수증자별로 각각 창업자금에 대한 증여세 과세특례 한도가 적용되어 증여세가 계산됩니다.

예컨대 아들 2명, 딸 1명이 모두 각각 50억 원(10명 이상 신규고용 시 100억 원)을 한도로 부모로부터 창업자금을 증여받을 수 있는 것으로, 자녀가 3명인 경우 창업자금 증여세 과세특례를 활용하여 최대 150억 원(신규고용 10명 이상 시 300억 원)을 창업자금으로 증여할 수 있는 것입니다.

가업승계 증여세 과세특례의 경우 수증자가 여러 명인 경우에는 1인이 수증받은 것으로 보아 한도가 적용되지만, 창업자금 증여세 과세특례의 경우 수증자가 여러 명인 경우에도 수증자별로 각각 한도가 적용되는 차이가 있습니다.

재산세과 - 968, 2010. 12. 22.

조특법상 가업승계 증여세 특례규정을 적용받는 거주자 외의 자는 수증자별로 각각 창업자금 증여세 특례규정을 적용받을 수 있는 것임.

재산세과 - 4457, 2008. 12. 30.

수증자별로 각각 창업자금에 대한 증여세 과세특례를 적용받을 수 있는 것이며 공동으로 창업하는 경우에도 수증자별로 동 규정을 적용받을 수 있는 것임.

<case> 부모가 두 명 이상의 자녀에게 창업자금 증여 시

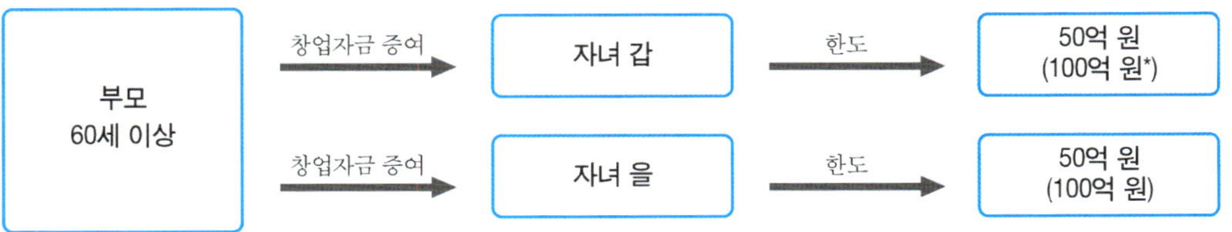

* 10명 이상 고용 증가

수증자 요건 Ⅲ   **가업승계 증여세 과세특례를 적용받지 않았어야 합니다.**

조세특례제한법 제30조의6 가업승계에 대한 증여세 과세특례를 적용받은 자는 창업
자금에 대한 증여세 과세특례를 적용받을 수 없습니다.

따라서 부모가 가업을 영위하는 경우로서 가업승계에 대한 증여세 과세특례를 활용
하여 지분 증여를 계획하고 있는 경우에는 창업자금 증여세 과세특례 적용신청을 하여
서는 안됩니다.[76] (조특법 §30조의5 ⑭)

2023년 이후 증여분부터 가업승계 증여세 과세특례 한도가 600억 원까지 늘어났으므
로 부모가 가업을 영위하는 경우로서 수증자가 향후 가업승계 증여세 과세특례를 적용
받을 계획이 있는 경우에는 꼼꼼하게 유불리를 검토하여 진행하여야 합니다.

수증자 요건 Ⅳ   **증여세 과세표준 신고기한까지 창업자금 증여세 과세특례 신청을
하여야 합니다.**

창업자금에 대한 증여세 과세특례를 적용받기 위해서는 증여세 과세표준 신고기한
까지 창업자금에 대한 증여세 과세특례를 신청하여야 하며 신고기한까지 특례신청을
하지 않은 경우에는 창업자금에 대한 증여세 과세특례를 적용받을 수 없는 점을 주의
하여야 합니다.[77] (조특법 §30의5 ⑫)

---

76) 조세특례제한법 제30조의5 【창업자금에 대한 증여세 과세특례】
  ⑭ 제1항을 적용받는 거주자는 제30조의6을 적용하지 아니한다.
77) 조세특례제한법 제30조의5 【창업자금에 대한 증여세 과세특례】
  ⑫ 제1항을 적용받으려는 자는 증여세 과세표준 신고기한까지 대통령령으로 정하는 바에 따라 특례신청

◎ 창업자금 증여세 과세특례 증여자, 수증자 요건 핵심요약

Ⅰ. 증여자 요건

증여일 현재 만 60세 이상인 부모일 것(부모 사망 시 조부모 가능)

Ⅱ. 수증자 요건

① 증여일 현재 만 18세 이상인 거주자일 것

② 2인 이상의 자녀가 수증받는 것도 가능하며 각 자녀별로 한도 및 증여세액 계산

③ 가업승계 증여세 과세특례를 적용받지 않았거나 적용받지 않을 것

④ 증여세 과세표준 신고기한 내에 특례신청을 할 것

　- 신고기한 내에 특례신청 안한 경우: 창업자금 증여세 과세특례 적용 불가능

| 증여자 요건, 수증자 요건 |

구분	가업승계 증여세 과세특례	창업자금에 대한 증여세 과세특례
증여자 요건	• 가업상속공제 대상 가업을 10년 이상 계속 영위 • 최대주주등으로서 10년 이상 지분율 40%(상장 20%) 요건 충족 • 만 60세 이상 부모	만 60세 이상 부모
수증자 요건	• 증여세 과세표준 신고기한까지 가업종사 • 3년 이내 대표이사 취임	• 2년 이내 창업 • 4년 이내 창업자금 사용
	• 신고기한 내 특례신청한 경우에 한하여 적용 • 둘 중 하나만 선택하여 적용 가능	

을 하여야 한다. 이 경우 그 신고기한까지 특례신청을 하지 아니한 경우에는 이 특례규정을 적용하지 아니한다.

Ⅳ 창업 요건

창업 요건 Ⅰ 창업자금을 받은 날부터 2년 이내에 요건에 해당하는 업종을 영위하는 중소기업을 창업하여야 합니다.

Tip! Ⅰ 창업중소기업에 대한 세액감면 대상 업종을 영위하는 중소기업을 창업하여야 합니다.

창업자금에 대한 증여세 과세특례는 창업중소기업 세액감면 적용대상 업종을 창업한 경우에만 가능합니다.

또한 창업자금 증여세 과세특례는 중소기업을 창업하는 경우에만 적용되는데 과세특례 최대한도가 100억 원인바 100억 원으로 중견기업을 창업하는 것은 불가능하므로 중견기업에 해당하여 과세특례가 배제되는 사례는 거의 없을 것으로 생각됩니다.

◎ 창업자금에 대한 증여세 과세특례 가능 업종(조특법 §6 ③)

1. 광업
2. 제조업
   자기가 제품을 직접 제조하지 아니하고 제조업체(국내 또는 개성공업지구 소재업체)에 의뢰하여 제조하는 사업으로서 다음 요건을 충족하는 경우 포함
   ① 생산할 제품을 직접 기획(고안·디자인 및 견본제작 등을 말한다)할 것
   ② 해당 제품을 자기명의로 제조할 것
   ③ 해당 제품을 인수하여 자기책임하에 직접 판매할 것
3. 수도, 하수 및 폐기물 처리, 원료 재생업
4. 건설업
5. 통신판매업
6. 물류산업
   ① 육상·수상·항공 운송업
   ② 화물 취급업
   ③ 보관 및 창고업
   ④ 육상·수상·항공 운송지원 서비스업
   ⑤ 화물운송 중개·대리 및 관련 서비스업
   ⑥ 화물포장·검수 및 계량 서비스업

---

⑦ 「선박의 입항 및 출항 등에 관한 법률」에 따른 예선업

⑧ 「도선법」에 따른 도선업

⑨ 기타 산업용 기계·장비 임대업 중 팔레트 임대업

7. **음식점업**

8. **정보통신업**

① 출판업, ② 영상·오디오 기록물제작 및 배급업, ③ 방송업, ④ 우편 및 통신업 중 전기통신업, ⑤ 컴퓨터 프로그래밍, 시스템 통합 및 관리업, ⑥ 정보서비스업 다만, 다음 각 목의 어느 하나에 해당하는 업종은 제외

① 비디오물 감상실 운영업

② 뉴스제공업

③ 블록체인 기반 암호화자산 매매 및 중개업

9. **금융 및 보험업 중 다음에 해당하는 업종**

① 「전자금융거래법」 제2조 제1호에 따른 전자금융업무

② 「자본시장과 금융투자업에 관한 법률」 제9조 제27항에 따른 온라인소액투자 중개

③ 「외국환거래법 시행령」 제15조의2 제1항에 따른 소액해외송금업무

10. **전문, 과학 및 기술 서비스업**

① 연구개발업, ② 광고업, 시장조사 및 여론조사업, ③ 건축기술, 엔지니어링 및 기타 과학기술 서비스업 중 기타 과학기술 서비스업, ④ 기타 전문, 과학 및 기술 서비스업 중 전문디자인업

[「엔지니어링산업 진흥법」에 따른 엔지니어링활동(「기술사법」의 적용을 받는 기술사의 엔지니어링활동 포함)을 제공하는 사업 포함]

다음에 해당하는 경우 제외

① 변호사업, ② 변리사업, ③ 법무사업, ④ 공인회계사업, ⑤ 세무사업, ⑥ 수의업, ⑦ 「행정사법」 제14조에 따라 설치된 사무소를 운영하는 사업, ⑧ 「건축사법」 제23조에 따라 신고된 건축사사무소를 운영하는 사업

11. **사업시설 관리, 사업 지원 및 임대 서비스업 중 다음에 해당하는 업종**

① 사업시설 관리 및 조경 서비스업

② 사업 지원 서비스업(고용 알선업 및 인력 공급업: 농업노동자 공급업 포함)

12. **사회복지 서비스업**

13. 예술, 스포츠 및 여가관련 서비스업

다음에 해당하는 경우 제외

① 자영예술가, ② 오락장 운영업, ③ 수상오락 서비스업, ④ 사행시설 관리 및 운영업, ⑤ 그 외 기타 오락관련 서비스업

14. 협회 및 단체, 수리 및 기타 개인 서비스업 중 다음 업종
    ① 개인 및 소비용품 수리업, ② 이용 및 미용업
15. 「학원의 설립·운영 및 과외교습에 관한 법률」에 따른 직업기술 분야를 교습하는
    학원을 운영하는 사업 또는 「국민 평생 직업능력 개발법」에 따른 직업능력개발훈
    련시설을 운영하는 사업(직업능력개발훈련을 주된 사업으로 하는 경우 한정)
16. 「관광진흥법」에 따른 관광숙박업, 국제회의업, 유원시설업 및 「관광진흥법 시행령」
    제2조에 따른 전문휴양업, 종합휴양업, 자동차야영장업, 관광유람선업과 관광공연
    장업
17. 「노인복지법」에 따른 노인복지시설을 운영하는 사업
18. 「전시산업발전법」에 따른 전시산업

창업 시 거액의 부동산 구입이 필요한 창고업, 자동차 야영장업, 노인복지시설 운영업, 관광호텔 운영업도 특례 적용대상 업종에 해당합니다.

창업자금에 대한 증여세 과세특례 제도의 핵심은 증여받은 자금으로 수증자가 부동산을 구입할 수 있는 것입니다.

창업 시 거액의 부동산 구입이 필요하지만 사업 리스크가 크지 않은 창고업, 자동차 야영장업, 요양원 등 노인복지시설 운영업도 특례 적용대상 창업에 해당하므로 증여자가 자녀에게 창업자금을 증여하고 해당 창업자금으로 부동산 가격이 장기적으로 상승할 수 있는 지역의 부동산을 구입하여 해당 업종을 영위하는 경우에는 창업한 사업에서 나온 수익뿐만 아니라 부동산 상승에 따른 이익이 자녀에게 이전되는 효과가 있습니다.

재산세과 - 250, 2009. 1. 21.

창업자금을 증여받아 증여자의 토지를 매입하여 그 위에 창고를 지어 물류산업을 영위하는 경우 창업자금에 대한 증여세 과세특례를 적용받을 수 있는 것임.

재산세과 - 3468, 2008. 10. 24.

냉동창고업을 영위하기 위하여 타인으로부터 일반창고업에 사용되던 자산 중 토지만을 매입한 후 냉동창고시설을 설치하여 사업을 영위하는 경우에는 창업에 해당함.

진입장벽이 낮아 비교적 많이 창업하는 업종인 음식점, 미용실도 창업자금에 대한 증여세 특례대상 업종에 해당합니다.

음식점, 미용실의 경우 창고업 등보다는 사업의 리스크가 있는 편이므로 창업자금은 부동산, 임차보증금 등 안전한 곳에 사용하고 나머지 경비는 최소화하는 방향으로 설계하는 것이 바람직할 것으로 생각됩니다.

이 경우 음식점은 창업자금 특례대상 업종에 해당하나 부동산임대업자로서 부동산 임대로 사업자등록되어 있는 상태에서 창업자금을 증여받아 음식점을 하는 경우는 창업자금 증여세 과세특례 대상에 해당하지 않는 점을 주의하여야 합니다.

> **서면 - 상속증여 - 0050, 2017. 1. 24.**
> 부동산임대사업자가 자기의 임대건물에서 부로부터 증여받은 자금으로 본인이 직접 음식점업을 영위하는 경우 해당 음식점은 조세특례제한법 제30조의5 "창업자금에 대한 증여세 과세특례" 규정이 적용되지 아니함.

Tip! | Ⅳ 커피숍은 특례적용대상 업종에 해당하지 않습니다.

젊은이들이 가장 많이 창업하기 원하는 업종 중 하나인 커피전문점은 음식업이 아닌 주점 및 비알코올음료점업에 해당하므로 창업자금에 대한 증여세 과세특례 대상 업종에 해당하지 않습니다. 다만 베이커리 카페의 경우 주점 및 비알코올음료점업이 아닌 업태 음식업, 종목 제과점업으로 분류되므로 창업자금에 대한 증여세 과세특례 적용이 가능합니다.

> **서면 - 상속증여 - 0204, 2017. 2. 14.**
> 한국표준산업분류표상 주점 및 비알콜음료점업에 해당하는 커피전문점은 창업자금에 대한 증여세 과세특례 대상 중소기업에 해당하지 않음.

인터넷쇼핑몰 운영업은 젊은이들이 비교적 쉽게 창업을 할 수 있는 업종 중 하나입니다. 도·소매업은 창업자금에 대한 증여세 과세특례 적용대상 업종이 아니지만 인터넷쇼핑몰은 통신판매업으로 분류되므로 창업자금에 대한 증여세 과세특례 적용이 가능합니다.

특히 인터넷쇼핑몰 사업의 경우 창고가 필요한 경우가 있어 부동산 구입이 필요한 경우가 있는바 창업자금을 증여받아 부동산을 구입하는 용도로 창업자금을 사용하는 방식으로 진행하는 것이 유리할 수 있습니다.

편의점도 창업시 진입장벽이 낮은 업종이라 많은 젊은이들이 창업을 고려할 수 있는데 편의점의 경우 업태가 도·소매로 분류되므로 창업자금에 대한 증여세 과세특례 적용이 불가능한 점을 주의하여야 합니다.

창업 프랜차이즈 기존 가맹점 매장을 임차하여 가맹점업자로 계약을 체결하고 동종업종을 영위하는 경우에는 창업자금에 대한 증여세 과세특례 대상인 창업에 해당하지 않는 점을 주의하여야 합니다.

> **상속증여세과 - 273, 2013. 6. 26.**
> 프랜차이즈(맥도날드 사업)의 기존 가맹점 매장을 임차하여 가맹점사업자로 계약을 체결하고 동일업종을 영위하는 경우에는 「조세특례제한법」 제30조의5에 따른 창업자금에 대한 증여세 과세특례를 적용받을 수 있는 창업으로 보지 아니함.

Tip! Ⅷ 창업자금 증여세 과세특례 업종을 창업하는 경우 소득세·법인세 감면도 가능합니다.

창업자금에 대한 증여세 과세특례 적용 가능 업종은 창업중소기업 세액감면, 창업벤처중소기업 세액감면 대상 업종으로 창업자금을 수증받는 자녀가 창업 당시 34세 이하인 경우에는 수도권과밀억제권역에서 창업 시 5년간 소득세·법인세 50% 감면, 수도권과밀억제권역 밖에서 창업 시에는 5년간 소득세·법인세 100%를 감면받을 수 있는 세제혜택도 추가적으로 누릴 수 있습니다.

또한 창업하는 자녀가 35세 이상인 경우에도 수도권과밀억제권역 밖에서 창업하는 경우에는 5년간 소득세·법인세 50% 감면, 창업지역과 관계없이 창업 후 3년 이내 벤처기업으로 인증받는 경우에는 5년간 소득세·법인세의 50% 감면이 가능합니다.[78] (조특법 §6 ①)

◎ **창업자금 증여세 과세특례 대상 업종 창업하는 경우 소득세·법인세 감면**

- 창업 당시 수증자 나이가 34세 이하인 경우
  - 수도권 과밀억제권역 밖에서 창업하는 경우: 소득발생연도부터 5년간 소득세·법인세 100% 감면(최저한세 미적용)
  - 수도권 과밀억제권역 안에서 창업하는 경우: 소득발생연도부터 5년간 소득세·법인세 50% 감면(최저한세 적용)

- 창업 당시 수증자 나이가 35세 이상인 경우
  - 수도권 과밀억제권역 밖에서 창업하는 경우: 소득발생연도부터 5년간 소득세·

---

78) 조세특례제한법 제6조 【창업중소기업 등에 대한 세액감면】
　① 대통령령으로 정하는 중소기업(이하 "중소기업"이라 한다) 중 2024년 12월 31일 이전에 제3항 각 호에 따른 업종으로 창업한 중소기업(이하 이 조에서 "창업중소기업"이라 한다)과 「중소기업창업 지원법」 제53조 제1항에 따라 창업보육센터사업자로 지정받은 내국인(이하 이 조에서 "창업보육센터사업자"라 한다)에 대해서는 해당 사업에서 최초로 소득이 발생한 과세연도(사업 개시일부터 5년이 되는 날이 속하는 과세연도까지 해당 사업에서 소득이 발생하지 아니하는 경우에는 5년이 되는 날이 속하는 과세연도를 말한다. 이하 제6항에서 같다)와 그 다음 과세연도의 개시일부터 4년 이내에 끝나는 과세연도까지 해당 사업에서 발생한 소득에 대한 소득세 또는 법인세에 다음 각 호의 구분에 따른 비율을 곱한 금액에 상당하는 세액을 감면한다.
　1. 창업중소기업의 경우: 다음 각 목의 구분에 따른 비율
　　가. 수도권과밀억제권역 외의 지역에서 창업한 대통령령으로 정하는 청년창업중소기업(이하 "청년창업중소기업"이라 한다)의 경우: 100분의 100
　　나. 수도권과밀억제권역에서 창업한 청년창업중소기업 및 수도권과밀억제권역 외의 지역에서 창업한 창업중소기업의 경우: 100분의 50
　2. 창업보육센터사업자의 경우: 100분의 50

법인세 50% 감면(최저한세 적용)

- 창업 후 3년 이내 벤처기업 인증 시: 5년간 소득세·법인세 50% 감면(최저한세 적용)

창업 요건 Ⅱ 개인기업의 경우 수증자가 창업자금을 받은 날부터 2년 이내에 창업업종에 적합한 중소기업을 창업하고 반드시 사업자등록을 하여야 합니다.

Tip! Ⅰ 창업은 중소기업을 새로 설립하는 것을 의미하는 것으로 사업자등록을 하고 실제 사업을 영위하여야 창업으로 인정됩니다.

창업이란 중소기업을 새로 설립하여 사업을 개시하는 것을 의미하는 것으로 중소기업을 창업한 경우만 인정되며 실제로 독립적인 경영을 하여야 합니다.

이 경우 실제로 사업을 개시하였어도 사업자등록을 하지 않은 경우에는 창업으로 인정되지 않으므로 반드시 사업자등록을 하여야 하는 점을 주의하여야 합니다.[79] (조특법 §30의5 ②, 조특령 §27의5 ③)

재산세과 – 369, 2012. 10. 9.

창업자금에 대한 증여세 과세특례를 적용함에 있어 창업이란 수증자인 거주자가 해당 중소기업을 새로 설립, 사업을 개시하는 것으로 실제로 독립적인 경영을 하는 것을 말함.

서면 – 상속증여 – 2255, 2015. 11. 23.

창업자금 증여세 과세특례를 적용받는 창업이란 「소득세법」, 「법인세법」, 「부가가치세법」에 따라 납세지 관할 세무서장에게 등록하는 것을 말함. 다만, 「조세특례제한법」 제30조의5 제2항 각 호의 어느 하나에 해당하는 경우에는 이를 창업으로 보지 아니함.

조심2017중0869, 2017. 5. 16.

실제 사업을 영위하지 아니한 점 등에 비추어 쟁점창업자금에 대하여 증여세 과세특례 적용을 배제한 처분은 잘못이 없음.

---

79) 조세특례제한법 제27조의5 【창업자금에 대한 증여세 과세특례】

　③ 법 제30조의5 제2항 각 호 외의 부분 전단 및 후단에서 "창업"이란 각각 「소득세법」 제168조 제1항, 「법인세법」 제111조 제1항 또는 「부가가치세법」 제8조 제1항 및 제5항에 따라 납세지 관할 세무서장에게 등록하는 것을 말하며, 법 제30조의5 제2항 각 호 외의 부분 후단에서 "대통령령으로 정하는 경우"란 사업용자산을 취득하거나 확장한 사업장의 임차보증금 및 임차료를 지급하는 경우를 말한다.

 법인기업의 경우 수증자가 발기인이 되어 법인에 출자하고 대표이사로
취임한 후 반드시 사업자등록을 하여야 합니다.

수증자가 창업하는 기업은 법인기업도 되는 것으로 수증자가 발기인이 되어 법인에
출자하고 대표이사로 취임함 후 사업자등록을 한 경우에 한하여 창업으로 인정되는 것
으로, 법인에 출자하고 사업자등록을 하지 않은 경우에는 창업으로 인정되지 않으므로
주의하여야 합니다.

재산세과 - 103, 2012. 3. 12.

60세 이상의 부모로부터 증여받은 창업자금을 해당 거주자가 발기인이 되어 설립한 법인
에 출자하여 해당 목적에 사용하고 새로 창업자금을 증여받아 1년 이내에 당초 창업한 사
업과 관련하여 사용하는 경우 모두 합하여 30억 원까지는 특례규정이 적용되는 것임.

서면인터넷방문상담4팀 - 1394, 2007. 4. 30.

창업자금의 수증자가 발기인이 되어 설립한 법인에 출자하는 경우에는 창업자금에 대한
증여세 과세특례를 적용받을 수 있으나, 법인에 출자한 사실만으로 창업목적에 사용한 것
으로 보지는 않음.

대법원 2015두36317, 2015. 6. 1.

독립된 인적·물적 설비를 갖추어 신설법인을 새로이 설립한 것은 구 조세특례제한법 제
30조의5 제2항의 '창업'에 해당하고 그 단서 제4호에서 정한 '사업의 확장 등 새로운 사업
을 최초로 개시하는 것으로 보기 곤란한 경우'에는 해당하지 아니하므로 원심판결은 위법
이 없음.

 중소기업을 창업(사업자등록)한 후 창업자금을 증여받은 경우에는 창업
자금에 대한 증여세 과세특례를 적용받을 수 없습니다.

창업, 즉 사업자등록은 반드시 창업자금을 증여받은 후 하여야 하는 것으로 사업자
등록을 한 후 창업자금을 증여받는 경우에는 창업자금에 대한 증여세 과세특례 적용이
불가능하므로 주의하여야 합니다.

재산세과 - 446, 2012. 12. 10.

중소기업을 창업(개인사업자로 납세지 관할 세무서장에게 사업자등록하는 것을 말함)한 후에 60세 이상의 부모로부터 증여받은 자금에 대해서는 그 자금을 사업에 필요한 기계장치의 취득자금으로 사용하였다 하더라도 창업자금에 대한 증여세 과세특례를 적용하지 아니함.

조심2019중0358, 2019. 6. 17.

창업자금 과세특례를 규정한 「조세특례제한법 시행령」에서는 일반적인 세법상 사업개시일과는 달리 '창업'을 사업자등록일을 기준으로 적용하도록 명확히 규정하고 있는 점, 청구인과 같이 사업자등록 이후 자금을 증여받은 경우에도 창업자금 과세특례를 적용받을 수 있도록 2016. 1. 1.에 법률개정이 이루어졌고 법률개정 이후 증여받는 분부터 적용되는 것으로 명시된 점 등에 비추어, 청구인이 쟁점자금을 증여받아 증여일 이전 사업자등록한 쟁점사업장에 사용하였다는 이유로 창업자금 과세특례 요건을 충족하지 못한 것으로 보아 청구인에게 증여세를 과세한 처분은 달리 잘못이 없음.

◎ 창업자금에 대한 증여세 과세특례 적용 가능여부

- 창업자금 증여 → 사업자등록: 가능
- 사업자등록 → 창업자금 증여: 불가능

Tip! Ⅳ 부모가 영위하던 사업과 동종사업을 공동창업하는 경우에도 과세특례 적용이 가능합니다.

아무래도 사업경험이 없는 자녀가 신규사업을 하는 것은 여러 가지 측면에서 리스크가 많이 있을 수 있습니다.

부모가 창업자금 증여세 과세특례 업종을 이미 영위하고 있는 경우 부모가 영위하는 사업을 창업하는 경우에는 해당 분야에 많은 경험이 있는 부모의 도움을 받을 수 있어 신규사업에 대한 리스크를 최소화할 수 있는 장점이 있습니다.

이 경우 부모가 하는 사업과 동일한 업종을 창업하거나 부모와 공동으로 창업하는 경우에도 증여세 과세특례 적용이 가능합니다.

다만, 창업자금을 증여받아 법인에 출자한 후 부모와 함께 법인의 공동대표이사로 취임한 경우에는 창업자금에 대한 증여세 과세특례가 불가능한 것으로 본 해석이 있으므로 주의하여야 합니다.

재산세과 – 198, 2011. 4. 19.

60세 이상 부 또는 모로부터 창업자금을 증여받아 창업하는 경우로서 조특법 제30조의5 제2항 각 호에서 규정한 사유에 해당하지 않는 경우에는 부모가 영위하던 사업과 동종사업을 공동창업하는 경우에도 과세특례가 적용됨.

재산세과 – 291, 2012. 8. 21.

부모로부터 창업자금을 증여받아 법인을 설립하고 증여자인 부모와 함께 해당 법인의 공동대표이사로 취임한 경우에는 창업자금에 대한 증여세 과세특례를 적용하지 않음.

Tip! V 법인기업을 창업한 경우 발기인이 되어 법인에 출자하여 사업자등록을 한 것만으로는 부족하며 대표이사로 취임하는 등 사업경영 전반에 실질적으로 참여한 사실의 입증이 필요합니다.

창업은 사업경영 전반에 실질적으로 참여하는 것을 의미하므로 창업자금으로 법인에 출자한 경우에는 사업자등록의 법인의 대표이사로 취임하는 등 법인의 사업경영에 실질적으로 참여한 사실이 입증되어야 하는 점을 주의하여야 합니다.

심사증여2014 – 0002, 2014. 4. 15.

"창업(납세지 관할 세무서장에게 등록하는 것)"이라 함은 사업자등록자로서 사업경영 전반에 실질적으로 참여하는 것을 의미하며 단순히 창업법인에 지분을 출자하거나 자금을 대여한 것까지 포함하는 것으로 보기는 어려운바, 창업법인의 등기부 및 사업자등록상 청구인의 배우자와 매형이 대표자로 등재되어 있는 점, 청구인이 창업법인의 경영에 실질적으로 참여했다고 주장하면서도 이에 대한 증빙을 제시하지 못한 점, 청구인은 창업법인의 주주이면서 일용근로자로 근무하고 있는 점 등을 볼 때, 처분청이 쟁점금액을 창업에 사용하지 아니한 것으로 하여 청구인에게 증여세를 과세한 이 건 처분은 달리 잘못이 없다고 판단됨.

개인기업의 경우 반드시 단독사업장을 창업한 것만이 창업으로 인정되는 것은 아니며, 공동사업에 출자한 경우에도 창업으로 인정됩니다.

서면인터넷방문상담4팀 – 1393, 2007. 4. 30.

창업자금을 공동사업 또는 당해 거주자가 발기인이 되어 설립한 법인에 출자한 경우에는 창업자금에 대한 증여세 과세특례를 적용받을 수 있는 것이며, 증여받은 자금을 법인에 출자한 사실만으로 창업목적에 사용한 것으로 보지는 아니하는 것임.

창업 요건 III 다음에 해당하는 경우에는 창업으로 보지 않습니다.

Tip! **I** 사업의 확장에 해당하는 경우에는 창업으로 보지 않습니다.

창업자금을 증여받기 이전부터 기존에 영위한 사업의 운용자금과 대체설비 자금 등으로 사용하는 경우는 창업이 아닌 사업의 확장으로 보아 특례대상 창업으로 보지 않습니다.(조특법 §30의5 ②)

또한 수증자가 당초부터 사업을 영위하고 있던 자로서 창업자금을 증여받아 수증자가 하고 있는 사업과 동일한 업종의 기업을 창업하는 경우에는 사업의 확장으로 보아 창업으로 인정되지 않습니다.

서울행정법원 2013구합22192, 2014. 4. 25.

기존법인을 운영하는 자가 증여자금으로 기존법인과 동일업종의 신설법인을 설립하여 경영하는 것은 사업의 확장에 해당되는 바, 조세특례제한법상 '창업자금에 대한 증여세 과세특례' 대상에 해당되지 아니함.

조심2013서1206, 2013. 6. 20.

차종별로 독점판매권을 동일 대리점에 부여하지 않는 것은 제조회사의 전략적 목적일 뿐이므로 청구인이 창업법인을 설립한 것은 사업의 확장으로 봄이 상당하고 기존법인의 지배주주이자 대표자인 청구인이 동일한 장소에서 동일한 업종을 기존법인의 인적·물적 시설의 지원으로 창업법인을 설립한 것은 조특법상 창업이라고 보기 어려움.

 법인전환, 폐업 후 개업 등에 해당하는 경우에는 창업으로 보지 않습니다.

1. 일반적인 경우에 창업으로 보지 않는 경우

다음에 해당하는 경우는 창업으로 보지 않습니다.[80] (조특법 §30의5 ②)

가. 합병·분할·현물출자 또는 사업의 양수를 통하여 종전의 사업을 승계하여 같은 종류의 사업을 하는 경우

나. 종전의 사업에 사용되던 자산을 인수 또는 매입하여 같은 종류의 사업을 하는 경우로서 다음에 해당하는 경우

인수·매입한 자산가액의 합계액 〉 사업용 자산의 총가액의 30%

다. 거주자가 하던 사업을 법인으로 전환하여 새로운 법인을 설립하는 경우

라. 폐업 후 사업을 다시 개시하여 폐업 전의 사업과 같은 종류의 사업을 하는 경우

마. 다른 업종을 추가하는 등 새로운 사업을 최초로 개시하는 것으로 보기 곤란한 경우, 창업자금을 이전받기 전부터 영위한 사업의 운용자금과 설비대체자금으로 사용하는 경우

2. 창업자금을 증여받은 자가 새로 창업자금을 증여받은 경우

창업자금을 증여받은 자가 새로 창업자금을 증여받아 당초 창업한 사업과 관련하여 사용하는 경우에는 위 "라, 마"에 해당하는 경우에도 창업에 해당하는 것으로 봅니다.[81] (조특법 §30조의5 ③)

---

80) 조세특례제한법 제30조의5【창업자금에 대한 증여세 과세특례】

② 창업자금을 증여받은 자는 증여받은 날부터 2년 이내에 창업을 하여야 한다. 이 경우 사업을 확장하는 경우로서 대통령령으로 정하는 경우는 창업으로 보며, 다음 각 호의 어느 하나에 해당하는 경우는 창업으로 보지 아니한다.

1. 합병·분할·현물출자 또는 사업의 양수를 통하여 종전의 사업을 승계하여 같은 종류의 사업을 하는 경우

1의2. 종전의 사업에 사용되던 자산을 인수 또는 매입하여 같은 종류의 사업을 하는 경우로서 인수 또는 매입한 자산가액의 합계액이 사업개시일이 속하는 과세연도의 종료일 또는 그 다음 과세연도의 종료일 현재 대통령령으로 정하는 사업용자산의 총가액에서 차지하는 비율이 100분의 50 미만으로서 대통령령으로 정하는 비율을 초과하는 경우

2. 거주자가 하던 사업을 법인으로 전환하여 새로운 법인을 설립하는 경우

3. 폐업 후 사업을 다시 개시하여 폐업 전의 사업과 같은 종류의 사업을 하는 경우

4. 다른 업종을 추가하는 등 새로운 사업을 최초로 개시하는 것으로 보기 곤란한 경우, 그 밖에 이와 유사한 것으로서 대통령령으로 정하는 경우

81) 조세특례제한법 제30조의5【창업자금에 대한 증여세 과세특례】

③ 창업자금을 증여받아 제2항에 따라 창업을 한 자가 새로 창업자금을 증여받아 당초 창업한 사업과 관

◎ 창업자금 증여세 과세특례 창업 요건 핵심요약

Ⅰ. 창업자금을 증여받은 날부터 2년 이내 과세특례 적용 가능 업종을 영위하는 중소
기업을 창업할 것

Ⅱ. 과세특례 가능 업종: 창업중소기업세액감면, 창업벤처중소기업세액감면 대상 업
종(조특법 §6 ③)

☞ 거액의 부동산 구입이 필요한 창고업, 자동차 야영장업, 노인복지시설업도 대상
☞ 음식점, 미용업도 대상: 부동산 임대업자가 본인 임대건물에서 창업자금을 증여받아
음식점 창업 안됨.
☞ 도ㆍ소매업은 안되므로 편의점은 안됨.
☞ 커피숍, 프랜차이즈 가맹업을 인수하는 경우는 대상 아님.
다만 베이커리 카페는 음식업으로 분류되어 가능함.
☞ 인터넷쇼핑몰은 통신판매업으로 분류되어 가능함.

Ⅲ. 창업의 의미
새로 설립하여 사업을 개시하는 것으로 독립적인 경영 필수 & 사업자 등록 필수
⇒ 개인기업, 법인기업 모두 가능(실제 경영사실 인정되도록 대표이사 취임 필수)
⇒ 개인기업의 경우 공동사업 출자도 가능
⇒ 사업자등록하지 않거나 사업자등록 후 창업자금 증여받는 경우: 특례적용 불가
⇒ 부모가 영위하던 사업과 동종사업 창업: 특례적용 가능

Ⅳ. 창업으로 보지 않는 경우
1. 사업의 확장에 해당하는 경우
창업자금 증여받기 전 사업의 운용자금과 대체설비 자금으로 사용
창업자금을 증여받아 기존에 운영하던 사업과 동일업종 창업

2. 창업으로 인정하지 않는 경우
① 합병ㆍ분할ㆍ현물출자 또는 사업 양수: 종전 사업과 동일 사업 영위
② 종전 사업에 사용되던 자산 인수하여 같은 종류의 사업 영위
인수ㆍ매입한 자산가액의 합계액 〉 사업용 자산의 총가액의 30%
③ 거주자가 하던 사업을 법인으로 전환하여 새로운 법인을 설립하는 경우
④ 폐업 후 재개업하여 폐업 전의 사업과 같은 종류의 사업을 하는 경우
⑤ 다른 업종을 추가하는 등 새로운 사업을 개시하는 것으로 보기 곤란한 경우
※ 창업자금을 받아 창업한 자가 새로 창업자금을 받아 당초 사업과 관련하여 사용하는
경우에는 "④, ⑤"도 창업으로 인정

련하여 사용하는 경우에는 제2항 제3호 및 제4호를 적용하지 아니한다.

Ⅴ 창업자금 요건

창업자금으로 증여하는 재산은 부동산등 양도소득세 과세대상 재산을 제외한 재산이어야 합니다.

창업자금에 대한 증여세 과세특례가 적용되는 증여재산은 부모가 보유한 토지, 건물, 부동산을 취득할 수 있는 권리 등 다음에 해당하는 양도소득세가 과세되는 재산을 제외한 재산에 한하여 적용받을 수 있습니다.(조특법 §30의5 ①, 소법 §94 ①)

결국 창업자금에 대한 증여세 과세특례를 적용받을 수 있는 증여재산은 통상 현금, 기계장치 등이나 바로 현금화할 수 있는 상장주식, 채권 등에 국한된다고 할 수 있습니다.

◎ 창업자금 증여세 과세특례 적용배제되는 증여재산 – 양도소득세 과세대상 재산

　가. 토지 또는 건물(건물에 부속된 시설물과 구축물 포함)

　나. 부동산에 관한 권리

　　① 부동산을 취득할 수 있는 권리

　　　(건물 완성 시 그 건물과 부수토지 취득할 수 있는 권리 포함)

　　② 지상권

　　③ 전세권과 등기된 부동산임차권

　다. 기타자산

　　① 사업에 사용하는 부동산과 함께 양도하는 영업권[82]

　　② 이용권·회원권, 그 밖에 그 명칭과 관계없이 시설물을 배타적으로 이용하거나 일반이용자보다 유리한 조건으로 이용할 수 있는 시설물 이용권[83]

　　③ 법인의 자산총액 중 부동산등 비율이 50% 이상인 법인의 과점주주 주식

　　④ 골프장, 스키장업 등을 영위하는 부동산등 비율이 80% 이상인 법인 주식

　　⑤ 이축권

　라. 신탁의 이익을 받을 권리(일정 투자신탁 수익권 제외)

---

82) 영업권을 별도로 평가하지 아니하였으나 사회통념상 자산에 포함되어 함께 양도된 것으로 인정되는 영업권과 행정관청으로부터 인가·허가·면허 등을 받음으로써 얻는 경제적 이익 포함

83) 법인의 주식등을 소유하는 것만으로 시설물을 배타적으로 이용하거나 일반이용자보다 유리한 조건으로 시설물 이용권을 부여받게 되는 경우 그 주식등 포함

증여받은 창업자금으로 증여받은 날로부터 4년 이내 사업용 자산
및 사업장의 임차보증금 및 임차료 지급에 사용하여야 합니다.

Tip! Ⅰ 증여받은 창업자금은 증여받은 날부터 4년 이내 토지·건물·감가상각
자산 취득, 임차보증금, 임대료 지급에 사용하여야 합니다.

증여받은 창업자금은 창업한 사업의 인건비, 일반 경비에 사용하여서는 안되며 4년
이내 토지·건물·감가상각자산 취득, 임차보증금(전세금 포함), 임대료 지급 등에 사
용하여야 합니다.[84] (조특법 §30의5 ④, 조특령 §27의5 ②)

즉, 낮은 세율 부담하에 자금을 증여받아 수증자 명의로 부동산 구입이 가능한 것으
로, 부동산 구입이 가능한 것이 창업자금 증여세 과세특례의 가장 큰 장점이라 할 수
있습니다.

또한 이 경우 창업자금으로 취득한 부동산을 10년 이후 양도하는 경우에는 증여세가
추징되지 않고 양도소득금액 계산 시 인정되는 취득가액도 창업자금 증여받은 후 취득
한 취득가액이므로 창업자금으로 취득한 부동산의 가치가 상승하는 경우에는 해당 부
동산 가치상승이익이 모두 자녀에게 이전되어 증여효과가 극대화될 수 있습니다.

◎ **창업자금 사용으로 인정되는 경우**

- 토지, 건물의 취득
- 사업장의 임차보증금(전세금 포함), 임차료 지급액
- 감가상각대상 유형자산의 취득
  ① 차량 및 운반구, 공구, 기구 및 비품
  ② 선박 및 항공기
  ③ 기계 및 장치
  ④ 동물 및 식물

---

84) 조세특례제한법 제30조의5 【창업자금에 대한 증여세 과세특례】
　　④ 창업자금을 증여받은 자는 증여받은 날부터 4년이 되는 날까지 창업자금을 모두 해당 목적에 사용하
　　　여야 한다.
　　조세특례제한법 시행령 제27조의5 【창업자금에 대한 증여세 과세특례】
　　② 법 제30조의5 제1항 전단에서 "대통령령으로 정하는 창업자금"이란 법 제30조의5 제2항에 따른 창업
　　　에 직접 사용되는 다음 각 호의 어느 하나에 해당하는 자금을 말한다.
　　　1. 제5조 제19항에 따른 사업용 자산의 취득자금
　　　2. 사업장의 임차보증금(전세금을 포함한다. 이하 같다) 및 임차료 지급액

- 감가상각대상 무형자산의 취득
  ① 영업권(합병 또는 분할로 합병법인 등이 계상한 영업권 제외), 디자인권, 실용신안권, 상표권
  ② 특허권, 어업권, 양식업권, 「해저광물자원 개발법」에 의한 채취권, 유료도로관리권, 수리권, 전기가스공급시설이용권, 공업용수도시설이용권, 수도시설이용권, 열공급시설이용권
  ③ 광업권, 전신전화전용시설이용권, 전용측선이용권, 하수종말처리장시설관리권, 수도시설관리권
  ④ 댐사용권
  ⑤ 주파수이용권, 공항시설관리권, 항만시설관리권

Tip! Ⅱ 재고자산으로 계상되는 건설업의 건설용지는 창업자금으로 사용가능한 재산에 해당하지 않습니다.

일반적인 경우 토지는 유형자산에 해당하지만 건설법인이 건설하여 매각할 목적으로 취득하는 토지(건설용지)는 유형자산이 아닌 재고자산에 해당하는 것이므로 창업자금으로 취득가능한 재산에 해당하지 않는 점을 주의하여야 합니다.

서면법령해석재산 – 2136, 2020. 10. 21.

증여자금으로 건설업 법인을 영위하기 위한 재고자산인 토지를 매입하는 경우는 「조세특례제한법 시행령」 제27조의5 제2항 각 호에 따른 창업자금에 해당하지 아니하는 것임.

Tip! Ⅲ 창업자금으로 창업기업의 대출금을 상환하는 것은 창업자금의 사용으로 보지 않습니다.

창업자금은 창업기업의 사업과 관련하여 부동산 등과 감가상각자산의 취득, 임차보증금, 임차료 지급에만 사용하여야 하는 것으로 창업기업의 대출금 상환에 사용한 경우에는 창업자금의 사용으로 보지 않습니다.

이 경우 창업자금으로 부동산을 구입한 후 해당 부동산을 담보로 대출을 받은 경우에 해당 대출금은 창업자금으로 보지 않으므로 대출금에 대한 사용제한은 없습니다.

또한 증여받은 창업자금으로 창업기업에 필요한 부동산, 유형재산 취득이 어려워 수증자가 일부 금액을 대출받아 창업기업의 사업용 자산 등을 취득하는 것은 가능하지만 사후관리 위반으로 추징 시에는 이를 구분하여 관리하여야 합니다.

> **서면 - 상속증여 - 3674, 2020. 3. 30.**
>
> 창업자금을 증여받아 창업을 한 자가 새로 창업자금을 증여받아 2년 이내에 당초 창업한 사업과 관련하여 사용하는 경우에도 모두 합하여 30억 원(창업을 통하여 10명 이상을 신규고용한 경우에는 50억 원)까지는 해당 특례규정이 적용되는 것이나, 창업 후 대출금 상환목적으로 증여받은 자금은 이에 해당하지 않음.
>
> **재산세과 - 716, 2010. 9. 30.**
>
> 창업자금 증여세 과세특례는 창업자금을 증여받은 날부터 1년 내에 창업해야 하고, 3년이 되는 날까지 창업자금을 모두 해당목적에 사용해야 하며, 증여받은 재산을 담보로 대출받은 대출금은 창업자금에 해당하지 아니함.

Tip! Ⅳ 창업자금을 증여받아 창업을 한 후 다시 창업자금을 증여받아 기존에 창업한 법인의 증자대금으로 사용하여 당초 창업기업의 사업과 관련하여 사용하는 경우에는 창업자금에 대한 증여세 과세특례를 적용받을 수 있습니다.

창업자금에 대한 증여세 과세특례는 수증자별 한도 내에서는 여러 차례 증여받는 것도 가능한 것으로 당초 창업자금을 증여받아 창업 요건을 갖추어 창업한 후 다시 수증자가 한도 내에서 추가로 창업자금을 증여받아 당초 창업한 법인의 증자대금으로 사용하여 사업용 자산 취득 등에 사용하는 경우에는 한도 내에서 창업자금에 대한 증여세 과세특례를 적용받을 수 있습니다.

> **재산세과 - 247, 2012. 7. 4.**
>
> 창업자금을 증여받아 1년 이내에 창업을 한 자가 새로 창업자금을 증여받아 그 자금으로 증자를 하여 당초 창업자금중소기업의 사업과 관련하여 사용하는 경우에도 「조세특례제한법」 제30조의5의 규정을 적용받을 수 있음.

◎ 창업자금 증여세 과세특례 창업자금 요건 핵심요약

Ⅰ. 증여재산 요건

토지, 건물, 부동산에 관한 권리, 기타자산 등 양도소득세가 과세되는 자산이 아닐 것

Ⅱ. 창업자금 사용 요건

① 사용기간 요건: 증여받은 날로부터 4년 이내 사용할 것

② 창업자금 사용으로 인정되는 경우

- 토지, 건물의 취득
- 감가상각대상 유형재산, 무형재산의 취득
- 사업장의 임차보증금(전세금 포함), 임차료 지급액

☞ 건설업의 재고자산인 건설용지, 대출금 상환: 창업자금 사용으로 불인정

☞ 창업자금으로 취득한 자산 담보대출금액: 사용목적 제한 없음.

☞ 창업자금 증여받아 창업한 후 다시 증여받아 증자대금으로 사용 후 사업목적사용: 창업자금 사용으로 인정

Chapter 3

창업자금에 대한 증여세 과세특례
증여세 계산 및 한도 편

Ⅰ 창업자금에 대한 증여세 과세특례 증여세 계산 및 한도

　창업자금 증여세 과세특례 요건을 충족한 경우에는 2023년 이후 증여분부터 50억 원을 한도로 하여 증여세 과세가액에서 5억 원을 공제한 금액에 대해 10% 세율이 적용됩니다. 이 경우 창업을 통해 10명 이상 신규고용을 하는 경우에는 증여세 과세가액 100억 원을 한도로 창업자금 증여세 과세특례를 적용받을 수 있습니다.[85] (조특법 §30의5 ①)

| 창업자금 증여세 과세특례 적용 증여세 및 한도액 |

2016년부터 2022년까지 증여분	2023년 이후 증여분
증여세 산출세액 　= (증여세 과세가액* − 5억 원) × 10% * 한도: 30억 원 　(10명 이상 신규고용 시 50억 원)	증여세 산출세액 　= (증여세 과세가액* − 5억 원) × 10% * 한도: 50억 원 　(10명 이상 신규고용 시 100억 원)

---

85) 조세특례제한법 제30조의5 【창업자금에 대한 증여세 과세특례】
　③ 창업자금을 증여받아 제2항에 따라 창업을 한 자가 새로 창업자금을 증여받아 당초 창업한 사업과 관련하여 사용하는 경우에는 제2항 제3호 및 제4호를 적용하지 아니한다.

| 증여세 과세가액별 증여세 |

(단위: 억 원)

증여세 과세가액	일반증여*	창업자금 특례	절세액
5억 원	0.776억 원	0원	0.776억 원
10억 원	2.1825억 원	0.5억 원	1.6825억 원
20억 원	6.014억 원	1.5억 원	4.514억 원
30억 원	9.894억 원	2.5억 원	7.394억 원
40억 원	14.6955억 원	3.5억 원	11.1955억 원
50억 원	19.5455억 원	4.5억 원	15.0455억 원
60억 원	24.3955억 원	5.5억 원	18.8955억 원
70억 원	29.2455억 원	6.5억 원	22.7455억 원
80억 원	34.0955억 원	7.5억 원	26.5955억 원
90억 원	38.9455억 원	8.5억 원	30.4455억 원
100억 원	43.7955억 원	9.5억 원	34.2955억 원

* 증여재산 공제 0.5억 원, 신고세액공제 적용

Ⅱ 수증자가 2인 이상인 경우 창업자금 증여세 과세특례 증여세 계산

<case> ◎ 안경영(父)
- 아들이 하남에 창고업을 창업하기로 하여 60억 원을 창업자금으로 증여 (신규고용 5명)
- 딸이 경기도 광주에 의류쇼핑몰을 창업하기로 하여 30억 원을 창업자금으로 증여(신규고용 4명)
- * 자녀의 기 증여재산 없음.

1. 아들의 증여세

가. 적용한도: 50억 원

창업으로 인한 신규고용이 10명 미만이므로 창업자금에 대한 증여세 과세특례 한도 50억 원 적용

나. 증여세(6.6825억 원)

(단위: 원)

일반증여세	구분	창업자금에 대한 증여세 과세특례
1,000,000,000 (60억 원-50억 원)	증여세 과세가액	5,000,000,000 (50억 원 한도)
50,000,000	증여재산공제	500,000,000
950,000,000	증여세 과세표준	4,500,000,000
30%	세율	10%
60,000,000	누진공제	
225,000,000	산출세액	450,000,000
6,750,000	신고세액공제	
218,250,000	최종 납부세액	450,000,000
세부담 총액	668,250,000	

(1) 일반증여세

[(60억 원-50억 원)-5천만 원]×30%-0.6억 원(누진공제)-0.0675억(신고세액공제) = 2.1825억 원

(2) 창업자금에 대한 증여세 과세특례 적용 증여세

(50억 원-5억 원)×10% = 4.5억 원

(3) 총세부담액(6.6825억 원)

일반증여세(2.1825억 원) + 창업자금에 대한 증여세 과세특례 증여세(4.5억 원)

다. 창업자금에 대한 증여세 과세특례 미적용 시 증여세

(60억 원-5천만 원)×50%-4.6억 원(누진공제)-0.7545억 원(신고세액공제) = 24.3955억 원

라. 절세액: 17.713억 원

2. 딸의 증여세

가. 적용한도: 50억 원

창업으로 인한 신규고용이 10명 미만이므로 창업자금에 대한 증여세 과세특례 한도 50억 원 적용

나. 창업자금 증여세 과세특례 증여세

(단위: 원)

구분	창업자금에 대한 증여세 과세특례
증여세 과세가액	3,000,000,000
증여재산공제	500,000,000
증여세 과세표준	2,500,000,000
세율	10%
누진공제	
산출세액	250,000,000

다. 창업자금에 대한 증여세 과세특례 미적용 시 증여세: 9.894억 원

라. 절세액: 7.394억 원

Ⅲ 동일한 수증자에게 2회 이상 증여한 경우

<case> ◎ 안경영(父)
- 2022년 아들이 용인에 음식점을 창업하기로 하여 30억 원을 창업자금으로 증여(신규고용 7명)
- 2023년에 해당 음식점을 확장하기로 하여 추가로 30억 원을 창업자금으로 증여
  * 창업자금 증여세 과세특례 증여 외 기 증여재산 없음.

1. 2022년 창업자금 증여세 과세특례 적용 증여세

가. 적용한도: 30억 원

나. 창업자금 증여세 과세특례 증여세

(30억 원−5억 원)×10% = 2.5억 원

2. 2023년 창업자금 증여세 과세특례 적용 증여세

가. 적용한도: 50억 원

나. 증여세

(1) 일반증여세

[(60억 원−50억 원)−5천만 원]×30%−0.6억 원(누진공제)−0.0675억(신고세액 공제) = 2.1825억 원

(2) 창업자금에 대한 증여세 과세특례 증여세

(50억 원−5억 원)×10%−2.5억 원(기납부세액) = 2억 원

(단위: 원)

일반증여세	구분	창업자금에 대한 증여세 과세특례
1,000,000,000 (60억 원 − 50억 원)	증여세 과세가액	5,000,000,000 (50억 원 한도)
50,000,000	증여재산공제	500,000,000
950,000,000	증여세 과세표준	4,500,000,000
30%	세율	10%
60,000,000	누진공제	
225,000,000	산출세액	450,000,000
6,750,000	신고세액공제	
	기납부세액	250,000,000
218,250,000	최종 납부세액	200,000,000
세부담 총액	418,250,000	

> **재산세과 – 345, 2011. 7. 19.**
>
> 창업자금을 2회 이상 증여받는 경우에는 각각의 증여세 과세가액을 합산하여 적용함.
>
> **재산세과 – 4455, 2008. 12. 30.**
>
> 창업자금을 2회 이상 증여받거나 부모로부터 각각 증여받는 경우에는 각각의 증여세 과세가액을 합산하여 적용하는 것임.

| 특례 적용 세율 및 한도 |

구분	가업승계 증여세 과세특례	창업자금 증여세 과세특례
특례적용 세율	• 공제금액: 10억 원 • (130억 원 – 10억 원) × 10% + (한도 – 130억 원) × 20%	• 공제금액: 5억 원 • 5억 공제 후 10% 세율 적용
한도	10년 이상 경영 300억 원, 20년 이상 400억 원, 30년 이상 600억 원	50억 원 (10명 이상 고용창출: 100억 원)
2인 이상에게 증여 시 한도	1인이 수증받은 것으로 보아 한도 적용(수증인 수와 관계 없이 한도 동일)	수증자별 각각 50억 원 한도 적용 ⇒ 수증인수 ↑ → 한도 ↑
1인에게 2회 이상 증여	증여세 과세가액 합산	

Chapter 4

창업자금에 대한 증여세 과세특례
사후관리, 보고의무, 적용배제 편

Ⅰ 창업자금에 대한 증여세 과세특례에 대한 사후관리

> **Tip!** **Ⅰ** 창업자금에 대한 증여세 과세특례를 적용받은 경우에는 10년간 사후관리가 됩니다.

1. 사후관리 요건과 위반 시 추징세액

창업자금에 대한 증여세 과세특례를 적용받은 후 다음의 사후관리사항을 위반한 경우에는 각 위반사유별 규정된 금액을 일반 증여재산으로 보아 증여세와 상속세가 과세됩니다. 이 경우 증여세 추징 시에는 이자상당액이 증여세에 가산되어 부과됩니다.[86] (조특법 §30의5 ⑥)

---

86) 조세특례제한법 제30조의5 【창업자금에 대한 증여세 과세특례】
⑥ 제1항에 따라 창업자금에 대한 증여세 과세특례를 적용받은 경우로서 다음 각 호의 어느 하나에 해당하는 경우에는 각 호의 구분에 따른 금액에 대하여 「상속세 및 증여세법」에 따라 증여세와 상속세를 각각 부과한다. 이 경우 대통령령으로 정하는 바에 따라 계산한 이자상당액을 그 부과하는 증여세에 가산하여 부과한다.
  1. 제2항에 따라 창업하지 아니한 경우: 창업자금
  2. 창업자금으로 제6조 제3항 각 호에 따른 업종 외의 업종을 경영하는 경우: 제6조 제3항 각 호에 따른 업종 외의 업종에 사용된 창업자금
  3. 새로 증여받은 창업자금을 제3항에 따라 사용하지 아니한 경우: 해당 목적에 사용되지 아니한 창업자금
  4. 창업자금을 제4항에 따라 증여받은 날부터 4년이 되는 날까지 모두 해당 목적에 사용하지 아니한 경우: 해당 목적에 사용되지 아니한 창업자금
  5. 증여받은 후 10년 이내에 창업자금(창업으로 인한 대통령령으로 정하는 바에 따라 계산한 가치증가분을 포함한다. 이하 "창업자금등"이라 한다)을 해당 사업용도 외의 용도로 사용한 경우: 해당 사업용도 외의 용도로 사용된 창업자금등
  6. 창업 후 10년 이내에 해당 사업을 폐업하는 경우 등 대통령령으로 정하는 경우: 창업자금등과 그 밖에 대통령령으로 정하는 금액
  7. 증여받은 창업자금이 50억 원을 초과하는 경우로서 창업한 날이 속하는 과세연도의 종료일부터 5년 이내에 각 과세연도의 근로자수가 다음 계산식에 따라 계산한 수보다 적은 경우: 50억 원을 초과하는 창업자금

사후관리를 위반한 경우에는 사후관리위반 일이 속하는 달의 말일부터 3개월 이내에 일반 증여재산으로 본 금액에 대한 증여세와 이자상당액을 신고·납부하여야 합니다. (조특법 §30의5 ⑦)

가. 창업자금을 증여받은 날부터 2년 이내 창업하지 않은 경우: 증여받은 창업자금 전액

나. 증여받은 창업자금으로 창업자금 특례적용되는 업종 외의 업종 경영하는 경우: 특례적용 업종 외의 업종에 사용된 창업자금

다. 새로 증여받은 창업자금으로 2년 이내 창업하지 않거나 또는 다른 업종을 추가하는 목적 외의 용도로 사용한 경우: 해당 목적 외의 용도로 사용한 창업자금

라. 창업자금 증여일부터 4년 이내 창업목적에 사용하지 않은 경우: 창업 목적에 사용되지 아니한 창업자금

마. 증여받은 후 10년 이내에 창업자금(일정 가치증가분 포함)을 해당 사업용도 외의 용도로 사용한 경우: 해당 사업용도 외의 용도로 사용된 창업자금등

바. 창업 후 10년 이내에 수증자가 사망하거나 휴업(무실적 포함)·폐업하는 경우: 창업자금과 창업으로 인한 가치증가분

사. 증여받은 창업자금이 50억 원 초과하는 경우(2023년 전 증여분 30억 원)로서 창업일이 속하는 과세연도의 종료일부터 5년 이내에 각 과세연도의 근로자수가 다음에 해당하는 경우: 50억 원을 초과하는 창업자금(2023년 전 증여분 30억 원)

증여일부터 5년 이내 매 과세연도 근로자수 ≤ [창업한 날의 근로자수* − (창업을 통하여 신규고용한 인원수 − 10명)]

* 상시 근로자수: 매월 말일 현재 인원 / 해당 월수

---

2. 추징 시 부과되는 이자상당액

사후관리를 위반하여 증여세 추징 시에는 다음의 이자상당액이 증여세에 가산되어 추징됩니다.

◎ 이자상당액

　＝ 추징되는 증여세액 × 신고기한의 다음 날부터 추징사유 발생일까지 기간
　　× 2.2/10,000(납부불성실 가산세 적용 이자율, 연 환산 시 8.03%)

서면 – 상속증여 – 3729, 2021. 8. 25.

창업자금에 대한 증여세 과세특례를 적용받은 자가 창업 후 10년 이내에 폐업하는 경우에는 창업자금(창업으로 인한 가치증가분 포함)에 대한 증여세와 이자상당액을 부과하는 것이며, 이 경우 창업으로 가치 증가분에는 창업한 사업에서 발생한 이익 및 창업에 사용된 재산의 가치증가분이 포함되는 것임.

> **Tip! Ⅱ** 창업 후 10년 이내에 수증자 사망 또는 휴업·폐업하는 경우에도 다음에 해당하는 경우에는 정당한 사유가 있는 것으로 보아 증여세가 추징되지 않습니다.[87]

1. 창업 후 10년 이내 수증자가 사망한 경우로서 증여세 추징 배제되는 경우

수증자가 창업 후 10년 이내에 사망하는 경우에도 수증자의 상속인이 수증자의 지위를 승계하여 창업하는 등 다음 사유에 해당하는 경우에는 증여세가 추징되지 않습니다.

---

87) 조세특례제한법 시행령 제27조의5【창업자금에 대한 증여세 과세특례】
　⑩ 법 제30조의5 제6항 제6호에서 "대통령령으로 정하는 경우"란 다음 각 호의 어느 하나에 해당하는 경우를 말한다.
　　1. 수증자의 사망. 다만, 다음 각 목의 어느 하나에 해당하는 경우를 제외한다.
　　　가. 수증자가 창업자금을 증여받고 법 제30조의5 제2항의 규정에 따라 창업하기 전에 사망한 경우로서 수증자의 상속인이 당초 수증자의 지위를 승계하여 동조 제2항 내지 제6항의 규정에 따라 창업하는 경우
　　　나. 수증자가 창업자금을 증여받고 법 제30조의5 제2항의 규정에 따라 창업한 후 동조 제4항의 규정에 의하여 창업목적에 사용하기 전에 사망한 경우로서 수증자의 상속인이 당초 수증자의 지위를 승계하여 동조 제4항 내지 제6항의 규정에 따라 창업하는 경우
　　　다. 수증자가 창업자금을 증여받고 법 제30조의5 제4항의 규정에 따라 창업을 완료한 후 사망한 경우로서 수증자의 상속인이 당초 수증자의 지위를 승계하여 동조 제6항의 규정에 따라 창업하는 경우
　　2. 당해 사업을 폐업하거나 휴업(실질적 휴업을 포함한다)한 경우. 다만, 다음 각 목의 어느 하나에 해당하는 사유로 폐업하거나 휴업하는 경우를 제외한다.
　　　가. 부채가 자산을 초과하여 폐업하는 경우
　　　나. 최초 창업 이후 영업상 필요 또는 사업전환을 위하여 1회에 한하여 2년(폐업의 경우에는 폐업 후 다시 개업할 때까지 2년) 이내의 기간 동안 휴업하거나 폐업하는 경우(휴업 또는 폐업 중 어느 하나에 한한다)

가. 창업자금을 증여일부터 2년 이내 창업하기 전에 사망한 경우로서 수증자의 상속
   인이 당초 수증자의 지위를 승계하여 창업하는 경우
나. 창업자금을 증여일부터 2년 이내 창업 후 4년 이내 창업자금을 창업목적에 사용
   하기 전에 사망한 경우로서 수증자의 상속인이 당초 수증자의 지위를 승계하여
   창업하는 경우
다. 창업자금을 증여일부터 2년 이내 창업, 4년 이내 창업자금 사용 후 수증자의 상속
   인이 당초 수증자의 지위를 승계하여 창업하는 경우

2. 창업 후 수증자가 10년 이내 휴·폐업하는 경우로서 증여세 추징 배제되는 경우

수증자가 창업 후 10년 이내에 휴·폐업하는 경우에도 부채가 자산을 초과하여 폐업하거나 창업 후 영업상 필요 또는 사업전환을 위하여 1회에 한하여 2년 이내의 기간 동안 휴업 또는 폐업하는 경우에는 증여세가 추징되지 않습니다.

이 경우 창업 후 1회에 한하여 휴업 또는 폐업 중 하나만 인정되므로 휴업을 한 후 다시 사업을 개시하였다가 폐업을 하는 것은 인정되지 않으며 휴업 또는 폐업 후 2년이 경과하고 나서도 다시 사업을 개시하거나 창업을 하지 않는 경우에는 증여세가 추징되므로 주의하여야 합니다.

또한 휴업에는 실질적 휴업상태인 무실적도 포함되는 것으로 부가가치세 신고 시 2년 이상 무실적으로 신고하는 경우에는 증여세가 추징될 수 있으므로 주의하여야 합니다.

다만, 개인기업을 창업한 후 이월과세를 적용받을 수 있는 현물출자에 따라 법인전환하면서 창업 후 10년 이내 개인기업을 폐업하는 경우에는 증여세가 추징되는 폐업으로 보지 않습니다.

◎ 창업 후 10년 이내 휴·폐업하는 경우로서 증여세 추징되지 않는 경우
 • 부채가 자산을 초과하여 폐업하는 경우
 • 최초 창업 이후 영업상 필요 또는 사업전환을 위하여 1회에 한하여 2년(폐업의 경
   우에는 폐업 후 다시 개업할 때까지 2년) 이내의 기간 동안 휴업하거나 폐업하는
   경우(휴업 또는 폐업 중 어느 하나에 한함)

조심2021중3535, 2021. 11. 30.

청구인은 쟁점사업장의 폐업일로부터 2년 이내에 새로운 사업을 개시하였어야 하나 202×. ××. ××. ○○○를 창업하여 창업자금에 대한 증여세 과세특례 요건을 충족하지 못한 것으로 보이므로, 처분청이 「조세특례제한법」 제30조의5의 규정에 따라 창업자금에 대한 증여세 과세특례를 적용한 신고내용을 배제하여 청구인에게 증여세를 과세한 처분은 달리 잘못이 없는 것으로 판단됨.

조심2020서1976, 2020. 12. 2.

청구인이 사업자로 등록한 업종은 창업자금에 대한 증여세 과세특례 요건에 부합하지 아니하는 점, 창업을 한 후 부가가치세를 무신고한 것으로 나타나 실질적인 휴업상태에 있었던 것으로 보이는 점, 정상적인 사업장에서 실질적으로 사업을 영위하고 있는 것인지도 불분명해 보이는 점 등에 비추어, 처분청에서 청구인이 쟁점금액에 대하여 「조세특례제한법」 제30조의5의 규정에 따라 창업자금에 대한 증여세 과세특례를 적용한 신고내용을 배제하여 청구인에게 증여세를 과세한 당초 처분은 달리 잘못이 없는 것으로 판단됨.

서면 - 상속증여 - 0009, 2015. 2. 26.

이월과세를 적용받을 수 있는 사업 양도·양수의 방법에 따라 법인전환한 경우 창업자금 증여세 과세특례 사후관리 위반사유에 해당되지 않음.

서면법규과 - 528, 2013. 5. 9.

2개의 공동사업을 창업한 후 공동사업의 지분을 정리하여 단독사업으로 한 뒤 그 사업을 폐업하는 것은 2회 이상 폐업에 해당하므로 증여세 추징사유에 해당함.

재산세과 - 43, 2013. 2. 6.

최초 창업 이후 영업상 필요 또는 사업전환을 위해 1회에 한하여 폐업 후 2년 내 개업하는 경우에는 증여세와 상속세의 추징에서 제외됨.

◎ 창업자금에 대한 증여세 과세특례 사후관리 핵심요약

Ⅰ. 사후관리 위반사항과 추징대상 창업자금

사후관리 위반사항	추징대상 창업자금
2년 이내 미창업	증여받은 자금 전액
특례대상 창업업종 외 업종경영	특례적용 업종 외 사용된 창업자금
새로 증여받은 창업으로 2년 이내 미창업 다른 업종 추가목적 외 사용	해당 목적에 사용한 창업자금
4년 이내 창업자금 미사용	창업목적에 사용하지 않은 창업자금
10년 이내 수증자 사망, 휴업, 폐업	창업자금과 가치증가분
50억 초과하는 경우로서 근로자수 감소 5년간 각 과세연도 근로자수 ≤ [창업일 근로자수 - (신규 고용한 인원 - 10명)]	50억 원을 초과하는 창업자금

☞ 수증자 사망 시 추징 제외 사유
    ⓐ 증여일부터 2년 이내 창업 전 사망 & 수증자의 상속인이 지위승계 후 창업
    ⓑ 4년 이내 창업자금 사용 전 사망 & 수증자의 상속인이 지위승계 후 창업
    ⓒ 2년 이내 창업 & 4년 이내 창업자금 사용 & 수증자의 상속인이 지위승계 후 창업

☞ 수증자 휴·폐업 시 추징 제외 사유
    ⓐ 부채가 자산초과 상태 폐업
    ⓑ 영업상 목적 등으로 창업 후 1회에 2년 이내 기간 동안 휴업 또는 폐업
       ※ 휴업 또는 폐업 중 1회에 한하여 인정
         휴업하였다가 사업재개 후 폐업: 추징
       ※ 2년 경과 후 사업개시 또는 창업하지 않는 경우: 추징
    ⓒ 세감면 현물출자 방식 법인전환으로 폐업

Ⅱ. 추징세액
   (추징대상 창업자금 + 10년 이내 1천만 원 이상 사전증여재산) × 일반 증여세율 + 이자상당액(8.03% 이자율 적용)

구분	가업승계 증여세 과세특례	창업자금에 대한 증여세 과세특례
사후관리 기간	5년	10년
사후관리 사항	• 가업 미종사(1년 이상 휴·폐업 포함) • 5년 이내 주된 업종변경 • 수증인 지분감소 • 5년간 대표이사직 미유지	• 2년 이내 미창업 • 특례적용 업종 외 업종경영 • 4년 이내 창업자금 미사용 • 10년 이내 수증자 사망 또는 휴·폐업
이자상당액	8.03%(납부불성실 가산세 적용 이자율)	

 창업자금에 대한 증여세 과세특례 적용 시 보고의무

Tip! **I** 창업자금에 대한 증여세 과세특례를 적용받고 2년 이내 창업한 경우에는 창업자금 사용명세서를 제출하여야 합니다.

창업자금을 증여받고 창업자금에 대한 증여세 과세특례를 적용받은 후 2년 이내 창업하는 경우에는 창업일이 속하는 달의 말일, 창업일이 속하는 과세연도부터 4년 이내 과세연도(창업자금을 모두 사용한 경우에는 해당 과세연도)까지의 매 과세연도의 과세표준 신고기한까지 창업자금 사용명세서와 창업자금이 50억 원(2023년 전 증여분은 30억 원)을 초과하는 경우에는 고용명세를 제출하여야 합니다.[88] (조특법 §30의5 ⑤)

창업자금 사용명세에는 증여받은 창업자금의 내역, 증여받은 창업자금의 사용내역 및 이를 확인할 수 있는 사항, 증여받은 창업자금이 50억 원(2023년 증여분 30억 원)을 초과하는 경우에는 고용 내역을 확인할 수 있는 사항이 포함되어야 합니다.

---

88) 조세특례제한법 제30조의5 【창업자금에 대한 증여세 과세특례】
　⑤ 창업자금을 증여받은 자가 제2항에 따라 창업하는 경우에는 대통령령으로 정하는 날에 창업자금 사용명세(증여받은 창업자금이 50억 원을 초과하는 경우에는 고용명세를 포함한다)를 증여세 납세지 관할 세무서장에게 제출하여야 한다. 이 경우 창업자금 사용명세를 제출하지 아니하거나 제출된 창업자금 사용명세가 분명하지 아니한 경우에는 그 미제출분 또는 불분명한 부분의 금액에 1천분의 3을 곱하여 산출한 금액을 창업자금 사용명세서 미제출 가산세로 부과한다.

창업자금 사용명세서를 제출하지 않거나 제출된 창업자금 사용명세가 분명하지 않은 경우에는 미제출 또는 불분명 금액에 대해 0.3%의 가산세가 부과됩니다.(조특법 §30의5 ⑤ 단서)

◎ 창업자금에 대한 증여세 과세특례를 적용받은 경우 보고의무 핵심요약

   I. 창업자금 명세(창업자금 50억 초과 시 고용명세 포함) 제출의무
    ① 제출기한
       창업일이 속하는 달의 말일
       창업일이 속하는 달의 과세연도부터 4년 이내 과세연도까지의 과세표준 신고기한
       (창업자금을 모두 사용한 경우에는 해당 해의 과세표준 신고기한까지)
    ② 창업자금 명세서 기재사항
       증여받은 창업자금의 내역, 증여받은 창업자금의 사용내역 및 증빙, 증여받은 창업자금이 50억 원(2023년 전 증여분 30억 원)을 초과하는 경우에는 고용 내역
   II. 가산세: 미제출 또는 불분명 금액의 0.3% 가산세

| 보고의무와 가산세 |

구분	가업승계 증여세 과세특례	창업자금에 대한 증여세 과세특례
보고의무	없음.	창업자금 명세 제출의무 있음.
가산세	없음.	미제출·불분명 금액의 0.3%

Ⅲ 창업자금에 대한 증여세 과세특례 적용배제

Tip! Ⅰ 가업승계에 대한 증여세 과세특례를 적용받은 경우는 창업자금 증여세 과세특례 적용이 배제됩니다.

창업자금을 증여받은 수증자가 가업승계에 대한 증여세 과세특례를 적용받은 경우에는 창업자금 증여세 과세특례 적용이 배제됩니다.

가업승계에 대한 증여세 과세특례와 창업자금에 대한 증여세 과세특례는 둘 중 하나만 적용받을 수 있는 것으로 수증자가 가업승계에 대한 증여세 과세특례를 적용받은 경우에는 창업자금에 대한 증여세 과세특례 적용이 배제됩니다.[89] (조특법 §30의5 ⑭)

따라서 창업자금에 대한 증여세 과세특례와 가업승계에 대한 증여세 과세특례의 유불리를 비교하여 적용신청하여야 하는 점을 주의하여야 합니다.

다만, 이는 수증인별로 중복적용이 배제되는 것으로 가업을 승계할 자녀에게는 가업승계에 대한 증여세 과세특례를 적용하고 가업을 승계하지 않을 자녀 1인에게는 가업을 승계하는 자녀의 가업상속 주식가액에 대한 유류분 청구를 대비하여 창업자금에 대한 증여세 과세특례를 적용하여 증여하는 것은 가능합니다.

또한 가업승계 증여세 과세특례 요건을 갖춘 주식을 증여받으면서 납부유예를 선택한 경우에는 창업자금에 대한 증여세 과세특례 적용이 가능합니다.

Tip! Ⅱ 증여세 과세표준 신고기한 내에 창업자금 증여세 과세특례 신청을 하지 않은 경우에는 창업자금에 대한 증여세 과세특례 적용이 불가능합니다.

창업자금에 대한 증여세 과세특례는 증여세 과세표준 신고기한 내에 창업자금에 대한 증여세 과세특례를 신청한 경우에 한하여 가능한 것으로, 모든 요건을 갖춘 경우라 하더라도 증여세 과세표준 신고기한 내에 과세특례 적용신청을 하지 않은 경우에는 과세특례 적용이 배제됩니다.[90] (조특법 §30의5 ⑫)

---

89) 조세특례제한법 제30조의5 【창업자금에 대한 증여세 과세특례】
　　⑭ 제1항을 적용받는 거주자는 제30조의6을 적용하지 아니한다.

90) 조세특례제한법 제30조의5 【창업자금에 대한 증여세 과세특례】
　　⑫ 제1항을 적용받으려는 자는 증여세 과세표준 신고기한까지 대통령령으로 정하는 바에 따라 특례신청을 하여야 한다. 이 경우 그 신고기한까지 특례신청을 하지 아니한 경우에는 이 특례규정을 적용하지 아니한다.

◎ 창업자금에 대한 증여세 과세특례 적용 배제되는 경우

- 창업자금을 증여받은 수증자가 가업승계 증여세 과세특례 적용받은 경우
  ※ 수증인별로만 중복적용 배제
    자녀 갑은 창업자금 과세특례 적용, 자녀 을은 가업승계 과세특례 적용 가능
  ※ 가업승계에 대한 증여세 과세특례 요건 충족한 주식 증여받으면서 납부유예 신청
    창업자금에 대한 증여세 과세특례 적용 가능

- 증여세 과세표준 신고기한 내에 특례신청을 하지 않은 경우

| 특례적용 배제되는 경우 |

구분	가업승계 증여세 과세특례	창업자금에 대한 증여세 과세특례
기특례적용	창업자금 증여세 과세특례를 적용받은 경우	가업승계 증여세 과세특례를 적용받은 경우
미신청	증여세 신고기한까지 특례 적용신청하지 않은 경우	

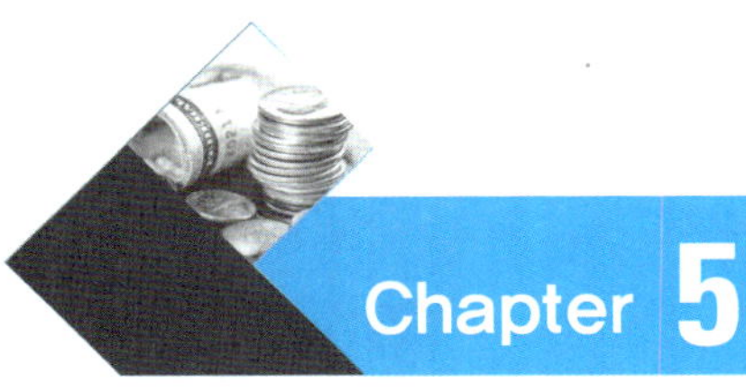

창업자금에 대한 증여세 과세특례 적용 시 증여세 및 상속세 계산 특례 편

Tip! I 가업승계에 대한 증여세 과세특례를 적용 시 증여재산가액은 일반 증여재산과 합산하여 과세되지 않으며 신고세액공제가 배제됩니다.

일반 증여의 경우 동일인으로부터 10년 이내 증여받은 재산가액이 1천만 원 이상인 경우에는 해당 증여재산을 합산한 가액에 대해 증여세가 과세되지만 창업자금에 대한 증여세 과세특례의 경우 창업자금을 증여하는 부모로부터 10년 이내 거액의 증여를 받은 경우라 하더라도 해당 증여재산과 합산하여 과세되지 않습니다.[91] (조특법 §30조의5 ⑪)

또한 일반 증여의 경우 증여세 과세표준 신고기한 내에 신고한 경우에는 3%의 신고세액공제를 적용받을 수 있지만 창업자금에 대한 증여세 과세특례의 경우 과세표준 신고기한 내에 신고한 경우에도 신고세액공제 적용이 배제됩니다.

다만, 일반 증여와 동일하게 증여세 납부세액이 2천만 원을 초과하는 경우로서 증여세 신고기한 내에 연부연납을 신청하면서 납세담보를 제공하고 각 회분 연부연납 세액이 1천만 원 이상이 되도록 하는 경우 연부연납은 가능합니다.

Tip! II 창업자금을 증여받은 일자와 관계없이 증여자 사망 시 무조건 상속재산에 합산됩니다.

일반증여의 경우 상속인인 자녀에게 사전증여한 경우에는 상속개시 전 10년 이내 사전증여재산만이 상속 재산가액에 합산되고 상속인이 아닌 자에게 사전증여한 경우에는 상속개시 전 5년 이내 사전증여재산만이 상속 재산가액에 합산됩니다.

---

91) 조세특례제한법 제30조의5【창업자금에 대한 증여세 과세특례】
　　⑪ 창업자금에 대하여 증여세를 부과하는 경우에는 「상속세 및 증여세법」 제47조 제2항에도 불구하고 동일인(그 배우자를 포함한다)으로부터 증여받은 창업자금 외의 다른 증여재산의 가액은 창업자금에 대한 증여세 과세가액에 가산하지 아니하며, 창업자금에 대한 증여세 과세표준을 신고하는 경우에도 같은 법 제69조 제2항에 따른 신고세액공제를 적용하지 아니한다.

하지만 창업자금에 대한 증여세 과세특례의 경우 창업자금 증여일자와 관계없이 무조건 상속 재산가액에 합산되어 증여세가 과세됩니다. 이 경우 상속공제 한도 계산 시에는 사전증여재산으로 보지 않으므로 창업자금 증여로 인해 상속공제 한도가 줄어들지는 않습니다.[92] (조특법 §30의5 ⑨)

또한 상속 재산가액에 합산되는 경우에는 증여세액공제 적용 시 한도를 계산하지 않고 창업자금에 대한 증여세 산출세액 전액이 공제됩니다. 다만, 증여세액이 상속세 산출세액을 초과하는 경우 초과하는 금액은 환급되지 않습니다.[93] (조특법 §30의5 ⑩)

이처럼 창업자금에 대한 증여세 과세특례는 무조건 상속재산에 합산되므로 증여자가 10년 이후 사망한 경우로서 창업자금을 주로 부동산 구입보다 임차료, 기계장치 등 구입에 많이 사용하고 창업한 기업의 사업이 실패하는 경우에는 향후 상속 시 큰 부담이 될 수 있는 점을 주의하여야 합니다.

◎ **창업자금에 대한 증여세 과세특례를 적용받는 경우 증여세, 상속세 계산특례**

- 증여세 과세특례
  ① 10년 이내 동일인으로부터 증여받은 재산과 합산과세 배제
  ② 신고세액공제 적용배제

- 상속세 계산특례
  ① 증여일자, 증여액수와 관계없이 상속 재산가액에 합산과세
  ② 상속공제 한도 계산 시 상속공제 한도에서 차감하는 사전증여재산에 미해당
     ⇒ 상속공제 한도에 영향 없음.
  ③ 증여세액공제 시 한도계산 없이 전액 공제(환급금 발생 시에는 미환급)

---

92) 조세특례제한법 제30조의5 【창업자금에 대한 증여세 과세특례】
　　⑨ 창업자금은「상속세 및 증여세법」제13조 제1항 제1호를 적용할 때 증여받은 날부터 상속개시일까지의 기간과 관계없이 상속세 과세가액에 가산하되, 같은 법 제24조 제3호를 적용할 때에는 상속세 과세가액에 가산한 증여재산가액으로 보지 아니한다.
93) 조세특례제한법 제30조의5 【창업자금에 대한 증여세 과세특례】
　　⑩ 창업자금에 대한 증여세액에 대하여「상속세 및 증여세법」제28조를 적용하는 경우에는 같은 조 제2항에도 불구하고 상속세 산출세액에서 창업자금에 대한 증여세액을 공제한다. 이 경우 공제할 증여세액이 상속세 산출세액보다 많은 경우 그 차액에 상당하는 증여세액은 환급하지 아니한다.

구분	가업승계 증여세 과세특례	창업자금 증여세 과세특례
일반 증여재산과 합산 여부	10년 이내 동일인으로부터 증여받은 재산과 미합산	
신고세액공제	배제	
상속재산 합산	증여일자 관계없이 상속재산 합산	
상속공제 한도	상속공제 한도계산 시 사전증여재산으로 미차감: 상속공제 한도계산에 영향 없음.	
증여세액공제	한도계산 없이 전액 공제(환급은 불가)	

Chapter 6

전략적인 창업자금 증여세 과세특례 활용 편

I 증여자가 건강한 경우로서 창업자금으로 가치상승이 예상되는 부동산 구입이 가능한 경우에는 창업자금 증여세 과세특례 적용이 유리합니다.

증여자가 건강하여 상속개시가 최소 20년 정도 후에 발생할 것으로 예상되는 경우로서 가치상승이 예상되는 부동산 구입이 가능한 경우에는 창업자금으로 가치 상승예상되는 부동산을 구입하여 창업하는 전략을 활용할 필요가 있습니다.

이 경우 창업자금에 대한 증여세 과세특례 적용 시 가장 큰 부담은 증여 시기에 관계없이 무조건 상속재산에 합산되는 점입니다.

하지만 증여자가 건강하여 최소 20년 후에 상속개시가 예상되는 경우라면 우리나라 20년간 평균 물가상승률이 65% 정도인 것을 감안 시 상속 재산가액에 합산되는 창업자금의 실제 가치는 훨씬 낮은 금액이 될 것입니다.

반면, 우리나라 부동산 가격 상승률은 항상 물가상승률을 크게 상회합니다. 창업자금에 대한 증여세 과세특례를 적용하여 취득한 부동산을 양도 시 취득가액은 실제 취득가액이 적용되므로 부모가 부동산을 구입하여 자녀에게 증여 또는 상속으로 물려줄 계획이라면 창업자금 증여세 과세특례를 활용하여 자녀 명의로 부동산을 취득하게 하는 방식으로 부동산 가치상승에 따른 이익이 모두 자녀에게 귀속되도록 하고 증여한 창업자금만 상속 재산가액에 합산되도록 하는 것이 유리할 수 있습니다.

특히 사업리스크가 낮고 사업목적으로 구입하여야 하는 사업용 자산가액 대부분이 부동산인 창고업 등을 부모가 할 계획이라면 창업자금 증여세 과세특례를 활용하여 자녀가 하도록 하는 것이 유리할 수 있습니다.

창업자금 증여세 과세특례의 전략적인 활용의 핵심은 창업자금으로 가치상승 가능한 부동산을 구입하여 부동산 가치상승에 따른 이익을 자녀가 향유하는 것이라 할 수 있습니다.

Ⅱ 가업을 승계한 자녀에게 유류분 청구가 예상되는 경우라면 가업을 승계하지 않은 자녀에게 창업자금 증여세 과세특례를 활용하여 증여하는 것이 유리할 수 있습니다.

가업상속공제의 경우 가업을 물려받은 자녀가 상속세 신고기한으로부터 2년 이내 대표이사에 취임하여야 하는 것으로, 공동상속으로 가업주식을 상속받는 것이 가능하다고 하더라도 자녀가 여러 명인 경우에 모든 자녀가 대표이사로 취임하는 것은 현실적으로 어려운 일입니다.

과거에는 가업을 경영한 부모의 유지로 여러 자녀 중 한 자녀만 가업을 승계하는 경우에도 부모의 유지를 따르는 것이 통상적이었지만 최근에는 이러한 경우에 가업을 승계하지 않은 자녀들이 대부분 유류분 반환청구를 하는 것이 현실입니다.

유류분 청구에 따라 가업을 승계하지 않은 자녀에게 지분이 반환되는 경우에는 가업상속공제 받은 상속세가 추징되어 상속세 부담이 커지면서 원활한 가업승계가 어려워질 수도 있으므로 자녀가 여러 명인 경우로서 가업승계 시 유류분 청구가 걱정되는 경우라면 가업을 승계하지 않는 자녀에게 창업자금에 대한 증여세 과세특례를 활용하여 낮은 증여세를 부담하면서 창업자금을 증여받게 하고 창업자금으로 알짜배기 부동산을 구입하여 사업을 영위할 수 있도록 하는 것이 좋은 전략이 될 수 있습니다.

◎ 창업자금에 대한 증여세 과세특례 활용전략

• 부모가 건강한 경우
  창업자금 증여 ⇒ 부동산 구입에 많은 자금이 소요되는 업종 창업(창고업 등)
  ⇒ 부동산 가치상승이익, 자녀에게 귀속
     (부동산 가격상승률에 따른 이익 모두 자녀에게 귀속)

⇒ 20년 정도 이후 창업자금에 대해 상속세 부담

(물가상승률만큼 실제가치 하락한 금액에 대해 상속세 부담)

⇒ 부동산 가격상승이익 〉물가상승률만큼 실제가치 하락한 금액에 대한 상속세

• 가업승계한 자녀에게 유류분 청구 예상되는 경우

가업 미승계 자녀에게 창업자금 증여세 과세특례 활용하여 증여

⇒ 창업자금으로 부동산 구입하여 사업영위

(다만, 유류분 가액 계산 시 산정되는 증여재산가액은 창업자금으로 취득한 부동
산의 상속 당시 시가 아닌 증여한 창업자금에 대해 물가상승률 반영된 금액임)

Chapter 7

가업승계·창업자금에 대한 증여세 과세특례 비교정리 편

 I 증여자, 수증자 요건

구분	가업승계 증여세 과세특례	창업자금에 대한 증여세 과세특례
증여자 요건	가업상속공제 대상 가업을 10년 이상 계속 영위 & 최대주주등으로서 10년 이상 지분율 40%(상장 20%) 요건 충족 & 만 60세 이상 부모	만 60세 이상 부모
수증자 요건	증여세 과세표준 신고기한까지 가업종사 & 3년 이내 대표이사 취임	2년 이내 창업 & 4년 이내 창업자금 사용
	• 신고기한 내 특례신청한 경우에 한하여 적용 • 둘 중 하나만 선택하여 적용 가능	

II 특례적용 세율 및 한도

구분	가업승계 증여세 과세특례	창업자금 증여세 과세특례
특례적용 세율	• 공제금액: 10억 원 • (70억 원−10억 원) × 10% + (한도 내 과세가액−70억 원) × 20%	• 공제금액: 5억 원 • 5억 원 공제 후 10% 세율 적용
한도	• 10년 이상 경영 300억 원, 20년 이상 400억 원, 30년 이상 600억 원	50억 원 (10명 이상 고용창출: 100억 원)
2인 이상에게 증여 시 한도	1인이 수증받은 것으로 보아 한도 적용 (수증인 수와 관계 없이 한도 동일)	수증자별 각각 50억 원 한도 적용 ⇒ 수증인 수 ↑ → 한도 ↑
1인에게 2회 이상 증여	증여세 과세가액 합산	

 사후관리

구분	가업승계 증여세 과세특례	창업자금에 대한 증여세 과세특례
사후관리 기간	5년	10년
사후관리 사항	• 가업 미종사(1년 이상 휴·폐업 포함) • 5년 이내 주된 업종변경 • 수증인 지분감소 • 5년간 대표이사직 미유지	• 2년 이내 미창업 • 특례적용 업종 외 업종경영 • 4년 이내 창업자금 미사용 • 10년 이내 수증자 사망 또는 휴·폐업
이자상당액	8.03%(납부불성실 가산세 적용 이자율)	

 보고의무와 가산세

구분	가업승계 증여세 과세특례	창업자금에 대한 증여세 과세특례
보고의무	없음.	창업자금 명세 제출의무 있음.
가산세	없음.	미제출·불분명 금액의 0.3%

 특례적용 배제

구분	가업승계 증여세 과세특례	창업자금에 대한 증여세 과세특례
기특례적용	창업자금 증여세 과세특례를 적용받은 경우	가업승계 증여세 과세특례를 적용받은 경우
미신청	증여세 신고기한까지 특례 적용신청하지 않은 경우	

 증여세 및 상속세 계산 특칙

구분	가업승계 증여세 과세특례	창업자금 증여세 과세특례
일반 증여재산과 합산 여부	10년 이내 동일인으로부터 증여받은 재산과 미합산	
신고세액공제	배제	
상속재산 합산	증여일자 관계없이 상속재산 합산	
상속공제 한도	상속공제 한도계산 시 사전증여재산으로 미차감: 상속공제 한도계산에 영향 없음.	
증여세액공제	한도계산 없이 전액 공제(환급은 불가)	

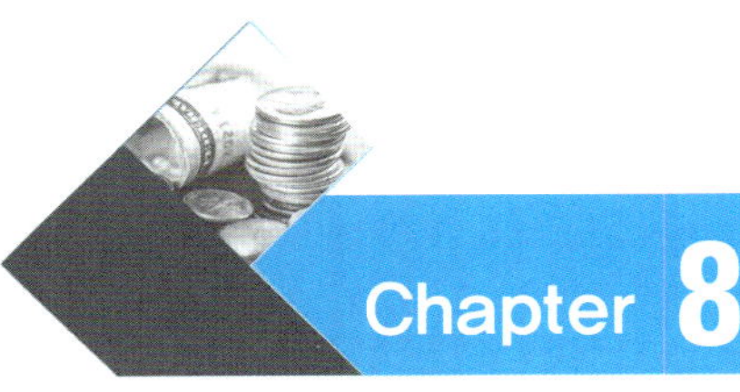

Chapter 8

창업자금에 대한 증여세 과세특례
신청 및 보고의무 이행 시 제출서류

■ 조세특례제한법 시행규칙[별지 제11호의6 서식] (2016. 3. 14. 개정)

창업자금 [ ] **특례신청서**
        [ ] **사용내역서**

※ [ ]에는 해당되는 곳에 √표를 합니다.

1. 기 본 사 항

수증자	① 성　명		② 주민등록번호	
	③ 주　소		(전화번호:)	
	④ 증여자와의 관계		⑤ 전자우편주소	
증여자	⑥ 성　명		⑦ 주민등록번호	
	⑧ 주　소		(전화번호:)	

2. 신 청 내 용 (※ 증여받은 날부터 1년 이내에 창업해야 합니다)

⑨ 수 증 일	⑩ 재 산 종 류	⑪ 증 여 재 산 가 액	⑫ 비　고

3. 사 용 내 역

증여받은 재산내역			사 용 내 역			
⑬ 수증일	⑭ 재산종류	⑮ 가 액	⑯ 사용일자	⑰ 사용용도 및 내역	⑱ 사용금액	⑲ 비 고

「조세특례제한법 시행령」 제27조의5 제11항에 따라 위와 같이 창업자금 ([ ]특례신청서, [ ]사용내역서)를 제출합니다.

년   월   일

제출자   (서명 또는 인)

세 무 서 장 귀하

작성방법

1. 창업자금에 대한 증여세 과세특례를 신청하는 경우에는 1. 기본사항과 2. 신청내용만을 적습니다.
2. 창업자금 사용내역을 제출하는 경우에는 1. 기본사항과 3. 사용내역만을 적습니다.
3. ⑪ 증여재산가액란은 증여일 현재 「상속세 및 증여세법」에 따라 평가한 가액을 적습니다.
4. ⑰ 사용용도 및 내역란은 증여재산의 사용용도(예: 사업용자산 취득, 임대보증금 및 임차료 지급 등)를 적고, 사용 관련 증명서류 (예: 취득자산 명세, 대금지급 증빙, 주식 및 채권의 매각내역 등)를 별지에 첨부합니다.
5. ⑲ 비고란은 취득자산 등의 거래상대방 상호와 사업자등록번호를 적습니다.
6. 창업을 통하여 10명 이상을 신규 고용한 경우에는 부표1 신규 고용명세서를 제출합니다.

210㎜×297㎜[중질지(80g/㎡(재활용품)]

신규 고용명세서

※ 신규 고용명세서는 증여받은 창업자금이 50억 원을 초과하고 10명이상 신규 고용한 경우 작성합니다.

① 성명	② 주민등록번호	③ 주소	④ 입사일	⑤ 퇴사일

관리번호	–

창업자금 증여재산평가 및 과세가액 계산명세서

※ 뒤쪽의 작성방법을 읽고 작성하시기 바랍니다.

(앞쪽)

가. 증여재산 및 평가명세서

① 재산구분 코 드	② 재 산 종 류 코 드	③ 소 재 지 · 법 인 명 등			④ 사업자등록 번 호 (지 분)	⑤ 수 량 (면 적)	⑥ 단 가	⑦ 평가가액	⑧ 평가기준 코 드
		국외자산 여 부	국외재산 국 가 명						
		[ ]여 [ ]부							
		[ ]여 [ ]부							
		[ ]여 [ ]부							
		[ ]여 [ ]부							
		[ ]여 [ ]부							
		[ ]여 [ ]부							
		[ ]여 [ ]부							
		[ ]여 [ ]부							

나. 증여세 과세가액 계산명세서

과 세 특 례 적 용 전 증여세 과세가액 계산	⑨ 해 당 증 여 재 산 가 액	
	⑩ 해 당 채 무 액	
	⑪ 기 과세특례적용분 증여 세 과 세 가 액	
	⑫ 계 (⑨ – ⑩ + ⑪)	
과 세 특 례 적 용 한 도 금 액 계 산	⑬ 총 한 도 액 (50억 원 또는 100억 원)	
	⑭ 기 과세특례적용분 증여세 과 세 가 액 (= ⑪)	
	⑮ 계 (⑬ – ⑭)	
과 세 특 례 적 용 대 상 증 여 세 과 세 가 액	⑯ ⑫과 ⑮ 중 적은금액 (다만, ⑫ < ⑬이면, ⑫ – ⑪의 금 액)	
기본세율 적용대상 가액 (⑫ > ⑬ 해당 시에만 적음)	⑰ 증여재산가액(⑨ – ⑯)	
	⑱ 채 무 액 (= ⑩)	

첨부서류	증여재산 증명서류 [예: 주주(증권계좌)번호 및 잔고증명서, 예금통장 사본 등]

210mm×297mm[백상지 80g/㎡]

■ 안 성 희(세무사)

[학력]
- 고려대학교 법무대학원 법학 박사(조세법 Phd)
- 경희대학교 경영대학원 경영학 석사

[경력]
(현)
- 세무법인 현인 대표세무사
- 한국세무사회 세무연수원 교수
- 서울지방세무사회 연수위원
- 한국여성세무사회 연구부회장
- 한국석박사회 부회장
- 조세금융신문 칼럼리스트

(전)
- 서울지방세무사회 연수교육위원회 위원장
- 국세청 행정개혁위원회 성실납세지원분과위원
- 한국조세연구소 외부자문위원
- 한국세무사고시회 감사
- 경희대학교 경영대학원 겸임교수
- 국세청 국세심사위원
- 서울지방국세청 국세심사위원
- 삼성세무서 과세적부심사위원
- 한국여성세무사회 연수이사

[저서]
- 가지급금 정리 백서
- 성공적인 가업승계와 절세전략
- 세법상 특수관계인 범위와 과세문제
- 법인경영과 절세전략
- 법인결산 세무조정·신고실무
- 상법 & 세무회계 실무
- 현명한 CEO의 핵심절세전략

[전문분야]
- 중소기업 가업승계
- 자녀법인 활용한 자산승계
- 가지급금, 이익잉여금, 가수금 정리
- VIP 자산승계 컨설팅
- 가업미승계 법인 exit 전략 수립 및 M&A
- 명의신탁주식 실명전환 컨설팅
- 기업절세, 성장 위한 맞춤 컨설팅
- 법인사업자 Developer

개정판　성공적인 가업승계와 절세전략

2023년 5월 23일　초판 발행
2025년 9월 29일　3판 3쇄 발행

저　　자　안　　성　　희
발　행　인　오　　연　　관
발　행　처　**삼일피더블유씨솔루션**
서울특별시 용산구 한강대로 273 용산빌딩 4층
등록번호 : 1995. 6. 26 제3-633호
전　　화 : (02) 3489-3100
F A X : (02) 3489-3141
I S B N : 979-11-6784-389-0　93320

저자협의
인지생략

정가 35,000원

※ '삼일인포마인'은 '삼일피더블유씨솔루션'의 단행본 브랜드입니다.
※ 파본은 교환하여 드립니다.